ŒUVRES COMPLÈTES
DE VOLTAIRE

TOME VINGT-DEUXIÈME

PARIS
LIBRAIRIE DE L. HACHETTE ET Cie
BOULEVARD SAINT-GERMAIN, N° 77

Librairie de L. HACHETTE et Cⁱᵉ, boulevard Saint-Germain, n° 77, à Paris.

ÉDITIONS A 1 FRANC LE VOLUME
FORMAT IN-18 JÉSUS

AUTEURS CONTEMPORAINS

1° ROMANS.

Arnould (A.) : Les trois Poëtes. 1 vol.
Assolant (A.) : Brancas; — Les Amours de Quaterquem. 1 vol. — Jean Rosier; — Rose d'Amour; — Claude et Juliette. 1 vol. — La Mort de Roland. 1 vol.
Aunet (Mme L. d') : Étiennette; — Silvère; — Le Secret. 1 vol.
Barbara (Ch.) : L'assassinat du pont Rouge. 2ᵉ édit. 1 vol. — Mes petites Maisons. 1 vol.
Bast (A. de) : Contes à ma voisine. 2 vol. (Chaque volume se vend séparément). — Les Fresques, contes et anecdotes. 1 vol.
Claveau (A.) : Nouvelles contemporaines. 1 v.
Deslys (Ch.) : Le Mesnil-aux-Bois; — La mère Jeanne. 1 vol. — Les Compagnons de minuit. 1 vol.
Du Bois (Ch.) : Nouvelles d'atelier. 1 vol.
Énault (Louis) : Christine. 4ᵉ édition. 1 vol.
Forgues (E.) : Le Rose et le Gris. 1 vol.
Gautier (Th.) : Militona. 4ᵉ édition. 1 vol.
Gozlan (L.) : Le Martyr des Chaumelles. 1 vol.
Laboulaye (Éd.) : Abdallah, ou le trèfle à quatre feuilles, conte arabe. 1 vol. — Souvenirs d'un voyageur. 1 vol.
Legouvé (Ern.) : Béatrix. 2ᵉ édition. 1 vol.
Lennep (J. van) : La dame de Wardenbourg. 1 vol.
Marchand-Berin (Eug.) : La Nuit de la Toussaint; — Il Cantatore. 1 vol.
Marcoy (P.) : Souvenirs d'un mutilé. 1 vol.
Masson (M.) : Les Contes de l'atelier. 1 vol. — Une Couronne d'épines. 1 vol.
Méray (Antony) : Violette. 1 vol.
Monnier (M.) : Les Amours permises. 1 vol.
Ponson du Terrail : Le Nouveau Maître d'école. 1 vol.
Rivière (H.) : Pierrot; — Caïn. 1 vol.
Robert (A.) : Contes excentriques. 3ᵉ édition. 1 vol. — Nouveaux contes excentriques. 1 vol.
Sand (George) : André. 1 vol.
Vilbort (G.) : Les Héroïnes, nouvelles polonaises. 1 vol.
Vitu (A.) : Contes à dormir debout. 1 vol.
Wailly (J. de) : Henriette; — les Mortes aimées. 1 vol.
Wailly (L. de) : Angelica Kauffmann. 2 vol. — Stella et Vanessa. 1 vol. — Les deux filles de M. Dubreuil. 2 vol.
Wey (Fr.) : Gildas. 1 vol. — Le Bouquet de cerises; Souvenirs de l'Oberland. 1 vol.
Yvan (le Dʳ) : Légendes et récits. 1 vol.

2° VOYAGES.

Castella (H. de) : Les Squatters australiens. 1 v.
Colet (Mme L.) : Promenade en Hollande. 1 vol.
Deschanel (Em.) : A pied et en wagon. 1 vol.
Gérardy-Saintine : Trois ans en Judée. 1 vol.
Gobineau (cᵗᵉ A. de) : Voyage à Terre-Neuve. 1 v.
Léouzon-Leduc : La Baltique. 1 vol.
Marcoy (P.) : Scènes et paysages dans les Andes. 2 vol.
Perron d'Arc (H.) : Les Champs d'or de Bendigo (Nouv.-Holl.). 1 vol.
Pichot (A.) : Les Mormons. 1 vol.
Piotrowski (Rufin) : Souvenirs d'un Sibérien. 1 v.
Reclus (El.) : Voyage à la Sierra-Nevada de Sainte-Marthe. 1 vol.

3° ŒUVRES DIVERSES.

About (Ed.) : Nos artistes au Salon de 1857. 1 v.
Lasteyrie (Ferd. de) : Causeries artistiques. 1 v.
Révoil : Chasses dans l'Amérique du Nord. 1 v. — Pêches dans l'Amérique du Nord. 1 vol.
Viennet : Épîtres et Satires. 1 vol.

Imprimerie générale de Ch. Lahure, rue de Fleurus, 9, à Paris.

ŒUVRES COMPLÈTES

DE VOLTAIRE

COULOMMIERS
Imprimerie PAUL BRODARD.

ŒUVRES COMPLÈTES

DE VOLTAIRE

TOME VINGT-DEUXIÈME

PARIS
LIBRAIRIE HACHETTE ET Cⁱᵉ
79, BOULEVARD SAINT-GERMAIN, 79

1893

COMMENTAIRES
SUR CORNEILLE.
(SUITE.)

REMARQUES
SUR THÉODORE, VIERGE ET MARTYRE,
TRAGÉDIE REPRÉSENTÉE SUR LA FIN DE 1645.

Préface du commentateur. — Si quelque chose peut étonner et confondre l'esprit humain, c'est que l'auteur de *Polyeucte* ait pu être celui de *Théodore*; c'est que le même homme qui avait fait la scène sublime dans laquelle Pauline demande à Sévère la grâce de son mari, ait pu présenter une héroïne dans un mauvais lieu, et accompagner une turpitude si odieuse et si ridicule de tous les mauvais raisonnements qu'une telle impertinence peut suggérer, de tous les incidents qu'une telle infamie peut fournir, et de tous les mauvais vers que le plus inepte des versificateurs n'aurait jamais pu faire.

Comment ne se trouva-t-il personne qui empêchât l'auteur de *Cinna* de déshonorer ses talents par le choix honteux d'un tel sujet, et pa une exécution aussi mauvaise que le sujet même? comment les comédiens osèrent-ils enfin représenter *Théodore?*

ÉPITRE DÉDICATOIRE A MONSIEUR L. P. C. B.

« Je vois que la meilleure partie de mes juges impute ce mauvais succès à l'idée de la prostitution, quoique.... j'aie employé, pour en atténuer l'horreur, tout ce que l'art et l'expérience m'ont pu fournir de lumières. »

Il ne paraît pas qu'il ait mis de voile sur ce sujet révoltant, puisqu'il emploie dans la pièce les mots de *prostitution*, d'*impudicité*, de *fille abandonnée aux soldats.*

« Et certes il y a de quoi congratuler à la pureté de notre théâtre, etc. »

Congratuler à, ne se dit plus. Cette phrase est latine: *tibi gratulor*; mais aujourd'hui *congratuler* régit l'accusatif comme *féliciter.*

« La modestie de notre scène a désavoué comme indigne d'elle ce peu (de la prostitution de Théodore décrite par saint Ambroise) que la nécessité de mon sujet m'a forcé de faire connaître. »

Les honnêtes gens assemblés sont toujours chastes. On souffrait du temps de Hardy qu'on parlât de viol sur le théâtre, de la manière la plus grossière; mais c'est qu'alors il n'y avait que des hommes grossiers qui fréquentassent les spectacles. Mairet et Rotrou furent les premiers qui épurèrent un peu la scène des indécences les plus révoltantes. Il était impossible que cette pièce de Corneille eût du succès en 1645; elle en aurait eu vingt ans auparavant. Il choisit ce sujet parce qu'il connaissait mieux son cabinet que le monde, et qu'il avait plus de génie que de goût. C'est toujours la même versification, tantôt forte, tantôt faible; toujours la même inégalité de style, le même tour de phrase, la même manière d'intriguer; mais n'étant pas soutenu par le sujet comme dans les pièces précédentes, il ne pouvait ni s'élever ni intéresser. Puisqu'il faut des notes sur toutes les pièces de Corneille, on en donne aussi quelques-unes sur *Théodore*; mais un commentaire n'est pas un panégyrique : on doit au public la vérité dans toute son étendue.

« Après cela j'oserai bien dire que ce n'est pas contre des comédies pareilles aux nôtres que déclame saint Augustin. »

On sait assez que saint Augustin ignorait le grec; s'il avait connu cette belle langue, il n'aurait pas déclamé contre Sophocle; ou s'il eût déclamé contre ce grand homme, il eût été fort à plaindre.

« Ils demeurent privés du plus agréable et du plus utile des divertissements dont l'esprit humain soit capable. »

On ne peut rien dire de plus fort en faveur de l'art des Sophocle, dont Aristote a donné les règles; et il est bien honteux pour notre nation, devenue si critique après avoir été si barbare, que Corneille ait été obligé de faire l'apologie d'un art qui était si respectable entre ses mains.

Le grand Corneille traite ici avec une fierté qui sied bien à sa réputation et à son mérite, ces hommes bassement jaloux du premier des beaux-arts, qui colorent leur envie du prétexte de la religion. Ils craignent que la nation ne s'instruise au théâtre, et que des hommes accoutumés à nourrir leur esprit de ce que la raison a de plus pur, et de ce que l'éloquence des vers a de plus touchant, ne deviennent indifférents pour de vaines disputes scolastiques, pour de vaines querelles, dans lesquelles on veut trop souvent entraîner les citoyens.

Ces ennemis de la société ont imaginé qu'un chrétien devait regarder *Cinna*, les *Horaces* et *Polyeucte*, du même œil dont les Pères de l'Église regardaient les mimes et les farces obscènes qu'on représentait de leur temps dans les provinces de l'empire romain.

On consulta sur cette question, dans l'année 1742, monsignor Cérati, confesseur du pape Clément XII, et du consistoire qui élut ce pape. J'ai heureusement retrouvé une partie de sa réponse, écrite de sa main, commençant par ces mots : *I concilii et padri*; et finissant par ceux-ci, *Giovan Battista Andreini*; et voici la traduction fidèle des principaux articles de sa lettre :

« Les conciles et les Pères qui ont condamné la comédie, comme il paraît par le troisième article du concile de Carthage de l'an 397, entendaient les représentations obscènes, mêlées de sacré et de profane, la dérision des choses ecclésiastiques, les blasphèmes, etc.

« Les comédies, dans des temps plus éclairés, ne furent pas de ce genre. C'est pourquoi saint Thomas, quest. 168, art. III, parlant de la comédie, s'exprime ainsi :

« *Officium histrionum, ordinatum ad solatium hominibus exhibendum, non est secundum se illicitum ; nec sunt in statu peccati, dummodo moderate ludo utantur, id est non utendo aliquibus illicitis verbis, vel factis, et non adhibendo ludos negotiis et temporibus indebitis.*

« L'emploi des comédiens, institué pour donner quelque délassement « aux hommes, n'est pas en soi illicite; ils ne sont point dans l'état de « péché, pourvu qu'ils usent honnêtement de leurs talents, c'est-à-« dire qu'ils évitent les mots et les actions défendus, et qu'ils ne repré-« sentent point dans les temps qui ne sont point permis »

« Caëtan, en commentant ce passage, conclut : *Donc l'art des comédiens qui se contiennent dans les bornes n'est point condamnable, mais permis.*

« Saint Antonin, archevêque de Florence, dans sa Somme théologique, partie III, titre 8, chap. IV, dit :

« Au temps de saint Charles Borromée, il fut défendu à certains co-« médiens de représenter sur le théâtre de Milan. Ils allèrent trouver « saint Charles, et obtinrent de lui un décret portant permission de re-« présenter des comédies dans son diocèse, en observant les règles pres-« crites par saint Thomas; il se fit présenter tous les sujets des scènes « qu'ils jouaient impromptu, et il leur fit jurer que toutes les nouvelles « scènes qu'ils mêleraient à celles dont il avait vu la disposition seraient « aussi honnêtes et aussi décentes que les autres. »

« L'usage de l'Italie est de permettre toutes les représentations qui ne portent point de scandale. On joue des pièces à Rome, dans de certains temps, et particulièrement dans des collèges. Les comédiens approchent des sacrements, et on ne trouve aucune bulle ni aucun décret des papes qui les en privent. On leur donne la sépulture dans les églises comme à tous les autres bons catholiques, avec toutes les cérémonies sacrées, *con tutte le sacre fonzioni*.

« Nicolo Barbieri rapporte qu'Isabella Andreini reçut à Lyon beaucoup d'honneurs, qu'elle y fut enterrée avec pompe, et que son corps fut accompagné des principaux de la ville, qui firent graver son épitaphe sur le bronze.

« L'empereur Mathias donna des lettres de noblesse à Pierre Cequini. Jean-Baptiste Andreini fut de l'académie de Mantoue, et capitaine des chasses.

« Le même Nicolo Barbieri rapporte que Rinoceronte, comédien, mourut de son temps en odeur de sainteté. »

Si Lope de Vega et Shakspeare ne furent pas regardés comme de saints personnages, personne au moins, ni à Madrid, ni à Londres, ne reprocha à ces deux célèbres auteurs d'avoir représenté leurs ouvrages selon l'usage des anciens Grecs nos maîtres. Le fameux docteur Ramon, le licencié Michel Sanchez, le chanoine Mira de Mezeva, le chanoine Tarraga, firent beaucoup de comédies, presque toutes estimées, et leurs fonctions de prêtres n'en furent pas interrompues. Plusieurs prêtres en France en ont fait, témoin le cardinal de Richelieu, l'abbé Boyer, l'abbé Genest, aumônier de Mme la duchesse d'Orléans, et tant d'autres. Enfin l'art doit être encouragé, l'abus de l'art seul peut avilir.

Pour dernière preuve incontestable, rapportons la déclaration de Louis XIII du 16 avril 1641, enregistrée au parlement; elle dit expressément :

« Nous voulons que l'exercice des comédiens, qui peut innocemment détourner nos sujets de diverses occupations mauvaises, ne puisse leur être imputé à blâme, ni préjudicier à leur réputation dans le commerce public. »

C'est en vertu de cette déclaration que Louis XIV maintint Flori lor, sieur de Soulas, dans la possession de sa noblesse, par arrêt du conseil du 10 septembre 1668. En bonne foi, peut-on flétrir un pensionnaire du roi, déclaré gentilhomme par le roi, pour avoir rempli des fonctions dont le roi lui ordonne expressément de s'acquitter? il est mis en prison s'il ne joue pas; il est excommunié s'il joue. Voilà un bel exemple de nos contradictions. En faut-il davantage pour confondre ceux qui se déclarent contre nos spectacles, autant par ignorance que par mauvaise volonté?

THÉODORE,
VIERGE ET MARTYRE,
TRAGÉDIE.

ACTE I.

Il est vrai que cette pièce ne mérite aucun commentaire. Elle pèche par l'indécence du sujet, par la conduite, par la froideur, par le style. On ne fera que très-peu de remarques.

SCÈNE I.

V. 3. Mon père est gouverneur de toute la Syrie.

Dans *Polyeucte*, Félix est gouverneur de *toute* l'Arménie, et ici Valens est gouverneur de *toute* la Syrie. Un mot de trop gâte un beau vers, et rend un médiocre mauvais.

V. 4. Et, comme si c'étoit trop peu de flatterie,
Moi-même elle m'embrasse, etc.

Trop peu de flatterie de donner le gouvernement de *toute la Syrie! et la fortune qui embrasse Placide!* quelles expressions! quel style! quelle négligence!

V. 7. Certes, si je m'enflois de ces vaines fumées
    Dont on voit à la cour tant d'âmes si charmées....

Il faut convenir que ce style est bas et incorrect; et malheureusement la plus grande partie de la pièce est écrite dans ce goût.

On a exigé un commentaire sur toutes les pièces de Corneille; mais toutes n'en méritent pas. Que verra-t-on par ce commentaire? que nul auteur n'est jamais tombé si bas, après être monté si haut. La seule consolation d'un travail si ingrat, est que du moins tant de fautes peuvent être de quelque utilité. Elles feront voir aux étrangers que les beautés ne nous aveuglent pas sur les défauts; que notre nation est juste en admirant et en désapprouvant; et les jeunes auteurs, en voyant ces chutes déplorables et si fréquentes, en seront plus sur leurs gardes.

V. 9. Si l'éclat des grandeurs avoit pu me ravir,
    J'aurois de quoi me plaire et de quoi m'assouvir.

Un éclat qui peut ravir! un homme qui aurait de quoi se plaire et de quoi s'assouvir! Nul auteur n'a jamais écrit plus mal et mieux. Voilà pourquoi on disait que Corneille avait un démon qui fit pour lui les belles scènes de ses tragédies, et qui lui laissa faire tout le reste[1].

V. 12. A moins que de leur rang, le mien ne sauroit crottre,

n'est pas français. Un rang ne croît pas; on passe, on s'élève d'un rang à un autre.

V. 14. On y monte souvent par de moindres degrés,

n'est pas plus exact que le reste; on ne monte pas à un titre.

V. 15. Mais ces honneurs pour moi ne sont qu'une infamie,
    Parce que je les tiens d'une main ennemie.

Parce que, est une conjonction dure à l'oreille et trainante en vers, il faut toujours l'éviter : mais quand il est répété, il devient intolérable. On pardonne toutes ces fautes dans des ouvrages remplis de beautés comme les précédents.

V. 19. . . . . .Ce cœur n'est point à vendre.

On peut dire dans le style noble, *venger son sang, vendre son honneur à la fortune;* mais *un cœur à vendre* est bas.

V. 25. Va plus outre,

terme autrefois familier, et qui n'est plus français.

1. C'était Molière qui disait cela.

V. 26   Joins le vouloir des dieux à leur autorité.

Pourquoi *le vouloir des dieux* ? Cet hymen n'est point ordonné par un oracle; les *dieux* sont ici de trop ; *le vouloir* n'est plus d'usage.

V. 27. Assemble leur faveur, assemble leur colère.

Il faudrait *leurs faveurs* au pluriel, parce qu'on ne peut assembler une seule chose.

V. 37. Sitôt qu'à son parti le bonheur eut manqué,
Sa tête fut proscrite et son bien confisqué.

Toutes ces expressions sont faibles, prosaïques, et rampantes.

V. 45. Et depuis ce moment Marcelle a fait chez nous
Un destin que tout autre aurait trouvé fort doux,

est du style bas et négligé de la comédie. En voilà assez sur le style de la pièce, dont les fautes ne sont rachetées par aucun morceau sublime. Nous nous contenterons de remarquer les endroits moins faibles que les autres. Il est étrange que Corneille ait senti le vice de son sujet, et qu'il n'ait pas senti le vice de sa diction.

V. 57. Puisque avec tant d'effort on vous voit travailler
A mettre ailleurs l'éclat dont elle doit briller....

Travailler à mettre ailleurs un éclat!

V. 59. . . . . .Votre âme ravie
Lui veut donner ce trône élevé pour Flavie.

Le terme de *trône* ne peut jamais convenir à un gouverneur de province.

V. 63. Flavie au lit malade en meurt de jalousie.

Ce style prosaïque est inadmissible dans le tragique; la poésie n'est faite que pour déguiser et embellir tous ces détails. Voyez comment Racine rend la même idée :

Phèdre atteinte d'un mal qu'elle s'obstine à taire,
Lasse enfin d'elle-même et du jour qui l'éclaire[1].

V. 72. Chaque jour pour l'aigrir je vais jusqu'à l'outrage.

Il n'était pas nécessaire que Placide outrageât tous les jours sa belle-mère qui lui veut donner sa fille. Ce sont là des mœurs révoltantes, et qui rendent tout d'un coup le premier personnage odieux.

Nous ne parlerons plus guère du style; nous nous en tiendrons à l'art de la tragédie. Il n'y a rien de tragique dans cette intrigue ; c'est un jeune homme qui ne veut point de la femme qu'on lui offre, et qui en aime une autre qui ne veut point de lui; vrai sujet de comédie, et même, sujet trivial. Nous avons déjà remarqué que les gens peu ins-

1. *Phèdre*. I, l.

truits croient que Racine a gâté le théâtre en y introduisant ces intrigues d'amour. Mais il n'y a aucune pièce de Corneille dont l'amour ne fasse l'intrigue. La seule différence est que Racine a traité cette passion en maître, et que Corneille n'a jamais su faire parler des amants, excepté dans *le Cid*, où il était conduit par un auteur espagnol. Ce n'est pas l'amour qui domine dans *Polyeucte*; c'est la victoire que remporte Pauline sur son amant; c'est la noblesse de Sévère.

SCÈNE II.

V. 1. Ce mauvais conseiller toujours vous entretient!

Cette scène de bravade entre Marcelle et Placide paraît contre toute bienséance. C'est une picoterie bourgeoise; et des bourgeois bien élevés parleraient plus noblement. Marcelle querelle Placide, tandis qu'elle devrait tâcher de lui plaire. Quel rôle désagréable que celui d'une femme qui veut à toute force qu'on épouse sa fille, qui dit des injures grossières à celui dont elle veut faire son gendre, et qui en essuie de plus fortes! Marcelle dit que Placide a le cœur trop bas pour aimer en bon lieu, qu'il a une âme vile et basse. Placide répond sur le même ton : cela seul devait faire tomber la pièce, qui d'ailleurs est une des plus mal écrites.

V. 48. Un bienfait perd sa grâce à le trop publier.

Racine a imité heureusement ce vers dans *Iphigénie*[1] :

Un bienfait reproché tint toujours lieu d'offense.

SCÈNE III.

Corneille avoue la faiblesse et la lâcheté de Valens; mais comment ne sentait-il pas que le rôle de Marcelle révoltait encore davantage?

V. 13. De ce feu turbulent l'éclat impétueux
N'est qu'un foible avorton d'un cœur présomptueux.

Si on assemblait des mots au hasard, il est à présumer qu'ils ne s'arrangeraient pas plus mal.

SCÈNE V.

V. der. Jetez un peu de haine où règne tant d'amour.

Je ne parle pas des termes impropres, des locutions vicieuses dont cette pièce fourmille. Je laisse à part ces vers barbares

Si son ordre n'agit, l'effet ne s'en peut voir;
Et je pense être quitte y faisant mon pouvoir
Faire votre pouvoir avec tant d'indulgence,...
Déployez-la, madame, à le faire haïr, etc., etc.

[1] Acte IV, scène VI.

Mais il faut avouer que malheureusement de cent tragédies françaises il y en a quatre-vingt-dix-huit fondées sur un mariage qu'une des parties veut, et que l'autre ne veut pas. C'est l'intrigue de toutes les comédies. C'est une uniformité qui fait tout languir. Les femmes, dit-on, qui fréquentent nos spectacles, et qui seules y attirent les hommes, ont réduit tous les auteurs à ne marcher que dans ce chemin qu'elles leur ont tracé, et Racine seul est parvenu à répandre des fleurs sur cette route trop commune, et à embellir cette stérilité misérable. Il est à croire que le génie de Corneille aurait pris une autre voie s'il avait pu secouer le joug ; si l'on avait représenté la tragédie ailleurs que dans un vil jeu de paume, où les courtauds de boutique allaient pour cinq sous ; si la nation avait eu quelque connaissance de l'antiquité ; si Paris avait pu alors avoir quelque chose d'Athènes.

ACTE II.

SCÈNE I.

V. 1. Marcelle n'est pas loin, et je me persuade
Que son amour l'attache auprès de sa malade.

Sa malade et Marcelle qu'on verra venir dans un moment ou deux, sont toujours le style de la comédie.

SCÈNE II.

Cette scène, aux vices de la diction près, n'est pas répréhensible. Les sentiments et le caractère de Théodore s'y développent.

V. der. ....Quittons ce discours, je vois venir Marcelle.

Rien n'est plus froid et plus déplacé dans le tragique que ces scènes dans lesquelles un confident parle à une femme en faveur de l'amour d'un autre. C'est ce qu'on a tant reproché à Racine dans son *Alexandre*, où Éphestion paraît eu *fidèle confident du beau feu de son maître*[1]. Rien n'a plus avili notre théâtre, et ne l'a rendu plus ridicule aux yeux des étrangers que ces scènes d'ambassadeurs d'amour. Heureusement il y en a peu dans Corneille.

SCÈNE IV

V. 54. Plutôt que dans son lit j'entrerois au tombeau.

On retrouve dans quelques vers de cette scène l'auteur des beaux morceaux de *Polyeucte*. Mais une fille de qualité qui veut mourir vierge est fort bonne pour le couvent, et fort mauvaise pour le théâtre. Au reste, *l'amour qui brûle sans luire*, Cléobule qu'on voit *aller tant*

---

1. *Alexandre*, II, 1. (ÉD.)

et venir, un reste de scrupule que Marcelle *tient pour ridicule*, sont des façons de parler si basses, si choquantes, qu'elles dégoûteraient tout lecteur, quand même la pièce serait bien faite.

V. der. Mais demeurez; il vient.

L'auteur dit, avec une candeur digne de lui, qu'une femme sans grande passion ne pouvait faire un grand effet. On ne peut sans doute s'intéresser à elle; mais on s'intéresse beaucoup moins à Marcelle. Son caractère indigne et son ton ironique et insultant dégoûtent

SCÈNE VI.

V. 6. Ah! que vous savez mal comme il faut se venger!

Ce ne sont plus, on l'a déjà dit, les expressions que nous examinons. Il faut plaindre ici la faiblesse de l'esprit humain. C'est l'auteur de *Cinna* qui met dans la tête d'un Romain qu'on ne doit se venger d'une princesse qu'en l'envoyant dans un mauvais lieu; et c'est à sa femme qu'il tient ce langage!

Au reste, on doute fort que cette aventure soit vraie. Ces contes qu'on nous fait de jeunes et belles chrétiennes condamnées à la prostitution sont l'opposé des mœurs et des lois romaines. Une nation qui condamnait les vestales à être enterrées toutes vives pour une faiblesse n'avait garde de permettre qu'on prostituât des princesses à des soldats pour cause de religion. On pourrait mettre un événement au théâtre, si, sans être vrai, il avait été vraisemblable; mais il faudrait surtout qu'il fût noble et tragique : celui-ci est faux, ridicule et abominable. Il est tiré de ces légendes qui sont la honte de l'esprit humain.

V. 30. Et le désespérer, ce n'est pas l'acquérir.

Comme si on ne désespérait pas ce Placide, en envoyant au b..... une fille respectable qu'il veut épouser! Valens ne savait-il pas qu'on peut, avec le temps, pardonner le meurtre, et qu'on ne pardonne jamais les affronts?

V. 54. Je me saurai bientôt venger d'elle et de vous.

Voilà une impertinente créature : elle menace son mari, qui veut la venger. Si elle n'entend point de quoi il s'agit, c'est une grande sotte.

SCÈNE VII.

V. 32. Dis-lui qu'à tout le peuple on va l'abandonner
Tranche le mot enfin, que je la prostitue.

Ce vers et le mot *prostitue* présentent l'image la plus dégoûtante, la plus odieuse et la plus sale. Cela ne serait pas souffert à la foire. Voilà pourtant le nœud de la pièce. On ne sort point d'étonnement que le même homme qui a imaginé le cinquième acte de *Rodogune* ait fait un pareil ouvrage.

ACTE III.

SCÈNE I.

(*A la fin.*) Soit que vous contraigniez, pour vos dieux impuissants,
Mon corps à l'infamie ou ma main à l'encens,
Je saurai conserver, d'une âme résolue,
A l'époux sans macule, une épouse impollue.

Qui aurait jamais pu s'attendre à voir une âme résolue conserver une épouse impollue à l'époux sans macule? Jusqu'où Corneille s'est-il oublié! jusqu'à quel abaissement est-il descendu! Ce n'est pas seulement l'excès du ridicule qui étonne ici, c'est la résignation de cette bonne fille qui prend son parti d'aller dans un mauvais lieu s'abandonner à la canaille, et qui se console en songeant qu'elle n'y consentira pas.

> Dieu soit, Dieu soit, dit le saint personnage,
> Dieu soit loué! je l'ai fait sans péché[1].

SCÈNE III

V. 9.   Et lorsque vous pouviez jouir de vos dédains,
Si j'osois quelquefois les nommer inhumains,
Je les justifiois dedans ma conscience, etc.

Voilà comme Corneille parle d'amour quand il n'est pas guidé par Guillem de Castro, et quand il n'a que l'amour à faire parler; c'est le style des romans de son temps; c'est le style de ses comédies. Rien n'est plus insipide, plus bourgeois, plus dégoûtant que le langage purement amoureux, qui a déshonoré toujours le théâtre français. Racine, au moins, par la pureté de sa diction, par l'harmonie des vers, par le choix des mots, par un style aussi soigné que naturel, ennoblit un peu ce petit genre, et réchauffe la froideur de ce langage. Je ne parle pas ici de cet amour passionné, furieux, terrible, qui entre si bien dans la vraie tragédie; je parle des déclarations d'Antiochus, de Xipharès, de Pharnace, d'Hippolyte; je parle des scènes de coquetterie; je parle de ces amours plus propres à l'idylle et à la comédie qu'à la tragédie, dont il a seul soutenu la faiblesse par le charme de la poésie, et par des sentiments vrais et délicats, inconnus à tout autre qu'à lui.

V. 63. N'espérez pas, seigneur, que mon sort déplorable
Me puisse à votre amour rendre plus favorable, etc.

V. 99. L'amant si fortement s'unit à ce qu'il aime,
Qu'il en fait dans son cœur une part de lui-même.

Ce couplet de Théodore est fort beau, quoique trop long, et quoiqu'il

1. J. B. Rousseau, épigramme XXVIII du livre IV.

ACTE III, SCÈNE III.

y ait une affectation condamnable à parler d'un amant qui s'unit à ce qu'il aime si fortement, qu'il en fait une part de lui-même. Mais pourquoi Corneille a-t-il réussi dans ce morceau? C'est que les sentiments y sont grands; c'est que l'objet en serait vraiment tragique, s'il n'était pas avili par le ridicule honteux de la prostitution. Toutes les fois que Corneille a quelque chose de vigoureux à traiter, on le retrouve; mais ces beaux morceaux sont perdus.

V. 149. Mettez en sûreté ce qu'on va vous ravir.

C'est toujours l'idée de la prostitution.

V. 150. Vous n'êtes pas celui dont Dieu s'y veut servir;
Il saura bien, sans vous, en susciter un autre
Dont le bras moins puissant, mais plus saint que le vôtre,
Par un zèle plus pur se fera mon appui....

Elle est donc déjà informée que Didyme entrera dans le mauvais lieu pour sauver son honneur?

SCÈNE IV.

MARCELLE.

V. 2. . . . . Je vous suis importune
De mêler ma présence aux secrets des amants,
Qui n'ont jamais besoin de pareils truchements.

PAULIN.

Madame, on m'a forcé de puissance absolue.

MARCELLE.

L'ayant soufferte ainsi, vous l'avez bien voulue.

Il n'y a rien de plus indécent, de plus révoltant, de plus atroce, de plus bas, de plus lâche que cette Marcelle, qui vient insulter à cette prostituée. Du moins, elle devrait épargner les solécismes et les barbarismes. *On a forcé Paulin de puissance absolue, et il l'a bien voulue.*

SCÈNE V.

V. 8. Vous trouvez, je m'assure, en un si digne lieu,
Cet objet de vos vœux encor digne d'un Dieu?

Que dites-vous d'un h..... que cette dame appelle *un digne lieu?*

V. der. Allez sans plus rien craindre, ayant pour vous Marcelle.

Cette scène est une des plus étranges qui soient au théâtre français. « Rendez une visite de civilité à ma fille, sinon je vais prostituer votre maîtresse aux portefaix d'Antioche. » C'est la substance de cette scène et l'intrigue de la pièce : disons hardiment qu'il n'y a jamais rien eu de si mauvais en aucun genre; il ne faut pas ménager les fautes portées à cet excès.

ACTE IV.

SCÈNE II.

V. 16. Tout fait peur à l'amour : c'est un enfant timide.

Il ne manquait aux étonnantes turpitudes de cette pièce que la mauvaise plaisanterie du madrigal : *l'amour est un enfant timide.*

V. 21. Va, dis-lui que j'attends ici ce grand succès,
Où sa bonté pour moi paroit avec excès.

Qui aurait pu s'attendre, en voyant *Cinna* et les belles scènes des *Horaces,* que, peu d'années après, quand le génie de Corneille était dans toute sa force, il mettrait sur le théâtre une princesse qu'on envoie dans un mauvais lieu, et un amant qui dit que *l'amour est un enfant timide?*

SCÈNE IV.

V. 71. Il leur jette de l'or ensuite à pleines mains.

Comment a-t-on pu hasarder un tel récit sur le théâtre tragique ? Ce Didyme, à la vérité, n'entre dans ce lieu qu'avec une louable intention; mais le récit fait le même effet que si Didyme n'était qu'un débauché. Ce n'est pas la peine de pousser plus loin nos remarques : plaignons tout esprit abandonné à lui-même, et n'en estimons pas moins l'âme du grand Pompée et celle de Cinna.

V. der. A son zèle, de grâce, épargnez cette honte!

Voilà donc la gouvernante d'Antioche qui livre la princesse à la canaille, et la canaille se dispute à qui l'aura. Voilà un homme qui leur jette de l'argent pour avoir la préférence. Il est vrai que c'est à bonne intention; mais on ne peut le deviner, et cette bonne intention est un ridicule de plus. On a osé nommer tragédie cet étrange ouvrage, parce qu'il y a du sang répandu à la fin. Comment osons-nous, après cela, condamner les pièces de Lope de Vega et de Shakspeare? Ne vaut-il pas mieux manquer à toutes les unités que de manquer à toutes les bienséances, et d'être à la fois froid et dégoûtant?

SCÈNE V.

V. 1. Eh bien! votre parente, elle est hors de ces lieux,
Où l'on sacrifiait sa pudeur à nos dieux?
— Oui, seigneur.

On ne voit ici que l'apparence de la prostitution : l'apparence est trompeuse; mais cela ressemble à des énigmes dont les vers annoncent une ordure, et dont le mot est honnête : jeu de l'esprit, honteux, et fait pour la populace.

ACTE. IV, SCÈNE V.

V. 24. Sous l'habit de Didyme elle-même est sortie.

Je dois remarquer ici, en général, que toutes ces petites tromperies: des changements d'habits, des billets qu'on entend en un sens et qui en signifient un autre, des oracles même à double entente, des méprises de subalternes qui ont mal vu ou qui n'ont vu que la moitié d'un événement, sont des inventions de la tragédie moderne, inventions petites, mesquines, imitées de nos romans; puérilités inconnues à l'antiquité, et dont il faut couvrir la faiblesse par quelque chose de grand et de tragique, comme vous avez vu, dans *les Horaces*, la méprise d'une suivante produire les plus grands mouvements. Le vieil Horace n'est admirable que parce qu'une domestique de la maison a été trop impatiente : c'est là créer beaucoup de rien; mais, ici, c'est entasser petitesses sur petitesses.

ACTE V.

SCÈNE VIII.

V. der. Ne crains rien. Mais, ô dieux! que j'ai moi-même à craindre!

Cette fin est funeste, mais elle n'est nullement touchante. Pourquoi? Parce qu'on ne s'intéresse à personne. A quoi bon intituler *tragédie chrétienne* ce malheureux ouvrage? Supposons que Théodore fût de la religion de ses pères, Marcelle n'en es. pas moins furieuse de la perte de sa fille, que Placide a dédaignée, et qui est morte de la fièvre. Elle n'en tue pas moins Théodore; elle ne s'en tue pas moins elle-même; Placide aussi ne s'arrache pas moins la vie, et le tout aux yeux du maître de la maison, le plus imbécile qu'on ait jamais mis sur le théâtre tragique. Voilà quatre morts violentes, et tout est froid. Il ne suffit pas de répandre du sang, il faut que l'âme du spectateur soit continuellement remuée en faveur de ceux dont le sang est répandu. Ce n'est pas le meurtre qui touche, c'est l'intérêt qu'on prend aux malheureux. Jamais Corneille n'a cherché cette grande et principale partie de la tragédie; il a donné tout à l'intrigue, et souvent à l'intrigue plus embrouillée qu'intéressante. Il a élevé l'âme quelquefois; il a excité l'admiration; il a presque toujours négligé les deux grands pivots du tragique : la terreur et la pitié. Il a fait très-rarement répandre des larmes.

EXAMEN DE THÉODORE.

« La représentation de cette tragédie n'a pas eu grand éclat. »

Elle devrait avoir fait beaucoup de bruit; la prostitution avait dû révolter tout le monde. Les comédiens aujourd'hui n'oseraient représenter une pareille pièce, fût-elle parfaitement écrite.

« Placide en peut faire naître, et purger ensuite ces forts attachements d'amour qui sont cause de son malheur. »

Placide ne peut rien purger; et il serait à souhaiter que Corneille eût purgé le recueil de ses œuvres de cette infâme pièce, si indigne de se trouver avec *le Cid* et *Cinna*.

REMARQUES SUR RODOGUNE,

PRINCESSE DES PARTHES,

TRAGÉDIE REPRÉSENTÉE EN 1646.

Préface du commentateur. — *Rodogune* ne ressemble pas plus à *Pompée* que *Pompée* à *Cinna*, et *Cinna* au *Cid* : c'est cette variété qui caractérise le vrai génie. Le sujet en est aussi grand et aussi terrible que celui de *Théodore* est bizarre et impraticable.

Il y eut la même rivalité entre cette *Rodogune* et celle de Gilbert, qu'on vit depuis entre la *Phèdre* de Racine et celle de Pradon. La pièce de Gilbert fut jouée quelques mois avant celle de Corneille, en 1645 : elle mourut dès sa naissance, malgré la protection de Monsieur, frère de Louis XIII, et lieutenant général du royaume, à qui Gilbert, résident de la reine Christine, la dédia. La reine de Suède et le premier prince de France ne soutinrent point ce mauvais ouvrage, comme depuis l'hôtel de Bouillon et l'hôtel de Nevers soutinrent la *Phèdre* de Pradon.

En vain le résident présente à Son Altesse Royale, dans son épître dédicatoire, la *généreuse Rodogune, femme et mère des deux plus grands monarques de l'Asie;* en vain compare-t-il cette *Rodogune* à Monsieur, qui cependant ne lui ressemblait en rien; ce mauvais ouvrage fut oublié du protecteur et du public.

Le privilége du résident pour sa *Rodogune* est du 8 janvier 1647 : elle fut imprimée en février 1647. Le privilége de Corneille est du 17 avril 1646, et sa *Rodogune* ne fut imprimée qu'au 30 janvier 1647. Ainsi la *Rodogune* de Corneille ne parut sur le papier qu'un an, ou environ, après les représentations de la pièce de Gilbert, c'est-à-dire un an après que cette pièce n'existait plus.

Ce qui est étrange, c'est qu'on retrouve dans les deux tragédies précisément les mêmes situations, et souvent les mêmes sentiments que ces situations amènent. Le cinquième acte est différent; il est terrible et pathétique dans Corneille. Gilbert crut rendre sa pièce intéressante en rendant le dénoûment heureux, et il en fit l'acte le plus froid et le plus insipide qu'on pût mettre sur le théâtre.

On peut encore remarquer que Rodogune joue dans la pièce de Gilbert le rôle que Corneille donne à Cléopâtre, et que Gilbert a falsifié l'histoire.

Il est étrange que Corneille, dans sa préface, ne parle point d'une ressemblance si frappante. Bernard de Fontenelle, dans la *Vie de Corneille*, son oncle, nous dit que Corneille ayant fait confidence du plan de sa pièce à un ami, cet ami indiscret donna le plan au résident, qui, contre le droit des gens, vola Corneille. Ce trait est peu vraisemblable. Rarement un homme revêtu d'un emploi public se déshonore et se rend ridicule pour si peu de chose. Tous les mémoires du temps en auraient parlé; ce larcin aurait été une chose publique.

On parle d'un ancien roman de *Rodogune*; je ne l'ai pas vu : c'est, dit-on, une brochure in-8°, imprimée chez Sommaville, qui servit également au grand auteur et au mauvais. Corneille embellit le roman, et Gilbert le gâta. Le style nuisit aussi beaucoup à Gilbert; car malgré les inégalités de Corneille, il y eut autant de différence entre ses vers et ceux de ses contemporains jusqu'à Racine, qu'entre le pinceau de Michel-Ange et la brosse des barbouilleurs.

Il y a un autre roman de *Rodogune*, en deux volumes; mais il ne fut imprimé qu'en 1668 : il est très-rare et presque oublié; le premier l'est entièrement.

RODOGUNE,
TRAGÉDIE.

ACTE I.
SCÈNE I.

V. 1. Enfin ce jour pompeux, cet heureux jour nous luit,
Qui d'un trouble si long doit dissiper la nuit, etc.

A ce magnifique début, qui annonce la réunion entre la Perse et la Syrie, et la nomination d'un roi, etc., on croirait que ce sont des princes qui parlent de ces grands intérêts (quoiqu'un prince ne dise guère qu'un jour est pompeux). Ce sont malheureusement deux subalternes qui ouvrent la pièce. Corneille, dans son Examen, dit qu'on lui reprocha cette faute; il était presque le seul qui eût appris aux Français à juger. Avant lui on n'était pas difficile. Il n'y a guère de connaisseurs quand il n'y a point de modèles.

Les défauts de cette exposition sont : 1° qu'on ne sait point qui parle; 2° qu'on ne sait point de qui l'on parle; 3° qu'on ne sait point où l'on parle. Les premiers vers doivent mettre le spectateur au fait autant qu'il est possible.

V. 7. Ce grand jour est venu, mon frère, où notre reine
Doit rompre aux yeux de tous son silence obstiné.

Quelle reine? elle n'est pas nommée dans cette scène. On ne dit point que l'on soit en Syrie, et il faudrait le dire d'abord

V. 15. Mais n'admirez-vous point que cette même reine
Le donne pour époux à l'objet de sa haine?....

Sa haine se rapporte à *l'époux*, qui est le substantif le plus voisin. Cependant l'auteur entend la *haine* de Cléopâtre; ce sont de ces fautes de grammaire dans lesquelles Corneille, qui ne châtiait pas son style, tombe souvent, et dans lesquelles Racine ne tombe jamais depuis *Andromaque*.

V. 17. Et n'en doit faire un roi qu'afin de couronner
Celle que dans les fers elle aimoit à gêner?

Le mot *gêner* ne signifie parmi nous qu'*embarrasser*, *inquiéter*. Ainsi, Pyrrhus dit à Andromaque [1] : *Ah! que vous me gênez!* Il vient à la vérité originairement de *géhenne*, vieux mot tiré de la *Bible*, qui signifie *torture*, *prison*; mais jamais il n'est pris en ce dernier sens.

V. 19. Rodogune, par elle en esclave traitée,
Par elle se va voir sur le trône montée.

Cela n'est pas français. Une machine est *montée* par quelqu'un; une reine n'est pas *montée* au trône par un autre. Et *se va voir montée*, est ridicule

V. 23. Pour le mieux admirer trouvez bon, je vous prie,
Que j'apprenne de vous les troubles de Syrie.

Pour le, etc. Ce *le* ne se rapporte à rien, et *pour le mieux admirer*, est un peu du style comique. *Trouvez bon, je vous prie*, etc., tout cela ressemble trop à une conversation familière de deux domestiques qui s'entretiennent des aventures de leurs maîtres, sans aucun art.

V. 25. J'en ai vu les premiers, et me souviens encor
Des malheureux succès du grand roi Nicanor.

Succès veut dire au propre *événement heureux*; mais il est permis de dire, *malheureux*, *mauvais*, *funeste succès*.

V. 27. Quand, des Parthes vaincus pressant l'adroite fuite,
Il tomba dans leurs fers au bout de sa poursuite.

Il semble qu'il ait pressé les Parthes de fuir. L'auteur veut dire que Nicanor poursuivait les Parthes fuyants.

V. 29. Je n'ai pas oublié que cet événement
Du perfide Tryphon fit le soulèvement.

1. Acte I, scène IV. (ÉD.)

ACTE I, SCÈNE I.   17

Le spectateur ne sait pas quel est ce Tryphon; il fallait le dire.

V. 32. Il crut pouvoir saisir la couronne ébranlée.

Un empire, un trône peut être ébranlé, mais non pas une couronne. Il faut toujours que la métaphore soit juste.

V. 35. La reine, craignant tout de ces nouveaux orages,
En sut mettre à l'abri ses plus précieux gages.

En sut mettre à l'abri, est louche et incorrect. Le mot de *gages* seul n'a aucun sens que quand il signifie appointements : Il a reçu ses gages. Mais il faut dire les gages de mon hymen, pour signifier mes enfants.

V. 37. Et pour n'exposer pas l'enfance de ses fils,
Me les fit chez son frère enlever à Memphis.

Me les fit enlever, phrase louche. Elle peut signifier, *les fit enlever de mes bras*, ou *m'ordonna de les enlever*. En ce dernier sens, elle est mauvaise. *Enlever à Memphis*, est impropre. Elle les porta, les conduisit à Memphis, les cacha dans Memphis. *Enlever à Memphis*, signifie tout le contraire; *enlever à*, signifie *ôter à*, *dérober à*; *enlever le Palladium à Troie*, *enlever Hélène à Pâris*. *Élever*, au lieu d'*enlever*, ôterait toute équivoque. Peut-être y a-t-il dans la première édition une faute d'impression qui a été répétée dans toutes les autres.

V. 39. Là, nous n'avons rien su que de la renommée,
Qui, par un bruit confus diversement semée,
N'a porté jusqu'à nous ces grands renversements
Que sous l'obscurité de cent déguisements.

Il ne faudrait pas imiter cette phrase, quoique l'idée soit intelligible. On ne dit pas, *semer la renommée*, comme on dit, dans le discours familier, *semer un bruit*. *La renommée diversement semée par un bruit*, cela n'est pas français. La raison en est qu'un bruit ne sème pas, et que toute métaphore doit être d'une extrême justesse.

V. 43. Sachez donc que Tryphon, après quatre batailles,
Ayant su nous réduire à ces seules murailles;

Quelles sont ces murailles? Ne fallait-il pas d'abord nommer Séleucie? Ce sont là des fautes contre l'art, mais non un manque de génie. Cet oubli des convenances ne diminue point le mérite de l'invention.

V. 45. En forma tôt le siége.

Tôt ne se dit plus, il est devenu bas.

V. 46. Un faux bruit s'y coula touchant la mort du roi.

S'y coula n'est pas d'un style noble.

V. 51. Croyant son mari mort, elle épousa son frère.

Il semble qu'elle épousa son propre frère. Ne devait-on pas exprimer qu'elle épousa le frère de son mari? L'auteur ne devait-il pas laver cette petite équivoque avec d'autant plus de soin, qu'on pouvait épouser son frère en Perse, en Syrie, en Égypte, à Athènes, en Palestine? Ce n'est là qu'une très-légère négligence, mais il faut toujours faire voir combien il importe de parler purement sa langue et d'être toujours clair.

V. 52. *L'effet montra soudain ce conseil salutaire.*

Montrer une chose bonne ou mauvaise, utile ou dangereuse, ne signifie pas montrer que cette chose est telle, prouver qu'elle est telle. *Il montrait ses blessures mortelles*, ne dit pas, il montrait que ses blessures étaient mortelles.

V. 53. *Le prince Antiochus devenu nouveau roi.*

Ce mot *nouveau* est de trop, il gâte le sens et le vers.

V. 54. *Sembla de tous côtés traîner l'heur après soi.*

On a déjà remarqué que *l'heur* ne se dit plus; mais on ne traîne après soi ni *l'heur* ni le *bonheur*. *Traîner* donne toujours l'idée de quelque chose de douloureux ou d'humiliant : on traîne sa misère, sa honte; on traîne une vie obscure. Les rois vaincus étaient traînés au Capitole. *Et traîné sans honneur autour de nos murailles* [1]. Le mot *traîner* est encore heureusement employé pour signifier une douce violence, et alors il est mis pour *entraîner. Charmant, jeune, traînant tous les cœurs après soi* [2].

V. 56. *Sur nos fiers ennemis rejeta nos alarmes.*

Le mot est impropre. On ne rejette point des *alarmes* sur un autre, comme on rejette une faute, un soupçon, etc., sur un autre. Les *alarmes* sont dans les hommes, parmi les hommes, et non sur les hommes. On ne peut trop répéter que la propriété des termes est toujours fondée en raison.

V. 57. *Et la mort de Tryphon dans un dernier combat,*
Changeant tout notre sort, lui rendit tout l'État.

Cela ressemble à un *gendre du gouverneur de toute la province*. On est malheureusement obligé de remarquer des négligences, des obscurités, des fautes presque à chaque vers.

V. 59. *Quelque promesse alors qu'il eût faite à la mère*
De remettre ses fils au trône de leur père....

Il n'est pas dit que cette veuve de Nicanor était Cléopatre, mère des deux princes, et que le roi Antiochus avait promis de rendre la couronne aux enfants du premier lit. Le spectateur a besoin qu'on lui débrouille cette histoire. Cléopatre n'est pas nommée une seule fois

1. *Andromaque*, III, VIII. (ÉD.) — 2. *Phèdre*, II, v. (ÉD.)

dans la pièce. Corneille en donne pour raison qu'on aurait pu la confondre avec la Cléopâtre de César; mais il n'y a guère d'apparence que les spectateurs instruits, qui instruisent bientôt les autres, eussent pris cette reine de Syrie pour la maîtresse de César. Et puis, comment cet Antiochus avait-il promis de rendre le royaume aux deux princes? devaient-ils régner tous les deux ensemble? Tout cela est un peu confus dans le fond, et est exprimé confusément; plusieurs lecteurs en sont révoltés. On est plus indulgent à la représentation

V. 63. *Ayant régné sept ans, son ardeur militaire.*

Ce mot *militaire* est technique, c'est-à-dire un terme d'art; le *pas militaire*, la *discipline militaire*, l'*ordre militaire de Saint-Louis*. Il faut en poésie employer les mots *guerrière, belliqueuse*.

V. 64. *Ralluma cette guerre où succomba son frère.*

Rien ne fait mieux voir la nécessité absolue d'écrire purement, que l'erreur où jette ce mot *succomba*. Il fait croire qu'un frère d'Antiochus succomba dans cette nouvelle guerre. Point du tout; il est question du roi Nicanor qui avait succombé dans la guerre précédente; il fallait *avait succombé*. Cela seul jette des obscurités sur cette exposition. N'oublions jamais que la pureté du style est d'une nécessité indispensable.

Quand on voit que celui qui conte cette histoire s'interrompt aux *mille beaux exploits* de cet Antiochus, *craint à l'égal du tonnerre, et qui donna bataille;* cette interruption, qui laisse le spectateur si peu instruit, lui ôte l'envie de s'instruire; et il a fallu tout l'art et toutes les ressources du génie de Corneille pour renouer le fil de l'intérêt.

V. 65. *Il attaqua le Parthe, et se crut assez fort*
Pour en venger sur lui la prison et la mort.

La construction est encore obscure et vicieuse; *en* se rapporte au frère, et *lui* se rapporte au Parthe. La difficulté d'employer les pronoms et les conjonctions, sans nuire à la clarté et à l'élégance, est très-grande en français.

V. 70. *Je vous achèverai le reste une autre fois,*

est du style comique.

V. der. *Un des princes survient.*

On ne sait point quel prince, et Antiochus, ne se nommant point, laisse le spectateur incertain.

SCÈNE II.

V. 1. . . . . *Demeurez, Laonice.*

On ne sait encore si c'est Antiochus ou Séleucus qui parle. On ignore même que l'un est Antiochus, l'autre Séleucus. Il est à remarquer qu'Antiochus n'est nommé qu'au quatrième acte, à la scène troisième, et Séleucus à la scène cinquième, et que Cléopatre n'est jamais nommée. Il fallait d'abord instruire les spectateurs. Le lecteur doit sentir la difficulté extrême d'expliquer tant de choses dans une seule scène, et de les énoncer d'une manière intéressante. Mais voyez l'exposition de *Bajazet*; il y avait autant de préliminaires dont il fallait parler : cependant quelle netteté! comme tous les caractères sont annoncés! avec quelle heureuse facilité tout est développé! quel art admirable dans cette exposition de *Bajazet*!

V. 2. Vous pouvez, comme lui, me rendre un bon office.

Bon office. Jamais ce mot familier ne doit entrer dans le style tragique.

V. 3. Dans l'état où je suis, triste, et plein de souci,
Si j'espère beaucoup, je crains beaucoup aussi.

Plein de souci, n'est pas assez noble.

V. 5. Un seul mot aujourd'hui, maître de ma fortune,
M'ôte ou donne à jamais le sceptre et Rodogune.

Il vaudrait mieux qu'on sût déjà qui est Rodogune. Il est encore plus important de faire connaître tout d'un coup les personnages auxquels on doit s'intéresser, que les événements passés avant l'action.

V. 7. Et de tous les mortels ce secret révélé
Me rend le plus content ou le plus désolé.

Il semble par la phrase que ce secret ait été révélé par tous les mortels. On n'insiste ici sur ces petites fautes, que pour faire voir aux jeunes auteurs quelle attention demande l'art des vers.

V. 9. Je vois dans le hasard tous les biens que j'espère,

est impropre et louche. *Voir dans le hasard*, ne signifie pas, *Mon bien est au hasard, mon bien est hasardé*. Cette expression n'est pas française.

V. 13. Donc pour moins hasarder, j'aime mieux moins prétendre.

Donc ne doit presque jamais entrer dans un vers, encore moins le commencer. *Quoi donc* se dit très-bien, parce que la syllabe *quoi* adoucit la dureté de la syllabe *donc*.

Racine a dit[1] :

Je suis donc un témoin de leur peu de puissance.

Mais remarquez que ce mot est glissé dans le vers, et que sa rudesse est adoucie par la voyelle qui le suit. Peu de nos auteurs ont su employer cet enchaînement harmonieux de voyelles et de consonnes. Les vers les mieux pensés et les plus exacts rebutent quelquefois. On en ignore la raison ; elle vient du défaut d'harmonie.

[1]. *Andromaque*, II, II. (ÉD.)

ACTE I, SCÈNE II.

V. 14. Et pour rompre le coup que mon cœur n'ose attendre.

J'ai déjà remarqué qu'on ne rompt point un coup; on le pare, on le détourne, on l'affaiblit, on le repousse : de plus, on prononce ces mots comme *rompre le cou*; il faut éviter cette équivoque. Si l'expression *rompre un coup* est prise des jeux, comme par exemple du jeu de dés, où l'on dit, *rompre le coup*, quand on arrête les dés de son adversaire, cette figure alors est indigne du style noble.

V. 15. Lui cédant de deux biens le plus brillant aux yeux,
M'assurer de celui qui m'est plus précieux.

On est étonné d'abord qu'un prince cède un trône pour avoir une femme. Cette seule idée fit tomber *Pertharite*, qui redemandait sa propre épouse, et dont la vertu pouvait excuser cette faiblesse. Mais, dans *Pertharite*, cette cession est la catastrophe. Ici elle commence la pièce. Antiochus est déterminé par son amitié pour son frère Séleucus, ainsi que par son amour pour Rodogune. Ce qui déplaît dans *Pertharite* ne déplaît pas ici. Tout dépend des circonstances où l'auteur sait mettre ses personnages. Peut-être eût-il fallu qu'Antiochus eût paru éperdument amoureux, et qu'on s'intéressât déjà à sa passion, pour qu'on excusât davantage ce début, par lequel il renonce au trône.

V. 17. Heureux si, sans attendre un fâcheux droit d'aînesse,
Pour un trône incertain j'en obtiens la princesse.

Le mot propre, au dernier hémistiche du premier vers est *incertain*; car ce droit d'aînesse n'est point *fâcheux* pour celui qui aura le trône et Rodogune. *Fâcheux*, d'ailleurs, n'est pas noble.

V. 19. Et puis, par ce partage, épargner les soupirs.

Il faut absolument : *Et si je puis épargner des soupirs*. On dit bien, *je vous épargne des soupirs*; mais on ne peut dire, *j'épargne des soupirs*, comme on dit *j'épargne de l'argent*.

V. 20. Qui naîtroient de ma peine ou de ses déplaisirs.

Cela veut dire, *de ma peine ou de sa peine*. Les déplaisirs et la peine ne sont pas des expressions assez fortes pour la perte d'un trône.

V. 21. Va le voir de ma part, Timagène, et lui dire
Que pour cette beauté je lui cède l'empire.

Pour cette beauté, termes de comédie, et qui jettent une espèce de ridicule sur cette ambassade. Va lui dire que je lui cède l'empire pour une beauté.

V. 23. Mais porte-lui si haut la douceur de régner.

On ne porte point haut une douceur; cela est impropre, négligé, et peu français. Racine dit[1] : *Œnone, fais briller la couronne à ses yeux*. C'est ainsi qu'il faut s'exprimer.

1. *Phèdre*, III, I. (ÉD.)

V. 24. Qu'à cet éclat du trône il se laisse gagner.

Qu'il se laisse éblouir, est le mot propre; mais *se laisser gagner à un éclat* affaiblit cette belle idée.

SCÈNE III

V. 1. Et vous, en ma faveur voyez ce cher objet.

Ce cher objet n'est-il pas un peu du style de l'idylle? Le ton de la pièce n'est pas jusqu'à présent au-dessus de la haute comédie, et est trop vicieux.

SCÈNE IV.

V. 1. Seigneur, le prince vient; et votre amour lui-même
Lui peut, sans interprète, offrir le diadème.

Quel prince? le spectateur peut-il savoir si c'est Séleucus ou Antiochus? La réponse de Timagène ne semble-t-elle pas un reproche? et si ce Timagène était un homme de cœur, son discours sec ne paraîtrait-il pas signifier : « Chargez-vous vous-même d'une proposition si humiliante; dites vous-même à votre frère que vous renoncez au droit de régner? »

V. 3. Ah! je tremble, et la peur d'un trop juste refus
Rend ma langue muette et mon esprit confus.

Antiochus, qui tremble que son frère n'accepte pas l'empire, a-t-il des sentiments bien élevés? ne devrait-il pas préparer les spectateurs à cette aversion qu'il a montrée pour régner? J'ai vu de bons critiques penser ainsi. Je soumets au public leur jugement et mes doutes.

SCÈNE V.

V. 1. Vous puis-je en confiance expliquer ma pensée?

On ne sait point encore que c'est Séleucus qui parle. Il était aisé de remédier à ce petit défaut.

V. 9. .... Ce jour fatal à l'heur de notre vie
Jette sur l'un de nous trop de honte ou d'envie.

Pourquoi trop de honte? y a-t-il de la honte à n'être pas l'aîné? et s'il est honteux de ne pas régner, pourquoi céder le trône si vite?

V. 13. Mais, si vous le voulez, j'en sais bien le remède.

Ce vers est de la haute comédie. On a déjà dit que cet usage dura trop longtemps.

V. 14. Si je le veux! Bien plus, je l'apporte, et vous cède
Tout ce que la couronne a de charmant en soi.

Il paraît singulier que Séleucus ait précisément la même idée que son frère. Il y a beaucoup d'art à les représenter unis de l'amitié la plus tendre : n'y en a-t-il point un peu trop à leur faire naître en même temps une idée si contraire au caractère de tous les princes? Cela est-il bien naturel? peut-être que non. Cependant les deux frères intéressent : pourquoi? parce qu'ils s'aiment; et le spectateur voit déjà dans quel embarras ils vont se précipiter l'un et l'autre.

V. 29. Elle vaut bien un trône, il faut que je le die.
— Elle vaut à mes yeux tout ce qu'en a l'Asie.

Ces discours sont d'un style familier, et *il faut que je le die* est plus qu'inutile; car lorsqu'on se sert de ces tours, *il faut que je le dise, que je l'avoue, que j'en convienne*, c'est pour exprimer sa répugnance. *Mon ennemi a des vertus, il faut que j'en convienne. Je vais vous apprendre une chose désagréable, mais il faut que je la dise.* Antiochus n'a aucune répugnance à dire que Rodogune est préférable aux trônes de l'Asie.

V. 31. Vous l'aimez donc, mon frère? — Et vous l'aimez aussi.

Plusieurs critiques demandent comment deux frères si unis, et qui n'ont tous deux qu'un même sentiment, ont pu se cacher une passion dont l'aveu involontaire échappe à tous ceux qui l'éprouvent? Comment ne se sont-ils pas au moins soupçonnés l'un l'autre d'être rivaux? Quoi! tous deux débutent par se céder le trône pour une maîtresse! A peine serait-il permis d'abandonner son droit à une couronne pour une femme dont on serait adoré; et deux princes commencent par préférer à l'empire une femme à laquelle ils n'ont pas seulement déclaré leur amour!

C'est au lecteur à s'interroger lui-même, à se demander quel effet cette idée fait sur lui, si ce double sacrifice est vraisemblable, s'il n'est pas un peu romanesque. Mais aussi il faut considérer que ces princes ne cèdent pas absolument le trône, mais un droit incertain au trône. Voilà ce qui les justifie.

V. 39. O mon cher frère! ô nom pour un rival trop doux!

répare tout d'un coup ce que leur proposition semble avoir de trop avilissant et de trop concerté; mais ces répétitions par écho, *que ne ferais-je point contre un autre!* sont-elles assez nobles, assez tragiques, et d'un assez bon goût?

V. 45. Amour, qui doit ici vaincre de vous ou d'elle?

Cette apostrophe à l'amour est-elle digne de la tragédie?

V. 43. L'amour, l'amour doit vaincre.

Cette réponse ne sent-elle pas un peu plus l'idylle que la tragédie? Remarquez que Racine, qui a tant traité l'amour, n'a jamais dit, *l'amour doit vaincre.* Il n'y a pas une maxime pareille, même dans *Bé-*

rénice. En général, ces maximes ne touchent jamais. Tous ceux qui ont dit que Racine sacrifiait tout à l'amour, et que les héros de Corneille étaient toujours supérieurs à cette passion, n'avaient pas examiné ces deux auteurs. Il est très-commun de lire, et très-rare de lire avec fruit.

V. 47. Mais lorsqu'un digne objet a pu nous enflammer,
Qui le cède est un lâche et ne sait pas aimer.

Cette maxime n'est-elle pas encore plus convenable à un berger qu'à un prince? *Qui cède sa maîtresse est un lâche et ne sait pas aimer et qui cède un trône est un grand cœur.* Avouons que ni dans *Cyrus* ni dans *Clélie* on ne trouve point de sentences amoureuses d'une semblable afféterie. Louis Racine, fils de l'immortel Jean Racine, s'élève avec force contre ces idées dans son *Traité de la Poésie*, page 355, et ajoute : « La femme qui mérite ce grand sacrifice est cependant une femme très-peu estimable; et l'on peut remarquer que, dans les tragédies de Corneille, toutes ces femmes adorées par leurs amants sont, par les qualités de leur âme, des femmes très-communes; ce n'est que par la beauté que Cléopâtre captive César, et qu'Émilie a tout empire sur Cinna. »

Cet auteur judicieux en excepte sans doute Pauline, qui immole si noblement son amour à son devoir.

Ajoutons à cette remarque que les deux frères disent leurs secrets devant deux subalternes, et que Timagène est le confident des amours des deux frères. Comment ces deux frères, qui sont si unis, ne se sont-ils pas avoué ce qu'ils ont avoué à un domestique?

V. 65. Ces deux siéges fameux de Thèbes et de Troie....

Les citations des siéges de Troie et de Thèbes sont peut-être étrangères à ce qui se passe. Ne pourrait-on pas dire : *Non erat his exemplis, his sermonibus locus?*

V. 66. Qui mirent l'une en sang, l'autre aux flammes en proie....

On ne met point en sang une ville; on ne la met point en proie : on la livre, on l'abandonne en proie.

V. 74. Tout va choir en ma main, ou tomber dans la vôtre.

Le mot de *choir*, même du temps de Corneille, ne pouvait être employé pour tomber en partage.

V. 81. Que de sources de haine! hélas! jugez le reste.

Jugez du reste, était l'expression propre; mais elle n'en est pas plus digne de la tragédie. Juger quelque chose, c'est porter un arrêt; juger de quelque chose, c'est dire son sentiment.

V. 89. Ainsi ce qui jadis perdit Thèbes et Troie,
Dans nos cœurs mieux unis ne versera que joie.

Ne versera que joie, ne se dirait pas aujourd'hui, et c'était même alors une faute ; on ne verse point joie. La scène est belle pour le fond, et les sentiments l'embellissent encore.

On demande à présent un style plus châtié, plus élégant, plus soutenu : on ne pardonne plus ce qu'on pardonnait à un grand homme qui avait ouvert la carrière, et c'est à présent surtout qu'on peut dire :

Sans la langue, en un mot, l'auteur le plus divin
Est toujours, quoi qu'il fasse, un méchant écrivain[1].

Quand des pièces romanesques réussissent de nos jours au théâtre par les situations, si elles fourmillent de barbarismes, d'obscurités, de vers durs, elles sont regardées par les connaisseurs comme de très-mauvais ouvrages. Je crois que, malgré tous ses défauts, cette scène doit toujours réussir au théâtre. L'amitié tendre des deux frères touche d'abord. On excuse leur dessein de céder le trône, parce qu'ils sont jeunes, et qu'on pardonne tout à la jeunesse passionnée et sans expérience ; mais surtout parce que leur droit au trône est incertain. La bonne foi avec laquelle ces princes se parlent doit plaire au public. Leurs réflexions, que Rodogune doit appartenir à celui qui sera nommé roi, forment tout d'un coup le nœud de la pièce ; et le triomphe de l'amitié sur l'amour et sur l'ambition finit cette scène parfaitement.

SCÈNE VI.

V. 1. *Peut-on plus dignement mériter la couronne ?*

Mériter plus dignement, signifie à la lettre, *être digne plus dignement*. C'est un pléonasme, mais la faute est légère.

V. 5. *Mais, de grâce, achevez l'histoire commencée.*
— *Pour la reprendre donc où nous l'avons laissée...*.

Ces discours de confidents, cette histoire interrompue et recommencée, sont condamnés universellement.

Tous deux débrouillant mal une pénible intrigue,
D'un divertissement me font une fatigue[2].

V. 12. *Si bien qu'Antiochus*, etc.

Si bien que, *tôt après*, *piqué jusqu'au vif*, expressions trop familières qu'il faut éviter.

V. 24. *Il alloit épouser la princesse sa sœur.*

Sœur de qui ? ce n'est pas de Cléopâtre, c'est de Rodogune. Elle est nommée, dans la liste des personnages, sœur de Phraates, roi des Parthes ; on n'est pas plus instruit pour cela, et le nom de Phraates n'est pas prononcé dans la pièce.

1. Boileau, *Art poétique*, I, 161-162. (Éd.) — 2. *Id. ibid.*, I'I, 31-32. (Éd.)

V. 25. C'est cette Rodogune où l'un et l'autre frère
Trouve encor les appas qu'avoit trouvés leur père.

Cet *encor* semble dire que Rodogune a conservé sa beauté, que les deux fils la trouvent aussi belle que le père l'avait trouvée. *Le théâtre*, qui permet l'amour, ne permet point qu'on aime une femme uniquement parce qu'elle est belle. Un tel amour n'est jamais tragique.

V. 27. La reine envoie en vain pour se justifier.

Ce tour n'est pas assez élégant; il est un peu de gazette.

V. 36. Soit qu'ainsi cet hymen eût plus d'autorité.

On ne voit pas ce que c'est que l'*autorité* d'un hymen, ni pourquoi ce second mariage eût été plus respectable en présence de l'épouse répudiée, ni pourquoi cette insulte à Cléopatre eût mieux assuré le trône aux enfants d'un second lit.

V. 41. ...Un gros escadron de Parthes pleins de joie
Conduit ces deux amants, et court comme à la proie.

Plaignons ici la gêne où la rime met la poésie. Ce *plein de joie* est pour rimer à *proie*; et *comme à la proie*, est encore une faute; car pourquoi ce *comme?*

V. 43. La reine, au désespoir de ne rien obtenir,
Se résout de se perdre.........

Se résout de se perdre, est un solécisme. Je me résous à, je résous de. Il s'est résolu à mourir. Il a résolu de mourir.

V. 47. Et changeant à regret son amour en horreur,
Elle abandonne tout à sa juste fureur.

On peut faire la guerre, se venger, commettre un crime à regret; mais on n'a point de l'horreur à regret.

V. 50. Se mêle dans les coups, porte partout sa rage.

Il valait mieux dire, *se mêle aux combattants*.

V. 57. La reine à la gêner prenant mille délices....

On prend plaisir, et non des délices, à quelque chose; et on n'en prend point mille.

V. 58. Ne commettoit qu'à moi l'ordre de ses supplices.

Il fallait *le soin de ses supplices*; on ne commet point un ordre.

V. 59. Mais, quoi que m'ordonnât cette âme tout en feu,
Je promettois beaucoup et j'exécutois peu.

Âme tout en feu, expression triviale pour rimer à *peu*. Dans quelle contrainte la rime jette!

V. 61. Le Parthe, cependant, en jure la vengeance.

ACTE I, SCÈNE VI.

Cet *en* est mal placé; il semble que le Parthe jure la vengeance du *peu*.

V. 62. Sur nous à main armée il fond en diligence;

expression trop commune.

V. 65. Il veut fermer l'oreille, enflé de l'avantage.

Ce mot indéfini *de l'avantage* ne peut être admis ici; il faut *de cet avantage*, ou *de son avantage*.

V. 67. Enfin il craint pour elle, et nous daigne écouter;
Et c'est ce qu'aujourd'hui l'on doit exécuter.

Cela est louche et obscur. Il semble qu'on aille exécuter ce qu'on a écouté.

V. 71. Rodogune a paru, sortant de sa prison,
Comme un soleil levant dessus notre horizon.
Le Parthe a décampé;

expressions trop négligées : mais il y a un grand germe d'intérêt dans la situation que Timagène expose. Il eût été à désirer que les détails eussent été exprimés avec plus d'élégance; on a remarqué déjà que Racine est le premier qui ait eu ce talent.

V. 75. D'un ennemi cruel il s'est fait notre appui.

Il fallait *d'ennemi qu'il était. Je me fais votre ami d'un ennemi*, n'est pas français. On pourrait dire, *d'un ennemi je suis devenu un ami*.

V. 76. La paix finit la haine.

La haine finit; on ne la finit pas.

V. 85. Vous me trouvez mal propre à cet confidence.

Mal propre ne doit pas entrer dans le style noble; et que Timagène soit propre ou non à une confidence, c'est un trop petit objet.

V. 86. Et peut-être à dessein je la vois qui s'avance.

A quel dessein?

V. 87. Adieu, je dois au rang qu'elle est prête à tenir
Du moins la liberté de vous entretenir.

Timagène doit du respect à Rodogune, indépendamment de ce mariage, et il doit se retirer quand elle veut parler à sa confidente.

SCÈNE VII.

V. 1. Je ne sais quel malheur aujourd'hui me menace,
Et coule dans ma joie une secrète glace.

Coule une glace n'est pas du style noble, et la glace ne coule point.

V. 3. Je tremble, Laonice, et te voulois parler,
Ou pour chasser ma crainte, ou pour m'en consoler.

Cet *en* se rapporte à la *crainte* par la phrase; il semble qu'elle veuille se consoler de sa crainte. Il faut éviter soigneusement ces amphibologies.

V. 7. La fortune me traite avec trop de respect.

La fortune ne traite point avec respect; toutes ces expressions impropres, hasardées, lâches, négligées, employées seulement pour la rime, doivent être soigneusement bannies.

V. 9. L'hymen semble à mes yeux cacher quelque supplice,
Le trône sous mes pas creuser un précipice.

La poésie française marche trop souvent avec le secours des antithèses, et ces antithèses ne sont pas toujours justes. Comment *un hymen cache-t-il un supplice?* comment *un trône creuse-t-il un précipice?* Le précipice peut être creusé sous ce trône, et non par lui.

L'antithèse *des premiers fers et des nouveaux, des biens et des maux*, vient ensuite. Cette figure tant répétée est une puérilité dans un rhéteur, à plus forte raison dans une princesse.

V. 14. La paix qu'elle a jurée en a calmé la haine.

On ne doit jamais se servir de la particule *en* dans ce cas-ci. Il fallait, *la paix qu'elle a jurée a dû calmer sa haine*. Cet *en* n'est pas français. On ne dit point, *j'en crains le courroux, j'en vois l'amour*, pour *je crains son courroux, je vois son amour*.

V. 16. La paix souvent n'y sert que d'un amusement.

Ces réflexions générales et politiques sont-elles d'une jeune femme? Qu'est-ce que la paix qui sert d'amusement à la haine?

V. 17. Et dans l'état où j'entre, à te parler sans feinte.

On n'entre point dans un état; cela est prosaïque et impropre.

V. 18. Elle a lieu de me craindre, et je crains cette crainte.

Cela ressemble trop à un vers de parodie.

V. 19. Non qu'enfin je ne donne au bien des deux États
Ce que j'ai dû de haine à de tels attentats.

Elle n'a point parlé de ces attentats : l'auteur les a en vue, il répond à son idée ; mais Rodogune, par ce mot *tels*, suppose qu'elle a dit ce qu'elle n'a point dit. Cependant le spectateur est si instruit des attentats de Cléopâtre, qu'il entend aisément ce que Rodogune veut dire. Je ne remarque cette négligence, très-légère, que pour faire voir combien l'exactitude du style est nécessaire.

ACTE I, SCÈNE VII. 29

V. 22. Mais une grande offense est de cette nature,
Que toujours son auteur impute à l'offensé
Un vif ressentiment dont il le croit blessé ;

maxime toujours trop générale ; dissertation politique qui est un peu longue, et qui n'est pas exprimée avec assez d'élégance et de force. *De cette nature que, jamais ne s'y fie*, etc. ; il vaut toujours mieux faire parler le sentiment ; c'est là le défaut ordinaire de Corneille. Rodogune se plaignant de Cléopâtre, et exprimant ce qu'elle craint d'un tel caractère, ferait bien plus d'effet qu'une dissertation. Peut-être que Corneille a voulu préparer un peu par ce ton politique la proposition atroce que fera Rodogune à ses amants ; mais aussi toutes ces sentences, dans le goût de Machiavel, ne préparent point aux tendresses de l'amour, et à ce caractère d'innocence timide que Rodogune prendra bientôt. Cela fait voir combien cette pièce était difficile à faire, et de quel embarras l'auteur a eu à se tirer.

V. 24. Un vif ressentiment dont il le croit blessé.

Blessé d'un ressentiment ! une injure blesse, et le ressentiment est la blessure même.

V. 31. Vous devez oublier un désespoir jaloux,
Où força son courage un infidèle époux.

Oublier un désespoir ! et un désespoir jaloux, où un infidèle époux a forcé son courage ! Presque toutes les scènes de ce premier acte sont remplies de barbarismes, ou de solécismes intolérables : est-ce là l'auteur des belles scènes de *Cinna*?

V. 39. Quand je me dispensois à lui mal obéir....

n'est pas français. On se dispense d'une chose, et non à une chose.

V. 41. Peut-être qu'en son cœur, plus douce et repentie,
Elle en dissimuloit la meilleure partie.

Repentie ne l'est pas non plus, du moins aujourd'hui. On ne peut pas dire cette princesse *repentie :* mais pourquoi n'emploierions-nous pas une expression nécessaire dont l'équivalent est reçu dans toutes les langues de l'Europe?

V. 47. Et si de cet amour je la voyois sortir,
Je jure de nouveau de vous en avertir.

Sortir d'un amour! de telles impropriétés, de telles négligences révoltent trop l'esprit du lecteur.

V. 49. Vous savez comme quoi je vous suis tout acquise.

Comme quoi ne se dit pas davantage, et *tout acquise* est du style comique.

V. 57. Comme ils ont même sang avec pareil mérite....

Avoir même sang, est encore un barbarisme : ils sont du même sang, ils sont nés, formés du même sang. Il y avait plus d'une manière de se bien exprimer.

V. 58. Un avantage égal pour eux me sollicite.

Un avantage ne sollicite point, et il n'y a point d'avantage dans l'égalité.

V. 61. Il est des nœuds secrets, il est des sympathies [1],
Dont par le doux rapport les âmes assorties
S'attachent l'une à l'autre, et se laissent piquer
Par ces je ne sais quoi qu'on ne peut expliquer.

C'est toujours le poëte qui parle; ce sont toujours des maximes : la passion ne s'exprime point ainsi. Ces vers sont agréables, quoique *dont par le doux rapport* ne soit point français; mais *ces âmes qui se laissent piquer*, *ces je ne sais quoi*, appartiennent plus à la haute comédie qu'à la tragédie. Ces vers ressemblent à ceux de *la Suite du Menteur*[2]: *Quand les ordres du ciel nous ont faits l'un pour l'autre*, comme on l'a déjà remarqué. Cependant ces quatre vers, tout éloignés qu'ils sont du style de la véritable tragédie, furent toujours regardés comme un chef-d'œuvre du développement du cœur humain, avant qu'on vît les chefs-d'œuvre véritables de Racine en ce genre.

V. 69. Étrange effet d'amour! incroyable chimère!

Elle voudrait bien être à Séleucus, si elle n'aimait pas Antiochus; ce n'est pas là une chimère incroyable : mais cet examen, cette dissertation, cette comparaison de ses sentiments pour les deux frères, ne sont-ils pas l'opposé de la tragédie?

V. 73. Ne pourrai-je servir une si belle flamme?

N'est-ce pas là un discours de soubrette?

V. 74. Ne crois pas en tirer le secret de mon âme.

Tirer n'est pas noble; cet *en* rend la phrase incorrecte et louche.

V. 79. L'hymen me le rendra précieux à son tour

A son tour, est de trop; mais il faut rimer au mot *amour*. Cette gêne extrême se fait sentir à tout moment.

V. 81. Sans crainte qu'on reproche à mon humeur forcée
Qu'un autre qu'un mari règne sur ma pensée.

Ces vers sont dans le style comique. Racine seul a su ennoblir ces sentiments qui demandent les tours les plus délicats.

V. 84. Que ne puis-je à moi-même aussi bien le cacher!

est d'une jeune fille timide et vertueuse qui craint d'aimer. C'est au lecteur à voir si cette timide innocence s'accorde avec ces maximes de

---

1. Sur ces vers, voy. ci-dessus. — 2. Acte IV, scène 1. (ÉD.)

politique que Rodogune a étalées, et surtout avec la conduite qu'elle aura.

V. 85. *Quoi que vous me cachiez, aisément je devine,*

est d'une soubrette.

V. 88. *Ma rougeur trahiroit les secrets de mon cœur.*

Remarquez que tous les discours de Rodogune sont dans le caractère d'une jeune personne qui craint de s'avouer à elle-même les sentiments tendres et honnêtes dont son cœur est touché. Cependant Rodogune n'est point jeune; elle épousa Nicanor lorsque les deux frères étaient en bas âge; ils ont au moins vingt ans. Cette rougeur, cette timidité, cette innocence, semblent donc un peu outrées pour son âge; elles s'accordent peu avec tant de maximes de politique; elles conviennent encore moins à une femme qui bientôt demandera la tête de sa belle-mère aux enfants mêmes de cette belle-mère.

ACTE II.

SCÈNE I.

V. 1. *Serments fallacieux, salutaire contrainte,*
Que m'imposa la force, et qu'accepta ma crainte!
Heureux déguisements d'un immortel courroux,
Vains fantômes d'État, évanouissez-vous.

Corneille reparaît ici dans toute sa pompe. L'éloquent Bossuet est le seul qui se soit servi après lui de cette belle épithète, *fallacieux!* Pourquoi appauvrir la langue? un mot consacré par Corneille et Bossuet peut-il être abandonné?

Salutaire contrainte! Il est difficile d'expliquer comment une salutaire contrainte est un vain fantôme d'État. Il manque là un peu de netteté et de naturel.

V. 7. *Semblables à ces vœux dans l'orage formés,*
Qu'efface un prompt oubli quand les flots sont calmés.

Une comparaison directe n'est point convenable à la tragédie. Les personnages ne doivent point être poètes; la métaphore est toujours plus vraie, plus passionnée. Il serait mieux de dire: *Mes vœux, formés dans l'orage, sont oubliés quand les flots sont calmés;* mais il faudrait le dire dans d'aussi beaux vers.

V. 10. *Recours des impuissants, haine dissimulée,*
Digne vertu des rois, noble secret de cour,
Éclatez, il est temps.

Cela paraît un peu d'un poète qui cherche à montrer qu'il la cour; mais une reine ne s'exprime point ainsi. *Recours des impuissants,* paraît un défaut dans ce monologue noble et mâle ; car un recours d'impuissants n'est pas une digne vertu des rois. La reine n'est point ici impuissante, puisqu'elle dit que le Parthe est éloigné, et qu'elle n'a rien à craindre. *Recours des impuissants, éclatez*, est une contradiction ; car ce recours est *la haine dissimulée*, la dissimulation ; et c'est précisément ce qui n'éclate pas. Le sens de tout cela est, *cessons de dissimuler, éclatons ;* mais ce sens est noyé dans des paroles qui semblent plus pompeuses que justes. *Secret de cour*, ne peut se dire comme on dit : *Homme de cour, habit de cour.*

V. 13. Montrons-nous toutes deux, non plus comme sujettes.

Qui sont ces deux ? est-ce la haine dissimulée et Cléopatre ? Voilà un assemblage bien extraordinaire ! Comment Cléopatre et sa haine sont-elles deux ? comment sa haine est-elle *sujette ?* C'est bien dommage que de si beaux morceaux soient si souvent défigurés par des tours si alambiqués.

V. 17. Je hais, je règne encor. Laissons d'illustres marques
En quittant, s'il le faut, ce haut rang des monarques.

Je hais, je règne encor, est un coup de pinceau bien fier ; mais *laissons d'illustres marques*, est faible : on laisse des marques de quelque chose. *Marques* n'est là qu'un mot impropre pour rimer à *monarques.* Plût à Dieu que du temps de Corneille un Despréaux eût pu l'accoutumer à faire des vers difficilement !

Haut rang des monarques. Haut rang suffisait, *des monarques* est de trop. La rime subjugue souvent le génie, et affaiblit l'éloquence.

V. 19. Faisons-en avec gloire un départ éclatant,

est barbare ; *faire un départ* n'est pas français ; *en avec* révolte l'oreille : mais si elle n'a rien à craindre, comme elle le dit, pourquoi quitterait-elle le trône ? Elle commence par dire qu'elle ne veut plus dissimuler, qu'elle veut tout oser.

V. 21. C'est encor, c'est encor cette même ennemie...
Dont la haine, à son tour, croit me faire la loi,
Et régner par mon ordre et sur vous et sur moi.

A quoi se rapporte ce *vous ?* Il ne peut se rapporter qu'au recours des impuissants ; à cette haine dissimulée dont elle a parlé treize vers auparavant ; elle s'entretient donc avec sa haine dans ce monologue. Convenons que cela n'est point dans la nature. Il régnait dans ce temps-là un faux goût dans toute l'Europe, dont on a eu beaucoup de peine à se défaire. Ces apostrophes à ses passions, ces jeux d'esprit, ces efforts qu'on faisait pour ne pas parler naturellement, étaient à la mode en Italie, en Espagne, en Angleterre. Corneille, dans les moments de passion, se livra rarement à ce défaut ; mais il s'y laissa souvent entraîner dans les morceaux de déclamation. Le reste du monologue est plein de force.

SCÈNE II.

V. 1.   Laonice, vois-tu que le peuple s'apprête
       Au pompeux appareil de cette grande fête?

S'apprête à l'appareil, est encore un barbarisme.

V. 5.   L'un et l'autre fait voir un mérite si rare,
       Que le souhait confus entre les deux s'égare

Le souhait confus n'est pas français.

V. 7.   Et ce qu'en quelques-uns on voit d'attachement....

Cela forme un concours de syllabes trop dures.

V. 8.   N'est qu'un faible ascendant du premier mouvement

est impropre; *l'ascendant* veut dire la supériorité; un mouvement n'a pas d'ascendant. On ne peut s'exprimer ni avec moins d'élégance, ni avec moins de correction, ni avec moins de netteté.

V. 9.   Ils penchent d'un côté, prêts à tomber de l'autre

ne signifie pas ce que l'auteur veut dire, *se déclarer pour un des deux princes;* le mot *tomber* est impropre; il ne signifie jamais qu'une chute, excepté dans cette phrase, *je tombe d'accord.*

V. 15. Pour un esprit de cour et nourri chez les grands,
       Tes yeux dans leurs secrets sont bien peu pénétrants;

n'est pas le langage d'une reine. *Esprit de cour*, est une expression bourgeoise; d'ailleurs, pourquoi Cléopâtre dit-elle tout cela à sa confidente? Elle ne l'emploie à rien; et pour une si grande politique, Cléopâtre paraît bien imprudente de dire ainsi son secret inutilement.

V. 18. Si je cache en quel rang le ciel les a fait naître....

C'est ainsi qu'on s'exprimerait, si on voulait dire qu'ils ignorent leurs parents. Mais *je cache leur rang* n'exprime pas *je cache qui des deux a le droit d'aînesse;* et c'est ce dont il s'agit.

V. 23. Cependant je possède, et leur droit incertain
       Me laisse avec leur sort leur sceptre dans la main.

Je possède demande un régime; *jouir* est neutre quelquefois; *posséder* ne l'est pas : cependant je crois que cette hardiesse est très-permise, et fait un bel effet.

V. 25. Voilà mon grand secret. Sais-tu par quel mystère
       Je les laissois tous deux en dépôt chez mon frère?

Il semble que Cléopâtre se fasse un petit plaisir de faire valoir ses méchancetés à une fille qu'elle regarde comme un esprit peu éclairé. On ne doit jamais faire de confidences qu'à ceux qui peuvent nous servir dans ce qu'on leur confie, ou à des amis qui arrachent un secret.

V. 32. Quand je le menaçois du retour de mes fils,
Voyant ce foudre prêt à suivre ma colère....

Ce foudre, peut-il convenir à des enfants en bas âge?

V. 34. Quoi qu'il me plût oser, il n'osoit me déplaire.

Toute répétition qui n'enchérit pas doit être évitée.

V. 37. Je te dirai bien plus : sans violence aucune
J'aurois vu Nicanor épouser Rodogune.

Cet *aucune* à la fin d'un vers n'est toléré que dans la comédie. On peut voir une chose sans colère, sans dépit, sans ressentiment. Le mot de *violence* n'est pas le mot propre.

V. 41. Son retour me fâchoit plus que son hyménée.

Ce mot *fâcher* ne doit jamais entrer dans la tragédie.

V. 42. Et j'aurois pu l'aimer, s'il ne l'eût couronnée.

Il ne l'a point couronnée, il a voulu la couronner; ou s'il l'a épousée en effet, Rodogune veut donc épouser le fils de son mari. Cette obscurité n'est point éclaircie dans la pièce.

V. 43. Tu vis comme il y fit des efforts superflus;
Je fis beaucoup alors et ferois encor plus.

Il y fit des efforts; je fis beaucoup alors, et ferais encor plus. Que de négligences!

V. 45. S'il étoit quelque voie, infâme ou légitime,
Que m'enseignât la gloire, ou que m'ouvrît le crime....

Infâme est trop fort. Un défaut trop commun au théâtre avant Racine, était de faire parler les méchants princes comme on parle d'eux, de leur faire dire qu'ils sont méchants et exécrables ; cela est trop éloigné de la nature. De plus, comment une voie infâme est-elle enseignée par la gloire? elle peut l'être par l'ambition. Enfin, quel intérêt a Cléopatre de dire tant de mal d'elle-même?

V. 47. Qui me pût conserver un bien que j'ai chéri
Jusqu'à verser pour lui tout le sang d'un mari.

Ce *pour lui* gâte la phrase, aussi bien que le *que*, *qui*. Verser du sang pour un bien!

V. 49. Dans l'état pitoyable où m'en réduit la suite....

C'est la suite du sang qu'elle a versé. Cela n'est pas net; et cet *en* n'est pas heureusement placé.

V. 50. Délice de mon cœur, il faut que je te quitte....
L'amour que j'ai pour toi tourne en haine pour elle.
Autant que l'un fut grand, l'autre sera cruelle.

Ce sont des expressions faites pour la tendresse, et non pour le trône. Un amour du trône qui se tourne en haine pour Rodogune, et l'un qui est grand, l'autre cruelle, tout cela n'est nullement dans la nature, et l'expression n'en vaut pas mieux que le sentiment.

V. 51. On m'y force, il le faut.

Ne faudrait-il pas expliquer comment elle est forcée à résigner la couronne, puisqu'elle vient de dire qu'elle n'a rien à craindre, que le péril est passé? ne devrait-elle pas dire seulement, *on l'exige, je l'ai promis?*

V. 53. L'amour que j'ai pour toi tourne en haine pour elle.

L'amour du trône fait sa haine pour Rodogune, mais ne tourne point en haine.

V. 54. Autant que l'un fut grand, l'autre sera cruelle.

La poésie n'admet guère ces *l'un* et *l'autre*.

V. 55. Et puisqu'en te perdant j'ai sur qui me venger,
Ma perte est supportable, et mon mal est léger.

Comment peut-elle dire que la perte d'un rang qui la rend forcenée lui sera supportable?

V. 57. Quoi! vous parlez encor de vengeance et de haine
Pour celle dont vous-même allez faire une reine?

La particule *pour* ne peut convenir à *vengeance*. On n'a point de vengeance pour quelqu'un.

V. 61. N apprendras-tu jamais, âme basse et grossière,
A voir par d'autres yeux que les yeux du vulgaire?

Ce n'est point cette confidente qui est grossière : n'est-ce pas Cléopatre qui semble le devenir en parlant à une dame de sa cour comme on parlerait à une servante dont l'imbécillité mettrait en colère? et ici c'est une reine qui confie des crimes à une dame épouvantée de cette confidence inutile. Elle appelle cette dame *grossière*. En vérité cela est dans le goût de la comtesse d'Escarbagnas, qui appelle sa femme de chambre *bouvière*[1].

V. 63. Toi qui connois ce peuple, et sais qu'aux champ de Mars
Lâchement d'une femme il suit les étendards,
Que sans Antiochus Tryphon m'eût dépouillée,
Que sous lui son ardeur fut soudain réveillée.

Il semble que ce soit l'ardeur d'Antiochus. Il s'agit de celle du peuple. Et qu'est-ce qu'une ardeur réveillée sous quelqu'un?

V. 67. Ne saurois-tu juger que, si je nomme un roi,
C'est pour le commander et combattre pour moi?

1. Scène V. (Éd.)

On commande une armée, on commande à une nation. On ne commande point un homme, excepté lorsqu'à la guerre un homme est commandé par un autre pour être de tranchée, pour aller reconnaître, pour attaquer. *Pour le commander et combattre* n'est pas français : elle veut dire, *pour que je lui commande et qu'il combatte pour moi*. Ces deux *pour* font un mauvais effet.

V. 69. J'en ai le choix en main avec le droit d'aînesse

Avoir un choix en main, n'est ni régulier ni noble.

V. 70. Et puisqu'il en faut faire un aide à ma faiblesse....

Un aide à ma faiblesse, est du style familier.

V. 71. Que la guerre sans lui ne peut se rallumer,
J'userai bien du droit que j'ai de le nommer.

Sans lui; elle entend, *sans que je fasse un roi.*

V. 73. On ne montera point au rang dont je dévale....

Dévaler est trop bas, mais il était encore d'usage du temps de Corneille.

V. 74. Qu'en épousant ma haine, au lieu de ma rivale.

Épouser une haine au lieu d'une femme, est un jeu de mots, une équivoque qu'il ne faut jamais imiter.

V. 75. Ce n'est qu'en me vengeant qu'on me le peut ravir.

Ce *le* se rapporte au rang, qui est trop loin.

V. 77. Je vous connoissois mal.

Ce mot devrait, ce semble, faire rentrer Cléopâtre en elle-même, et lui faire sentir quelle imprudence elle commet d'ouvrir sans raison une âme si noire à une personne qui en est effrayée.

V. 77. . . . . .Connois-moi tout entière,

paraît d'une femme qui veut toujours parler, et non pas d'une reine habile. Car quel intérêt a-t-elle à vouloir se donner pour un monstre à une femme étonnée de ces étranges aveux?

V. 83. Beaucoup dans ma vengeance ayant fini leurs jours....

est une phrase obscure et qui n'est pas française. On ne sait si sa vengeance les a fait périr ou s'ils sont morts en voulant la venger; et *beaucoup d'une troupe* n'est pas français.

V. 84. M'exposoient à son frère, et foible et sans secours.

Quel était ce frère? on ne l'a point dit. Voilà, je crois, bien des fautes; et cependant le caractère de Cléopâtre est imposant, et excite un très-grand intérêt de curiosité: le spectateur est comme la confidente, il apprend de moment en moment des choses dont il attend la suite.

SCÈNE III.

V. 1. . . . . Enfin voici le jour....
Où je puis voir briller sur une de vos têtes
Ce que j'ai conservé parmi tant de tempêtes,
Et vous remettre un bien, après tant de malheurs,
Qui m'a coûté pour vous tant de soins et de pleurs.

Il faut éviter ces répétitions, à moins qu'on ne les emploie comme une figure, comme un trope qui doit augmenter l'intérêt; mais ici ce n'est qu'une négligence.

V. 17. Il fallut satisfaire à son brutal désir....

Brutal désir, est bas, et convient à tout autre chose qu'au désir d'avoir un roi.

V. 18. Et de peur qu'il n'en prît, il m'en fallut choisir.

Il faut, dans la rigueur, *de peur qu'il n'en prît un*, parce qu'il s'agit ici d'un roi, et non pas d'un nom générique.

V. 19. Pour vous sauver l'État que n'eussé-je pu faire!

n'est pas français. On ne peut dire, *je vous sauvai l'État*, le peuple, la nation, au lieu de, *je conservai vos droits*. On dit, *je vous ai sauvé votre fortune*, parce que cette fortune vous appartenait, vous la perdiez sans moi: *j'ai sauvé l'État*, mais non, *je vous ai sauvé l'État*.

V. 23. Mais à peine son bras en relève la chute,
Que par lui de nouveau le sort me persécute.

On ne relève point une chute; on relève un trône tombé. Le reste du discours de Cléopâtre est très-artificieux, et plein de grandeur. Il semble que Racine l'ait pris en quelque chose pour modèle du grand discours d'Agrippine à Néron; mais la situation de Cléopâtre est bien plus frappante que celle d'Agrippine; l'intérêt est beaucoup plus grand, et la scène bien autrement intéressante.

V. 37. Passons; je ne me puis souvenir sans trembler
Du coup dont j'empêchai qu'il nous pût accabler.

Il semble, par cette phrase, que Cléopâtre trembla du coup que voulait porter Nicanor, et qu'elle l'empêcha de porter ce coup; elle veut dire le contraire.

V. 54. Je me crus tout permis pour garder votre bien.

Il fallait, pour *vous garder votre bien*.

V. 63. Jusques ici, madame, aucun ne met en doute
Les longs et grands travaux que notre amour vous coûte, etc.

Ce discours d'Antiochus est d'une bienséance qui lui gagne tous les cœurs.

S'il y a *notre amour* (toutes les éditions le portent), c'est un barbarisme. *Notre amour* ne peut jamais signifier l'amour que vous avez pour nous. S'il y a *votre amour*, il peut signifier l'amour de Cléopatre pour ses enfants.

V. 65. Et nous croyons tenir des soins de cet amour
Ce doux espoir du trône aussi bien que le jour.

Un doux espoir du trône qu'on tient du soin d'un amour!

V. 71. Ce sont fatalités dont l'âme embarrassée....

Il faudrait au moins *des fatalités*. Mais des *fatalités* dont l'âme est embarrassée! Une femme qui débute, sans raison, par avouer à ses enfants qu'elle a tué leur père, doit leur causer plus que de l'embarras.

V. 72. A plus qu'elle ne veut se voit souvent forcée.

Souvent est de trop.

V. 73. Sur les noires couleurs d'un si triste tableau
Il faut passer l'éponge ou tirer le rideau.

On sent assez que cette alternative d'*éponge* et de *rideau* fait un mauvais effet. Il ne faut employer l'alternative que quand on propose le choix de deux partis; mais on ne propose point, en parlant à sa reine et à sa mère, le choix de deux expressions. De plus, ces expressions un peu triviales ne sont pas dignes du style tragique. Il en faut dire autant de la *suite que le ciel destine à ces noires couleurs*.

V. 75. Et quelque suite enfin que le ciel te destine,
J'en rejette l'idée.

Le ciel qui destine une suite!

V. 87. J'ajouterai, madame, à ce qu'a dit mon frère....

Séleucus ne parle pas si bien que son frère; L dit, *j'ajouterai*, et il n'ajoute rien.

V. 88. Que bien qu'avec plaisir et l'un et l'autre espère....

Que bien qu'avec est trop rude à l'oreille. On ne dit point, *et l'un et l'autre*, à moins que le premier *et* ne lie la phrase.

V. 89. L'ambition n'est pas notre plus grand désir.

L'ambition est une passion et non un désir.

V. 91. Et c'est bien la raison que pour tant de puissance
Nous vous rendions du moins un peu d'obéissance.

C'est bien la raison, est du style de la comédie. *Pour tant de puissance*, ne forme pas un sens net : est-ce pour la puissance de la reine? est-ce pour la puissance de ses enfants qui n'en ont aucune? est-ce pour celle qu'aura l'un d'eux?

V. 99. Elle passe à vos yeux pour la même infamie,
S'il faut la partager avec votre ennemie....

Ces vers ne forment aucun sens; la honte passe à vos yeux pour la même infamie, si un indigne hymen la fait retomber sur celle qui venait, etc. Le défaut vient principalement de *la même infamie*, qui n'est pas français, et de ce que ce pronom *elle*, qui se rapporte par le sens à *couronne*, est joint à *honte* par la construction.

V. 101. Et qu'un indigne hymen la fasse retomber
Sur celle qui venoit pour vous la dérober, etc.

Est-il vraisemblable que Cléopatre n'ait pas soupçonné que ses enfants pouvaient aimer Rodogune? peut-elle imaginer qu'ils ne veulent point régner avec Rodogune, parce que leur père a voulu autrefois l'épouser? Rodogune sera-t-elle autre chose que femme de roi? celui qui régnera tiendra-t-il d'elle la couronne? doit-elle s'écrier : *O mère trop heureuse!* cet artifice n'est-il pas grossier? ne sent-on pas que Cléopatre cherche un vain prétexte que la raison désavoue? si ses deux fils étaient des imbéciles, parlerait-elle autrement! Que ce second discours de Cléopatre est au-dessous du premier! *Sur celle qui venait*, expression incorrecte et familière.

V. 110. Rodogune, mes fils, le tua par ma main.

Cette fausseté est trop sensible et trop révoltante; et c'est bien là le cas de dire : *Qui prouve trop ne prouve rien.*

V. 111. Ainsi de cet amour la fatale puissance
Vous coûte votre père, à moi mon innocence.

De cet amour ne se rapporte à rien : elle entend l'amour que Nicanor avait eu pour Rodogune.

V. 115. Ainsi vous me rendrez l'innocence et l'estime.

Vous me rendrez l'estime, ne peut se dire comme *vous me rendrez l'innocence*; car l'innocence appartient à la personne, et l'estime est le sentiment d'autrui. Vous me rendez mon innocence, ma raison, mon repos, ma gloire; mais non pas mon estime.

V. 122. Si vous voulez régner, le trône est à ce prix.

La proposition de donner le trône à qui assassinera Rodogune est-elle raisonnable? Tout doit être vraisemblable dans une tragédie. Est-il possible que Cléopatre, qui doit connaître les hommes, ne sache pas qu'on ne fait point de telles propositions sans avoir de très-fortes raisons de croire qu'elles seront acceptées? Je dis plus : il faut que ces choses horribles soient absolument nécessaires. Mais Cléopatre n'est point réduite à faire assassiner Rodogune, et encore moins à la faire assassiner par ses fils. Elle vient de dire que la Parthie est éloigné, qu'elle est sans aucun danger. Rodogune est en sa puissance. Il paraît donc absolument contre la raison que Cléopatre invite à ce crime ses deux enfants, dont elle doit vouloir être respectée. Si elle a tant d'envie de tuer Rodogune, elle le peut sans recourir à ses enfants. Cependant cette proposition si peu préparée, si extraordinaire, prépare des événements d'un si grand tragique, que le spectateur a toujours pardonné cette atrocité, quoiqu'elle ne soit ni dans la vérité historique ni dans la vraisemblance. La situation est théâtrale; elle attache malgré la réflexion. Une invention purement raisonnable peut être très-mauvaise. Une invention théâtrale, que la raison condamne dans l'examen, peut faire un très-grand effet. C'est que l'imagination, émue de la grandeur du spectacle, se demande rarement compte de son plaisir. Mais je doute qu'une telle scène pût être soufferte par des hommes d'un goût et d'un jugement formé, qui la verraient pour la première fois.

V. 125. La mort de Rodogune en nommera l'aîné.
   Quoi! vous montrez tous deux un visage étonné!

Comment peut-elle être surprise que sa proposition révolte? Elle veut que le crime tienne lieu du droit d'aînesse. Celui des deux qui ne voudra pas tuer sa maîtresse sera le cadet et perdra le trône; mais si tous deux veulent la tuer, qui sera roi? Il est clair que la proposition de Cléopâtre est absurde autant qu'abominable; et, cependant elle forme un grand intérêt, parce qu'on veut voir ce qu'elle produira, parce que Cléopâtre tient en sa main la destinée de ses enfants.

En nommera l'aîné; cet *en* se rapporte à ses deux fils; mais comme il y a un vers entre deux, le sens ne se présente pas clairement. Il faut encore éviter de finir un vers par *aîné*, quand l'autre finit par *aînesse*.

V. 129. J'ai fait lever des gens par des ordres secrets, etc.

style de gazette.

V. 137. Vous ne répondez point! Allez, enfants ingrats...
   J'ai fait votre oncle roi, j'en ferai bien un autre.

Cléopâtre n'est pas adroite, quoiqu'elle se soit donnée pour une femme très-habile; dès qu'elle s'aperçoit que ses enfants ont horreur de sa proposition, elle ne doit pas insister. On ne persuade point un crime horrible par de la colère et des emportements. Quand Phèdre a laissé voir son amour à Hippolyte, et qu'Hippolyte répond[1] : *Oubliez-vous que Thésée est mon père et votre époux?* elle rentre alors en elle-même, et dit : *Et sur quoi jugez-vous que j'en perds la mémoire?* Cela est dans la nature; mais peut-on supposer qu'une reine qui a de l'expérience, persiste à révolter ses enfants contre elle, en se rendant horrible à leurs yeux? De quel droit leur dit-elle qu'elle peut disposer du trône comme de sa conquête, après avoir dit, dans la scène précédente, qu'elle est forcée de descendre du trône? Et comment peut-elle y être forcée en disant qu'elle est maîtresse de tout? Cette contradiction n'est-elle pas palpable? Faut-il que toute cette pièce, pleine de traits si fiers et si hardis, soit fondée sur de si grandes inconséquences?

1. *Phèdre*, II, v. (En.)

V. 149. Rien ne vous sert ici de faire les surpris.

Expression trop triviale, surtout dans une circonstance si tragique.

V. 153. Et puisque mon seul choix vous y peut élever....

Cet *y* se rapporte à *trône*, qui est quatre vers auparavant. Les pronoms, les adverbes, doivent toujours être près des noms qu'ils désignent. C'est une règle à laquelle il n'y a point d'exception.

V. 154. Pour jouir de mon crime, il le faut achever.

Ce vers est très-beau. Mais comment une reine habile peut-elle avouer son crime à ses enfants, et les presser d'en commettre un autre?

SCÈNE IV.

V. 1 Est-il une constance à l'épreuve du foudre
Dont ce cruel arrêt met notre espoir en poudre?

Voilà encore un foudre, dont un arrêt met un espoir en poudre; et Antiochus répond par écho à cette figure incohérente. Nouvelle preuve du peu de soin qu'on prenait alors de châtier son style. Despréaux est le premier qui ait appris comment on doit toujours parler en vers. La douleur respectueuse d'Antiochus est aussi contraire à l'histoire qu'à la politique ordinaire des princes. Plusieurs ont fait enfermer leurs mères pour de bien moindres crimes. Cléopatre vient d'avouer à ses enfants qu'elle a assassiné leur père; elle veut les forcer à assassiner leur maîtresse. Elle doit être à leurs yeux infiniment plus coupable que Clytemnestre ne le fut pour Oreste. Est-ce là le cas de dire: *J'aime ma mère?* Mais ce sentiment d'amour respectueux pour une mère est si profondément gravé dans tous les cœurs bien faits, que tous les spectateurs pensent comme Antiochus. Telle est la magie de la poësie: le poëte tient les cœurs dans sa main; il peut, s'il veut, peindre Antiochus comme un Oreste, et alors le public s'intéressera à sa vengeance; il peut le peindre comme un prince sévère et juste; qui, pour le bien de son État, veut ôter le gouvernement à une femme homicide, le fléau de ses sujets; alors les spectateurs applaudiront à sa justice. Il peut le peindre soumis, respectueux, attaché à sa mère autant qu'indigné; et alors le public partage les mêmes sentiments. Cette dernière situation est la seule convenable à la construction de cette tragédie, d'autant plus qu'Antiochus est représenté comme un jeune homme soumis; mais aussi son caractère est sans force.

V. 38. Je vois bien plus encor, je vois qu'elle est ma mère;
Et plus je vois son crime indigne de ce rang....

Ce mot de *rang* ne convient point à une *mère*. On n'a point le rang de mère comme on a le rang de reine.

V. 44. Je vois les traits honteux dont nous sommes formés.

On n'est point formé de traits, et les forfaits ne s'impriment point sur le front.

V. 54. *Une larme d'un fils peut amollir sa haine.*

Il n'est peut-être pas bien naturel qu'Antiochus dise qu'une larme peut changer le cœur de Cléopâtre, après qu'elle lui a proposé de sang-froid le plus grand des crimes; mais ce contraste du caractère d'Antiochus avec celui de Séleucus est si beau, qu'on aime cette petite illusion que se fait le cœur vertueux d'Antiochus.

V. 59. *De ses pleurs tant vantés je découvre le fard.*

Le fard des pleurs, est des plus impropres. On peut demander pourquoi on a dit avec succès, *le faste des pleurs*, pour exprimer l'ostentation d'une douleur étudiée, et que le mot *fard* n'est pas recevable? C'est qu'en effet il y a de l'ostentation, du faste, dans l'appareil d'une douleur qu'on étale; mais on ne peut mettre réellement du fard sur des larmes. Cette figure n'est pas juste, parce qu'elle n'est pas vraie.

V. 61. *Elle fait bien sonner ce grand amour de mère.*

Cette expression est trop triviale. De plus, il ne faut pas une grande pénétration pour deviner qu'une femme si criminelle ne travaille que pour elle seule.

V. 72. *Il est (le trône) à l'un de nous, si l'autre le consent.*

Le consent, n'est pas français; mais ce seul vers suffit pour démontrer combien Cléopâtre a été imprudente avec ses deux enfants.

ACTE III.

SCÈNE I.

V. 4. *(Voilà) comme elle use enfin de ses fils et de moi.*

Ce vers est du ton de la comédie. *User de quelqu'un*, est du style familier, et Cléopâtre n'a point usé de Rodogune. Il est triste que Rodogune n'apprenne son danger et le dessein barbare de Cléopâtre que par une confidente qui trahit sa maîtresse: n'eût-il pas été plus théâtral et plus touchant de l'apprendre par les deux frères, tous deux brûlants pour elle, tous deux consternés en sa présence; Antiochus n'avouant rien par respect pour sa mère, et Séleucus, qui la ménage moins, dévoilant ce secret terrible avec horreur? Cette situation ne ferait-elle pas une impression plus forte qu'une suivante qui recommande le secret à Rodogune de peur d'être perdue? à quoi Rodogune répond, *qu'elle reconnaîtra ce service en son lieu.*

Cet avertissement que donne la suivante à Rodogune démontre combien Cléopâtre a été imprudente de vouloir charger ses enfants d'un crime qui n'entrera jamais dans le cœur d'aucun homme; et il y a même beaucoup plus que de l'imprudence à proposer à deux jeunes princes qu'on sait être vertueux, de tuer leur maîtresse : mais comment Cléopatre, après avoir vu avec quelle juste horreur ses enfants la regardent, a-t-elle pu confier à Laonice qu'elle a fait cette proposition à ses fils? quelle fureur a-t-elle de découvrir toujours à une confidente, qu'elle méprise, tout ce qui peut la rendre exécrable et avilie aux yeux de cette confidente?

V. 22. Oronte est avec nous, qui, comme ambassadeur,
Devoit de cet hymen honorer la splendeur.

Cet Oronte, qui, comme ambassadeur, devait honorer *la splendeur d'un hymen*, et qui ne dit pas un mot, joue dans cette scène un bien mauvais personnage; mais une confidente qui dit le secret de sa maîtresse, en joue un plus mauvais encore. C'est un moyen trop petit, trop commun dans les comédies.

SCÈNE II.

Au lieu d'une situation tragique et terrible, que la fureur de Cléopatre faisait attendre, on ne voit ici qu'une scène de politique entre Rodogune et l'ambassadeur Oronte. Rodogune a deux grands objets, son amour et la haine de Cléopatre. Ces deux objets ne produisent ici aucun mouvement; ils sont écartés par des discours de politique. On a déjà observé que le grand art de la tragédie est que le cœur soit toujours frappé des mêmes coups, et que des idées étrangères n'affaiblissent pas le sentiment dominant. Cet Oronte, qui ne paraît qu'au troisième acte, lui dit qu'*il aurait perdu l'esprit s'il lui conseillait la résistance;* et il lui conseille de *faire l'amour politiquement* : mais d'où sait-il que les deux fils de Cléopatre aiment Rodogune? Les deux frères avaient été jusque-là si discrets, qu'ils s'étaient caché l'un à l'autre leur passion : comment cet ambassadeur peut-il donc en parler comme d'une chose publique? et si l'ambassadeur s'en est aperçu, comment leur mère l'a-t-elle ignorée?

V. 9. L'avis de Laonice est sans doute une adresse.

Pourquoi cet inutile Oronte, qui croit parler ici en ambassadeur fort adroit, soupçonne-t-il que l'avis est faux, et que c'est un piège que Cléopatre tend ici à Rodogune? Ne connaît-il pas les crimes de Cléopatre? ne la doit-il pas croire capable de tout? ne doit-il pas balancer les raisons? Il joue ici le rôle de ce qu'on appelle un *gros fin,* et rien n'est ni moins tragique ni plus mal imaginé.

V. 35. Mais pouvez-vous trembler, quand, dans ces mêmes lieux,
Vous portez le grand maître et des rois et des dieux?
L'amour fera, lui seul, tout ce qu'il vous faut faire.

Comment une femme porte-t-elle ce *grand maître? L'amour, maître des dieux,* est une expression de madrigal indigne d'un ambassadeur.

Remarquons encore qu'on n'aime point à voir un ambassadeur jouer un rôle si peu considérable.

SCÈNE III.

V. 1. Quoi! je pourrois descendre à ce lâche artifice
D'aller de mes amants mendier le service?

Voici Rodogune qui oublie, dans le commencement de ce monologue, et son danger et son amour. Elle prend la hauteur de ces princesses de roman qui ne veulent rien devoir à leurs amants; *celles de sa naissance ont*, dit-elle, *horreur des bassesses;* et cette scrupuleuse et modeste princesse qui a dit, qu'*il est des nœuds secrets*, qu'*il est des sympathies, dont par le doux rapport les âmes assorties*, etc., et qui craint de s'avouer à elle-même la sympathie qu'elle a pour Antiochus; cette fille si timide va, la scène d'après, proposer à ses deux amants d'assassiner leur mère; et elle dit ici qu'elle ne veut pas mendier leur service! Quoi! elle craint de leur avoir la moindre obligation, et elle va leur demander le sang de Cléopâtre! C'est au lecteur à se rendre compte de l'impression que ces contrastes font sur lui.

V. 3. Et sous l'indigne appât d'un coup d'œil affété,
J'irais jusqu'en leurs cœurs chercher ma sûreté?

Je ne sais si cette figure est bien juste : *chercher sa sûreté sous l'appât d'un coup d'œil affété.*

V. 5. Celles de ma naissance ont horreur des bassesses,
Leur sang tout généreux hait ces molles adresses.

Mais si celles de sa naissance ont le sang tout généreux, comment cette générosité s'accorde-t-elle avec le parricide?

V. 7. Quel que soit le secours qu'ils me puissent offrir,
Je croirai faire assez de le daigner souffrir.

On ne doit jamais montrer de la fierté que quand on nous propose quelque chose d'indigne de nous. Dans tout autre cas, la fierté est méprisable. Cette fierté de Rodogune ne paraît point placée : elle éprouvera la force de leur amour sans flatter leurs désirs, sans leur jeter d'amorce; et si cet amour est assez fort pour lui servir d'appui, elle fera régner cet amour en régnant sur lui. Et c'est pour débiter ce galimatias que Rodogune fait un monologue de soixante vers!

V. 13. Sentiments étouffés de colère et de haine,
Rallumez vos flambeaux à celle de la reine.

Des sentiments qui rallument des flambeaux à la haine de la reine, et qui rompent la loi dure d'un oubli contraint pour rendre justice, ce sont des paroles qui ne forment point un sens net; c'est un style aussi obscur qu'emphatique; et on doit d'autant plus le remarquer, que plus d'un auteur a imité ces fautes.

V. 17. Rapportez à mes yeux son image sanglante,
D'amour et de fureur encore étincelante.

On dirait bien : *Je crois le voir encore étincelant de courroux ;* mais ce n'est pas l'image qui est encore animée ; de plus on n'étincelle point d'amour.

V. 25. Plus la haute naissance approche des couronnes,
Plus cette grandeur même asservit nos personnes.

Ces réflexions sur *la haute naissance qui approche des couronnes, et qui asservit les personnes,* sont de ces lieux communs qui étaient pardonnables autrefois.

V. 27. Nous n'avons point de cœur pour aimer ni haïr.

Ici elle n'a point de cœur pour aimer ni haïr; et, dans le même monologue, elle reprend un cœur pour aimer et haïr. Ces antithèses, ces jeux de vers ne sont plus permis.

V. 41. Le consentiras-tu, cet effort sur ma flamme ?...

Consentir *à*, et non consentir *le*. Ce verbe gouverne toujours le datif, exprimé chez nous par la préposition *à*. Il est vrai qu'au barreau on viole cette règle ; mais le style du barreau est celui des barbarismes.

V. 50. S'il t'en coûte un soupir, j'en verserai des larmes.

Que veut dire cela ? veut-elle parler de l'ordre qu'elle va donner à ses deux amants de tuer leur mère ? est-ce là le cas d'un soupir ? ne faut-il pas avouer que presque tous les sentiments de ce monologue ne sont ni assez vrais ni assez touchants ?

V. 52. Amour, qui me confonds, cache du moins tes feux.

Enfin, cette même Rodogune, qui songe à faire assassiner une mère par ses propres fils, fait une invocation à l'amour, et le prie de ne pas paraître dans ses yeux. Voilà une singulière timidité pour une fille qui n'est plus jeune, qui a voulu épouser le père, qui est amoureuse du fils, et qui veut faire assassiner la mère ! La force de la situation a fait apparemment passer tous ces défauts, qui, aujourd'hui, seraient relevés sévèrement dans une pièce nouvelle.

SCÈNE IV.

V. 1. Ne vous offensez pas, princesse, de nous voir
De vos yeux à vous-même expliquer le pouvoir, etc.

Et de quoi veut-il qu'elle s'offense ? de ce que deux frères, dont l'un doit l'épouser et la faire reine, joignent à l'offre du trône un sentiment dont elle doit être charmée et honorée ? Ce faux goût était introduit par nos romans de chevalerie, dans lesquels un héros était sûr de l'indignation de sa dame quand il lui avait fait sa déclaration ; et ce n'était qu'après beaucoup de temps et de façons qu'on lui pardonnait.

V. 2. Ce n'est pas d'aujourd'hui que nos cœurs en soupirent.

Cet *en* ne paraît pas se rapporter à rien, car les cœurs ne soupirent pas d'expliquer un pouvoir.

V. 5. Mais un profond respect nous fit taire et brûler.

Un profond respect ne fait pas brûler, au contraire.

V. 7. L'heureux moment approche où votre destinée
Semble être aucunement à la nôtre enchaînée.

Aucunement est un terme de loi qui ne doit jamais entrer dans un vers.

V. 9. Puisque d'un droit d'aînesse incertain parmi nous,
La nôtre attend un sceptre, et la vôtre un époux.

Incertain parmi nous; il veut dire, *incertain entre nous deux;* mais *parmi* ne peut jamais être employé pour *entre*.

V. 11. C'est trop d'indignité que notre souveraine
De l'un de ses captifs tienne le nom de reine.

Quelle indignité y a-t-il que Rodogune partage le trône avec celui qui sera roi de Syrie? Quoi! parce que ces deux princes s'appellent ses *captifs*, il y aura de l'indignité qu'elle soit reine? C'est jouer sur les mots de *reine* et de *captifs*; et c'est un ton de galanterie qui est bien loin du tragique.

V. 13. Notre amour s'en offense et, changeant cette loi,
Remet à notre reine à nous choisir un roi.

Il faudrait, *lui remet le choix*. On ne dit point, *je vous remets à décider*, mais *il vous appartient de décider*, *je m'en remets à votre décision*.

V. 15. Ne vous abaissez plus à suivre la couronne.

On ne suit point une couronne; on suit l'ordre, la loi qui dispose de la couronne.

V. 19. L'ardeur qu'allume en nous une flamme si pure....
....vient sacrifier à votre élection
Toute notre espérance et notre ambition.

Élection ne peut être employé pour *choix*. *Élection* d'un empereur, d'un pape, suppose plusieurs suffrages.

V. 24. Nous céderons sans doute à cette illustre marque.

On ne *cède point toujours* à une *illustre marque*; même pour rimer avec *monarque*; il faudrait spécifier cette marque.

V. 25. Et celui qui perdra votre divin objet,
Demeurera du moins votre premier sujet.

Votre divin objet ne peut signifier *votre divine personne*; une femme

ACTE III, SCÈNE IV.

est bien l'objet de l'amour de quelqu'un ; et en style de ruelle, cela s'appelait autrefois *l'objet aimé* ; mais une femme n'est point son propre objet.

V. 33. Et j'en recevrois l'offre avec quelque plaisir,
Si celles de mon rang avoient droit de choisir.

Cette expression, *celles de mon rang*, est souvent employée ; non-seulement elle n'est pas heureuse, mais ce n'est pas de *rang* qu'il s'agit ; elle parle du traité qui l'oblige d'épouser l'aîné des deux frères. Ces mots, *celles de mon rang*, semblent être un terme de fierté, qui n'est pas ici convenable.

V. 28. Et l'ordre des traités règle tout dans leur cœur.

Il n'y a d'ordre des traités que par les dates. Il fallait *la loi des traités* ; à moins qu'on n'entende par *ordre* cette loi même : mais le mot d'ordre est impropre dans ce sens.

V. 39. C'est lui que suit le mien, et non pas la couronne.

Un cœur qui suit une couronne, tour impropre et forcé : cette faute est répétée deux fois.

V. 41. Du secret révélé j'en prendrai le pouvoir.

Je prendrai du secret révélé le pouvoir de vous aimer ; cela n'est pas français ; *j'en prendrai*, est obscur.

V. 42. Et mon amour pour naître attendra mon devoir.

Un amour peut bien attendre le devoir pour se manifester, mais non pas pour naître ; car s'il n'est pas né, comment peut-il attendre ? Il eût fallu peut-être : *Et pour oser aimer j'attendrai mon devoir ;* ou bien : *Et j'attendrai pour aimer l'ordre de mon devoir*.
Voilà donc Rodogune qui déclare qu'elle se donnera à l'aîné, et qu'elle l'aimera. Comment pourra-t-elle après déclarer qu'elle ne se donnera qu'à l'assassin de Cléopâtre, quand elle a promis d'obéir à Cléopâtre ?

V. 45. J'entreprendrai sur elle à l'accepter de vous.

On entreprend sur des droits, et non sur une personne. *Entreprendre sur quelqu'un à accepter un choix*, cela n'est pas français.

V. 51. Mais craignez avec moi que ce choix ne ranime
Cette haine mourante à quelque nouveau crime.

Ranime ne peut gouverner le datif ; c'est un solécisme.

V. 53. Pardonnez-moi ce mot qui viole un oubli
Que la paix entre nous doit avoir établi.

On ne viole point un oubli, on ne l'établit pas davantage ; l'oubli ne peut être personnifié.

V. 55. Le feu qui semble éteint souvent dort sous la cendre;
Qui l'ose réveiller peut s'en laisser surprendre.

Se laisser surprendre d'un feu qu'on réveille, ne paraît pas juste. On n'est point surpris d'un feu qu'on attise, mais on peut en être atteint.

V. 63. Et toutes ses fureurs sans effet rallumées
Ne pousseront en l'air que de vaines fumées.

De vaines fumées poussées en l'air par des fureurs, ne font pas, comme je l'ai remarqué ailleurs, une belle image; et Corneille emploie trop souvent ces fumées poussées en l'air.

V. 65. Mais a-t-elle intérêt au choix que vous ferez,
Pour en craindre les maux que vous vous figurez?

Il paraît naturel que Cléopatre ait intérêt à ce choix, puisque Rodogune peut choisir le cadet, et que Cléopatre doit choisir l'aîné. De plus, la phrase est trop louche : *a-t-elle intérêt pour en craindre?*

V. 69. Chacun de nous à l'autre en peut céder sa part,
Et rendre à votre choix ce qu'il doit au hasard.

Chacun de nous peut céder sa part de son espérance, et rendre au choix de Rodogune ce qu'il doit au hasard : quel langage! quel tour! il faudrait au moins, *ce qu'il devrait au hasard*, car les deux frères n'ont encore rien.

V. 72. Votre inclination vaut bien un droit d'aînesse,
Dont vous seriez traitée avec trop de rigueur.

Un droit d'aînesse dont on est traité avec rigueur; cela n'est pas français, et le vers n'est pas bien tourné.

V. 75. On vous applaudiroit quand vous seriez à plaindre.

Applaudirait n'est pas le mot propre; c'est, *on vous féliciterait*.

V. 80. Princesse, à notre espoir ôtez cette amertume.

Qu'est-ce qu'ôter l'amertume à un espoir?

V. 81. Et permettez que l'heur qui suivra votre époux....

Un heur qui suit un époux, et qui redouble à le tenir! Tout cela est impropre, et n'est ni bien construit, ni français; ce sont autant de barbarismes.

V. 82. Se puisse redoubler à le tenir de vous,

est encore un barbarisme : *Un heur qui redouble à le tenir !* il semble que ce soit cet *heur* qui tienne.

V. 83. Ce beau feu vous aveugle autant comme il vous brûle,
Et tâchant d'avancer, son effort vous recule.

Cela n'est ni français, ni noble, ni exact. *Aveugler* et *reculer* sont des figures qui ne peuvent aller ensemble. Toute métaphore doit finir comme elle a commencé. Qu'est-ce que l'effort d'un feu qui recule deux princes tâchant d'avancer?

V. 87. *Et moi, quelque vertu que votre cœur prépare....*

ne paraît pas bien dit; on ne prépare pas une vertu, comme on prépare une réponse, un dessein, une action, un discours, etc.

V. 88. *Je crains d'en faire deux, si le mien se déclare.*

Elle craint d'en faire deux. On ne sait, par la construction, si c'est deux heureux ou deux mécontents; *le mien* veut dire *mon cœur*. Toute cette tirade est un peu embrouillée.

V. 90. *Je tiendrois à bonheur d'être à l'un de vous deux.*

Tenir à bonheur, est une façon de parler de ce temps-là; mais la belle poésie ne l'a jamais admise.

V. 95. *Savez-vous quels devoirs, quels travaux, quels services,*
Voudront de mon orgueil exiger les caprices?

Il est bien étrange qu'elle se serve de ce mot, et qu'elle appelle *caprice* l'abominable proposition qu'elle va faire.

V. 97. *Par quels degrés de gloire on me peut mériter?*

Elle appelle un parricide *degré de gloire* : si elle parle sérieusement, elle dit une chose aussi affreuse que fausse; si c'est une ironie, c'est joindre le comique à l'horreur.

V. 99. *Ce cœur vous est acquis après le diadème,*
Princes; mais gardez-vous de le rendre à lui-même.

Ces idées et ces expressions ne sont pas nettes. *Cœur acquis après le diadème!* Elle veut dire, je dois mon cœur à celui qui, étant roi, sera mon époux. *Rendre à lui-même*, veut dire, gardez-vous de faire dépendre la couronne du service que je vais exiger de vous.

V. 103. *Quels seront les devoirs, quels travaux, quels services,*
Dont nous ne vous fassions d'amoureux sacrifices?

On peut faire un sacrifice de son devoir, de ses sentiments, de sa vie, et non de ses travaux et de ses services ; mais c'est par des services et des travaux qu'on fait des sacrifices ; et quelle expression que, des *sacrifices amoureux!*

V. 105. *Et quels affreux périls pourrons-nous redouter,*
Si c'est par ces degrés qu'on peut vous mériter?

Des périls ne sont point des degrés ; on ne mérite point par des degrés : tout cela est écrit barbarement.

VOLTAIRE — XXII

V. 116. J'obéis à mon roi, puisqu'un de vous doit l'être.

N'est-il pas étrange que Rodogune prenne le prétexte d'obéir à son roi, pour demander la tête de la mère de ce roi? Comment peut-elle attester tous les dieux qu'elle est contrainte par les deux enfants à leur faire cette proposition? Ces subtilités sont-elles naturelles? ne voit-on pas qu'elles ne sont employées que pour pallier une horreur qu'elles ne pallient point?

V. 120. J'écoute une chaleur qui m'étoit défendue, etc.

Une chaleur défendue, un devoir qui rend un souvenir, un souvenir que les traités ne peuvent retenir, font un amas de termes impropres, et une construction trop vicieuse.

V. 123. Tremblez, princes, tremblez au nom de votre père;
Il est mort, et pour moi, par les mains d'une mère;
Je l'avois oublié, sujette à d'autres lois;
Mais libre, je lui rends enfin ce que je dois.

On sent bien qu'elle veut dire, *je ne l'avais pas vengé;* mais le mot d'*oublier*, quand il est seul, signifie *perdre la mémoire*, excepté dans les cas suivants, *je veux bien l'oublier, vous devez l'oublier, il faut oublier les injures,* etc. On n'est point sujette à des lois; cela n'est pas français : et de quelles lois veut-elle parler?

V. 128. J'aime les fils du roi, je hais ceux de la reine.

Cette antithèse est-elle bien naturelle? une situation terrible permet-elle ces jeux d'esprit? Comment peut-on en effet haïr et aimer les mêmes personnes? *Et ce n'est point ainsi que parle la nature*[1].

V. 135. Ce sang que vous portez, ce trône qu'il vous laisse,
Valent bien que pour lui votre cœur s'intéresse.

On ne porte point un sang; il était aisé de dire, *ce sang qui coule en vous,* ou *le sang dont vous sortez.*

V. 138. Qui peut contre elle et lui soulever votre esprit?

Le sens est louche; *contre elle*, signifie *contre votre gloire*; et *lui*, signifie *votre amour :* c'est là le sens; mais il faut le chercher; la clarté est la première loi de l'art d'écrire; et puis comment l'esprit de ces princes peut-il être soulevé contre leur gloire? est-ce parce qu'ils s'effrayent d'un parricide?

V. 141. Vous devez la punir si vous la condamnez;
Vous devez l'imiter si vous la soutenez.

Rien de tout cela ne paraît vrai; un fils n'est point du tout obligé de punir sa mère, quoiqu'il condamne ses crimes; il doit encore moins l'imiter, quoiqu'il lui pardonne. Faut-il un raisonnement faux pour

1. Molière, *Misanthrope*, acte I, scène II. (XD.)

persuader une action détestable? Que veut dire en effet, *Vous devez l'imiter si vous la soutenez?* Cléopâtre a tué son mari, ses enfants doivent-ils tuer leurs femmes?

V. 144. J'avois su le prévoir; j'avois su le prédire....

Si elle a su le prévoir, comment s'expose-t-elle à toute l'horreur qu'elle mérite qu'on ait pour elle?

V. 145. ....Il n'est plus temps, le mot en est lâché.

Il semble que cette idée affreuse et méditée lui soit échappée dans le feu de la conversation; cependant elle a préparé, avec beaucoup d'artifice, la proposition révoltante qu'elle fait.

V. 146. Quand j'ai voulu me taire, en vain je l'ai tâché.

En vain je l'ai tâché, n'est pas français; on dit, *je l'ai voulu*, *je l'ai essayé*, parce qu'on veut une chose, on l'essaye; mais on ne la tâche pas.

V. 147. Appelez ce devoir haine, rigueur, colère;
Pour gagner Rodogune il faut venger un père.

On voit trop que *colère* n'est là que pour rimer.

V. 149. Je me donne à ce prix : osez me mériter.

Il est vrai que tous les lecteurs sont révoltés qu'une princesse si douce, si retenue, qui tremble de prononcer le nom de son amant, qui craignait de devoir quelque chose à ceux qui prétendaient à elle, ordonne de sang-froid un parricide à des princes qu'elle connaît vertueux, et dont elle ne savait pas, un moment auparavant, qu'elle fût aimée; elle se fait détester, elle sur qui l'intérêt de la pièce devait se rassembler. Cette situation, pourtant, inspire un intérêt de curiosité; on ne peut en éprouver d'autre. Cléopâtre est trop odieuse; Rodogune le devient en ce moment autant qu'elle, et beaucoup plus méprisable, parce que, contre toutes les lois que la raison a prescrites au théâtre, elle a changé de caractère. L'amour, dans cette pièce, ne peut toucher le cœur, parce qu'il n'agit qu'à reprises interrompues, qu'il n'est point combattu, qu'il ne produit point de danger, et qu'il est presque toujours exprimé en vers languissants, obscurs, ou du style de la comédie L'amitié des deux frères ne fait pas le grand effet qu'on en attend, parce que l'amitié seule ne peut produire de grands mouvements au théâtre que quand un ami risque sa vie pour son ami en danger. L'amitié qui ne va qu'à ne se point brouiller pour une maîtresse, est froide, et rend l'amour froid. La plus grande faute, peut-être, dans cette pièce, est que tout y est ajusté au théâtre d'une manière peu vraisemblable, et quelquefois contradictoire; car il est contradictoire que cet ambassadeur Oronte soit instruit de l'amour des deux frères, et que Rodogune ne le sache pas. Il n'est guère possible qu'Antiochus aime une mère parricide; et c'est une chose trop forcée, que Cléopâtre demande la tête de Rodogune, et Rodogune la tête de Cléopâtre, dans la même heure et aux mêmes personnes, d'autant plus que ce meurtre horrible n'est nécessaire ni à l'une ni à l'autre : toutes deux même, en faisant cette proposition, risquent beaucoup plus qu'elles ne peuvent espérer. Les hommes les moins instruits sentant trop que toutes ces préparations si forcées, si peu naturelles, sont l'échafaud préparé pour établir le cinquième acte. Cependant l'auteur a voulu qu'Antiochus pût balancer entre sa mère et sa maîtresse, quand elles s'accuseront l'une et l'autre d'un parricide et d'un empoisonnement; mais il était impossible qu'Antiochus fût raisonnablement indécis entre ces deux princesses, si elles n'avaient paru également coupables dans le cours de la pièce. Il fallait donc nécessairement que Rodogune pût être soupçonnée avec quelque vraisemblance; mais aussi Rodogune, en se rendant si coupable, changeait de caractère et devenait odieuse; il fallait donc trouver quelque autre nœud, quelque autre intrigue qui sauvât le caractère de Rodogune; il fallait qu'elle parût coupable et qu'elle ne le fût pas. Ce moyen eût encore eu de grands inconvénients. Il reste à savoir s'il est permis d'amener une grande beauté par de grands défauts, et c'est sur quoi je n'ose prononcer; mais je doute qu'une pièce remplie de ces défauts essentiels, et en général si mal écrite, pût aujourd'hui être soufferte jusqu'au quatrième acte par une assemblée de gens de goût qui ne prévoiraient pas les beautés du cinquième.

V. der. Adieu, princes.

Adieu, après une telle proposition! Et observez qu'elle n'a pas dit un seul mot de la seule chose qui pourrait en quelque façon lui faire pardonner cette horreur insensée. Elle devait leur dire au moins : « Cléopâtre vous a demandé ma tête; ma sûreté me force à vous demander la sienne. »

SCÈNE V.

V. 1. . . . . Hélas! c'est donc ainsi qu'on traite
Les plus profonds respects d'une amour si parfaite!

Est-ce ici le temps de se plaindre qu'on a mal reçu ces profonds respects de l'amour, quand il s'agit d'un parricide ?

V. 4. Elle fuit, mais en Parthe, en nous perçant le cœur.

Ce vers a toujours été regardé comme un jeu d'esprit, qui diminue l'horreur de la situation. On dit que les Parthes lançaient des flèches en fuyant; mais ce n'est pas parce que Rodogune sort qu'elle afflige ces princes, c'est parce qu'elle leur a fait auparavant une proposition affreuse qui n'a rien de commun avec la manière dont les Parthes combattaient.

V. 7. Plaignons-nous sans blasphème.

Ne croirait-on pas entendre un héros de roman qui traite sa maîtresse de divinité?

V. 10. Il faut plus de respect pour celle qu'on adore.

ACTE III, SCÈNE V. 53

Peut-on employer ces idées et ces expressions de roman dans un moment si terrible? Il n'y a rien de si plat et de si mauvais que ce vers.

V. 11. C'est ou d'elle ou du trône être ardemment épris,
Que vouloir ou l'aimer ou régner à ce prix.

On ne sait, par la construction, si c'est au prix du sang de sa mère.

V. 13. C'est et d'elle et de lui tenir bien peu de compte....

Lui se rapporte *au trône*; mais on ne se sert point de ce pronom pour les choses inanimées. Ces vers jettent de l'obscurité dans le dialogue : *tenir bien peu de compte d'un trône*, termes d'une prose rampante.

V. 14. Que faire une révolte et si pleine et si prompte.

Faire une révolte contre une femme qui a imaginé quelque chose de si noir! Cette expression ne serait pas pardonnée à Céladon; *faire une révolte*, n'est pas français.

V. 17. La révolte, mon frère, est bien précipitée....

La révolte, trois fois répétée, rebute trois fois dans une telle circonstance; on voit que cette idée de traiter de souveraine et de divinité une maîtresse qui exige un parricide, est indigne, non-seulement d'un héros, mais de tout honnête homme.

Non-seulement cet amour romanesque est froid et ridicule, mais cette dissertation sur le respect et l'obéissance qu'on doit à l'objet aimé, quand cet objet aimé ordonne de sang-froid un parricide, est peut-être ce qu'il y a de plus mauvais au théâtre, aux yeux des connaisseurs.

V. 18. Quand la loi qu'elle rompt peut être rétractée.

On ne rompt point une loi; on ne la rétracte pas; *révoquer* est le mot propre. On rétracte une opinion.

V. 19. Et c'est à nos désirs trop de témérité,
De vouloir de tels biens avec facilité.

Que veut dire ce *trop de témérité à ses désirs, de vouloir de tels biens?* De quels biens a-t-on parlé? de quelle gloire s'agit-il? que prétend-il par ces sentences? Si Rodogune a fait ce qu'elle ne devait pas faire, Antiochus dit ce qu'il ne devrait pas dire.

V. 22. Pour gagner un triomphe, il faut une victoire.

On gagne une victoire, et non un triomphe.

V. 24. Nos malheurs sont plus forts que ces déguisements.

Un déguisement n'est point fort. Il faut toujours, ou le mot propre, ou une métaphore juste. Antiochus veut dire qu'il ne peut se dissimuler ses malheurs.

V. 25. Leur excès à mes yeux paroît un noir abîme,
Où la haine s'apprête à couronner le crime,
Où la gloire est sans nom....

Un abîme noir où la haine s'apprête, et une gloire sans nom. On dit bien, *un nom sans gloire* ; mais *gloire sans nom* n'a pas de sens.

V. 35. J'en ferois comme vous (des discours),

n'est pas français, et *je ferais comme vous* est du style de la comédie.

V. 38. Je vois ce qu'est un trône et ce qu'est une femme.

Il voit bien ce qu'est Rodogune; mais il n'y a jamais eu que cette femme au monde qui ait dit : *Tuez votre mère si vous voulez que je vous épouse.* Le trône n'a rien de commun avec la monstrueuse idée de la douce Rodogune. Ce qu'il y a de pis, c'est que tous les raisonnements d'Antiochus et de Séleucus ne produisent rien; ils dissertent; les deux frères ne prennent aucune résolution; et le malheur de leur personnage, jusqu'ici, est de ne rien faire, et d'attendre ce qu'on fera d'eux.

V. 47. Comme j'aime beaucoup, j'espère encore un peu.

Beaucoup et *un peu :* cette antithèse n'est pas digne du tragique.

V. 48. L'espoir ne peut s'éteindre où brûle tant de feu.

Un feu où brûle l'espoir !

V. 49. Et son reste confus me rend quelques lumières.

Ce reste confus du feu de l'amour peut-il donner des lumières, parce qu'on se sert du mot *feu* pour exprimer l'amour? N'est-ce pas abuser des termes? est-ce ainsi que la nature parle?

V. 50. Pour juger mieux que vous de ces âmes si fières.

Il semble que l'auteur ait été si embarrassé de cette situation forcée, qu'il ait voulu exprès se rendre inintelligible. Une fuite qui dérobe des cœurs à des soupirs! une haine qui attend des larmes et qui rend les armes!

V. 56. Il vous faudra parer leurs haines mutuelles.

On ne pare point une haine comme on pare un coup d'épée.

V. 61. . . . . Ni maîtresse ni mère
N'ont plus de choix ici, ni de lois à nous faire.

Il veut dire : *Nous n'avons plus à choisir entre Cléopâtre et Rodogune. N'ont plus de choix,* dans le sens qu'on lui donne ici, n'est pas français.

V. 64. Rodogune est à vous, puisque je vous fais roi.

Lorsqu'on prend la résolution de renoncer à un royaume, un si grand

ACTE III, SCÈNE V. 55

effort doit-il être si soudain ? fait-il une grande impression sur les spectateurs, surtout quand cette cession ne produit rien dans la pièce ?

SCÈNE VI.

V. 4. Elle agira pour vous, mon frère, également,
Et n'abusera point de cette violence,
Que l'indignation fait à votre espérance.

Cela est très-obscur, et à peine intelligible. On ne fait point violence à une espérance.

V. 7. La pesanteur du coup souvent nous étourdit, etc.

Antiochus perd là dix vers entiers à débiter des sentences : est-ce l'occasion de disserter, de parler de malades qui ne sentent point leur mal, et d'ombres de santé qui cachent mille poisons ? On ne peut trop répéter que la véritable tragédie rejette toutes les dissertations, toutes les comparaisons, tout ce qui sent le rhéteur, et que tout doit être sentiment, jusque dans le raisonnement même.

V. 14. Cependant allons voir si nous vaincrons l'orage.

Vaincre un orage, est impropre; on détourne, on calme un orage, on s'y dérobe, on le brave, etc., on ne le vainc pas : cette métaphore d'orage vaincu ne peut convenir à des ombres de santé qui cachent des poisons.

V. 15. Et si contre l'effort d'un si puissant courroux
La nature et l'amour voudront parler pour nous.

La nature et l'amour qui parlent contre l'effort d'un courroux, voilà encore des expressions impropres; je ne me lasserai point de dire qu'il les faut remarquer, non pas pour observer des fautes, mais pour être utile à ceux qui ne lisent pas avec assez d'attention, à ceux qui veulent se former le goût et posséder leur langue, à ceux qui veulent écrire, aux étrangers qui nous lisent. On a passé beaucoup de fautes contre la langue et contre l'élégance et la netteté de la construction; le lecteur attentif peut les sentir. On a craint de faire trop de remarques, et de marquer une affectation de critique.

ACTE IV
SCÈNE I.

V. 1. Prince, qu'ai-je entendu ? Parce que je soupire,
Vous présumez que j'aime, et vous m'osez le dire !

L'âme du spectateur était remplie de deux assassinats proposés par deux femmes; on attendait la suite de ces horreurs; le spectateur est étonné de voir Rodogune qui se fâche de ce qu'on présume qu'elle pourrait aimer un des princes, destiné pour être son époux. Elle ne parle que de la témérité d'Antiochus, qui, en la voyant soupirer, ose présumer qu'elle n'est pas insensible. C'était un des ridicules à la mode dans les romans de chevalerie, comme on l'a déjà dit : il fallait qu'un chevalier n'imaginât pas que la dame de ses pensées pût être sensible avant de très-longs services; ces idées infectèrent notre théâtre. Antiochus, qui ne devrait parler à cette princesse que pour lui dire, qu'elle est indigne de lui et qu'on n'épouse point la vieille maîtresse de son père, quand elle demande la tête de sa belle-mère pour présent de noce, oublie tout d'un coup la conduite révoltante et contradictoire d'une fille modeste et parricide, et lui dit que personne « n'est assez téméraire, jusqu'à s'imaginer qu'il ait l'heur de lui plaire; que c'est présomption de croire ce miracle; qu'elle est un oracle; qu'il ne faut pas éteindre un bel espoir. » Peut-on souffrir, après ces vers, que Rodogune, qui mériterait d'être enfermée toute sa vie pour avoir proposé un pareil assassinat, « trouve trop de vanité dans l'espoir trop prompt des termes obligeants de sa civilité? » Ces propos de comédie sont-ils soutenables? Il faut dire la vérité courageusement : il faut admirer, encore une fois, les grandes beautés répandues dans *Cinna*, dans les *Horaces*, dans le *Cid*, dans *Pompée*, dans *Polyeucte*; mais, si on veut être utile au public, il faut faire sentir des défauts dont l'imitation rendrait la scène française trop vicieuse.

Remarquez encore que cette conjonction *parce que* ne doit jamais entrer dans un vers noble; elle est dure et sourde à l'oreille.

V. 7. Je vois votre mérite et le peu que je vaux,
Et ce rival si cher connoît mieux ses défauts.

Est-ce à Antiochus à parler des défauts de son frère? Comment peut-on dire à une telle femme que les deux frères connaissent trop bien leurs défauts pour oser croire qu'elle puisse aimer l'un des deux?

V. 23. Lorsque j'ai soupiré, ce n'était pas pour vous.

Ce vers paraît trop comique, et achève de révolter le lecteur judicieux, qui doit attendre ce que deviendra la proposition d'un assassinat horrible.

V. 24. J'ai donné ces soupirs aux mânes d'un époux.

Voici qui est bien pis. Quoi! elle prétend avoir été l'épouse du père d'Antiochus! elle ne se contente pas d'être parricide, elle se dit incestueuse! En effet, dans les premiers actes, on ne sait si elle a consommé ou non le mariage avec le père de ses amants. Il faudrait au moins que de telles horreurs fussent un peu cachées sous la beauté de la diction.

V. 28 Recevez donc ce cœur en nous deux réparti.

Il semble, par ce discours d'Antiochus, qu'en effet Rodogune a été la femme de son père : s'il en est ainsi, quel effet doit faire un amour d'ailleurs assez froid, qui devient un inceste avéré, auquel ni Antiochus ni

ACTE IV, SCÈNE I.

Rodogune ne prennent seulement pas garde? Mais qu'est-ce qu'un cœur réparti en deux?

V. 31. Ce cœur, en vous aimant indignement percé,
Reprend, pour vous aimer, le sang qu'il a versé.

C'est donc le cœur de Nicanor réparti entre ses deux fils qui, ayant été percé, reprend le sang qu'il a versé, c'est-à-dire son propre sang, pour aimer encore sa femme dans la personne de ses deux enfants. Que dire de telles idées et de telles expressions? comment ne pas remarquer de pareils défauts? et comment les excuser? que gagnerait-on à vouloir les pallier? Ce serait trahir l'art qu'on doit enseigner aux jeunes gens.

V. 38. Faites ce qu'il feroit, s'il vivoit en lui-même.

Rodogune continue la figure employée par Antiochus; mais on ne peut dire *vivre en soi-même*; ce style fait beaucoup de peine : mais ce qui en fait bien davantage, c'est que Rodogune passe ainsi tout d'un coup de la modeste fierté d'une fille qui ne veut pas qu'on lui parle d'amour, à l'exécrable empressement d'exiger d'un fils la tête de sa mère.

V. 39. A ce cœur qu'il vous laisse osez prêter un bras.
Pouvez-vous le porter, et ne l'écouter pas?

Prêter un bras à un cœur, le porter, et ne pas l'écouter, sont des expressions si forcées, si fausses, qu'on voit bien que la situation n'est point naturelle; car d'ordinaire, comme dit Boileau,

Ce que l'on conçoit bien s'énonce clairement.

V. 43. Une seconde fois il vous le dit par moi;
Prince, il faut le venger.

Rodogune demande donc deux fois un parricide, ce que Cléopatre elle-même n'a pas fait. Est-il possible qu'Antiochus puisse lui dire : *Nommez les assassins*? Quel faux artifice! ne les connaît-il pas? ne sait-il pas que c'est sa mère? ne s'en est-elle pas vantée à lui-même? Je n'ai point de termes pour exprimer la peine que me font les fautes de ce grand homme; elles consolent au moins, en faisant voir l'extrême difficulté de faire une bonne pièce de théâtre.

V. 49. Ah! je vois trop régner son parti dans votre âme :
Prince, vous le prenez? — Oui, je le prends, madame.

Quelle froideur dans de tels éclaircissements, et quelles étranges expressions! *Vous le prenez? Oui, je le prends*. Je ne parle pas ici du sens ridicule que les jeunes gens attribuent à ces paroles, je parle de la bassesse des mots.

V. 59. De deux princes unis à soupirer pour vous,
Prenez l'un pour victime, et l'autre pour époux.

Il fallait au moins *unis en soupirant*; car on ne peut dire, *unis à soupirer*.

V. 61. *Punissez un des fils des crimes de la mère.*

Peut-on sérieusement dire à Rodogune : « Tuez l'un de nou deux, et épousez l'autre; » et se complaire dans cette pensée aussi froide que barbare, et la retourner en deux ou trois façons?

Corneille fait dire à Sabine, dans *les Horaces*[1] :

Que l'un de vous me tue, et que l'autre me venge.

Il répète ici cette pensée; mais il la délaye, il la rend insipide : tous ces froids efforts de l'esprit ne sont que des amplifications de rhéteur. Ce n'est pas là Virgile, ce n'est pas là Racine.

V. 68. *Hélas, prince! — Est-ce encor le roi que vous plaignez?*
Ce soupir ne va-t-il que vers l'ombre d'un père?

Enfin, Rodogune passe tout d'un coup de l'assassinat à la tendresse La petite finesse du soupir qui va vers l'ombre d'un père, et Rodogune qui tremble d'aimer, forment ici une pastorale. Quel contraste! est-ce là du tragique? La proposition d'assassiner une mère est d'une furie, et cet *hélas* et ce *soupir* sont d'une bergère. Tout cela n'est que trop vrai; et, encore une fois, il faut le dire et le redire.

Ibid. .... — *Est-ce encor le roi que vous plaignez?*

Cela serait bon dans la bouche d'un berger galant. Ce mélange de tendresse naïve et d'atrocités affreuses n'est pas supportable.

V. 77. *Mais enfin il m'échappe, et cette retenue*
Ne peut plus soutenir l'effort de votre vue.

Ce soupir échappe donc, et la retenue de cette parricide ne peut plus se soutenir à la vue de celui qui doit être son mari; et cependant elle lui tient encore de longs discours, malgré *l'effort de sa vue*.

Remarquez qu'une femme qui dit deux fois, *Mon soupir m'échappe*, est une femme à qui rien n'échappe, et qui met un art grossier dans sa conduite. Racine n'a jamais de ces mauvaises finesses. *Ne peut plus soutenir l'effort de votre vue*, quelle expression! Jamais le mot propre. Ce n'est pas là le *vultus nimium lubricus aspici* d'Horace[2].

V. 83. *Vous l'avez fait renaître en me pressant d'un choix*
Qui rompt de vos traités les favorables lois.

Cela n'est pas français; on ne presse point d'une chose.

V. 85. *D'un père mort pour moi voyez le sort étrange!*

Le sort étrange, est faible; *étrange* n'est là qu'une mauvaise épithète pour rimer à *venge*.

V. 86. *Si vous me laissez libre, il faut que je le venge.*

Pourquoi? Elle a donc été sa femme? Mais si elle ne l'a point été, elle n'est point du tout obligée de venger Nicanor; elle n'est obligée qu'à

---

1. Acte II, scène vi. (Éd.) — 2. Livre I, ode xix, vers 8. (Éd.)

remplir les conditions de la paix, qui interdisent toute vengeance : ains'
elle raisonne fort mal.

V. 87. Et mes feux dans mon âme ont beau s'en mutiner,
Ce n'est qu'à ce prix seul que je puis me donner.

Des feux qui se mutinent! cela est impropre, et *s'en mutinent* est
encore plus mauvais. On ne se mutine point *de* ; *mutiner* est un verbe
qui n'a point de régime. Cette scène est un entassement de barbarismes
et de solécismes autant que de pensées fausses. Ce sont ces défauts ap-
plaudis par quelques ignorants entêtés que Boileau avait en vue quand
il disait dans son *Art poétique* :

Mon esprit n'admet point un pompeux barbarisme,
Ni d'un vers ampoulé l'orgueilleux solécisme[1].

V. 89. Mais ce n'est pas de vous qu'il faut que je l'attende.

Pourquoi l'a-t-elle donc demandé? Toutes ces contradictions sont la
suite de cette proposition révoltante qu'elle a faite d'assassiner sa belle-
mère : une faute en attire cent autres.

V. 93. Et je n'estime pas l'honneur d'une vengeance
Jusqu'à vouloir d'un crime être la récompense.

Y a-t-il de l'honneur dans cette vengeance? Elle change à présent
d'avis; elle ne voudrait plus d'Antiochus, s'il avait tué sa mère : ce
n'est pas là assurément le caractère qu'exigent Horace et Boileau :

Qu'en tout avec soi-même il se montre d'accord,
Et qu'il soit jusqu'au bout tel qu'on l'a vu d'abord[2].

V. 103. Attendant son secret vous aurez mes désirs,
Et s'il le fait régner, vous aurez mes soupirs.

Elle voulait tout à l'heure tuer Cléopâtre, et à présent elle lui est
soumise : et qu'est-ce qu'un secret qui *fait régner*?

V. 112. Je mourrai de douleur, mais je mourrai content.

Il est assurément impossible de mourir affligé et content.

V. 115. Mon amour... Mais adieu, mon esprit se confond.

Voilà encore Rodogune qui se recueille pour dire qu'elle est troublée,
qui fait une pause pour dire qu'elle se confond. Toujours cette grossière finesse, toujours cet art qui manque d'art.

V. 117. Si vous n'êtes ingrat à ce cœur qui vous aime.

n'est pas français; on dit, *ingrat envers quelqu'un*, et non, *ingrat à
quelqu'un*.

J'ai déjà remarqué ailleurs qu'*ingrat vis-à-vis de quelqu'*un est une
de ces mauvaises expressions qu'on a mises à la mode depuis quelque
temps. Presque personne ne s'étudie à bien parler sa langue.

1. Boileau, *Art poét.*, I, 159-160. (ÉD.)   2. *Ibid.*, III, 125-126. (ÉD.)

V. der. Ne me revoyez point qu'avec le diadème,

n'est pas français ; il faut, *ne me revoyez qu'avec.*

SCÈNE II.

V. 1 Les plus doux de mes vœux enfin sont exaucés.
Tu viens de vaincre, Amour! mais ce n'est pas assez.
Si tu veux triompher en cette conjoncture,
Après avoir vaincu, fais vaincre la nature;
Et prête-lui pour nous ces tendres sentiments
Que ton ardeur inspire aux cœurs des vrais amants,
Cette pitié qui force, et ces dignes foiblesses
Dont la vigueur détruit les fureurs vengeresses.

Tout cela ressemble à des stances de Boisrobert, où les vrais amants reviennent à tout propos.

Pourquoi Rodrigue et Chimène parlent-ils si bien, et Antiochus et Rodogune si mal? c'est que l'amour de Chimène est véritablement tragique, et que celui de Rodogune et d'Antiochus ne l'est point du tout; c'est un amour froid dans un sujet terrible.

SCÈNE III.

Je ne sais si je me trompe, mais cette scène ne me paraît pas plus naturelle ni mieux faite que les précédentes. Il me semble que Cléopatre, après avoir dit à ses deux fils qu'elle couronnera celui qui aura assassiné sa maîtresse, ne doit point parler familièrement à Antiochus.

V. 1. Eh bien! Antiochus, vous dois-je la couronne?

C'est-à-dire, voulez-vous tuer Rodogune? cela ne peut s'entendre autrement; cela même signifie, avez-vous tué Rodogune? car elle n'a promis la couronne qu'à l'assassin.

V. 7. Il a su me venger quand vous délibériez.

On ne peut imaginer que Cléopatre veuille dire ici autre chose, sinon, *Séleucus vient de tuer sa maîtresse et la vôtre.* A ce mot seul, Antiochus ne doit-il pas entrer en fureur?

V. 8. Et je dois à son bras ce que vous espériez.

Ce vers confirme encore la mort de Rodogune; il n'en est rien, à la vérité; mais Cléopatre le dit positivement. Comment Antiochus n'est-il pas saisi du plus affreux désespoir à cette nouvelle épouvantable? Comment peut-il raisonner de sang-froid avec sa mère, comme si elle ne lui avait rien dit? Rien de tout cela n'est vraisemblable. Il ne l'est pas que Cléopatre veuille faire accroire que Rodogune est morte; il ne l'est pas qu'Antiochus soutienne cette conversation. S'il croit Cléopatre, il doit être furieux ; s'il ne la croit pas, il doit lui dire : « Osez-vous bien imputer ce crime à mon frère? »

ACTE IV, SCÈNE III. 61

V. 10 C'est périr en effet que perdre un diadème;
  Je n'y sais qu'un remède, encore est-il fâcheux,
  Étonnant, incertain, et triste pour tous deux :
  Je périrai moi-même avant que de le dire.

On n'entend pas mieux ce que c'est que ce secret. Ces deux couplets paraissent remplis d'obscurités.

V. 15. Le remède à nos maux est tout en votre main.

Comment ce remède aux maux est-il dans la main de Cléopatre? entend-il qu'en nommant l'aîné, elle finira tout? Mais il dit : *Nous perdons tout en perdant Rodogune*. Il n'y aura donc point de remède aux maux de celui qui la perdra. Peut-il répondre que le cœur de Cléopatre est aveuglé d'un peu d'inimitié? que si ce cœur ignore les maux des deux frères, elle ne peut en prendre pitié, et qu'au point où il les voit, c'en est le seul remède? Quel discours! quel langage! et dans une telle occasion il parle avec la plus grande soumission; et Cléopatre lui répond : *Quelle fureur vous possède?* En vérité, ces discours sont-ils dans la nature?

V. 29. Je tâche avec respect à vous faire connoître
  Les forces d'un amour que vous avez fait naître.

On a déjà remarqué qu'on ne dit point *les forces* au pluriel, excepté quand on parle des *forces d'un État*.

V. 32. Et quel autre prétexte a fait notre retour?

Un prétexte qui fait un retour, n'est pas français.

V. 37. Qui de nous deux, madame, eût osé s'en défendre,
  Quand vous nous ordonniez à tous deux d'y prétendre?

Il me semble qu'il n'est point du tout intéressant de savoir si Cléopatre a fait naître elle-même l'amour des deux frères pour Rodogune : ce n'est pas là ce qui doit l'inquiéter; il doit trembler que Cléopatre n'ait déjà fait assassiner Rodogune par Séleucus, comme elle l'a déjà dit, ou du moins qu'elle n'emploie le bras de quelque autre. Cette idée si naturelle ne se présente pas seulement à lui; c'était la seule qui pût inspirer de la terreur et de la pitié, et c'est la seule qui ne vienne pas dans la tête d'Antiochus. Il s'amuse à dire inutilement que les deux frères devaient aimer Rodogune; il veut le prouver en forme, il parle de l'ordre des lois.

V. 40. Le devoir auprès d'elle eût attaché nos vœux.

Il dit que *le devoir attacha leurs vœux auprès d'elle*. Comment un devoir attache-t-il des vœux? cela n'est pas français.

V. 41. Le désir de régner eût fait la même chose;
  Et dans l'ordre des lois que la paix nous impose,
  Nous devions aspirer à sa possession
  Par amour, par devoir, ou par ambition.
  Nous avons donc aimé, etc.

Le désir de régner qui eût fait la même chose, et les deux princes qui devaient aspirer à la possession de Rodogune dans l'ordre des lois, et qui ont donc aimé! Quel langage!

V. 49. Avons-nous dû prévoir une haine cachée,
Que la foi des traités n'avoit point arrachée?

Ce verbe *arracher* exige une préposition et un substantif : on arrache la haine du cœur

V. 51. Non, mais vous avez dû garder le souvenir
Des hontes que pour vous j'avois su prévenir.

La *honte* n'a point de pluriel, du moins dans le style noble.

V. 55. Je croyois que vos cœurs, sensibles à ces coups,
En sauroient conserver un généreux courroux.

Je croyais que vos cœurs, sensibles à ces coups, se rapporte, par la construction de la phrase, au courage de Cléopâtre, dont il est parlé au vers précédent, et par le sens de la phrase aux coups de Rodogune. Et comment retenait-elle ce courroux, quand elle dit qu'elle croyait que leurs cœurs conserveraient un généreux courroux? pouvait-elle retenir un courroux dont ses deux fils ne lui donnaient aucune marque? Au reste, je suis toujours étonné que Cléopatre veuille tromper toujours grossièrement des princes qui la connaissent, et qui doivent tant se défier d'elle. Observez surtout que rien n'est si froid que ces discussions dans des scènes où il s'agit d'un grand intérêt.

V. 82. Votre main tremble-t-elle? y voulez-vous la mienne?

Cet *y* ne se rapporte à rien.

V. 89. Du moins souvenez-vous qu'elle n'a pris pour armes
Que de foibles soupirs et d'impuissantes larmes.

S'il n'a eu que d'impuissantes larmes, comment Cléopatre a-t-elle pu lui dire, *quelle aveugle fureur vous possède*, comme on l'a déjà remarqué?

V. 96. Je sens que je suis mère auprès de vos douleurs.

Cela n'est pas français; il fallait dire, *vos douleurs me font sentir que je suis mère*. La correction du style est devenue d'une nécessité absolue. On est obligé de tourner quelquefois un vers en plusieurs manières avant de rencontrer la bonne.

V. 99. Rendez grâces aux dieux qui vous ont fait l'aîné.

Je suis encore surpris du peu d'effet que produit ici cette déclaration de la primogéniture d'Antiochus; c'est pourtant le sujet de la pièce, c'est ce qui est annoncé dès les premiers vers comme la chose la plus importante. Je pense que la raison de l'indifférence avec laquelle on entend cette déclaration est qu'on ne la croit pas vraie. Cléopâtre vient de s'adoucir sans aucune raison; on pense que tout ce qu'elle dit est feint. Une autre raison encore du peu d'effet de cette déclaration si importante, c'est qu'elle est noyée dans un amas de petits artifices, de mauvaises raisons, et surtout de mauvais vers. Cela peut rendre attentif, mais cela ne saurait toucher. J'observe que, parmi ces défauts, l'intérêt de curiosité se fait toujours sentir; c'est ce qui soutient la pièce jusqu'au cinquième acte, dont les grandes beautés, la situation unique, et le terrible tableau, demandent grâce pour tant de fautes, et l'obtiennent.

V. 109. *Oui, je veux couronner une flamme si belle.*

Une flamme si belle, n'est pas une raison quand il s'agit d'un trône; il faut d'autres preuves. Le petit compliment qu'elle fait à Antiochus est plutôt de la comédie que de la tragédie.

V. 113. *Heureux Antiochus! heureuse Rodogune!*

Il faut que ce prince ait le sens bien borné pour n'avoir aucune défiance en voyant sa mère passer tout d'un coup de l'excès de la méchanceté la plus atroce à l'excès de la honte. Quoi! après qu'elle ne lui a parlé que d'assassiner Rodogune, après avoir voulu lui faire accroire que Séleucus l'a tuée, après lui avoir dit : « Périssez, périssez, » elle lui dit que ses larmes ont de l'intelligence dans son cœur; et Antiochus la croit! Non, une telle crédulité n'est pas dans la nature. Antiochus n'a jamais dû avoir plus de défiance, et il n'en témoigne aucune. Il devrait au moins demander si le changement inopiné de sa mère est bien vrai; il devrait dire : « Est-il possible que vous soyez tout autre en un moment? Serais-je assez heureux, etc. ? » Mais point; il s'écrie tout d'un coup : *O moment fortuné! ô trop heureuse fin!* Plus j'y réfléchis, et moins je trouve cette scène naturelle.

SCÈNE V.

On dit qu'au théâtre on n'a point les scélérats. Il n'y a point de criminelle plus odieuse que Cléopatre, et cependant on se plaît à la voir; du moins le parterre, qui n'est pas toujours composé de connaisseurs sévères et délicats, s'est laissé subjuguer quand une actrice imposante à joué ce rôle; elle ennoblit l'horreur de son caractère par la fierté des traits dont Corneille la peint; on ne lui pardonne pas, mais on attend avec impatience ce qu'elle fera après avoir promis Rodogune et le trône à son fils Antiochus. Si Corneille a manqué à son art dans les détails, il a rempli le grand projet de tenir les esprits en suspens, et d'arranger tellement les événements, que personne ne peut deviner le dénoûment de cette tragédie.

V. 5. *Je ne veux plus que moi dedans ma confidence.*

On a déjà averti qu'il faut *dans* et non pas *dedans*. Mais pourquoi ne veut-elle plus de confidente, et pourquoi s'est-elle confiée? elle ne le dit pas.

V. 13. Ce n'est pas tout d'un coup que tant d'orgueil trébuche.

Trébucher, n'a jamais été du style noble.

V. 15. Et c'est mal démêler le cœur d'avec le front,
Que prendre pour sincère un changement si prompt.

Je crois qu'il eût fallu *distinguer*, au lieu de *démêler*; car le cœur et le front ne sont point mêlés ensemble. Je ne vois pas pourquoi elle s'applaudit de tromper toujours sa confidente : doit-elle penser à elle dans ce moment d'horreur?

SCÈNE VI.

V. 1.   Savez-vous, Séleucus, que je me suis vengée?
       — Pauvre princesse, hélas !

Cette réponse est insoutenable; la bassesse de l'expression s'y joint à une indifférence qu'on n'attendait pas d'un homme amoureux; on ne parlerait pas ainsi de la mort d'une personne qu'on connaîtrait à peine : il croit que sa maîtresse est assassinée, et il dit : *Pauvre princesse!*

V. 3.   Quoi, l'aimiez-vous ? — Assez pour regretter sa mort,
enchérit encore sur cette faute.

V. 26.   Les biens que vous m'ôtez n'ont point d'attraits si doux
        Que mon cœur n'ait donnés à ce frère avant vous.

N'ait donnés, se rapporte *aux attraits si doux*; mais ce ne sont pas les attraits si doux qu'il a donnés à son frère, ce sont *les biens*.

V. 30.   C'est ainsi qu'on déguise un violent dépit,
        C'est ainsi qu'une feinte au dehors l'assoupit,
        Et qu'on croit amuser de fausses patiences,
        Ceux dont en l'âme on craint les justes défiances.

Cléopâtre est-elle habile? elle veut trop persuader à Séleucus qu'il doit s'affliger; c'est lui faire voir qu'en effet elle veut l'affliger, et l'animer contre son frère; mais, ses paroles n'ont pas un sens net. Qu'est-ce qu'*une feinte qui assoupit au dehors*, et de *fausses patiences qui amusent ceux dont on craint en l'âme des défiances*? Comment l'auteur de *Cinna* a-t-il pu écrire dans un style si incorrect et si peu noble?

V. 44.   Piqué jusques au vif, il tâche à le reprendre;
        Il fait de l'insensible, afin de mieux surprendre,
        D'autant plus animé, que ce qu'il a perdu
        Par rang ou par mérite à sa flamme étoit dû.

Tout cela est très-mal exprimé, et est d'un style familier et bas. *Une chose due par rang*, n'est pas français.

Le reste de la scène est plus naturel et mieux écrit; mais Séleucus ne dit rien qui doive faire prendre à sa mère la résolution de l'assassiner. Un si grand crime doit au moins être nécessaire. Pourquoi Séleucus ne prend-il pas des mesures contre sa mère, comme il l'avait proposé à Antiochus? En ce cas, Cléopâtre aurait quelque raison qui semblerait colorer ses crimes.

SCÈNE VII.

V. 1. ......De quel malheur suis-je encore capable?

On est capable d'une résolution, d'une action vertueuse ou criminelle, on n'est point capable d'un malheur.

V. 8. Peux-tu n'en prendre qu'un, et m'ôter tous les deux?

Elle veut dire, *en n'en prenant qu'un*, car Rodogune ne pouvait pas prendre deux maris. Cette antithèse, en *prendre un*, *et en ôter deux*, est recherchée. J'ai déjà remarqué que l'antithèse est trop familière à la poésie française; ce pourrait bien être la faute de la langue, qui n'a point le nombre et l'harmonie de la latine et de la grecque; c'est encore plus notre faute : nous ne travaillons pas assez nos vers, nous n'avons pas assez d'attention au choix des paroles, nous ne luttons pas assez contre les difficultés.

V. 16. J'ai commencé par lui, j'achèverai par eux.

Je ne sais si on sera de mon sentiment, mais je ne vois aucune nécessité pressante qui puisse forcer Cléopâtre à se défaire de ses deux enfants. Antiochus est doux et soumis; Séleucus ne l'a point menacée. J'avoue que son atrocité me révolte; et, quelque méchant que soit le genre humain, je ne crois pas qu'une telle résolution soit dans la nature. Si ses deux enfants avaient comploté de la faire enfermer, comme ils le devaient, peut-être la fureur pouvait rendre Cléopâtre un peu excusable; mais une femme qui, de sang-froid, se résout à assassiner un de ses fils et à empoisonner l'autre, n'est pour moi qu'un monstre qui me dégoûte. Cela est plus atroce que tragique. Il faut toujours, à mon avis, qu'un grand crime ait quelque chose d'excusable.

ACTE V.

SCÈNE I.

V. 1. Enfin, grâces aux dieux! j'ai moins d'un ennemi, etc.

«Il n'est point de serpent, ni de monstre odieux
«Qui, par l'art imité, ne puisse plaire aux yeux.»

Il faut bien que cela soit ainsi, puisque le public écoute encore, non sans plaisir, ce monologue. Je ne puis trahir ma pensée jusqu'à déguiser la peine qu'il me fait. Je trouve surtout cette exclamation, *grâces aux dieux!* aussi déplacée qu'horrible; *grâces aux dieux! je viens d'égorger mon fils, de qui je n'avais nul sujet de me plaindre*; mais enfin je conçois que cette détestable fermeté de Cléopâtre peut attacher, et surtout qu'on est très-curieux de savoir comment Cléopatre réussira ou succombera; c'est là ce qui fait, à mon avis, le grand mérite de cette pièce.

V. 3. Son ombre, en attendant Rodogune et son frère,
Peut déjà de ma part les promettre à son père.

De ma part, est une expression familière; mais ainsi placée, elle devient fière et tragique; c'est là le grand art de la diction. Il serait à souhaiter que Corneille l'eût employé souvent; mais il serait à souhaiter aussi que la rage de Cléopatre pût avoir quelque excuse, au moins apparente.

V. 11. Poison, me sauras-tu rendre mon diadème?

J'avoue encore que je n'aime point cette apostrophe au *poison*. On ne parle point à un *poison*; c'est une déclamation de rhéteur : une reine ne s'avise guère de prodiguer ces figures recherchées. Vous ne trouverez point de ces apostrophes dans Racine.

V. 13. . . . . .Et toi, que me veux-tu,
Ridicule retour d'une sotte vertu?

n'est pas de même; rien n'est plus bas, ni même plus mal placé. Cléopatre n'a point de vertu; son âme exécrable n'a pas hésité un instant. Ce mot *sotte* doit être évité.

V. 15. Tendresse dangereuse autant comme importune, etc.

Autant comme, n'est pas français; on l'a déjà observé ailleurs.

V. 28. Il faut ou condamner ou couronner sa haine.

Ces sentences, au moins, doivent être claires et fortes; mais ici le mot de *haine* est faible, et *couronner sa haine* ne donne pas une idée nette.

V. 33. Trône, à t'abandonner je ne puis consentir.
Par un coup de tonnerre il vaut mieux en sortir;
Il vaut mieux mériter le sort le plus étrange.
Tombe sur moi le ciel, pourvu que je me venge!

Il vaut mieux mériter, etc. Il est bien plus étrange qu'un vers si oiseux et si faible se trouve entre deux vers si beaux et si forts. Plaignons la stérilité de nos rimes dans le genre noble; nous n'en avons qu'un très-petit nombre, et l'embarras de trouver une rime convenable fait souvent beaucoup de tort au génie; mais aussi, quand cette difficulté est toujours surmontée, le génie alors brille dans toute sa perfection.

V. 36. Tombe sur moi le ciel, pourvu que je me venge!

On sait bien que le ciel ne peut tomber sur une personne; mais cette idée, quoique très-fausse, était reçue du vulgaire; elle exprime toute la fureur de Cléopatre, elle fait frémir.

ACTE V, SCÈNE I.

V. 41. Mais voici Laonice, il faut dissimuler....

Ces avertissements au parterre ne sont plus permis ; on s'est aperçu qu'il y avait très-peu d'art à dire, *je vais agir avec art*. On doit assez s'apercevoir que Cléopâtre dissimule, sans qu'elle dise, *je vais dissimuler*.

SCÈNE II.

V. 1. Viennent-ils, nos amants ? — Ils approchent, madame;
On lit dessus leur front l'allégresse de l'âme, etc.

Cette description que fait Laonice, toute simple qu'elle est, me paraît un grand coup de l'art; elle intéresse pour les deux époux; c'est un beau contraste avec la rage de Cléopâtre. Ce moment excite la crainte et la pitié; et voilà la vraie tragédie.

V. 6. Ils viennent prendre ici la coupe nuptiale....
Par les mains du grand prêtre être unis à jamais.

On sent assez la dureté de ces sons, *grand prêtre*, *être*; il est aisé de substituer le mot de *pontife*.

V. 10. Le peuple tout ravi par ses vœux les devance,

est un peu trop du style de la comédie. Il ne faut pas croire que ces petites négligences puissent diminuer en rien le grand intérêt de cette situation, la majesté du spectacle, et la beauté de presque tout ce cinquième acte, considéré en lui-même, indépendamment des quatre premiers.

V. 15. Les Parthes à la foule aux Syriens mêlés.

Il faut *en foule*.

V. 16. Tous nos vieux différends de leur âme exilés,
Font leur suite assez grosse, et, d'une voix commune,
Bénissent à la fois le prince et Rodogune.

Il semble par la phrase que ces différends soient de la suite.

SCÈNE III.

V. 1. Approchez, mes enfants; car l'amour maternelle,
Madame, dans mon cœur vous tient déjà pour telle.

Quoi! après avoir demandé, il y a deux heures, la tête de Rodogune, elle leur parle *d'amour maternelle!* cela n'est-il pas trop outré? Rodogune ne peut-elle pas regarder ce mot comme une ironie? Il n'y a point de réconciliation formelle, les deux princesses ne se sont point vues

V. 21. Prêtez les yeux au reste.

Pourquoi dit-on *prêter l'oreille*, et que *prêter les yeux* n'est pas français? N'est-ce point qu'on peut s'empêcher à toute force d'entendre, en détournant ailleurs son attention, et qu'on ne peut s'empêcher de voir, quand on a les yeux ouverts?

SCÈNE IV.

V. 14. *Immobile, et rêveur en malheureux amant....*

On est fâché de cette absurdité de Timagène, qui jetterait quelque ridicule sur cet événement terrible, s'il était possible d'en jeter. Peut-on dire d'un prince assassiné, qu'il est *rêveur en malheureux amant sur un lit de gazon?* Le moment est pressant et horrible. Séleucus peut avoir un reste de vie; on peut le secourir: et Timagène s'amuse à représenter un prince assassiné et baigné dans son sang, comme un berger de l'Astrée rêvant à sa maîtresse sur une couche verte.

V. 15. Enfin que faisoit-il? Achevez promptement.

Enfin que faisait ce malheureux amant rêveur? Monsieur, il était mort. C'est une espèce d'arlequinade. Si un auteur hasardait aujourd'hui sur le théâtre une telle incongruité, comme on se récrierait! comme on sifflerait! surtout si l'auteur était malvoulu: cela seul serait capable de faire tomber une pièce nouvelle. Mais le grand intérêt qui règne dans ce dernier acte si différent du reste, la terreur de cette situation, et le grand nom de Corneille, couvrent ici tous les défauts.

V. 25. La tienne est donc coupable, et ta rage insolente....
L'ayant assassiné le fait encor parler.

Je ne sais s'il est bien adroit à Cléopatre d'accuser sur-le-champ Timagène; mais, comme elle craint d'être accusée, elle se hâte de faire retomber le soupçon sur un autre, quelque peu vraisemblable que soit ce soupçon. D'ailleurs son trouble est une excuse.

On peut remarquer que quand Timagène dit que Séleucus a parlé en mourant, la reine lui répond: « C'est donc toi qui l'as tué »? Ce n'est pas une conséquence: *il a parlé*, donc *tu l'as tué.*

V. 31. J'en ferois autant qu'elle à vous connoître moins.

Cet *à* n'est pas français; il faut, *si je vous connaissais moins;* mais pourquoi soupçonnerait-il Timagène? ne devrait-il pas plutôt soupçonner Cléopatre, qu'il sait être capable de tout?

V. 40. « Une main qui nous fut bien chère
Venge ainsi le refus d'un coup trop inhumain, etc. »

Plusieurs critiques ont trouvé qu'il n'est pas naturel que Séleucus en mourant ait prononcé quatre vers entiers sans nommer sa mère; ils disent que cet artifice est trop ajusté au théâtre; ils prétendent que, s'il a été frappé à la poitrine par sa mère, il devait se défendre; qu'un prince ne se laisse pas tuer ainsi par une femme; et que, s'il a été assassiné par un autre, envoyé par sa mère, il ne doit pas dire que c'est *une main chère;* qu'enfin Antiochus, au récit de cette aventure, devrait courir sur le lieu. C'est au lecteur à peser la valeur de toutes ces critiques. La dernière critique surtout ne souffre point de réponse. Antiochus aimait tendrement son frère; ce frère est assassiné, et Antiochus achève tranquillement la cérémonie de son mariage. Rien n'est moins naturel et plus révoltant. Son premier soin doit être de courir sur le lieu, de voir si en effet son frère est mort, si on peut lui donner quelque secours; mais le parterre s'aperçoit à peine de cette invraisemblance, il est impatient de savoir comment Cléopatre se justifiera.

V. 67. Est-ce vous désormais dont je dois me garder?

Cette situation est sans doute des plus théâtrales; elle ne permet pas aux spectateurs de respirer. Quelques personnes plus difficiles peuvent trouver mauvais qu'Antiochus soupçonne Rodogune qu'il adore, et qui n'avait assurément aucun intérêt à tuer Séleucus. D'ailleurs, quand l'aurait-elle assassiné? On faisait les préparatifs de la cérémonie; Rodogune devait être accompagnée d'une nombreuse cour; l'ambassadeur Oronte ne l'a pas sans doute quittée; son amant était auprès d'elle. Une princesse qui va se marier se dérobe-t-elle à tout ce qui l'entoure? sort-elle du palais pour aller au bout d'une allée sombre assassiner son beau-frère, auquel elle ne pense seulement pas? Il est très-beau qu'Antiochus puisse balancer entre sa maîtresse et sa mère; mais malheureusement on ne pouvait guère amener cette belle situation qu'aux dépens de la vraisemblance.

Le succès prodigieux de cette scène est une grande réponse à tous ces critiques, qui disent à un auteur : « Ceci n'est pas assez fondé; cela n'est pas assez préparé. » L'auteur répond : « J'ai touché; j'ai enlevé le public. » L'auteur a raison, tant que le public applaudit. Il est pourtant infiniment mieux de s'astreindre à la plus exacte vraisemblance; par là on plaît toujours, non-seulement au public assemblé, qui sent plus qu'il ne raisonne, mais aux critiques éclairés qui jugent dans le cabinet : c'est même le seul moyen de conserver une réputation pure dans la postérité.

V 80 Nous avons mal servi vos haines mutuelles,
Aux jours l'une de l'autre également cruelles.

Des haines cruelles aux jours l'une de l'autre; cela n'est pas français.

V. 92. Puis-je vivre et traîner cette gêne éternelle?

On ne traîne point une gêne. Mais le discours d'Antiochus est si beau, que cette légère faute n'est pas sensible

V. 97. Tirez-moi de ce trouble, ou souffrez que je meure:
Et que mon déplaisir, par un coup généreux,
Épargne un parricide à l'une de vous deux.

Il faudrait *désespoir* plutôt que *déplaisir*.

V. 112. Elle a soif de mon sang; elle a voulu l'épandre.

Épandre était un terme heureux qu'on employait au besoin au lieu de *répandre;* ce mot a vieilli.

V. 115. Sur la foi de ses pleurs je n'ai rien craint de vous.

Ce plaidoyer de Cléopatre n'est pas sans adresse; mais ce vain artifice doit être senti par Antiochus, qui ne peut, en aucune façon, soupçonner Rodogune.

V. 131. Si vous n'avez un charme à vous justifier.

Cela n'est pas français, et ce dernier vers ne finit pas heureusement une si belle tirade.

V. 132. Je me défendrai mal. L'innocence étonnée
Ne peut s'imaginer qu'elle soit soupçonnée, etc.

On n'a rien à dire sur ces deux plaidoyers de Cléopatre et de Rodogune. Ces deux princesses parlent toutes deux comme elles doivent parler. La réponse de Rodogune est beaucoup plus forte que le discours de Cléopatre, et elle doit l'être. Il n'y a rien à y répliquer: elle porte la conviction; et Antiochus devrait en être tellement frappé, qu'il ne devrait peut-être pas dire : *Non, je n'écoute rien;* car comment ne pas écouter de si bonnes raisons? Mais j'ose dire que le parti que prend Antiochus est infiniment plus théâtral que s'il était simplement raisonnable.

V. 174. Heureux, si sa fureur, qui me prive de toi,
Se fait bientôt connoître, en achevant sur moi! etc.

En achevant sur moi, dépare un peu ce morceau qui est très-beau. *Achevant* demande absolument un régime. *Tout lieu de me surprendre,* est trop faible; *réduire en poudre,* trop commun.

V. 189. Faites-en faire essai par quelque domestique.

Apparemment que les princesses syriennes faisaient peu de cas de leurs domestiques; mais c'est une réflexion que personne ne peut faire dans l'agitation où l'on est, et dans l'attente du dénoûment.

L'action qui termine cette scène fait frémir; c'est le tragique porté au comble. On est seulement étonné que dans les compliments d'Antiochus et de l'ambassadeur, qui terminent la pièce, Antiochus ne dise pas un mot de son frère qu'il aimait si tendrement. Le rôle terrible de Cléopatre et le cinquième acte feront toujours réussir cette pièce.

V. 196. Et soit amour pour moi, soit adresse pour elle,
Ce soin la fait paroître un peu moins criminelle.

Soit adresse pour elle, n'est pas français; on ne peut dire, *j'ai de l'adresse pour moi;* il fallait peut-être dire : *soit intérêt pour elle.*

V. 212. Mais j'ai cette douceur dedans cette disgrâce,
De ne voir point régner ma rivale en ma place.

Disgrâce paraît un mot trop faible dans une aventure si effroyable;

voilà ce que la nécessité de la rime entraîne : dans ces occasions il faut changer les deux rimes.

V. 214. Je n'aimois que le trône, et de son droit douteux
J'espérois faire un don fatal à tous les deux ;
Détruire l'un par l'autre, et régner en Syrie,
Plutôt par vos fureurs que par ma barbarie.
Séleucus, avec toi trop fortement uni,
Ne m'a point écoutée, et je l'en ai puni ;
J'ai cru par ce poison en faire autant du reste ;
Mais sa force trop prompte à moi seule est funeste.

Corneille supprima ces huit vers avec grande raison. Une femme empoisonnée et mourante n'a pas le temps d'entrer dans ces détails ; et une femme aussi forcenée que Cléopatre ne rend point compte ainsi à ses ennemis. Les comédiens de Paris ont rétabli ces vers, pour avoir le mérite de réciter quelques vers que personne ne connaissait. La singularité les a plus déterminés que le goût. Ils se donnent trop la licence de supprimer et d'allonger des morceaux qu'on doit laisser comme ils étaient.

On trouvera peut-être que j'ai examiné cette pièce avec des yeux trop sévères : mais ma réponse sera toujours que je n'ai entrepris ce commentaire que pour être utile ; que mon dessein n'a pas été de donner de vaines louanges à un mort qui n'en a pas besoin, et à qui je donne d'ailleurs tous les éloges qui lui sont dus ; qu'il faut éclairer les artistes, et non les tromper ; que je n'ai pas cherché malignement à trouver des défauts ; que j'ai examiné chaque pièce avec la plus grande attention ; que j'ai très-souvent consulté des hommes d'esprit et de goût, et que je n'ai dit que ce qui m'a paru la vérité. Admirons le génie mâle et fécond de Corneille ; mais, pour la perfection de l'art, connaissons ses fautes ainsi que ses beautés.

SCÈNE DERNIÈRE.

V. 1. Dans les justes rigueurs d'un sort si déplorable,
Seigneur, le juste ciel vous est bien favorable, etc.

L'ambassadeur Oronte n'a joué dans toute la pièce qu'un rôle insipide ; et il finit l'acte le plus tragique par les plus froids compliments.

REMARQUES SUR HÉRACLIUS
EMPEREUR D'ORIENT.

TRAGÉDIE REPRÉSENTÉE EN 1647 [1].

Préface du commentateur. — Louis Racine, fils de l'admirable Jean Racine, a fait un traité de la poésie dramatique, avec des remarques sur les tragédies de son illustre père. Voici comme il s'explique sur l'*Héraclius* de Corneille, p. 373 :

« On croirait devoir trouver quelque ressemblance entre *Héraclius* et *Athalie*, parce qu'il s'agit dans ces pièces de remettre sur un trône usurpé un prince à qui ce trône appartient; et ce prince a été sauvé du carnage dans son enfance. Ces deux pièces n'ont cependant aucune ressemblance entre elles, non-seulement parce qu'il est bien différent de vouloir remettre sur le trône un prince en âge d'agir par lui-même ou un enfant de huit ans, mais parce que Corneille a conduit son action d'une manière si singulière et si compliquée, que ceux qui l'ont lue plusieurs fois, et même l'ont vu représenter, ont encore de la peine à l'entendre, et qu'on se lasse à la fin

D'un divertissement *qui* fait une fatigue[1].

« Dans *Héraclius*, sujet et incidents, tout est de l'invention du génie fécond de Corneille, qui, pour jeter de grands intérêts, a multiplié des incidents peu vraisemblables. Croira-t-on une mère capable de livrer son propre fils à la mort, pour élever sous ce nom le fils de l'empereur mort? Est-il vraisemblable que deux princes, se croyant toujours tous deux ce qu'ils ne sont pas, parce qu'ils ont été changés en nourrice, s'aiment tendrement lorsque leur naissance les oblige à se détester, et même à se perdre? Ces choses ne sont pas impossibles; mais on aime mieux le merveilleux qui naît de la simplicité d'une action, que celui que peut produire cet amas confus d'incidents extraordinaires. Peu de personnes connaissent *Héraclius*; et qui ne connaît pas *Athalie*?

« Il y a d'ailleurs de grands défauts dans *Héraclius*. Toute l'action est conduite par un personnage subalterne, qui n'intéresse point : c'est la reconnaissance qui fait le sujet, au lieu que la reconnaissance doit naître du sujet, et causer la péripétie. Dans *Héraclius*, la péripétie précède la reconnaissance. La péripétie est la mort de Phocas : les deux princes ne sont reconnus qu'après cette mort; et comme alors ils n'ont plus à le craindre, qu'importe au spectateur qui des deux soit Héraclius? Il me paraît donc que le poëte qui s'est conformé aux principes d'Aris-

---

[1]. Boileau, *Art poétique*, III, 32. (ÉD.)

tote, et qui a conduit sa pièce dans la simplicité des tragédies grecques, est celui qui a le mieux réussi. »

J'avoue que je ne suis pas de l'avis de M. Louis Racine en plusieurs points. Je crois qu'une mère peut livrer son fils à la mort pour sauver le fils de son empereur; mais pour rendre vraisemblable une action si peu naturelle, il faudrait que la mère eût été obligée d'en faire serment, qu'elle eût été forcée par la religion, par quelque motif supérieur à la nature : or c'est ce qu'on ne trouve pas dans l'*Héraclius* de Pierre Corneille; Léontine même est d'un caractère absolument incapable d'une piété si étrange; c'est une intrigante, et même une très-méchante femme, qui réserve Héraclius à un inceste : de tels caractères ne sont pas capables d'une vertu surnaturelle.

Je ne crois pas impossible qu'Héraclius et Martian aient de l'amitié l'un pour l'autre; je remarque seulement que cette amitié n'est guère théâtrale, et qu'elle ne produit aucun de ces grands mouvements nécessaires au théâtre.

A l'égard du dénoûment, je crois que le critique a entièrement raison; mais je ne conçois pas comment il a voulu faire une comparaison d'*Athalie* et d'*Héraclius*, si ce n'est pour avoir une occasion de dire qu'*Héraclius* lui paraît un mauvais ouvrage.

Il faut bien pourtant qu'il y ait de grandes beautés dans *Héraclius*, puisqu'on le joue toujours avec applaudissement, quand il se trouve des acteurs convenables aux rôles.

Les lecteurs éclairés se sont aperçus, sans doute, qu'une tragédie écrite d'un style dur, inégal, rempli de solécismes, peut réussir au théâtre par les situations; et qu'au contraire une pièce parfaitement écrite peut n'être pas tolérée à la représentation. *Esther*, par exemple, est une preuve de cette vérité : rien n'est plus élégant, plus correct, que le style d'*Esther*; il est même quelquefois touchant et sublime; mais quand cette pièce fut jouée à Paris, elle ne fit aucun effet; le théâtre fut bientôt désert : c'est, sans doute, que le sujet est bien moins naturel, moins vraisemblable, moins intéressant, que celui d'*Héraclius*. Quel roi qu'Assuérus, qui ne s'est pas fait informer, les six premiers mois de son mariage, de quel pays est sa femme, qui fait égorger toute une nation parce qu'un homme de cette nation n'a pas fait la révérence à son vizir, qui ordonne ensuite à ce vizir de mener par la bride le cheval de ce même homme! etc.

Le fond d'*Héraclius* est noble, théâtral, attachant; et le fond d'*Esther* n'était fait que pour des petites filles de couvent, et pour flatter Mme de Maintenon.

HÉRACLIUS,
EMPEREUR D'ORIENT.
TRAGÉDIE.

ACTE I.
SCÈNE I

V. 1. Crispe, il n'est que trop vrai, la plus belle couronne
N'a que de faux brillants dont l'éclat l'environne, etc.

On trouve souvent dans Corneille de ces maximes vagues et de ces lieux communs, où le poëte se met à la place du personnage. S'il y a dans Racine quelque passage qui ressemble au début de Phocas, c'est celui d'Agamemnon dans *Iphigénie* :

Heureux qui, satisfait de son humble fortune,
Libre du joug superbe où je suis attaché,
Vit dans l'état obscur où les dieux l'ont caché!

Mais que cette réflexion est pleine de sentiment! qu'elle est belle! qu'elle est éloignée de la déclamation!

Au contraire, les premiers vers de Phocas paraissent une amplification; les vers en sont négligés. Ce sont *les faux brillants qui environnent une couronne; c'est celui dont le ciel a fait choix pour un sceptre, et qui en ignore le poids :* ce sont *mille et mille douceurs qui sont un amas d'amertumes cachées.*

J'ajouterai encore que cette déclamation conviendrait peut-être mieux à un bon roi qu'à un tyran et à un meurtrier qui règne depuis longtemps, et qui doit être accoutumé aux dangers d'une grandeur acquise par les crimes, et à ces amertumes cachées sous mille douceurs.

V. 3. Et celui dont le ciel pour un sceptre a fait choix,
Jusqu'à ce qu'il le porte, en ignore le poids.

Jusqu'à ce qu'il le porte : on doit, autant qu'on le peut, éviter ces cacophonies. Elles sont si désagréables à l'oreille, qu'on doit même y avoir une grande attention dans la prose. Que sera-ce donc dans la poésie? tout y doit être coulant et harmonieux.

V. 5. Mille et mille douceurs y semblent attachées,
Qui ne sont qu'un amas d'amertumes cachées :
Qui croit les posséder les sent s'évanouir.

Si ces douceurs sont des amertumes, comment se plaint-on de les sentir s'évanouir? Quand on veut examiner les vers français avec des yeux attentifs et sévères, on est étonné des fautes qu'on y trouve.

V. 9.   Surtout qui, comme moi, d'une obscure naissance,
        Monte par la révolte à la toute-puissance;
        Qui de simple soldat à l'empire élevé,
        Ne l'a que par le crime acquis et conservé;
        Autant que sa fureur s'est immolé de têtes,
        Autant dessus la sienne il croit voir de tempêtes.

Cette phrase n'est pas correcte, *qui comme moi s'est élevé au trône, il croit voir des tempêtes;* cet *il* est une faute, surtout quand ce *qui* comme est si éloigné.

V. 13.   Autant que sa fureur s'est immolé de têtes, etc.

Cela est en même temps négligé et forcé : négligé, parce que ce mot vague de *tempêtes* n'est là que pour la rime; forcé, parce qu'il est difficile de voir autant de tempêtes qu'on a fait de crimes.

V. 15.   Et comme il n'a semé qu'épouvante et qu'horreur,
         Il n'en recueille enfin que trouble et que terreur.

C'est le fond de la même pensée exprimée par une autre figure. On doit éviter toutes ces amplifications. Ce tour de phrase, *comme il n'a semé, comme il voit en nous*, etc., est très-souvent employé par Corneille; il ne faut pas le prodiguer, parce qu'il est prosaïque.

V. 18.   Mon trône n'est fondé que sur des morts illustres;
         Et j'ai mis au tombeau, pour régner sans effroi,
         Tout ce que j'en ai vu de plus digne que moi.

Ce dernier vers est beau; je ne sais cependant si un empereur qui a eu assez de mérite et de courage pour parvenir à l'empire, du rang de simple soldat, avoue si aisément qu'il a immolé tant de personnes plus dignes que lui de la couronne; il doit les avoir crues dangereuses, mais non plus dignes que lui de la pourpre. En général, il n'est pas dans la nature qu'un souverain s'avilisse ainsi soi-même; c'est à quoi tous les jeunes gens qui travaillent pour le théâtre doivent prendre garde : les mœurs doivent toujours être vraies.

V. 26.   Byzance ouvre, dis-tu, l'oreille à ces menées.

On ouvre l'oreille à un bruit, et non à des menées; on les découvre.

V. 29.   Impatient déjà de se laisser séduire
         Au premier imposteur armé pour me détruire.

Se laisser séduire à quelqu'un, n'est plus d'usage, et au fond c'est une faute; *je me suis laissé aimer, persuader, avertir par vous*, et non pas *aimer, persuader, avertir à vous.*

V. 31.   Qui, s'osant revêtir de ce fantôme aimé....

Peut-on se vêtir d'un fantôme? l'image est-elle assez juste? comment pourrait-on se mettre un fantôme sur le corps? Toute métaphore doit être une image qu'on puisse peindre.

V. 32. *Voudra servir d'idole à son zèle charmé.*

Quelles expressions forcées! Pour sentir à quel point tout cela est mal écrit, mettez en prose ces vers:

Le peuple est impatient de se laisser séduire au premier imposteur armé pour me détrôner, qui, s'osant revêtir d'un fantôme aimé, voudra servir d'idole à son zèle charmé.

Entendra-t-on un tel langage? ne sera-t-on pas révolté de cette foule d'impropriétés et de barbarismes? Le sévère Boileau a dit [1]:

Sans la langue, en un mot, l'auteur le plus divin
Est toujours, quoi qu'il fasse, un méchant écrivain.

Mais souvenons-nous aussi que lorsque Corneille faisait les beaux morceaux du *Cid*, des *Horaces*, de *Cinna*, de *Pompée*, il était un admirable écrivain.

V. 33. *Mais sais-tu sous quel nom ce fâcheux bruit s'excite?*

Un bruit ne s'excite point sous un nom. Qu'il est difficile de parler en vers avec justesse! mais que cela est nécessaire!

V. 37. *Sa mort est trop certaine, et fut trop remarquable....*
Il n'avoit que six mois; et lui perçant le flanc
On en fit dégoutter plus de lait que de sang;

expressions trop familières, trop prosaïques. *Et lui perçant le flanc* est un solécisme, il faut *en lui perçant.*

V. 41. *Et ce prodige affreux, dont je tremblai dans l'âme,*
Fut aussitôt suivi de la mort de ma femme.

Ce prodige n'est point affreux; c'est seulement une croyance puérile assez commune autrefois, que les enfants au berceau avaient du lait dans les veines. Phocas même l'insinue assez en disant: *Il n'avait que six mois, et on en fit dégoutter plus de lait que de sang.* Cette conjonction *et* signifie évidemment que ce lait était une suite, une preuve de son enfance, et par là même exclut le prodige; mais si c'en était un, que signifierait-il? à quoi servirait-il?

V. 45. *Il fut livré par elle, à qui, pour récompense,*
Je donnai de mon fils à gouverner l'enfance, etc.

Je donnai à Léonie son enfance à gouverner. — Juge par là combien ce conte est ridicule. — Tout est jusqu'ici de la prose un peu commune et négligée. Le milieu entre l'ampoulé et le familier est difficile à tenir.

V. 51. *Mais avant qu'à ce conte il se laisse emporter,*
Il vous est trop aisé de le faire avorter.

1. *Art poétique*, I, 161-162. (Éd.)

ACTE I, SCÈNE I.

On ne se laisse point *emporter à un conte;* on fait avorter des desseins, et non pas des contes.

V. 53. Quand vous fîtes périr Maurice et sa famille,
Il vous en plut, seigneur, réserver une fille....

Cela est du style d'affaires. *Il plut à Votre Majesté donner tel ordre;* il n'y a pas là de faute contre la langue, mais il y en a contre le tragique.

V. 55. Et résoudre dès lors qu'elle auroit pour époux
Ce prince destiné pour régner après vous.
Le peuple en sa personne aime encore et révère, etc.

Cette *personne* se rapporte à *ce prince;* et c'est de cette fille réservée, c'est de Pulchérie, que Crispe veut parler.

V. 65. Et n'eût été Léonce en la dernière guerre....

Ces expressions sont bannies aujourd'hui, même du style familier.

V. 66. Ce dessein avec lui seroit tombé par terre.

On a déjà repris ailleurs [1] ces façons de parler vicieuses. Toute métaphore qui ne forme point une image vraie et sensible est mauvaise; c'est une règle qui ne souffre point d'exception : or quel peintre pourrait représenter une idée qui tombe par terre?

V. 68. Martian demeuroit ou mort ou prisonnier.

On ne peut dire qu'un homme serait *demeuré mort* si on ne l'avait secouru. Ces mots, *demeurer mort,* signifient qu'il était mort en effet. On peut bien dire qu'on demeurerait estropié, parce qu'un estropié peut guérir; qu'on demeurerait prisonnier, parce qu'un prisonnier peut être délivré; mais non pas qu'on demeurerait mort, parce qu'un mort ne ressuscite pas.

V. 71. Et qui, réunissant l'une et l'autre maison,
Tire chez vous l'amour qu'on garde pour son nom.

On a déjà repris ailleurs cette expression *tirer l'amour;* on ne tire l'amour chez personne.

V. 74. Si pour en voir l'effet tout me devient contraire.

Tout me devient contraire pour en voir l'effet, n'est pas français, c'est un solécisme.

V. 77. Et les aversions entre eux deux mutuelles
Les font d'intelligence à se montrer rebelles,

n'est pas français. *Des aversions qui font d'intelligence!* que de barbarismes!

---

[1] Remarques sur *Polyeucte,* acte IV, scène II. (ÉD.).

V. 81. Le souvenir des siens, l'orgueil de sa naissance,
L'emporte à tous moments à braver ma puissance.

L'emporte à braver, autre barbarisme.

V. 85. . . . . Ce que je vois suivre
Me punit bien du trop que je la laissai vivre,

est d'une prose familière et trop incorrecte.

V. 87. Il faut agir de force avec de tels esprits.

On dit *entrer de force*, *user de force*; je doute qu'on dise *agir de force*. Le style de la conservation permet *agir de tête*, *agir de loin*; et s'il permet *agir de force*, la poésie ne le souffre pas.

V. 91. Je l'ai mandée exprès, non plus pour la flatter,
Mais pour prendre mon ordre et pour l'exécuter.

C'est une faute de construction; il faut, *mais pour lui donner des ordres*, car le *je* doit gouverner toute la phrase. Ne nous rebutons point de ces remarques grammaticales; la langue ne doit jamais être violée. Phocas parle très-bien et très-convenablement; je ne sais si on en peut dire autant de Pulchérie.

SCÈNE II.

V. 5. Ce n'est pas exiger grande reconnoissance
Des soins que mes bontés ont pris de votre enfance,
De vouloir qu'aujourd'hui, pour prix de mes bienfaits,
Vous daigniez accepter les dons que je vous fais.
Ils ne font point de honte au rang le plus sublime;
Ma couronne et mon fils valent bien quelque estime.

Le rang le plus sublime! et *une couronne et un fils qui valent de l'estime!* Est-ce là l'auteur des beaux morceaux de *Cinna?*

V. 13. . . . .De force ou de gré je veux me satisfaire.

Se satisfaire, n'est pas le mot propre; on ne dit *je veux me satisfaire* que dans le discours familier. Je veux contenter mes goûts, mes inclinations, mes caprices. *Mais enfin dans la vie il faut se satisfaire* (Molière). Je veux me satisfaire *de gré*, est un pléonasme; et je veux me satisfaire *de force*, est un contre-sens. On se fait obéir de gré ou de force; mais on ne se satisfait pas de force. Phocas entend qu'il réduira de gré ou de force Pulchérie, mais il ne le dit pas.

V. 17. J'ai rendu jusqu'ici cette reconnoissance,
A ces soins tant vantés d'élever mon enfance....

Cela n'est pas français; on ne rend point une reconnaissance à des soins; on a de la reconnaissance, on la témoigne, on la conserve; *j'ai rendu cette reconnaissance!*

ACTE I, SCÈNE II. 79

V. 19. Que, tant qu'on m'a laissée en quelque liberté,
J'ai voulu me défendre avec civilité.

Que j'ai voulu, est encore une faute contre la langue. *Avec civilité*, est du ton de la comédie.

V. 22. . . . . .Il faut que je m'explique,
Que je me montre entière à l'injuste fureur,
Et parle à mon tyran en fille d'empereur.

Il faudrait *à la fureur de*, etc. On ne pourrait dire *à la fureur* généralement que dans un cas tel que celui-ci, *la fermeté brave la fureur*. L'épithète d'*injuste* est faible et oiseuse avec le mot *fureur*. Enfin, la *fureur* ne convient pas ici; ce n'est point une fureur de marier Pulchérie à l'héritier de l'empire.

V. 25. Il falloit me cacher avec quelque artifice
Que j'étois Pulchérie, et fille de Maurice.

Sans examiner ici le style, je demande si une jeune personne élevée par un empereur peut lui parler avec cette arrogance. On ne traite point ainsi son maître dans sa propre maison. Voyez comme Josabeth parle à Athalie; elle lui fait sentir tout ce qu'elle pense : cette retenue habile et touchante fait beaucoup plus d'impression que des injures. Électre aux fers, n'ayant rien à ménager, peut éclater en reproches; mais Pulchérie bien traitée doit elle s'emporter tout d'un coup? peut-elle parler en souveraine? Un sentiment de douleur et de fierté, qui échappe dans ces occasions, ne fait-il pas plus d'effet que des violences inutiles? Ce n'est pas que j'ose condamner ici Pulchérie; mais, en général, ces tyrans qu'on traite avec tant de mépris dans leurs palais, au milieu de leurs courtisans et de leurs gardes, sont des personnage dont le modèle n'est pas dans la nature.

V. 27. Si tu faisois dessein de m'éblouir les yeux....

Cela n'est pas français; on ne *fait* pas dessein; on *a* dessein.

V. 28. Jusqu'à prendre tes dons pour des dons précieux.

Il semble que ce soit Phocas qui prenne ces dons pour des dons précieux. Il fallait, pour l'exactitude, *jusqu'à me faire prendre tes dons pour des dons précieux*.

V. 30. Tu me donnes, dis-tu, ton fils et ta couronne;
Mais que me donnes-tu, puisque l'une est à moi?

Non assurément, jamais femme n'a été héritière de l'empire romain. Pulchérie a moins de droit au trône que le dernier officier de l'armée. Il ne lui sied point du tout de dire : *Il est à moi ce trône, c'est à moi d'y voir tout le monde à mes pieds*. Elle lui propose de *laver ce trône avec son sang* ; j'observerai que si un trône est teint de sang, il n'est point lavé de sang. Si elle prétend qu'on lave un trône teint du sang d'un empereur avec le sang d'un autre empereur, elle doit dire *lavé par le tien*, et non *du tien*. Elle répète ce mot encore, *le bourreau de mon sang*. Elle dit qu'elle a le cœur *franc et haut;* on doit bien rarement le dire; il faut que cette hauteur se fasse sentir par le discours même. On a déjà remarqué que l'art consiste à déployer le caractère d'un personnage, et tous ses sentiments, par la manière dont on le fait parler, et non par la manière dont ce personnage parle de lui-même.

V. 45. Ton intérêt dès lors fit seul cette réserve.

Faire une réserve, pour dire, *épargner les jours d'une princesse* cela n'est pas noble. *Faire une réserve*, est style d'affaires.

V. 50. Mais connois Pulchérie, et cesse de prétendre.

Ce verbe *prétendre* exige absolument un régime; ce n'est point un verbe neutre; ainsi la phrase n'est point achevée. On pourrait dire *cessez d'aimer et de haïr*, quoique ce soient des verbes actifs, parce qu'en ce cas cela veut dire, *cessez d'avoir des sentiments d'amour et de haine;* mais on ne peut dire, *cessez de prétendre, de satisfaire, de secourir*.

V. 61. J'ai forcé ma colère à te prêter silence.

Cette réponse ne fait-elle pas voir que Phocas ne devait pas se laisser braver ainsi? Le moyen de parler encore à quelqu'un qui vient de vous dire qu'il ne veut que votre mort? Comment Phocas peut-il encore raisonner amiablement avec Pulchérie après une telle déclaration? est-il possible qu'il lui propose encore son fils?

V. 69. Le trône où je me sieds n'est pas un bien de race,
L'armée a ses raisons pour remplir cette place;
Son choix en est le titre, etc.

Un bien de race; une armée qui a ses raisons; un choix qui est le titre d'une place, toutes expressions plates ou obscures. Phocas, d'ailleurs, a très-grande raison de dire à cette Pulchérie que le trône de l'empire romain ne passe point aux filles. Mais il devait le dire auparavant, et mieux.

V. 81. Un chétif centenier des troupes de Mysie,
Qu'un gros de mutinés élut par fantaisie....

Encore une fois, on ne parle point ainsi à un empereur romain reconnu et sacré depuis longtemps; il peut avoir passé par tous les grades militaires, comme tant d'autres empereurs, et comme Théodose lui-même, sans que personne soit en droit de le lui reprocher. Mais ce qui paraît plus répréhensible, c'est que tant d'injures et tant de mépris doivent absolument ôter à Phocas l'envie de donner son fils à Pulchérie, puisqu'il ne croit pas qu'Héraclius soit en vie, et qu'il n'a pas un intérêt présent à marier son fils avec une fille qui n'aime point le fils et qui outrage le père. Il ne sera peut-être pas inutile de remarquer ici que saint Grégoire le Grand écrivait à ce même Phocas : *Benignitatem*

ACTE I, SCÈNE II. 81

pietatis vestræ ad imperiale fastigium pervenisse gaudemus. Nous ne prétendons pas que Pulchérie dût imiter la lâche flatterie de ce pape; ce n'est qu'une note purement historique.

V. 85. Lui qui n'a pour l'empire autre droit que ses crimes.

Il fallait, *lui qui n'eut à l'empire autre droit que ses crimes.* On n'a point de droit *pour*, mais des droits *à;* c'est un solécisme.

V. 95. Et l'on voit depuis lui remonter mon destin
Jusqu'au grand Théodose et jusqu'à Constantin

La race, le sang, la maison, la famille, remonte à une tige, à Constantin; mais le destin ne remonte pas.

V. 98. Eh bien! si tu le veux, je te le restitue,
Cet empire, et consens encor que ta fierté
Impute à mes remords l'effet de ma bonté.

Un homme doux et faible pourrait parler ainsi; mais *notandi sunt tibi mores.* Est-il vraisemblable qu'un guerrier dur et impitoyable, tel que Phocas, s'excuse doucement envers une personne qui vient de l'outrager si violemment, et qu'il lui offre toujours son fils? S'il y était forcé par la nation, si en mariant son fils à Pulchérie il excluait Héraclius du trône, il aurait raison; mais Héraclius n'en aura pas moins de droits, supposé qu'en effet on ait des droits à un empire électif, et supposé surtout qu'Héraclius soit en vie; ce que Phocas ne croit point.

V. 105. Par un dernier effort je veux souffrir la rage
Qu'allume dans ton cœur cette sanglante image.

Une rage qu'une sanglante image allume! Il n'est point d'ailleurs de sanglante image dans ce couplet.

V. 114. Va, je ne confonds point ses vertus et ton crime...
J'en vois assez en lui pour les plus grands Etats.

Cette phrase n'est pas française. On est digne de gouverner de grands États; on a assez de mérite pour être élu empereur; mais *je vois assez de mérite en lui pour un royaume, pour une armée,* etc., ne peut se dire, parce que le sens n'est pas complet. Le mot *pour*, sans verbe, signifie tout autre chose; cet ouvrage était excellent pour son temps; Phocas est bien patient *pour* un homme violent. De plus, on ne doit point dire que le fils d'un empereur est digne de gouverner les plus grands Etats; car quel plus grand Etat que l'empire romain?

V. 119. Je penche d'autant plus à lui vouloir du bien, etc.

expression de comédie.

V. 121. Que ses longues froideurs témoignent qu'il s'irrite
De ce qu'on veut de moi par delà son mérite:
Et que de tes projets son cœur triste et confus,
Pour m'en faire justice, approuve mes refus.

VOLTAIRE — XXII.   6

Cela n'est pas d'un style élégant.

V. 125. Ce fils si vertueux d'un père si coupable,
S'il ne devoit régner, me pourroit être aimable.

On ne peut dire, *il m'est aimable, haïssable*; et pourtant l'on dit, *il m'est agréable, désagréable, odieux, insupportable, indifférent*. On en a dit la raison.

V. 127. Et cette grandeur même où tu le veux porter
Est l'unique motif qui m'y fait résister.

Porter à une grandeur : cela n'est ni élégant ni correct. Et *un motif qui fait y résister :* à quoi? A cette grandeur où l'on veut porter Martian?

V. 137. Avise; et si tu crains qu'il te fût trop infâme
De remettre l'empire en la main d'une femme....

Corneille emploie souvent ce mot *avise*; il était très-bien reçu de son temps. *Qu'il te fût infâme*, n'est pas français; la langue permet qu'on dise, *cela m'est honteux*, mais non pas *cela m'est infâme*. Et cependant on dit : *il est infâme à lui d'avoir fait cette action*. Toutes les langues ont leurs bizarreries et leurs inconséquences.

V. 142. Tyran, descends du trône et fais place à ton maître,

est un vers admirable. Il le serait encore plus si l'on pouvait ainsi parler à un empereur dans une simple conversation. Il n'y a qu'une situation violente qui permette les discours violents. Il est toujours étrange que Phocas persiste à vouloir offrir son fils à une princesse que tout autre ferait enfermer, pour l'empêcher de conspirer, et pour avoir un otage.

N. B. En général, toutes les scènes de bravade doivent être ménagées par gradation. Un empereur et une fille d'empereur ne se disent point d'abord les dernières duretés; et quand une fois on a laissé échapper des reproches et de ces menaces qui ne laissent plus lieu à la conversation, tout doit être dit. La scène aurait fini très-heureusement par ce beau vers : *Tyran, descends du trône et fais place à ton maître;* mais quand on entend ensuite; *à ce compte, arrogante,* etc., les injures multipliées révoltent le lecteur, et font languir le dialogue.

V. 143. A ce compte, arrogante, un fantôme nouveau,
Qu'un murmure confus fait sortir du tombeau,
Te donne cette audace et cette confiance!

A ce compte, est du style négligé et du ton familier; qu'on se permettait alors mal à propos. Ce mot *arrogante* conviendrait à Pulchérie; s'il était possible qu'un empereur et une fille d'empereur se dissent des **injures grossières**.

V. 146. Ce bruit s'est déjà fait digne de ta créance.

Un bruit ne peut se faire digne ni indigne; cela n'est pas français, parce qu'on ne peut s'exprimer ainsi en aucune langue.

V. 153. Et cette ressemblance où son courage aspire
Mérite mieux que toi de gouverner l'empire.

C'est une faute en toute langue, parce qu'une ressemblance ne peut ni gouverner, ni mériter.

V. 160. Sors du trône, et te laisse abuser comme moi.

Elle fait deux fois cette proposition, et la seconde est bien moins forte que la première; mais peut-elle sérieusement lui parler ainsi? Je sais que ces bravades réussissent auprès du parterre; mais je doute qu'un lecteur instruit les approuve quand elles ne sont pas nécessaires, et quand elles sont si fortes qu'elles doivent rompre tout commerce entre les deux interlocuteurs.

V. 164. Ma patience a fait par delà son pouvoir.

Comment une patience fait-elle au delà de son pouvoir? Jamais on ne peut faire que ce qu'on peut.

V. 170. Mais choisis pour demain la mort ou l'hyménée.

Phocas enfin la menace; mais quelle raison a-t-il de persister à lui faire épouser son fils, qui ne veut pas d'elle, et dont elle ne veut pas? Il n'en a d'autre raison que celle qui lui a été suggérée par son confident Crispe à la première scène. Crispe lui remontre que ce mariage attirerait à la maison de Phocas l'affection du peuple, qu'on suppose attaché à la maison de Maurice; mais la haine implacable et juste de Pulchérie détruit cette raison. N'aurait-il pas fallu que les grands et le peuple eussent demandé le mariage de Pulchérie et de Martian?

V. der. Dis, si tu veux encor, que ton cœur la souhaite.

Il me semble que cette scène serait bien plus vraisemblable, bien plus tragique, si l'auteur y avait mis plus de décence et plus de gradation. Un mot échappé à une princesse qui est dans la situation de Pulchérie, fait cent fois plus d'effet qu'une déclamation continuelle et un torrent d'injures répétées.

SCÈNE III.

J'ai cru qu'il serait utile pour le lecteur d'ajouter, dans cette scène et dans les suivantes, aux noms des personnages, les noms sous lesquels ils paraissent, et d'indiquer encore s'ils se connaissent eux-mêmes, ou s'ils ne se connaissent pas, pour lever toute équivoque, et pour mettre le lecteur plus aisément au fait; c'est une triste nécessité.

V. 1. Approche, Martian, que je te le répète.

On doit répéter le moins qu'on peut. Mais si Pulchérie, que Phocas nomme *ingrate furie*, conspire la perte du père et du fils, il est bien étrange que le père s'opiniâtre à vouloir que son fils épouse cette furie.

V. 10. Étant ce que je suis, je me dois quelque effort
Pour vous dire, seigneur....

Le sens de la phrase est, *je dois vous dire, quoi qu'il m'en coûte*, mais il ne doit pas faire *effort* pour *dire*. Ce n'est pas sur cet effort qu'il se fait, que son devoir tombe. D'ailleurs, il ne fait point d'effort, puisqu'il n'aime point Pulchérie, puisqu'il croit même être son frère; et puis comment se doit-on un effort?

V. 11. . . . . Que c'est vous faire tort....

est trop du style de la comédie.

V. 18. Eh bien! elle mourra; tu n'en as pas besoin.

Ce mot semble condamner toute la scène précédente. Phocas avoue qu'il n'avait nul besoin de marier Pulchérie à son fils; il semble, au contraire, qu'il devait avoir un besoin très-pressant de ce mariage pour former un nœud intéressant.

V. 23. Vous verriez par sa mort le désordre achevé.

On n'achève point un désordre, comme on achève un projet, une affaire, un ouvrage. Ce n'est pas là le mot propre.

V. 26. Et d'un parti plus bas punissant son orgueil.....

On peut être puni de son orgueil par un hymen disproportionné; mais on ne peut pas dire, *être puni d'un hymen*, comme on dit *être puni du dernier supplice*. *Parti plus bas* est déplacé. Il semble que Martian soit un parti bas, et qu'on menace Pulchérie d'un parti plus bas encore.

V. 30. Seigneur, j'ai des amis chez qui cette moitié....

L'usage a permis qu'en quelques occasions on puisse appeler sa femme *sa moitié*.

Restes du grand Pompée, écoutez sa moitié [1].

Ce mot fait là un effet admirable. C'est la moitié du grand Pompée qui parle; mais il est ridicule de dire, d'une fille à marier, *cette moitié*.

V. 31. A l'épreuve d'un sceptre il n'est point d'amitié,
Point qui ne s'éblouisse à l'éclat de sa pompe,
Point qu'après son hymen sa haine ne corrompe.

Ces trois *point* font un mauvais effet dans la poésie; et *point qu'après* est encore plus dur et plus mal construit. Et *point qui ne s'éblouisse à l'éclat de la pompe d'un sceptre*, est du galimatias. Ce n'est

---

1. *Pompée*, acte V, scène I.

point écrire comme l'auteur des beaux vers répandus dans *Cinna*, c'est écrire comme Chapelain.

V. 36. La vapeur de mon sang ira grossir la foudre
Que Dieu tient déjà prête à le réduire en poudre.

Cette figure n'est-elle pas un peu outrée et recherchée? Ce qui est hors de la nature ne peut guère toucher. On reproche à notre siècle de courir après l'esprit, d'affecter des pensées ingénieuses; c'était bien plutôt le goût du temps de Corneille que du nôtre. Racine et Boileau corrigèrent la France, qui depuis est retombée quelquefois dans ce défaut séduisant. La vapeur d'un peu de sang ne peut guère servir à former le tonnerre. Une fille va-t-elle chercher de pareilles figures de rhétorique?

V. 41. Résous-la de t'aimer, si tu veux qu'elle vive.

Je crois qu'on pourrait dire en vers : *Résoudre de*, aussi bien que *résoudre à*, quoique ce soit un solécisme en prose; mais il est plus essentiel de remarquer qu'il est bien étrange qu'un monarque dise à son fils : — « Résous cette princesse à t'aimer, ou je la ferai mourir. » Il n'y a aucun exemple dans le monde d'une pareille proposition. Elle paraît d'autant plus extraordinaire, que Phocas a dit qu'on n'a nul besoin de Pulchérie. En un mot, cela n'est pas dans la nature.

V. 42. Sinon, j'en jure encore, et ne t'écoute plus,
Son trépas, dès demain, punira ses refus.

Il en jure encore; il n'a pourtant point juré, et il répète pour la sixième fois qu'il tuera cette Pulchérie ou qu'il la mariera.

SCÈNE IV.

V. 1. En vain il se promet que sous cette menace
J'espère en votre cœur surprendre quelque place.

Que d'incongruités! quel galimatias! quel style!

V. 7. Vous aurez en Léonce un digne possesseur.

Le lecteur doit savoir que Léonce, dont on n'a point encore parlé, passe pour le fils de Léontine, ancienne gouvernante du prince Héraclius, fils de Maurice, et du prince Martian, fils de Phocas. On ne sait point encore que ce prétendu Léonce a été changé en nourrice, et qu'il est le véritable Martian. Il eût été à souhaiter peut-être que dès la première scène ces aventures eussent été éclaircies; mais avec un peu d'attention il sera aisé de suivre l'intrigue; il est triste qu'on ait besoin de cette attention, qui *d'un divertissement nous fait une fatigue*, comme dit Boileau.

V. 10. Je suis aimé d'Eudoxe autant comme je l'aime.

Cette Eudoxe est une fille de Léontine, que par conséquent Martian croit sa sœur. On n'a point encore parlé d'elle, et le véritable Héraclius, cru Martian, s'occupe ici de l'arrangement d'un double mariage.

On ne s'arrêtera point à la faute grammaticale, *aimé autant comme je l'aime*, ni à ces *beaux nœuds*, ni à cet *amour parfait*, ni à ces *chaînes si belles*, à ces *captivités éternelles*. Quinault a passé pour avoir le premier employé ces expressions, dont Corneille s'était servi avant lui dans presque toutes ses pièces. Il paraît étrange que le public se soit trompé à ce point; mais c'est que ces expressions firent une grande impression dans Quinault, qui ne parle jamais que d'amour, et qui en parle avec élégance; elles en firent très-peu dans les ouvrages de Corneille, dont les beautés mâles couvrent toutes ces petitesses trop fréquentes. Tous ces vers, d'ailleurs, sont du style de la comédie, et d'un style dur, rampant, incorrect.

V. 20. Il n'est plus temps d'aimer alors qu'il faut mourir.

Ce beau vers paraît la condamnation de tout ce que vient de dire Héraclius, qui n'a parlé que de mariage; on s'attendait qu'il parlerait d'abord à Pulchérie du péril affreux où elle est, *et dicat jam nunc debentia dici*[1]. Aussi tous ces personnages ont beau parler d'amour, et de tyrans, et de mort, aucun d'eux ne touche; aucun n'inspire de terreur jusqu'ici. Mais l'intrigue commence à attacher, et c'est beaucoup. Le principal mérite de cette pièce est dans l'embarras de cette intrigue qui pique toujours la curiosité.

V. 21. Et quand à ce départ une âme se prépare....

Ce mot *départ* est faible, et *une âme* aussi. Tâchez de ne jamais faire suivre un vers fort et bien frappé par un vers languissant qui l'énerve.

V. 24. J'ai peine à reconnaître encore un père en lui.

Le lecteur doit ici se souvenir qu'Héraclius sait bien que Phocas n'est point son père, mais qu'il n'a point dit son secret à Pulchérie : cela cause peut-être un peu d'embarras, et c'est au lecteur à voir s'il aimerait mieux que Pulchérie fût instruite ou non. Mais il y a aujourd'hui beaucoup de lecteurs si rebutés des mauvais vers, qu'ils ne se soucient point du tout de savoir qui est Martian et qui est Héraclius, et qu'ils s'intéressent fort peu à Pulchérie.

V. 33. Ah! mon prince, ah! madame, il vaut mieux vous résoudre
Par un heureux hymen à dissiper ce foudre.

Comment dissipe-t-on un foudre par un hymen? Toute métaphore, encore une fois, doit être juste. *Dissiper ce foudre* n'est là que pour rimer à *résoudre*. Ce style est trop négligé.

V. 37. Que la vertu du fils, si pleine et si sincère....

Une vertu *pleine* et *sincère* n'est pas le mot propre; une vertu n'est ni pleine ni vide.

1. Horace, *Art poét.* v. 43. (Éd.)

ACTE I, SCÈNE IV.

V. 38. Vainque la juste horreur que vous avez du père.

Vainque est trop rude à l'oreille; *horreur de* est permis en vers.

V. 39. Et pour mon intérêt n'exposez pas tous deux....

Martian, cru Léonce, amoureux de Pulchérie, veut ici que Pulchérie épouse Héraclius, cru Martian, amoureux d'Eudoxe. Je remarquerai, à cette occasion, que toutes les fois qu'on cède ce qu'on aime, ce sacrifice ne peut faire aucun effet, à moins qu'il ne coûte beaucoup; ce sont ces combats du cœur qui forment les grands intérêts; de simples arrangements de mariage ne sont jamais tragiques, à moins que, dans ces arrangements mêmes, il n'y ait un péril évident et quelque chose de funeste. *N'exposez pas tous deux*, n'est pas français; il faut : *Ne les exposez pas tous deux.*

V. 51. C'est Martian en lui que vous favorisez.

Cela veut dire pour le spectateur, qu'Héraclius, cru Martian, voit dans Léonce un autre lui-même; et cela veut dire aussi, dans l'esprit de l'auteur, que Léonce est le vrai Martian; c'est ce qui se débrouillera par la suite, et ce qui est ici un peu embrouillé; mais un spectateur bien attentif peut aimer à deviner cette énigme.

V. 52. Opposons la constance aux périls opposés.

Cet *opposés* est de trop; c'est une figure de mots inutile; de plus, ce n'est pas le mot propre; les périls *menacent*, les obstacles *s'opposent*.

V. 54. Et si je n'en obtiens la grâce tout entière....
    Je deviens le plus grand de tous ses ennemis.

Ce premier vers est obscur : il va trouver Phocas, et *s'il n'en obtient la grâce;* il semble que ce soit la grâce de Phocas. Il eût fallu dire aussi ce que c'est que cette grâce tout entière, puisqu'on n'a pas encore parlé de grâce.

V. 59. Et puisse, si le ciel m'y voit rien épargner,
    Un faux Héraclius en ma place régner!

Il n'a point été question dans cette scène d'*un faux Héraclius*. Cette imprécation forcée, à laquelle on ne s'attend point, n'est là que pour rappeler le titre de la pièce, et pour faire souvenir qu'Héraclius est le sujet de la tragédie.

SCÈNE V.

V. 12. Qu'il ne venge sur vous ce qu'il craindra de moi.

On ne venge point ce qu'on craint, on le prévient, on l'écarte, on le détourne, on s'y oppose; point de bons vers sans le mot propre; il faut l'exactitude de la prose avec la beauté des images, l'harmonie des syllabes, la hardiesse des tours, et l'énergie de l'expression; c'est ce qu'on trouve dans plusieurs morceaux de Corneille.

V. 14. Il ne faut craindre rien, quand on a tout à craindre.

Cette sentence paraît quelque chose de contradictoire; elle est cependant, au fond, d'une très-grande vérité; elle signifie qu'il faut tout hasarder quand tous les partis sont également dangereux. Il eût fallu, je crois, éviter le jeu de mots et l'antithèse, qui reviennent trop souvent.

V. 15. Allons examiner, pour ce coup généreux,
Les moyens les plus prompts et les moins dangereux.

Pulchérie va donc conspirer de son côté. On a donc lieu d'être surpris qu'elle ne soit pas dans le secret, puisque la fille de Maurice doit avoir du pouvoir sur le peuple, et mettre un grand poids dans la balance; mais il faut se livrer à l'intrigue et aux ressorts que l'auteur a choisis.

ACTE II.

SCÈNE I.

V. 1. Voilà ce que j'ai craint de son âme enflammée.

Le spectateur ne peut savoir d'abord que c'est Léontine qui parle, et que c'est cette même Léontine, autrefois gouvernante d'Héraclius et de Martian; il serait peut-être mieux qu'on en fût informé d'abord. Il faut que tous ceux qui assistent à une pièce de théâtre connaissent tout d'un coup les personnages qui se présentent, excepté ceux dont l'intérêt est de cacher leur nom.

V. 2. S'il m'eût caché son sort, il m'auroit mal aimée.

Qui? de qui parle-t-elle? C'est une énigme. *Mal aimée*, expression trop triviale.

V. 4. Vous êtes fille, Eudoxe, et vous avez parlé.

On voit assez que cela est trop comique. Corneille a-t-il voulu faire parler cette gouvernante comme une bourgeoise qui a conservé le ton bourgeois à la cour? Cela est absolument indigne de la tragédie.

V. 5. Vous n'avez pu savoir cette grande nouvelle
Sans la dire à l'oreille à quelque âme infidèle.

Voilà la même faute; et *dire à l'oreille à une âme!* on ne peut s'exprimer plus mal.

V. 11. C'est par là qu'un tyran, plus instruit que troublé
De l'ennemi secret qui l'auroit accablé....

Cela n'est pas français. *Instruit d'un ennemi, troublé d'un ennemi;* ce sont deux barbarismes et deux solécismes à la fois dans un seul vers.

ACTE II, SCÈNE I.

V. 13. Ajoutera bientôt sa mort à tant de crimes.

Par la construction, c'est la mort de Phocas; par le sens, c'est celle de Maurice. Il faut que la syntaxe et le sens soient toujours d'accord.

V. 17. Voyez combien de maux pour n'avoir su vous taire.

Ce vers est encore bourgeois; mais les précédents sont nobles, exacts, bien tournés, forts, précis, et dignes de Corneille.

V. 18. Madame, mon respect souffre tout d'une mère,
Qui, pour peu qu'elle veuille écouter la raison,
Ne m'accusera plus de cette trahison.

Cela ne donne pas d'abord une haute opinion de Léontine. Cette femme, qui conduit toute l'intrigue, commence par se tromper, par accuser sa fille mal à propos; cette accusation même est absolument inutile pour l'intelligence et pour l'intérêt de la pièce. Léontine commence son rôle par une méprise et par des expressions indignes même de la comédie.

V. 21. Car c'en est une enfin bien digne de supplice....

Le mot de *supplice* paraît trop fort; et *digne de supplice* n'est pas français; c'est un barbarisme.

V. 22. Qu'avoir d'un tel secret donné le moindre indice.

Il faut absolument *que d'avoir ; c'est une trahison que d'avoir donné un indice. Trahison qu'avoir donné*, est un solécisme.

V. 27. On ne dit point comment vous trompâtes Phocas,
Livrant un de vos fils pour ce prince au trépas,
Ni comme auprès du sien étant la gouvernante,
Par une tromperie encor plus importante....

Ces mots, *étant la gouvernante auprès du sien*, et *tromperie*, sont comiques et bas, et ne donnent pas de Léontine une assez haute idée. Voyez comme dans *Athalie* le rôle de Josabeth est ennobli, comme il est touchant, quoiqu'il ne soit pas, à beaucoup près, aussi nécessaire que celui de Léontine.

V. 31. Vous en fîtes l'échange, et prenant Martian,
Vous laissâtes pour fils ce prince à son tyran;
En sorte que le sien passe ici pour mon frère....

Tout ce discours est un détail d'anecdotes. *Comme étant la gouvernante auprès du sien*, n'est pas français; *en sorte que*, est trop style d'affaires; mais Eudoxe, en voulant éclaircir cette histoire, semble l'embrouiller; *et, prenant Martian, vous laissâtes pour fils ce prince à Phocas son tyran*, ne peut avoir de sens que celui-ci : *Vous laissâtes Martian pour fils à Phocas. Laisser quelqu'un pour fils*, n'est pas d'un style élégant; mais il ne s'agit pas ici d'élégance, il s'agit de clarté. Eudoxe fait croire au spectateur que Martian a passé et passe pour fils de Phocas; l'équivoque vient de ce mot *prince* : *vous laissâtes ce prince à Phocas*. Elle entend, par ce prince, Héraclius: mais elle ne dit pas ce qu'elle veut dire. Elle devrait expliquer que Léontine a fait passer Martian pour son propre fils Léonce, et a donné Héraclius, fils de Maurice, pour Martian, fils de Phocas.

V. 34. Cependant que de l'autre il croit être le père.

Cet *il croit être* se rapporte, par la phrase, à Martian; et cependant c'est Phocas dont on parle. Dans un sujet si obscur, il est absolument nécessaire que les phrases soient toujours claires, et Eudoxe ne s'explique pas assez nettement.

V. 37. On diroit tout cela si, par quelque imprudence,
Il m'étoit échappé d'en faire confidence;
Mais, pour toute nouvelle, on dit qu'il est vivant.

Toutes ces manières de parler sont d'une familiarité qui n'est nullement convenable à la tragédie.

V. 40. Aucun n'ose pousser l'histoire plus avant.
Comme ce sont pour tous des routes inconnues....

Expression de comédie. Un tel style est trop rebutant.

V. 42. Il semble à quelques-uns qu'il doit tomber des nues;
Et j'en sais tel qui croit, dans sa simplicité,
Que pour punir Phocas Dieu l'a ressuscité.

Ces trois derniers vers sont trop comiques; ce qui précède est une explication de l'avant-scène. Cette explication devait appartenir naturellement au premier acte; on n'aime point à être si longtemps en suspens; cette incertitude du spectateur nuit même toujours à l'intérêt. On ne peut être ému des choses qu'on n'a pas bien conçues; et si l'esprit se plait à deviner l'intrigue, le cœur n'est pas touché. *Que pour punir Phocas, Dieu l'a ressuscité* : voilà où il fallait une métaphore, un tour noble qui sauvât ce ridicule.

SCÈNE II.

V. 1. .... Madame, il n'est plus temps de taire,
D'un si profond secret le dangereux mystère, etc.

Héraclius ne dit ici rien de nouveau à Léontine. Il ne s'est rien passé de nouveau depuis la première scène du premier acte; mais l'embarras commence à croître dès qu'Héraclius veut se déclarer. Il ne dit rien, à la vérité, de tragique; il explique seulement l'embarras où est Phocas.

V. 6. .... il prend tout pour grossière imposture,
Et me connoît si peu que, pour la renverser,
A l'hymen qu'il souhaite il prétend me forcer.

On ne *renverse* point une imposture; on la *confond*.

ACTE II, SCÈNE II.

V. 10. Je suis fils de Maurice, il m'en veut faire gendre,
Et s'acquérir les droits d'un prince si chéri,
En me donnant moi-même à ma sœur pour mari.

Ce *moi-même* est de trop; sans doute si on le marie, on le marie lui-même. Il fallait des expressions qui donnassent horreur de l'inceste.

V. 26. Je rends grâces, seigneur, à la bonté céleste
De ce qu'en ce grand bruit le sort nous est si doux....

Un sort qui est doux en un grand bruit; ces façons de parler obscures, impropres, gauches, triviales, incorrectes, indignent un lecteur qui a de l'oreille et du goût. Le parterre ne s'en aperçoit pas; il se livre uniquement à la curiosité de savoir comment tout se démêlera.

V. 34. J'aurai trop de moyens d'arrêter sa furie, etc.

Ce discours de Léontine inspire une grande curiosité; je ne sais s'il ne dégrade pas un peu Héraclius, et même Pulchérie. Bien des gens n'aiment pas à voir les fils d'un empereur dépendre entièrement d'une gouvernante, qui les traite comme des enfants, et qui ne leur permet pas de se mêler de leurs propres affaires; c'est au lecteur à juger de la valeur de cette critique. Le mal est encore que cette Léontine, qui dit avoir tant de moyens, n'a effectivement aucun moyen dans le cours de la pièce, hors un billet dont l'empereur peut très-bien se saisir.

V. 41. Il semble que de Dieu la main appesantie,
Se faisant du tyran l'effroyable partie,
Veuille avancer par là son juste châtiment.

Les termes les plus bas deviennent quelquefois les plus nobles, soit par la place où ils sont mis, soit par le secours d'une épithète heureuse. La *partie* est un terme de chicane : *La main de Dieu appesantie qui devient l'effroyable partie du tyran*, est une idée terrible. On pourrait incidenter sur une main qui se fait partie ; mais c'est ici que la critique des mots doit, à mon avis, se taire devant la noblesse des choses.

Tout ce que dit ici Héraclius est plein de force et de raison, mais le diction dépare trop les pensées. *Évitons le hasard qu'un imposteur l'abuse,* est un barbarisme. *Un trône arraché sous un titre ; un empereur qui se prévaudra d'un nom pris :* tout cela est impropre, confus, mal exprimé.

Plusieurs personnes de goût sont choquées de voir une femme qui veut toujours prendre tout sur elle, et qui ne veut pas seulement qu'Héraclius sache autre chose que son nom. Ce caractère n'est pas ordinaire ; il excite une grande curiosité; mais, encore une fois, il rend le prince petit. On est secrètement blessé que le héros de la pièce soit inutile, et qu'une gouvernante, qui n'est ici qu'une intrigante, veuille tout faire par varité.

V. 45.   Il dispose les cœurs à prendre un nouveau maître,
Et presse Héraclius de se faire connoître.
C'est à nous de répondre à ce qu'il en prétend.

Cet *en prétend*, tombe sur Héraclius. Mais *ce que Dieu en prétend*, n'est pas supportable. Ce n'est pas ainsi qu'on parle de Dieu; ce n'est pas ainsi que Racine s'exprime dans *Athalie*.

V. 71.   Seigneur, si votre amour peut écouter mes pleurs....

On écoute des soupirs, on n'écoute point des pleurs, on les voit

V. 72.   Ne vous exposez point au dernier des malheurs.
La mort de ce tyran, quoique trop légitime,
Aura dedans vos mains l'image d'un grand crime.

Dernier des malheurs, est faible. *Trop légitime*; ce *trop* est de trop. *Dedans vos mains*; il faut *dans*.

V. 84.   Vous en êtes aussi, madame, et je me rends.

Vous en êtes aussi; c'est une de ces expressions de comédie qu'on est obligé de relever si souvent, mais en ajoutant toujours que c'était le défaut du temps. Si cette expression n'est pas élevée, le fond du discours d'Héraclius ne l'est pas davantage; il ne prend aucune mesure, et ne dit rien de grand; il se borne à ne pas faire *éclat d'un secret*, sans le *congé* de sa gouvernante. Son compliment aux yeux *tout divins* d'Eudoxe, la protestation qu'il n'aspire au trône que par la *seule soif* d'en faire part à Eudoxe, sont une froide galanterie, telle que celle de César avec Cléopatre. Ce n'est pas là une passion tragique; c'est parler d'amour comme on en parlait dans la simple comédie, et d'une manière moins élégante, moins fine qu'aujourd'hui. Corneille a mis de l'amour dans toutes ses pièces; mais on a déjà remarqué que cet amour n'a jamais été intéressant que dans le *Cid*; et attachant que dans *Polyeucte*: c'est de tous les sentiments le plus froid et le plus petit, quand il n'est pas le plus violent.

Je ne sais si on peut citer l'opinion de Rousseau comme une autorité; il a fait de si mauvaises comédies, que son sentiment en fait de tragédie peut n'avoir point de poids; mais quoiqu'il n'ait rien fait de bon pour le théâtre, et qu'il soit inégal dans ses autres ouvrages, il avait un goût très-cultivé. Voici ce qu'il dit dans sa lettre au comédien Riccoboni:

« Que les effets de l'amour soient tragiques comme dans *Hermione* et dans *Phèdre*; qu'on le représente accompagné du trouble, des inquiétudes et des violentes agitations qui en font le caractère; en un mot, que les héros soient amoureux, et non pas des discoureurs d'amour, comme dans les pièces du grand Corneille et dans celles de son frère. »

V. 93.   C'est le prix de son sang; c'est pour y satisfaire
Que je rends à la sœur ce que je tiens du frère.

On ne satisfait point au prix d'un sang.

V. 95. Non que pour m'acquitter par cette élection,
Mon devoir ait forcé mon inclination.

Le mot d'*élection* n'est nullement le mot propre, et Héraclius ne peut mettre en doute qu'il n'ait eu de l'inclination pour Eudoxe, puisqu'il l'aime depuis longtemps.

V. 99. Et ces yeux tout divins, par un soudain pouvoir,
Achevèrent sur moi l'effet de ce devoir.

Des yeux divins qui achèvent l'effet d'un devoir sur quelqu'un, sont une étrange façon de parler.

V. 103. Je ne me suis voulu jeter dans le hasard....

On se jette dans le péril, et non dans le hasard.

V. 104. Que par la seule soif de vous en faire part.

Tout cela est trop mal écrit.

V. 107. Mais si je me dérobe au sang qui vous est dû,
Ce sera par moi seul que vous l'aurez perdu.

Que veut dire ce vers obscur, *si je me dérobe au sang qui vous est dû*? est-ce son sang? est-ce celui de Phocas? Comment aura-t-elle perdu ce sang¹? Quelles expressions louches, fausses, inintelligibles! Il semble que Corneille ait, après ses succès, méprisé assez le public pour ne jamais soigner son style, et pour croire que la postérité lui passerait ses fautes innombrables.

V. 109. Seul je vous ôterai ce que je vous dois rendre;
Disposez des moyens et du temps de la prendre.

Il lui parle de prendre ce qu'il lui doit rendre.

V. 111. Quand vous voudrez régner, faites-m'en possesseur.

Faites-moi possesseur de ce que je vous dois rendre, quand vous pourrez le prendre. Tout cela est bien loin de la noblesse et de l'élégance que le style tragique demande.

V. 115. Reposez-vous sur moi, seigneur, de tout son sort,
Et n'en appréhendez ni l'hymen ni la mort.

N'appréhendez ni l'hymen ni la mort de tout son sort. On ne peut écrire plus barbarement.

SCÈNE III.

V. 3. Vous saurez les desseins de tout ce que j'ai fait;

cela n'est pas français; il faut *les raisons*, ou *apprenez mes desseins et tout ce que j'ai fait*.

1. Corneille a dit le *rang*, et non le *sang*. (ÉD.)

V. 7. Faisons que son amour nous venge de Phocas

Il paraît que Léontine n'a pris aucune mesure; elle a une espérance vague qu'un jour Martian, se croyant Héraclius, pourra tuer son propre père Phocas; mais elle n'est sûre de rien; elle se repaît de l'idée d'un parricide, à quoi Eudoxe s'oppose très-raisonnablement.

D'ailleurs Léontine n'a qu'un intérêt éloigné à toute cette intrigue. Il n'est guère dans la nature qu'elle ait élevé Martian pour tuer un jour son père; on ne médite pas un parricide de si loin. Aujourd'hui qu'il s'agit de faire régner Héraclius, il n'importe par quelles mains Phocas périsse. Un parricide n'est ici qu'une horreur inutile. A peine est-il question de ce parricide dans la pièce.

La fable a imaginé de telles atrocités dans la famille d'Atrée; mais ce sont les personnages de cette famille qui les commettent eux-mêmes, emportés par la fureur de leur vengeance. Quand ils commettent ces parricides, quand Atrée fait manger à Thyeste ses propres enfants, c'est dans l'excès de l'emportement qu'inspire un outrage récent. Atrée ne médite pas sa vengeance vingt ans, cela serait froid et ridicule. Ici c'est une gouvernante d'enfants qui, sans aucun intérêt personnel, a livré son propre fils à la mort, il y a vingt ans, dans l'espérance que Martian, substitué à ce fils, tuerait dans vingt ans son père Phocas; cela n'est guère dans l'ordre des possibles.

Remarquons surtout que les atrocités font effet au théâtre quand celui qui va tuer quelqu'un a des remords, quand cette situation produit de grands mouvements. C'est ici tout le contraire. Il n'y a point de lecteur qui ne fasse aisément toutes ces réflexions; mais au théâtre, le spectateur, occupé de l'intrigue, s'attache peu à démêler ces défauts, qui sont sensibles à la lecture.

V. 25. Je sais qu'un parricide est digne d'un tel père:
Mais faut-il qu'un tel fils soit en péril d'en faire?

Il semble qu'il soit en péril de faire des fils; cela se rapporte à parricide; mais *faire un parricide* ne se dit pas; on doit *commettre un parricide, faire un crime*.

V. 29. Dans le fils d'un tyran l'odieuse naissance
Mérite que l'erreur arrache l'innocence.

La pensée n'est pas exprimée. La naissance ne mérite ni ne démérite. Il veut dire, le fils d'un tyran ne mérite pas d'être vertueux; et encore cela n'est pas vrai. Toutes ces pensées subtiles, obscurément exprimées, choquent les premières lois de l'art d'écrire, qui sont le naturel et la clarté.

V. 31. Et que, de quelque éclat qu'il se soit revêtu,
Un crime qu'il ignore en souille la vertu.

La vertu de l'innocence! Ces derniers vers sont vicieux; on dit bien la vertu de la tempérance, de la modération, parce que ce sont des espèces de vertu; l'innocence est l'exclusion de tous les vices, et non une vertu particulière.

SCÈNE IV.

V. 1. Exupère, madame, est là qui vous demande.

On sent assez que cet *est là* est un terme de domestique qui doit être banni de la tragédie. Ce page ne paraît plus aujourd'hui. On ne connaissait point alors les pages.

V. 3. Qu'il entre. A quel dessein vient-il parler à moi?

Parler à moi ne se dit point; il faut *me parler*. On peut dire en reproche, *parlez à moi; oubliez-vous que vous parlez à moi?*

V. 4. Lui que je ne vois point, qu'à peine je connoi?

On prononce *je connais;* et du temps même de Corneille, cette diphthongue *oi* était toujours prononcée *ai* dans tous les imparfaits, *j'aurais, je ferais;* auparavant on la prononçait comme *toi, soi, loi. Connoi,* pour *connais,* est une liberté qu'ont toujours eue les poëtes, et qu'ils ont conservée. Il leur est permis d'ôter ou de conserver cette *s* à la fin du verbe, à la première personne du présent; ainsi on met, je *di,* pour *je dis; je fai,* pour *je fais; j'averti,* pour *j'avertis; je vai,* pour *je vais.*

. . . . Je vous en *averti,*
Et sans compter sur moi, prenez votre parti[1].

V. der. Je vous l'ai déjà dit, votre langue nous perd.

Il est intolérable que cette Léontine reproche toujours à sa fille, en termes si bas et si comiques, une indiscrétion qu'Eudoxe n'a point commise. Ces reproches sont d'autant plus mal placés que les discours et les actions de Léontine ne produisent rien.

SCÈNE V.

V. 1. Madame, Héraclius vient d'être découvert.
—Eh bien!—Si.—Taisez-vous. Depuis quand? Tout à l'heure, etc.

C'est encore un dialogue de comédie; mais le coup de théâtre est frappant.

SCÈNE VI.

V. 6. Léontine a trompé Phocas, etc.

C'est ici que l'intrigue se noue plus que jamais; c'est une énigme à deviner. Ce Martian, cru Léonce, est-il fils de Maurice, ou de Phocas, ou de Léontine? Le spectateur cherche la vérité; il est très-occupé sans être ému. Ces incertitudes n'ont pu encore produire ces grands mouvements, cette terreur, ce pathétique, qui sont l'âme de la vraie tragédie; mais nous ne sommes encore qu'au second acte. Il semble que

---

1. Racine, *Bajazet,* III, II.

l'on aurait pu tirer un bien plus grand parti de l'invention de Caldéron; rien n'était peut-être plus tragique et plus singulier, que de voir deux héros, élevés dans les forêts, dans la pauvreté, dans l'ignorance d'eux-mêmes, qui déploient à la première occasion leur caractère de grandeur. Ce sujet, traité avec la vraisemblance qu'exige notre théâtre, aurait reçu de la main de Corneille les beautés les plus frappantes; mais un billet de Maurice, dans les mains de Léontine, ne peut faire ce grand effet. Cela exige des vers de discussion qui énervent le tragique, et refroidissent le cœur; aussi la pièce est, jusqu'à présent, plutôt une affaire difficile à démêler qu'une tragédie.

V. 12. ....Vous étiez en mes mains,
Quand on ouvrit Byzance au pire des humains.

On sent bien qu'il fallait une expression plus noble que *pire des humains*.

V. 19. Ce zèle sur mon sang détourna votre perte.

Ce vers est trop obscur. Comment détourne-t-on la perte d'un autre sur son sang?

V. 21. Mais j'offris votre nom, et ne vous donnai pas

Cette subtilité affaiblit le pathétique de l'image.

LÉONTINE, *faisant un soupir.*

V. 27. Ah! pardonnez de grâce, il m'échappe sans crime.

Cela ne serait pas souffert à présent. Il était aisé de mettre, *pardonnez ce soupir, il m'échappe sans crime*. Le mal est que ce soupir d'une mère est accompagné d'une dissimulation qui affaiblit tout sentiment tendre. Léontine ne se montre jusqu'ici qu'une intrigante qui a voulu jouer un rôle à quelque prix que ce fût.

V. 28. J'ai pris pour vous sa vie, et lui rends un soupir,

n'est pas français; il faut, *j'ai donné sa vie pour vous*, et non pas, *j'ai pris*.

V. 34. Il nous fit de sa main cette haute fortune.

De sa main, est de trop.

V. 36. Voilà ce que mes soins vous laissoient ignorer;
Et j'attendois, seigneur, à vous le déclarer,
Que, par vos grands exploits, votre rare vaillance
Pût faire à l'univers croire votre naissance,
Et qu'une occasion pareille à ce grand bruit
Nous pût de son aveu promettre quelque fruit.

Rien n'est plus obscur que ces vers. Qu'est-ce qu'une occasion pareille à un bruit qui veut promettre quelque fruit d'un aveu? l'aveu de qui? l'aveu de quoi? Ne cessons de dire, pour l'instruction des jeunes gens, que la première loi est d'être clair.

V. 42. *Car comme j'ignorois que....*

Il n'est pas permis d'*écrire* avec cette négligence en prose; à plus forte raison en vers.

Ibid.   ....notre grand monarque
En eût pu rien savoir, ou laisser quelque marque....

Quel style! Il veut dire, j'ignorais que Maurice avait pu laisser quelque marque à laquelle on pût reconnaître son fils.

V. 46. *Comme sa cruauté, pour mieux gêner Maurice,
Le forçoit de ses fils à voir le sacrifice,
Ce prince vit l'échange, et l'alloit empêcher;
Mais l'acier des bourreaux fut plus prompt à trancher.*

Forcer un père à voir égorger ses enfants, est-ce là simplement le *gêner*? n'est-ce pas lui faire souffrir un supplice affreux? Que le mot propre est rare! mais qu'il est nécessaire!

Martian, qui s'est toujours cru fils de cette femme, et qui se voit en un instant fils de l'empereur Maurice, demeure muet dans une telle conjoncture; ce qui n'est ni vraisemblable, ni théâtral. Jusqu'ici ni Héraclius, ni Martian, n'ont été que deux instruments dont on ne sait pas encore comme on se servira. Martian laisse parler Exupère. Mais comment cet Exupère ne lui a-t-il pas parlé plus tôt? est-il possible qu'ayant eu ce billet *naguère de son cher parent*, il ne l'ait pas porté sur-le-champ à Martian ou à Léonce? Il a conspiré, dit-il, sans en avertir celui pour lequel il conspire! il a agi précisément comme Léontine; il a voulu tout faire par lui-même. Léontine et Exupère, sans se donner le mot, ont traité les deux princes comme des écoliers : mais cet Exupère est l'ami de Léonce, c'est-à-dire de Martian, cru Léonce; comment Léontine a-t-elle pu dire qu'elle ne le connaît pas? Il y a bien plus, cet Exupère possède ce billet important, par lequel une partie du secret de Léontine est révélée; et il s'est mis à la tête d'une conspiration, sans en parler à cette Léontine, qui s'est chargée de tout, qui se vante toujours d'être maîtresse de tout. Aucune de ces circonstances n'est croyable; tout paraît amené de la manière la plus forcée. Comment Maurice allait-il empêcher l'échange? Ajoutez que *fut plus prompt à trancher*, n'est pas français; il faut un régime à *trancher*; ce n'est pas un verbe neutre.

V. 50. *La mort de votre fils arrêta cette envie,
Et prévint d'un moment le refus de sa vie.*

Que veut dire *le refus de sa vie*? à quoi se rapporte *sa vie*? qu'est-ce que la mort qui arrête une *envie*? Cela n'est ni élégant, ni français, ni clair.

V. 52. *Maurice, à quelque espoir se laissant lors flatter....*

Se laissant lors flatter à un espoir, n'est pas français; mais si cette faute se trouvait dans une belle tirade, elle serait à peine une faute. C'est la quantité de ces expressions vicieuses qui révolte.

V. 53. S'en ouvrit à Félix qui vint le visiter.

Quel était ce Félix ? comment put-il visiter Maurice, que Phocas tenait au milieu des bourreaux, et qui fut tué sur le corps de ses enfants? *Venir visiter*, expression de comédie.

V. 60. Armé d'un tel secret, seigneur, j'ai voulu voir
Combien parmi le peuple il auroit de pouvoir.

Quoi! cet Exupère a agi de son chef, sans consulter personne ? son premier devoir n'était-il pas d'avertir celui qu'il croit Héraclius, et de parler à Léontine? Va-t-on ainsi soulever le peuple, sans que celui en faveur duquel on le soulève en ait la moindre connaissance ? y a-t-il un seul exemple dans l'histoire, d'une conduite pareille? tout cela n'est-il pas forcé? On permet un peu d'invraisemblance quand il en résulte de beaux coups de théâtre et des morceaux pathétiques; mais la conduite d'Exupère ne produit que de l'embarras. Ce n'est pas assez qu'une pièce soit intriguée, elle doit l'être tragiquement. Ici Léontine ne fait qu'embrouiller une énigme qu'elle donne à deviner.

V. 68. Sans qu'autres que les deux qui vous parloient là-bas,
De tout ce qu'elle a fait sachent plus que Phocas.

On ne sait point qui sont ces deux qui parlaient là-bas, et qui n'en savaient pas plus que Phocas. *Sans qu'autres que les deux*, mots durs à l'oreille, cacophonie inadmissible dans le style le plus commun.

V. 76. Surpris des nouveautés d'un tel événement....

Des nouveautés. Ce n'est pas le mot propre ; il fallait *de la nouveauté*; et cette expression eût encore été trop faible.

V. 77. Je demeure à vos yeux muet d'étonnement.

Il faut éviter cette petite méprise, et ne pas dire qu'on est muet quand on parle; il pouvait dire : *J'ai resté jusqu'ici muet d'étonnement.*

V. 78. Je sais ce que je dois, madame, au grand service
Dont vous avez sauvé l'héritier de Maurice.

Cela n'est pas français; c'est un barbarisme.

V. 84. J'aimois, vous le savez, et mon cœur enflammé
Trouve enfin une sœur dedans l'objet aimé.

On a déjà vu qu'il n'aimait guère. Tous les mouvements du cœur sont étouffés jusqu'ici, dans cette pièce, sous le fardeau d'une intrigue difficile à débrouiller. Il n'était guère possible qu'au seul Corneille de soutenir l'attention du spectateur, et d'exciter un grand intérêt dans la discussion embrouillée d'un sujet si compliqué et si obscur; mais malheureusement ce Martian s'explique d'une manière si froide, si sèche, et en si mauvais vers, qu'il ne peut faire aucune impression.

V. 91 Il faut donner un chef à votre illustre bande.

ACTE II, SCÈNE VI.

Une bande ne se dit que des voleurs.

V. 96. Il n'eut rien du tyran qu'un peu de mauvais sang.

L'erreur où l'on a été longtemps, qu'on se fait tirer son mauvais sang par une saignée, a produit cette fausse allégorie. Elle se trouve employée dans la tragédie d'*Andronic : Quand j'ai du mauvais sang, je me le fais tirer;* et on prétend qu'en effet Philippe II avait fait cette réponse à ceux qui demandaient la grâce de don Carlos. Dans presque toutes les anciennes tragédies, il est toujours question de se défaire *d'un peu de mauvais sang;* mais le grand défaut de cette scène est qu'elle ne produit aucun des mouvements tragiques qu'elle semblait promettre.

SCÈNE VII.

V. 1. Madame, pour laisser toute sa dignité
    A ce dernier effort de générosité,
    Je crois que les raisons que vous m'avez données
    M'en ont seules caché le secret tant d'années, etc.

Ce discours de Martian est encore trop obscur par l'expression. *La dignité d'un effort*, et les raisons qui ont caché tant d'années *le secret d'un effort*, sont bien loin de faire une phrase nette. L'esprit est tendu continuellement, non-seulement pour comprendre l'intrigue, mais souvent pour comprendre le sens des vers.

V. 11. Mais je tiendrois à crime une telle pensée.

Tenir à crime n'est pas français.

V. 15. Quel dessein faisiez-vous sur cet aveugle inceste!

Cela n'est pas français; il veut dire, qu'attendiez-vous du péril où vous me mettiez de commettre un inceste? quel projet formiez-vous sur cet inceste? Mais on ne peut dire, *faire un dessein;* on dit bien, *concevoir, former un dessein; mon dessein est d'aller; j'ai le dessein d'aller, etc.;* mais non pas, *je fais un dessein sur vous.* Racine a dit[1]:

    Les grands desseins de Dieu sur son peuple et sur vous,

mais non pas :

    Les desseins que Dieu fit sur son peuple et sur vous.

De plus, on a des desseins *sur* quelqu'un; mais on n'a point de dessein *sur* quelque chose : on ne fait point des desseins; on fait des projets. Ces règles paraissent étranges au premier coup d'œil, et ne le sont point. Il y a de la différence entre *dessein* et *projet;* un projet est médité et arrêté : ainsi on fait un projet. *Dessein* donne une idée plus vague : voilà pourquoi on dit qu'un général fait un projet de campagne, et non pas un dessein de campagne.

Ce même embarras, cette même énigme continue toujours. Martian

---

1. *Athalie*, IV, 11. (ÉD.)

fait des objections à Léontine; il ne parle de son inceste que pour demander à cette femme *quel dessein elle faisait sur cet inceste.*

V. 17. ....Je le craignois peu, trop sûre que Phocas,
Ayant d'autres desseins, ne le souffriroit pas.

Pouvait-elle être sûre que Phocas s'opposerait à cet amour? Elle ne donne ici qu'une défaite, et tout cela n'a rien de tragique, rien de naturel.

V. 19. Je voulois donc, seigneur, qu'une flamme si belle
Portât votre courage aux vertus dignes d'elle, etc.

La réponse de Léontine ne peut qu'inspirer beaucoup de défiance à Martian qui se croit Héraclius. « Je voulais vous rendre amoureux de votre sœur, afin de vous inspirer l'ardeur de venger votre père. » Ce discours subtil doit indigner Martian; il doit répondre : « N'aviez-vous pas d'autres moyens? n'êtes-vous pas une très-méchante et très-imprudente femme, d'avoir pris le parti de m'exposer à être incestueux? ne valait-il pas mieux m'apprendre ma naissance? Sur quoi pensez-vous que le motif de venger mon père ne m'eût pas suffi? Fallait-il que je fusse amoureux de ma sœur pour faire mon devoir? Comment voulez-vous que je croie la mauvaise raison que vous m'alléguez? »

V. 25. Et j'ose dire encor qu'un bras si renommé
Peut-être auroit moins fait si le cœur n'eût aimé.

Un bras renommé!

V. 27. Achevez donc, seigneur, et puisque Pulchérie
Doit craindre l'attentat d'une aveugle furie....

Elle veut parler du mariage proposé par Phocas; mais ce n'est pas là une aveugle furie.

V. 29. Peut-être il vaudroit mieux moi-même la porter
A ce que le tyran témoigne en souhaiter.

Cela est trop prosaïque. Ce sont là des discussions, et non pas des mouvements tragiques.

V. 40. Et quand même l'issue en pourroit être bonne,
Peut-être il m'est honteux de reprendre l'État
Par l'infâme succès d'un lâche assassinat.

On reprend la couronne, l'empire, mais non pas l'État; et l'*issue bonne* est trop prosaïque.

V. 43. Peut-être il vaudroit mieux, en tête d'une armée,
Faire parler pour moi toute ma renommée.

Voyez comme ce mot *toute* gâte le vers, parce qu'il est superflu.

V. 45. Et trouver à l'empire un chemin glorieux,
Pour venger mes parents d'un bras victorieux.

ACTE II, SCÈNE VII. 101

Il semble, par la phrase, que c'est d'un bras ennemi victorieux, du bras de Phocas, qu'il vengera ses parents; et l'auteur entend que le bras victorieux de Martian, cru Héraclius, les vengera.

V. 47. C'est dont je vais résoudre avec cette princesse,
Pour qui non plus l'amour, mais le sang m'intéresse.

Cela n'est pas français; et d'ailleurs les grands mouvements nécessaires au théâtre manquent à cette scène.

V. der. Adieu.

Martian n'a joué dans cette scène qu'un rôle froid et avilissant. Léontine se moque de lui. Il n'agit point, il ne fait rien, il n'aime point, il n'a aucun dessein, aucun mouvement tragique; il n'est là que pour être trompé.

SCÈNE VIII.

V. 5. Il semble qu'un démon, funeste à sa conduite,
Des beaux commencements empoisonne la suite.

Léontine n'est pas plus claire dans la construction de ses phrases que dans ses intrigues. *Funeste à sa conduite*, c'est *la conduite du dessein*, et cela n'est pas français.

V. 7. Ce billet, dont je vois Martian abusé,
Fait plus en ma faveur que je n'aurois osé :
Il arme puissamment le fils contre le père;
Mais, comme il a levé le bras en qui j'espère....

Suivant l'ordre du discours, c'est le billet qui a levé ce bras en qui elle espère. On ne peut trop prendre garde à écrire clairement. Tout ce qui met dans l'esprit la moindre confusion doit être proscrit.

V. 17. Madame, pour le moins vous avez connoissance
De l'auteur de ce bruit, et de mon innocence.

Eudoxe ne songe qu'à faire voir à sa mère qu'elle n'a point parlé. Elle a été inutile dans toutes ces scènes.
Elle fait aussi des raisonnements au lieu d'être effrayée, comme elle doit l'être, du sort qui menace le véritable Héraclius qu'elle aime.

V. 27. Vous êtes curieuse, et voulez trop savoir.

Ce vers est intolérable. Léontine parle toujours à sa fille comme une nourrice de comédie; tout cela fait que dans ces premiers actes il n'y a ni pitié ni terreur.

V. 28. N'ai-je pas déjà dit que j'y saurai pourvoir?

Le malheur est qu'en effet elle ne pourvoit à rien. On s'attend qu'elle fera la révolution, et la révolution se fera sans elle. Le lecteur impartial, et surtout les étrangers, demandent comment la pièce a pu réussir avec des défauts si visibles et si révoltants. Ce n'est pas seulement le nom de l'auteur qui a fait ce succès : car, malgré son nom, plusieurs de ses pièces sont tombées ; c'est que l'intrigue est attachante, c'est que l'intérêt de curiosité est grand, c'est qu'il y a dans cette tragédie de très-beaux morceaux qui enlèvent le suffrage des spectateurs. L'instruction de la jeunesse exige que les beautés et les défauts soient remarqués.

ACTE III.

SCÈNE I.

La première scène de ce troisième acte a la même obscurité que tout ce qui précède ; et par conséquent le jeu des passions, les mouvements du cœur, ne peuvent encore se déployer ; rien de terrible, rien de tragique, rien de tendre ; tout se passe en éclaircissements, en réflexions, en subtilités, en énigmes ; mais l'intérêt de curiosité soutient la pièce.

V. 15. *Je n'avois que quinze ans alors qu'empoisonnée*, etc.

Voilà encore une nouvelle préparation, une nouvelle avant-scène. On n'apprend qu'au troisième acte que la mère de Pulchérie a été empoisonnée ; on apprend encore qu'elle a dit que Léontine gardait un *trésor* pour la princesse. Tous ces échafauds doivent être posés au premier acte, autant qu'on le peut, afin que l'esprit n'ait plus à s'occuper que de l'action.

V. 27. *J'opposois de la sorte à ma fière naissance*
Les favorables lois de mon obéissance.

Tous ces raisonnements subtils sur l'amour et sur la force du sang, auxquels Martian répond aussi par des réflexions, sont d'ordinaire l'opposé du tragique. Les subtilités ingénieuses amusent l'esprit dans un livre, et encore très-rarement ; mais tout ce qui n'est point sentiment, passion, pitié, terreur, est froideur au théâtre. Qu'est-ce que c'est qu'une *fière naissance* et les *lois d'une obéissance*?

V. 44. *C'est un penchant si doux qu'on y tombe sans peine.*

On ne tombe point dans un penchant. Toujours des expressions impropres.

V. 56. *Je sais quelle amertume aigrit de tels divorces.*

On aigrit des douleurs, des ressentiments, des soupçons même. Racine a dit avec son élégance ordinaire :

La douleur est injuste, et toutes les raisons
Qui ne la flattent point aigrissent ses soupçons.
Britannicus, acte I, scène II.

Mais on n'a jamais aigri une séparation, et une sœur qui ne peut épouser son frère ne fait point un divorce.

V. 57. *Et la haine, à mon gré, les fait plus doucement*
Que quand il faut aimer, mais aimer autrement.

Les maximes, les sentences au moins doivent être claires; celle-ci n'est ni claire, ni convenable, ni vraie. Il est faux qu'il soit plus agréable d'être obligé de passer de l'amour à la haine, que de l'amour à l'amitié. Corneille est tombé si souvent dans ce défaut, qu'il est utile d'en examiner la source.

Cette habitude de faire raisonner ses personnages avec subtilité, n'est pas le fruit du génie. Le génie peint à grands traits, invente toujours les situations frappantes, porte la terreur dans l'âme, excite les grandes passions, et dédaigne tous les petits moyens : tel est Corneille dans le cinquième acte de *Rodogune*, dans des scènes des *Horaces*, de *Cinna*, de *Pompée*. Le génie n'est point subtil et raisonneur; c'est ce qu'on appelle *esprit*, qui court après les pensées, les sentences, les antithèses, les réflexions, les contestations ingénieuses. Toutes les pièces de Corneille, et surtout les dernières, sont infectées de ce grand défaut qui refroidit tout. L'esprit dans Corneille, comme dans le grand nombre de nos écrivains modernes, est ce qui perd la littérature. Ce sont les traits du génie de ce grand homme, qui seuls ont fait sa gloire et montré l'art. Je ne sais pourquoi on s'est plu à répéter que Corneille avait plus de génie, et Racine plus d'esprit; il fallait dire que Racine avait beaucoup plus de goût, et autant de génie. Un homme, avec du talent et un goût sûr, ne fera jamais de lourdes chutes en aucun genre.

V. 59. J'ai senti comme vous une douleur bien vive,
En brisant les beaux fers qui me tenoient captive.

De *beaux fers!* et on reproche à Racine d'avoir parlé d'amour! Mais on ne trouve chez lui ni beaux fers, ni beaux feux; ce n'est que dans sa faible tragédie d'*Alexandre*, où il voulait imiter Corneille, où il fait dire à Éphestion :

Fidèle confident du beau feu de mon maître [1].

V. 72. Régnez sur votre cœur avant que sur Byzance;
Et domptant comme moi ce dangereux mutin,
Commencez à répondre à ce noble destin.

Ce *dangereux mutin*, est une expression qui ne convient que dans une épigramme.

V. 77. Et ce grand nom sans peine a pu vous enseigner
Comment dessus vous-même il vous falloit régner.

Un grand nom qui enseigne comment il faut régner dessus soi-même! Martian caché *sous une aventure*, et qui a pris *la teinture* d'une âme commune! que d'incorrection! que de négligence! quel mauvais style!

V. 81. Il n'est pas merveilleux si ce que je me crus
Mêle un peu de Léonce au cœur d'Héraclius....
C'est Léonce qui parle, et non pas votre frère.

1. *Alexandre* II, 1. (ÉD.)

Ce trait prouve encore la vérité de ce qu'on a dit, qu'on courait alors après les tours ingénieux et recherchés.

V. 85. Mais si l'un parle mal, l'autre va bien agir.

Cela confirme encore la preuve que le mauvais goût était dominant, et que Corneille, malgré la solidité de son esprit, était trop asservi à ce malheureux usage; il y a même du comique dans ces oppositions de Léonce avec Martian; et ce jeu de Léonce qui parie, avec Martian, qui agit, ressemble à l'Amphitryon, qui rejette sur l'époux d'Alcmène les torts reprochés à l'amant. Ces artifices réussissent beaucoup plus dans le comique, et sont puérils dans la tragédie.

V. 87. Je vais des conjurés embrasser l'entreprise,
Puisqu'une âme si haute à frapper m'autorise,
Et tient que pour répandre un si coupable sang,
L'assassinat est noble et digne de mon rang.

Pulchérie n'a point dit cela. On peut hasarder que l'assassinat est peut-être pardonnable contre un assassin; mais que l'assassinat soit digne du rang suprême, c'est une de ces idées monstrueuses qui révolteraient, si leur extrême ridicule ne les rendait sans conséquence.

V. 93. Puisqu'un amant si cher ne peut plus être à vous,
Ni vous, mettre l'empire en la main d'un époux.

Ce *vous* se rapporte à *peut*, et est un solécisme; mais, encore une fois, cette froide dissertation sur l'inceste est pire que des solécismes.

V. 95. Épousez Martian comme un autre moi-même.

Remarquez toujours que cette combinaison ingénieuse d'incestes, cette ignorance où chacun est de son état, peuvent exciter l'attention, mais jamais aucun trouble, aucune terreur.

V. 97. Ne pouvant être à vous, je pourrois justement
Vouloir n'être à personne, et fuir tout autre amant;
Mais on pourroit nommer cette fermeté d'âme
Un reste mal éteint d'incestueuse flamme.

Toute cette scène est une discussion qui n'a rien de la vraie tragédie. Pulchérie craint qu'on ne nomme sa *fermeté d'âme, reste d'inceste!*

V. 125. Outre que le succès est encore à douter.

Outre que, ne doit jamais entrer dans un vers héroïque; et *le succès est à douter* est un solécisme. On ne doute pas une chose; elle n'est pas doutée. Le verbe *douter* exige toujours le génitif, c'est-à-dire la préposition *de*.

V. 129. Ah! combien ces moments de quoi vous me flattez,
Alors pour moi supplice auroient d'éternités!

On n'a jamais dû, dans aucune langue, mettre le mot d'*éternité* au pluriel, excepté dans le dogmatique, quand on distingue mal à propos l'éternité passée et l'éternité à venir; comme lorsque Platon[1] dit que notre vie est un point entre deux éternités; pensée que Pascal a répétée, pensée sublime, quoique dans la rigueur métaphysique elle soit fausse.

Remarquez encore qu'on ne peut dire, *ces moments de quoi vous me flattez*; cela n'est pas français; il faut, *ces moments dont vous me flattez*. Remarquez qu'une haine ne voit point l'erreur de sa tendresse; car comment une haine aurait-elle une tendresse? Pulchérie dit encore que sa haine a les yeux mieux ouverts que celle de Martian. Quel langage! et qu'est-ce encore qu'une *mort propice à former de beaux nœuds*, et qui purifie un objet? Il n'est pas permis d'écrire ainsi.

SCÈNE II.

V. 1. Quel est votre entretien avec cette princesse?
Des noces que je veux?

Ce mot *noces* est de la comédie; à moins qu'il ne soit relevé par quelque épithète terrible; le reste est très-tragique, et c'est ici que le grand intérêt commence. Le tyran a raison de croire que Martian son fils est Héraclius. Voilà Martian dans le plus grand danger, et l'erreur du père est théâtrale.

V. 9. Si vous aimez mon fils, faites-le-moi connoître.
— Vous le connoissez trop, puisque je vois ce traître.

On pourrait dire que Martian se hâte trop d'accuser Exupère. Il peut, ce semble, penser qu'Exupère, qui est de son côté à la tête de la conspiration, trompe toujours le tyran, autant que soupçonner qu'Exupère trahit son propre parti : dans ce doute, pourquoi accuse-t-il Exupère?

V. 33. La mort n'a rien d'affreux pour une âme bien née;
À mes côtés pour toi je l'ai cent fois traînée.

On voit la mort, on l'affronte, on la brave, on ne la traîne pas.

V. 37. Tu prends pour me toucher un mauvais artifice.

On ne prend point un artifice; c'est un barbarisme.

V. 43. Et se désavouant d'un aveugle secours,
Sitôt qu'il se connoît il en veut à mes jours.

Cela n'est pas français; on désavoue un secours qu'on a donné, on dément sa conduite, on se rétracte, etc., mais on ne se désavoue pas *Désavouer* n'est point un verbe réciproque, et n'admet point le *de*.

V. 53. Que ferois-tu pour moi de me laisser la vie?

C'est un solécisme; il faut, *en me laissant la vie*.

1. Cela n'est point dans Platon. (Éd.)

V. 57. Pour ton propre intérêt sois juge incorruptible.

Incorruptible, n'est pas le mot propre; c'est *inexorable*.

V. 65. Je me tiens plus heureux de périr en monarque,
Que de vivre en éclat sans en porter la marque.

Toujours *monarque* et *marque*. On ne dit pas *vivre en éclat*, encore moins *porter la marque*.

V. 74. Faites-le retirer en la chambre prochaine,
Crispe, et qu'on me l'y garde, attendant que mon choix,
Pour punir son forfait, vous donne d'autres lois.

Attendant que mon choix; ce n'est pas là le mot propre : il veut dire, en attendant que j'en dispose, en attendant que tout soit éclairci; du reste on sent assez que cette scène est grande et pathétique. Il est vrai que Pulchérie y joue un rôle désagréable; elle n'a pas un mot à placer. Il faut, autant qu'on le peut, qu'un personnage principal ne devienne pas inutile dans la scène la plus intéressante pour lui.

SCÈNE III.

V. 7. Laisse aller tes soupirs, laisse couler tes larmes;

expression qui n'est ni noble ni juste. Des soupirs ne vont point. Ce qui est moins noble encore, c'est l'insulte ironique faite inutilement à une femme par un empereur. Un tyran peut être représenté perfide, cruel, sanguinaire, mais jamais bas; il y a toujours de la lâcheté à insulter une femme, surtout quand on est son maître absolu.

V. 15. Il n'a point pris le ciel ni le sort à partie,
Point querellé le bras qui fait ces lâches coups....

On ne fait point *des coups*; on dit dans le style familier, faire un mauvais coup, mais jamais faire des coups; on ne querelle point un bras; et il n'y a ici nul bras qui ait fait un coup. Tout le reste du discours de Pulchérie serait d'une grande beauté, s'il était mieux écrit.

V. 17. Point daigné contre lui perdre un juste courroux.

Point daigné perdre un juste courroux contre un bras !

V. 28. Pour apaiser le père offre le cœur au fils.

Quelle raison peut avoir Phocas de vouloir que Pulchérie épouse son prétendu fils, quand il se croit sûr de tenir Héraclius en sa puissance? Il sait que Pulchérie et Héraclius, cru Martian, ne s'aiment point. Offre-t-on ainsi *le cœur* quand on est menacé de mort?

V. 30. Crois-tu que sur la foi de tes fausses promesses
Mon âme ose descendre à de telles bassesses?

Ose, est ici contradictoire; on n'ose pas être bas.

ACTE III, SCÈNE III.

V. 34. Eh bien! il va périr, ta haine en est complice.

Autre impropriété. On est complice d'un criminel, complice d'un crime, mais non pas de ce que quelqu'un va périr.

V. 35. Et je verrai du ciel bientôt choir ton supplice.

Choir, n'est plus d'usage. Cette idée est grande, mais n'est pas exprimée.

V. 44. Ils trompoient d'un barbare aisément la fureur,
Qui n'avoit jamais vu la cour ni l'empereur.

Par la phrase, c'est la fureur de Phocas qui n'avait point vu Maurice; il faut éviter les plus petites amphibologies. Mais peut-on dire d'un homme qui commandait les armées, qu'il n'avait jamais seulement vu l'empereur?

V. 47. L'un après l'autre enfin se vont faire paroître.

C'est un barbarisme. On se fait voir, on ne se fait point paraître : la raison en est évidente; c'est qu'on paraît soi-même, et que ce sont les autres qui vous voient.

V. 52. L'esclave le plus vil qu'on puisse imaginer
Sera digne de moi, s'il peut t'assassiner.

Cet hémistiche, *qu'on puisse imaginer*, est superflu, et sert uniquement à la rime. Quelle idée a Pulchérie d'épouser le dernier homme de la lie du peuple? La noblesse de sa vengeance peut-elle descendre à cette bassesse?

V. 56. Et sans m'importuner de répondre à tes vœux,
Si tu prétends régner, défais-toi de tous deux.

Le premier vers n'est pas français. Il fallait : *Et sans plus me presser de répondre à tes vœux.* Remarquez encore que ce mot *vœux* est trop faible pour exprimer les ordres d'un tyran.

SCÈNE IV.

V. 1. J'écoute avec plaisir ces menaces frivoles.

Cette scène est adroite. L'auteur a voulu tromper jusqu'au spectateur, qui ne sait si Exupère trahit Phocas ou non; cependant un peu de réflexion fait bien voir que Phocas est dupe de cet officier.

Les trois principaux personnages de cette pièce, Phocas, Héraclius et Martian, sont trompés jusqu'au bout; ce serait un exemple très-dangereux à imiter. Corneille ne se soutient pas seulement ici par l'intrigue, mais par de très-beaux détails. Toutes les pièces que d'autres auteurs ont faites dans ce goût, sont tombées à la longue. On veut de la vraisemblance dans l'intrigue, de la clarté, de grandes passions, une élégance continue.

V. 6. Vous dont je vois l'amour quand j'en craignois la haine...

Pourquoi craignait-il la haine d'Amintas? et s'il a craint la haine d'Exupère, dont il a fait tuer le père, pourquoi se fie-t-il à cet Exupère? *J'en craignais* n'est pas bien : il fallait, *quand j'ai craint votre haine.* Malgré l'artifice de cette scène, peut-être Phocas est-il un peu trop un tyran de comédie, à qui on en fait aisément accroire : il a des troupes, il peut mettre Léontine, Pulchérie, et le prétendu Héraclius en prison; il n'a point pris ce parti; il attend qu'Exupère lui donne des conseils, il se rend à tout ce qu'on lui dit.

V. 39. Le seul bruit de ce prince, au palais arrêté,
Dispersera soudain chacun de son côté.

Le bruit d'un prince arrêté qui *disperse chacun de son côté.* Qui ne voit que ces expressions sont à la fois familières, prosaïques, et inexactes? *Le bruit d'un prince arrêté!* quelle expression! *Chacun de son côté,* est oiseux et prosaïque.

V. 45. Envoyez des soldats à chaque coin des rues.

Ce n'est pas ainsi qu'on exprime noblement les plus petites choses, et qu'un poëte, comme dit Boileau[1],

Fait des plus secs chardons des *lauriers* et des roses.

V. 51. Nous aurons trop d'amis pour en venir à bout.

Il doit dire précisément le contraire; nous avons trop d'amis pour n'en pas venir à bout.

V. 52. J'en réponds sur ma tête, et j'aurai l'œil à tout.

J'aurai l'œil à tout, expression de comédie.

V. 53. C'en est trop, Exupère; allez, je m'abandonne
Aux fidèles conseils que votre ardeur me donne.

L'ardeur d'Exupère qui donne des conseils!

V. 57. Je vais sans différer, pour cette grande affaire,
Donner à tous mes chefs un ordre nécessaire.

Il n'est pas permis, dans le tragique, d'employer ces phrases qui ne conviennent qu'au genre familier. Ce n'est pas là cette noble simplicité tant recommandée.

V. 59. Vous, pour répondre aux soins que vous m'avez promis....

Cela n'est pas français. On répond à la confiance, on exécute ce qu'on a promis.

V. 60. Allez de votre part assembler vos amis.

Il semble par ce mot qu'Exupère soit un homme aussi important que

1. Épître XI, vers 60. (ÉD.)

l'empereur, et que Phocas ait besoin de ses amis pour l'aider. Les choses ne se passent ainsi dans aucune cour. Justinien n'aurait pas dit, même à un Bélisaire : « Assemblez vos amis; » on donne des ordres en pareil cas. *De votre part*, est encore une faute; on peut ordonner de sa part; mais on n'exécute point de sa part; il fallait : *Vous, de votre côté, rassemblez vos amis*.

V. 61. Et croyez qu'après moi, jusqu'à ce que j'expire,
Ils seront, eux et vous, les maîtres de l'empire.

Ces mots *après moi, et jusqu'à ce que j'expire*, semblent dire, jusqu'à ce que je sois mort, après ma mort. *Jusqu'à ce que*, mot rude, raboteux, désagréable à l'oreille, et dont il ne faut jamais se servir.

Plus on réfléchit sur cette scène, et plus on voit que Phocas y joue le rôle d'un imbécile, à qui cet Exupère fait accroire tout ce qu'il veut.

SCÈNE V.

Cette scène entre Exupère et Amintas est faite exprès pour jeter le public dans l'incertitude. Il s'agit du destin de l'empire, de celui d'Héraclius, de Pulchérie, et de Martian. La situation est violente; cependant ceux qui se sont chargés d'une entreprise si périlleuse n'en parlent pas, ils disent *qu'ils sont en faveur, et qu'ils feront des jaloux;* ils parlent d'une manière équivoque, et uniquement de ce qui les regarde. Ces personnages subalternes n'intéressent jamais, et affaiblissent l'intérêt qu'on prend aux principaux. Je crois que c'est la raison pourquoi Narcisse est si mal reçu dans *Britannicus* quand il dit[1] :

La fortune t'appelle une seconde fois.

On ne se soucie point de la fortune de Narcisse; son crime excite l'horreur et le mépris; si c'était un criminel auguste, il imposerait. Cependant combien est-il au-dessus de cet Exupère! que la scène où il détermine Néron est adroite, et surtout qu'elle est supérieurement écrite! Comme il échauffe Néron par degrés! Quel art, et quel style!

V. 1. Nous sommes en faveur, ami, tout est à nous,
L'heur de notre destin va faire des jaloux.

Ces deux vers d'Exupère sont d'un valet de comédie, qui a trompé son maître, et qui trompe un autre valet.

ACTE IV.

SCÈNE I.

L'embarras croît, le nœud se redouble. Héraclius se croit trahi par Léontine et par Exupère; mais il n'est point encore en péril; il est avec

1. Acte II, scène VIII. (ÉD.)

sa maîtresse; il raisonne avec elle sur l'aventure du billet. Les passions de l'âme n'ont encore aucune influence sur la pièce. Aussi les vers de cette scène sont tous de raisonnement. C'est, à mon avis, l'opposé de la véritable tragédie. Des discussions en vers froids et durs peuvent occuper l'esprit d'un spectateur qui s'obstine à vouloir comprendre cette énigme; mais ils ne peuvent aller au cœur, ils ne peuvent exciter ni crainte, ni pitié, ni admiration.

V. 9. Vous, pour qui son amour a forcé la nature!

Il eût été mieux, je crois, de dire, *a dompté la nature;* car *forcer la nature*, signifie *pousser la nature trop loin*.

V. 10. Comment voulez-vous donc..... par un faux rapport
Confondre en Martian et mon nom et mon sort?

L'expression n'est ni juste, ni claire; il veut dire, *donner à Martian mon nom et mes droits*.

V. 15. Et le mettre en état, dessous sa bonne foi,
De régner en ma place, ou de périr pour moi.

On ne dit ni *sous*, ni *dessous la bonne foi;* cela n'est pas français.

V. 25. Sûre en soi des moyens de vous rendre l'empire.

On n'est point *sûr en soi;* mais comment Léontine est-elle si sûre du succès? elle a toujours parlé comme une femme qui veut tout faire, et qui ne doute de rien; mais elle n'a point agi; elle n'a fait aucune démarche pour s'éclaircir avec Exupère : il était pourtant bien naturel qu'elle s'informât de tout, et encore plus naturel qu'Exupère la mît au fait. Il semble qu'Exupère et Léontine aient songé à rendre l'énigme difficile, plutôt qu'à servir véritablement.

V. 26. Qu'à vous-même jamais elle n'a voulu dire.

Par la construction, elle *n'a pas voulu dire l'empire;* elle veut parler des moyens. Il faut soigneusement éviter ces phrases louches, ces amphibologies de construction.

V. 27. Elle a sur Martian tourné le coup fatal
De l'épreuve d'un cœur qu'elle connoissoit mal.

Tourner le coup de l'épreuve d'un cœur, n'est pas intelligible; et tout ce raisonnement d'Eudoxe est un peu obscur.

V. 34. ....L'un et l'autre enfin ne sont que même chose,
Sinon qu'étant trahi je mourrois malheureux,
Et que m'offrant pour toi je mourrai généreux.

Ici tous les sentiments sont en raisonnement, et exprimés d'un ton didactique, dans un style qui est celui de la prose négligée. *Ne sont que même chose, sinon*, n'est pas français.

V. 37. Quoi! pour désabuser une aveugle furie,
Rompre votre destin et donner votre vie!

Rompre un destin, désabuser une furie aveugle! On ne désabuse point une furie; on ne rompt point un destin; ce ne sont pas les mots propres.

V. 47. Souffrir qu'il se trahisse aux rigueurs de son sort!

Cette expression n'est grammaticale en aucune langue, et n'est pas intelligible; il veut dire, *qu'il subisse la mort qui m'était destinée :* mais le fond de ces sentiments est héroïque; c'est dommage qu'ils soient si mal exprimés.

V. 52. Et prenant à l'empire un chemin éclatant...

Prendre un chemin éclatant à l'empire !

V. 56. Montrez Héraclius au peuple qui l'attend.

Ce vers est souvent répété, et forme une espèce de refrain ; c'est le sujet de la pièce; il y a un peu d'affectation à cette répétition. Cette scène d'ailleurs est intéressante par le fond, et il y a de très-beaux vers qui élèvent l'âme quand les raisonnements l'occupent.

V. 57. Il n'est plus temps, madame; un autre a pris ma place.

Vers de comédie.

V. 68. Il m'ôtera l'ardeur qui me fait soulever.

Cela n'est pas français, et l'expression est aussi obscure que vicieuse : peut-il dire l'horreur [1] qui soulève mon cœur, ou l'horreur qui me force à soulever le peuple, ou l'horreur qui me porte à me soulever contre le tyran ?

V. 72. Au tombeau comme au trône, on me verra courir,

est fort beau.

SCÈNE II.

V. 4. Seigneur, ne croyez rien de ce qu'il va vous dire.

Ce vers serait également convenable à la comédie et à la tragédie ; c'est la situation qui en fait le mérite ; il échappe à la passion ; il part du cœur; et si Eudoxe avait eu un amour plus violent, ce vers ferait encore plus d'effet.

SCÈNE III.

V. 5. Qu'on le fasse venir. Pour en tirer l'aveu.

Il ne sera besoin ni du fer ni du feu.

Pour en tirer l'aveu, est une faute ; cet *en* ne peut se rapporter qu'à Martian dont on parle; mais *en tirer l'aveu,* signifie *tirer l'aveu de quelque chose;* il fallait donc dire quel est cet aveu qu'on veut tirer.

[1]. Le vers objet de la remarque, porte *ardeur,* et non *horreur.* (ED.

V. 15. *La perfide! Ce jour lui sera le dernier.*

Cela n'est pas français. *Ce jour est mon dernier jour*, et non pas *m'est le dernier jour.*

SCÈNE IV.

Jusqu'ici le spectateur n'a été qu'embarrassé et inquiet; à présent il est ému par l'attente d'un grand événement.

V. 3. *Tout ce que je demande à votre juste haine,*
C'est que de tels forfaits ne soient pas impunis.

Cela est dit ironiquement et à double entente; car ni Héraclius, ni Martian, n'ont commis de forfaits. La figure de l'ironie doit être employée bien sobrement dans le tragique.

V. 6. *Voilà tout mon souhait et toute ma prière :*
M'en refuserez-vous?

Cet *en* était alors en usage dans les discours familiers, témoin ce vers du *Cid*[1] :

Le roi, quand il en fait, le mesure au courage.

V. 20. *....Semant de nos noms un insensible abus,*
Fit un faux Martian du jeune Héraclius.

Semer un abus des noms, ne peut se dire. Ces expressions, aussi obscures que forcées, se rencontrent souvent; mais la situation empêche qu'on ne remarque ces petites fautes au théâtre. Tous les esprits sont en suspens. Qui des deux est Héraclius? qui des deux va périr? Rien n'est plus intéressant ni plus terrible.

V. 24. *Tu fais après cela des contes superflus.*

Quoique les expressions les plus simples deviennent quelquefois les plus tragiques par la place où elles sont, ce n'est pas en cet endroit, c'est quand elles expriment un grand sentiment. *Des contes*, est ignoble.

V. 25. *Si ce billet fut vrai, seigneur, il ne l'est plus.*

C'est encore une énigme, ou plutôt un procès par écrit. Il faut au quatrième acte essuyer encore une avant-scène, informer le spectateur de tout ce qui s'est passé autrefois; mais cette explication même jette tant de trouble dans l'âme de Phocas, et rend le sort de Martian si douteux, qu'elle devient un coup de théâtre pour les esprits extrêmement attentifs.

V. 32. *Cependant Léontine étant dans le château*
Reine de nos destins et de notre berceau.

On n'est point reine d'un destin, encore moins d'un berceau.

---

1. Acte I, scène VII. (ÉD.)

V. 34. Pour me rendre le rang qu'occupoit votre race,
Prit Martian pour elle, et me mit en sa place.

On ne peut se servir de *race* pour signifier *fils*. On désirerait, dans toute cette tirade, un style plus tragique et plus noble.

V. 53. Perdez Héraclius, et sauvez votre fils.

C'est encore un refrain. On y voit peut-être encore trop d'apprêt. L'auteur se complaît à dire par ce refrain le mot de l'énigme. Je crois cependant que cette répétition est ici mieux placée que celle-ci : *Montrez Héraclius au peuple*, laquelle revient trop souvent. La situation est très-intéressante.

V. 69. Tombé-je dans l'erreur, ou si j'en vais sortir?

Il faut, *ou bien vais-je en sortir?* Ce *si* s'employait autrefois par abus en sous-entendant, Je demande, ou dis-moi, *si j'en vais sortir*; mais c'est une faute contre la langue : il n'y a qu'un cas où ce *si* est admis; c'est en interrogation : *Si je parle? Si j'obéis? Si je commets ce crime?* on sous-entend, Qu'arrivera-t-il? qu'en penserez-vous? etc. Mais alors il ne faut pas faire précéder ce *si* par une autre figure; il ne faut pas dire : *Parlé-je à un sage, ou si je parle à un courtisan?*

V. 73. Elle a pu les changer et ne les changer pas,

et plus bas,

Elle a pu l'abuser et ne l'abuser pas,

sont des vers de comédie; mais la force de la situation les rend tragiques. La contestation d'Héraclius et de Martian me paraît sublime. Si Phocas joue un rôle faible et très-embarrassant pour l'acteur pendant cette noble dispute, il devient tout d'un coup noble et intéressant, dès qu'il parle.

V. 74. Et plus que vous, seigneur, dedans l'inquiétude,
Je ne vois que du trouble et de l'incertitude.

Le premier vers est mal fait, indépendamment de cette faute, *dedans*; mais Exupère dit ce qu'il doit dire.

V. 77. Vous voyez quels effets en ont été produits.

Cet *en* est vicieux, et le vers est trop faible.

V. 82. . . . . Ah ciel! quelle est sa ruse?

Ce mot *ruse* ne doit point entrer dans le tragique, à moins qu'il ne soit relevé par une épithète noble.

V. 93. Elle a pu l'abuser et ne l'abuser pas.

Cette ressemblance affectée avec ce vers : *Elle a pu les changer et ne les changer pas*, est un peu trop du style de la comédie.

V. 94. Tu vois comme la fille a part au stratagème.

Vers de comédie. Otez les noms d'empereur et de prince, l'intrigue en effet et la diction ne sont pas tragiques jusqu'ici; mais elles sont ennoblies par l'intérêt d'un trône, et par le danger des personnages.

V. 107. Ami, rends-moi mon nom, la faveur n'est pas grande:
Ce n'est que pour mourir que je te le demande, etc.

Ici le dialogue se relève et s'échauffe; voilà du tragique.

V. 109. Et nos noms au dessein donnent un divers sort,

est obscur, parce que *sort* n'est pas le mot propre; il veut dire, *nos noms mettent une grande différence dans notre action;* mais cette différence n'est pas le *sort*.

V. 110. Dedans Héraclius, il a gloire solide;
Et dedans Martian, il devient parricide.

Il a gloire, n'est pas permis dans le style noble; il devait dire : *C'est dans Héraclius une gloire solide.*

V. 112. Puisqu'il faut que je meure, illustre ou criminel.

Illustre n'est pas opposé à *criminel*, parce qu'on peut être un criminel illustre.

V. 113. Couvert ou de louange ou d'opprobre éternel,

n'est pas français; il faut, *d'un opprobre éternel. D'opprobre* est ici absolu, et ne souffre point d'épithète; et on ne peut dire *couvert de louange*, comme on dit *couvert de gloire, de lauriers, d'opprobre, de honte.* Pourquoi? c'est qu'en effet la honte, la gloire, les lauriers, semblent environner un homme, le couvrir. La gloire couvre de ses rayons, les lauriers couvrent la tête; la honte, la rougeur couvrent le visage; mais la louange ne couvre pas.

V. 116. Mon nom seul est coupable....

C'est là, ce me semble, une très-noble hardiesse d'expression.

V. 118. Il conspira tout seul, tu n'en es pas complice.

On ne peut pas dire qu'un nom a conspiré. *Tu n'en es pas complice*, est une petite faute.

V. 127. Et lorsque contre vous il m'a fait entreprendre,
La nature en secret aurait su m'en défendre.

Ce verbe *entreprendre* est actif, et veut ici absolument un régime. On ne dit point *entreprendre* pour *conspirer*.

N. B. C'est parler très-bien que de dire : *Je sais méditer, entreprendre et agir*, parce qu'alors *entreprendre, méditer*, ont un sens indéfini. Il en est de même de plusieurs verbes actifs qu'on laisse alors sans régime. Il avait une tête capable d'imaginer, un cœur fait pour sentir, un bras pour exécuter; mais *j'exécute contre vous*, *j'entreprends contre vous*, *j'imagine contre vous*, n'est pas français. Pourquoi? parce que ce défini *contre vous* fait attendre la chose *qu'on imagine, qu'on exécute et qu'on entreprend.* Vous ne vous êtes pas expliqué. Voyez comme tout ce qui est réglé est fondé sur la nature.

V. 129. *Juge sous les deux noms ton dessein et tes feux,*

n'est pas français. Il faut un *de. Juger,* avec un accusatif, ne se dit que quand on juge un coupable, un procès ; on juge une action bonne ou mauvaise. De plus, ce vers est obscur, *juge ton dessein et tes feux sous les deux noms.*

V. 132. *Et n'eût pas eu pour moi d'horreur d'un grand forfait.*

Pour moi n'est pas français ainsi placé ; il veut dire, *n'eût pas en horreur de me rendre parricide.*

V. 136. *Ce favorable aveu dont elle t'a séduit
T'exposoit aux périls pour m'en donner le fruit.*

On ne peut pas dire, *elle t'a séduit d'un aveu;* il faut *par un aveu;* et aveu n'est pas ici le mot propre, puisque Héraclius regarde cette confidence comme une feinte.

Avertissons toujours que ces fautes contre la langue sont pardonnables à Corneille.

Boileau a dit[1], et répétons encore après lui :

Sans la langue, en un mot, l'auteur le plus divin
Est toujours, quoi qu'il fasse, un méchant écrivain.

Cela est vrai pour quiconque est venu après Corneille, mais non pas pour lui, non-seulement à cause du temps où il est venu, mais à cause de son génie.

V. 140. *Hélas! je ne puis voir qui des deux est mon fils,* etc.

Ce que Phocas dit ici est bien plus intéressant que dans Calderon ; et les quatre derniers beaux vers : *O malheureux Phocas!* font, je crois, une impression bien plus touchante, parce qu'ils sont mieux amenés. Phocas, dans l'espagnol, dit aux deux princes : *Es-tu mon fils?* tous deux répondent à la fois *non;* et c'est à ce mot que Phocas s'écrie : *O malheureux Phocas! ô trop heureux Maurice!* etc.

Cette manière est fort belle, j'en conviens ; mais n'y a-t-il rien de trop brusque? Ces quatre beaux vers de Calderon ne sont-ils pas un jeu d'esprit? Il trouve d'abord que Maurice a deux fils, et que lui n'en a plus : cette idée ne demande-t-elle pas un peu de préparation? Quand les deux enfants ont répondu *non,* la première chose qui doit échapper à Phocas, n'est-ce pas une expression de douleur, de colère, de reproche? J'avoue que le *non* des deux princes est fort beau, et qu'il convient très-bien à deux sauvages comme eux.

On peut dire encore que *pour vivre après toi, pour régner après*

---

1. *Art poétique,* I, 161-62. (Éd.)

moi, n'a pas l'énergie de l'espagnol. Ces deux fins de vers *après toi, après moi*, font languir le discours. Calderon est bien plus précis :

>   Ah, venturoso Mauricio!
>   Ah, infeliz Phocas, quien vio
>   Que para reynar no quiera
>   Ser hijo de mi valor
>   Uno, y que quieran del tuyo
>   Ser lo para morir dos !

V. 156. De quoi parle à mon cœur ton murmure imparfait ?
Ne me dis rien du tout, ou parle tout à fait.

Ces deux beaux vers de cette admirable tirade ont été imités par Pascal, et c'est la meilleure de ses pensées. Cela fait bien voir que le génie de Corneille, malgré ses négligences fréquentes, a tout créé en France. Avant lui, presque personne ne pensait avec force, et ne s'exprimait avec noblesse.

V. 166. Qu'aux honneurs de ta mort je dois porter envie,
Puisque mon propre fils les préfère à sa vie !

Ces deux derniers vers faibles et languissants gâtent la tirade ; il fallait, comme Calderon, finir à *para morir dos*. D'ailleurs *les honneurs de la mort*, n'est pas juste ; *mon fils préfère les honneurs de la mort à la vie*. Y a-t-il eu dans Maurice de l'honneur à mourir ? quels honneurs a-t-il eus ? Il n'y a de beau que le vrai expliqué clairement.

SCÈNE V.

Toute cette scène de Léontine est très-belle en son genre ; car Léontine dit tout ce qu'elle doit dire, et le dit de la manière la plus imposante. La seule chose qui puisse faire de la peine, c'est que cette Léontine, qui semblait dès le second acte conduire l'action, qui voulait qu'on se reposât de tout sur elle, n'agit point dans la pièce ; et c'est ce que nous examinerons, surtout au cinquième acte.

V. 33. Je m'en consolerai quand je verrai Phocas
Croire affermir son sceptre en se coupant le bras,
Et de la même main son ordre tyrannique
Venger Héraclius dessus son fils unique.

Un ordre n'a point de main, et la phrase est trop incorrecte. *Je verrai Phocas se couper le bras, et son ordre venger Héraclius de la même main !*

V. 47. Tant ce qu'il a reçu d'heureuse nourriture
Dompte ce mauvais sang qu'il eut de la nature.

Ce terme, *nourriture*, mérite d'être en usage ; il est très-supérieur à *éducation* qui, étant trop long et composé de syllabes lourdes, ne doit pas entrer dans un vers.

V. 53. Il seroit lâche, impie, inhumain comme toi.

Remarquez que dans le cours de la pièce Phocas n'a été ni lâche, ni impie, ni inhumain; ces injures vagues sentent trop la déclamation; et encore une fois, une domestique ne parle point ainsi à un empereur dans son propre palais. Qu'il serait beau de faire sous-entendre toutes les injures que disent Léontine et Pulchérie, au lieu de les dire! que ce ménagement serait touchant et plein de force! mais que ce vers est beau : *C'est du fils d'un tyran que j'ai fait un héros!* Il est un peu gâté par les deux vers faibles qui le suivent.

V. 54. Et tu me dois ainsi plus que je ne te doi.

On dit indifféremment *dois* et *doi*, *vois* et *voi*, *crois* et *croi*, *fais* et *fai*, *prends* et *pren*, *rends* et *ren*, *dis* et *di*, *avertis* et *averti* : mais il n'est pas d'usage d'y comprendre *je suis*, *je puis* ou *je peux*; on ne peut dire, *je pui*, *je peu*, *je sui*; et toutes les fois que la terminaison est sans *s*, on ne peut y en ajouter une; il n'est pas permis de dire, *je donnes*, *je soupires*, *je trembles*.

V. 56. Ne vous exposez plus à ce torrent d'injures,
Qui, ne faisant qu'aigrir votre ressentiment,
Vous donne peu de jour pour ce discernement.
Laissez-la-moi, seigneur, quelques momens en garde.

Peu de jour pour un discernement, *quelques moments en garde*, sont de petits défauts : le plus grand, si je ne me trompe, c'est que Léontine et cet Exupère traitent toujours un empereur éclairé et redoutable comme on traite un vieillard de comédie qu'on fait donner dans tous les panneaux.

V. 63. Vous savez à quel point l'affaire m'intéresse.

Comment ce subalterne peut-il faire entendre que l'affaire l'intéresse particulièrement? quel autre intérêt peut-il être supposé y prendre devant Phocas, que l'intérêt d'obéir à son maître? Mais il répond à sa pensée; il entend qu'il y va de sa vie, s'il ne vient à bout de trahir Phocas.

V. 67. Je saurai cependant prendre à part l'un et l'autre,
Et peut-être qu'enfin nous trouverons le nôtre.

Le nôtre est incorrect et comique : il est incorrect, parce que ce *nôtre* ne se rapporte à rien; il est comique, parce que *le nôtre* est familier, et qu'un prince qui veut dire : *Peut-être qu'enfin je découvrirai mon fils*, ne dit point en changeant tout d'un coup le singulier en pluriel : *Nous trouverons le nôtre*.

V. der. . . . . Vous autres, suivez-moi.

Vous autres ne se dit point dans le style noble.

SCÈNE VI

V. 1. On ne peut nous entendre....

Quoi! ils sont dans la chambre même de l'empereur, et on ne peut les entendre!

V. 7. L'apparence vous trompe, et je suis en effet....
— L'homme le plus méchant que la nature ait fait.

Ce n'est pas là, je crois, ce que Léontine devrait dire; ce n'est pas là cette femme si adroite, si supérieure, qui se vantait de venir à bout de tout; il semble qu'elle aurait dû, dans le cours de la pièce, faire l'impossible pour s'entendre avec Exupère. Elle a traité les deux princes comme des enfants; et Exupère, qui n'est qu'un subalterne, l'a traitée comme une petite fille : elle n'a point confié son secret qu'elle devait confier, et Exupère ne lui a point dit le sien; c'est une conspiration dans laquelle personne n'est d'intelligence; et, par cela seul, toute l'intrigue est peut-être hors de la vraisemblance.

Ce vers, *L'homme le plus méchant que la nature ait fait*, est du ton de la comédie.

V. 13. Il n'est aucun de nous à qui sa violence
N'ait donné trop de lieu d'une juste vengeance.

C'est un solécisme; *on donne lieu à quelque chose*, et non *de quelque chose*. Il donne lieu *à mes soupçons*, et non *de mes soupçons*. Quand on met un *de*, il faut un verbe : *il m'a donné lieu de le haïr*. *Lieu* est prosaïque.

V. 24. Vous voyez la posture où j'y suis aujourd'hui.

Le mot *posture* n'est pas assez noble.

V. 39. Esprit lâche et grossier, quelle brutalité
Te fait juger en moi tant de crédulité ?

Il me semble qu'au contraire elle doit dire : « Est-il bien vrai? ne me trompez-vous point? quelle preuve pouvez-vous me donner? Faites-moi parler à quelques conjurés : je devrais les connaître tous, puisque je me suis vantée de tout faire; mais je n'en connais pas un. Je devrais être d'intelligence avec vous; nous détestons tous deux le tyran; il a immolé mon père, il m'en coûte mon fils; le même intérêt nous joint; il est ridicule que je ne sache rien. Mettez-moi au fait de tout, et je verrai ce que je dois croire et ce que je dois faire. » Au lieu de dire ce qu'elle doit dire, elle appelle Exupère lâche, grossier et brutal.

V. 44. Ne me fais point ici de contes superflus.

Elle doit au moins attendre qu'Exupère lui ait fait ces contes.

Je ne sais si je ne me trompe, mais la fin de cette scène entre deux subalternes approche un peu trop d'une scène de comédie dans laquelle personne ne s'entend : d'ailleurs elle paraît inutile à la pièce; elle ne conclut rien. Aime-t-on à voir deux subalternes qui ne s'entendent point et qui devraient s'entendre ? Que font pendant ce temps-là les deux héros de la pièce ? rien du tout : il paraît qu'il serait mieux de les faire agir.

ACTE V.

SCÈNE I.

V. 1. Quelle confusion étrange
De deux princes fait un mélange
Qui met en discord deux amis, etc.

On a presque toujours retranché aux représentations ces stances; elles ne valent ni celles de *Polyeucte* ni celles du *Cid* : ce n'est qu'une ode du poëte, sur l'incertitude où les héros de la pièce sont de leur destinée; ce n'est qu'une répétition de tous les sentiments tant de fois étalés dans la pièce; et puisque c'est une répétition, c'est un défaut.

Un mélange de deux princes, deux amis en discord, un sort brouillé, ce qu'Héraclius a de connaissance qui brave une orgueilleuse puissance, ne sont pas des manières de parler qui puissent entrer ni dans une tragédie, ni dans des stances.

SCÈNE II.

V. 1. O ciel ! quel bon démon devers moi vous envoie,
Madame ? — Le tyran, qui veut que je vous voie.

On sent ici que le terrain manque à l'auteur : cette scène est entièrement inutile au dénoûment de la pièce; mais non-seulement elle est inutile, elle n'est pas vraisemblable. Il n'est pas possible que Phocas se serve ici de la fille de Maurice, comme il emploierait un confident sur lequel il compterait; il l'a menacée vingt fois de la mort; elle lui a parlé avec la plus grande horreur et le plus profond mépris, et il l'envoie tranquillement pour surprendre le secret d'Héraclius. Une telle disparate, un tel changement dans le caractère devrait au moins être excusé, s'il peut l'être, par une exposition pathétique du trouble extrême où est Phocas, et qui le réduit à implorer le secours de Pulchérie même, sa mortelle ennemie.

V. 4. Par vous-même en ce trouble il pense réussir !

Réussir en un trouble !

V. 5. Il le pense, seigneur; et ce brutal espère
Mieux qu'il ne trouve un fils que je découvre un frère.

Il faut qu'en effet il soit non-seulement brutal, mais abruti, pour avoir remis ses intérêts entre les mains de Pulchérie.

V. 7. Comme si j'étois fille à ne lui rien celer.....

Tout cela est écrit du style de la comédie, et c'est dans un moment qui devrait être tragique.

V. 8. De tout ce que le sang pourroit me révéler.

Un sang révèle est une expression bien impropre, bien obscure, bien irrégulière. Les plus beaux sentiments révolteraient avec un si mauvais style.

V. 9. Puisse-t-il, par un trait de lumière fidèle,
Vous le mieux révéler qu'il ne me le révèle!

Voilà trois *révèle*. Il faut éviter les répétitions, à moins qu'elles ne donnent une grande force au discours; et *qu'il ne me le*, fait un son désagréable.

V. 13. Ah! prince, il ne faut point d'assurance plus claire;
Si vous craignez la mort, vous n'êtes point mon frère.

Cela est bien subtil; ce ne sont pas là des raisons; elle se presse trop; elle joue sur le mot de *frayeur*. Tout ce que disent ici Héraclius et Pulchérie n'ajoute rien à l'intrigue, ne conduit en rien au dénoûment. *Assurance plus claire* n'est ni un mot noble, ni le mot propre; on a une ferme assurance, une preuve claire.

V. 23. J'ai beau faire et beau dire afin de l'irriter,
Il m'écoute si peu qu'il me force à douter.

Cela n'a pas besoin de commentaire; mais de si basses trivialités étonnent toujours.

V. 25. Malgré moi comme fils toujours il me regarde.

Il faut, *comme son fils*.

V. 40. Ah! vous ne l'êtes point, puisque vous en doutez.

C'est encore une de ces subtilités qui ne vont point au cœur, qui ne causent ni terreur ni trouble; il faut dans un cinquième acte autre chose que du raisonnement; et ce raisonnement de Pulchérie n'est pas juste. Héraclius peut très-bien douter qu'il soit fils de Maurice, et cependant être son fils; il a même les plus grandes raisons pour en douter. Boileau condamnait hautement dans Corneille toutes ces scènes de raisonnement, et surtout celles qui refroidissent toutes les pièces qu'il fit après *Héraclius*.

> En vain vous étalez une scène savante,
> Vos froids raisonnements ne feront qu'attiédir
> Un spectateur toujours paresseux d'applaudir,
> Et qui, des vains efforts de votre rhétorique
> Justement fatigué, s'endort, ou vous critique[1].

Il est cependant naturel qu'Héraclius explique ses doutes. Le grand

---

1. Boileau, *Art poét.*, ch. III, v. 20-24. (ÉD.)

défaut de cette scène est, comme on l'a dit, qu'elle ne conduit à rien du tout.

V. 65. L'œil le plus éclairé sur de telles matières
Peut prendre de faux jours pour de vives lumières;
Et comme notre sexe ose assez promptement
Suivre l'impression d'un premier mouvement, etc.

Ces expressions de comédie et la réflexion *sur notre sexe* achèvent de refroidir.

V. 72. Et quoique la pitié montre un cœur généreux.

Ce terme *montre* n'est pas propre; on croirait que la pitié a un cœur. Ces petites négligences seraient à peine remarquables, si elles n'étaient fréquentes; et ces inattentions étaient très-pardonnables pour le temps. Il fallait peut-être *prouve un cœur généreux*, ou bien *quoique la pitié soit d'un cœur généreux*.

V. 73. Celle qu'on a pour lui de ce rang dégénère.

De quel rang? Est-ce du rang des cœurs généreux? On ne dégénère point d'un rang.

V. 74. Vous le devez haïr, et fût-il votre père.

Cela n'est pas vrai. Un fils ne doit point haïr un père qui l'a élevé avec tendresse : ce sentiment est pardonnable dans la bouche de Pulchérie; mais doit-elle l'alléguer comme un motif déterminant?

SCÈNE III.

V. 2. Quelque effort que je fasse à lire dans son âme,
Je n'en vois que l'effet que je m'étois promis.

Cela n'est pas français; *on a de la peine à lire*, *on fait effort pour lire*; et *l'effet d'un effort* n'a pas un sens assez clair.

V. 4. Je trouve trop d'un frère, et vous trop peu d'un fils.

Elle ne fait là que répéter ce que Phocas a dit au quatrième acte; et cette antithèse de *trop* et de *trop peu* est souvent répétée.

V. 6. Il tient en ma faveur leur naissance couverte.

Le ciel qui *tient une naissance couverte?* Ce n'est pas le mot propre *couvert* ne veut pas dire *incertain*, *obscur*.

V. 18. En crois-tu mes soupirs? en croiras-tu mes larmes?

Il y a ici une remarque importante à faire pour toute la tragédie; c'est qu'il ne faut jamais faire en aucun cas ni soupirer ni pleurer ceux dont les larmes ne font soupirer ni pleurer personne. Pour peu qu'on connaisse le cœur humain, on sent bien que les soupirs et les larmes d'un Phocas ressemblent à la voix du loup berger.

V. 25. C'est me l'ôter assez (son fils) que ne vouloir plus l'être.
— C'est vous le rendre assez que le faire connaître.
— C'est me l'ôter assez que me le supposer.
— C'est vous le rendre assez que vous désabuser.

Ces répétitions, *ôter assez, rendre assez*, font une espèce de jeu de mots et de symétrie, qui, n'ajoutant rien à la situation, peuvent faire languir.

V. 31. Fais vivre Héraclius sous l'un ou l'autre sort.

On ne peut dire *vivre sous un sort*.

V. 33. Ah! c'en est trop enfin, et ma gloire blessée
Dépouille un vieux respect où je l'avois forcée.

Je ne sais si Héraclius, dans l'incertitude où il est de sa naissance, doit répondre avec tant d'indignation et de mépris à un empereur qui est peut-être son père. Cette scène d'ailleurs fait un grand effet, quoique la perplexité où est le spectateur n'ait point augmenté; mais c'est beaucoup que, dans un tel sujet, elle soit toujours entretenue; c'est un très-grand art d'y être parvenu, et c'est une grande ressource de génie. Martian fait seulement un personnage froid dans la scène : il n'y parle qu'une fois, et est un personnage purement passif.

V. 67. J'accepte en sa faveur ses parents pour les miens, etc.

Toute cette tirade est véritablement tragique : voilà de la force, du pathétique, et de beaux vers.

V. 80. ....Donne-m'en pour marque un véritable effet;

cela n'est pas français.

V. 81. Ne laisse plus de place à la supercherie.

Jamais ce mot ne doit entrer dans la tragédie.

V. 88. J'aurois pour cette honte un cœur assez léger!

cela n'est pas français. *Un cœur léger pour une honte!* Et cette légèreté consisterait à épouser son frère. Cette scène ne finit pas heureusement

SCÈNE IV.

V. 1. Seigneur vous devez tout au grand cœur d'Exupère.

On dirait, à ce mot de *grand cœur*, qu'Exupère est un héros qui a offert son secours à Phocas; mais ce n'est qu'un officier qui a obéi aux ordres de son maître, et qui a arrêté des séditieux : et comment n'a-t-il employé que ses amis? l'empereur n'avait-il pas des gardes?

SCÈNE V.

V. 7. Trouve ou choisis mon fils, et l'épouse sur l'heure.

ACTE V, SCÈNE V.

Est-ce là le temps d'un mariage? De plus, Phocas doit-il faire sur-le-champ sa belle-fille d'une personne dont il connaît la haine implacable? Il n'a nul besoin d'elle, puisqu'il se croit maître de l'État. Il les laisse tous trois : qu'en espère-t-il? il a vu qu'il est haï de tous les trois; il doit penser qu'ils tiendront conseil contre lui. Ne voit-on pas un peu trop que c'est uniquement pour ménager une scène entre Pulchérie et les deux princes?

V. 9. *Je jure à mon retour qu'ils périront tous deux.*

Il faut : *Je jure qu'à mon retour ils....*

V. 10. *Je ne veux point d'un fils dont l'implacable haine
Prend ce nom pour affront, et mon amour pour gêne.*

On ne prend point un amour pour gêne. Il veut dire que sa tendresse gêne Héraclius. On ne dit pas non plus, *prendre un nom pour affront*; mais, *pour un affront*.

V. 13. *A mourir! jusque-là je pourrois te chérir!*

Convenons que rien n'est plus outré. Un tyran furieux peut bien dire à son ennemi qu'il aime mieux le faire languir dans de longs supplices que de lui donner la mort; mais peut-on dire à une fille : *Je ne t'aime pas assez pour te faire mourir?*

V. 15. *Et pense....* — *A quoi, tyran?* — *A m'épouser moi-même.*

On ne s'attendait point à cette alternative; elle aurait quelque chose de trop comique, si cette saillie d'un vieillard n'était tout d'un coup relevée par le vers suivant :

Au milieu de leur sang à tes pieds répandu.

V. 17. *Quel supplice!* — *Il est grand pour toi, mais il t'est dû.*

Si on ne considère ici que la fille de Maurice, ce n'est guère un plus grand supplice pour elle d'être impératrice, que d'être bru de l'empereur régnant : mais l'âge d'un vieillard qui se présente pour époux au lieu de son fils, pourrait donner du ridicule à ces expressions : *Quel supplice!* — *Il est grand.*

Remarquez que cette menace soudaine et inattendue que Phocas fait à Pulchérie de l'épouser donne lieu à une dissertation dans la scène suivante. Il semble que l'empereur ne laisse Martian, Héraclius et Pulchérie ensemble que pour leur donner lieu d'amuser la scène, en attendant le dénoûment.

SCÈNE VI.

V. 5. *L'une et l'autre fortune en montre la foiblesse
L'une n'est qu'insolence, et l'autre que bassesse.*

Si Pulchérie et ces princes étaient des personnages agissants, Pulchérie ne débiterait pas des sentences. Phocas n'a point montré de bassesse; c'est un père qui cherche à connaître son fils : il n'y a là rien de bas.

V. 13. Il n'est point de conseil qui vous soit salutaire,
Que d'épouser le fils pour éviter le père.

La syntaxe demandait : *Il n'est de conseil salutaire pour vous que d'épouser le fils. Éviter le père*, est trop faible.

V. 20. Mais, madame, on peut prendre un vain titre d'époux,
Abuser du tyran la rage forcenée,
Et vivre en frère et sœur sous un feint hyménée.

Vivre en frère et sœur ; cette expression est trop familière, et n'est pas correcte. Pulchérie demande conseil; Martian lui conseille d'épouser Héraclius sans user des droits du mariage; il faut convenir que c'est là un très-petit artifice, et indigne de la tragédie. Ces conversations dans un cinquième acte, lorsqu'on doit agir, sont presque toujours très-languissantes. Je ne sais s'il n'y a pas dans la pièce extravagante et monstrueuse de Caldéron un plus grand fonds de tragique, quand le fils de Phocas veut tuer son père. C'était même pour un parricide que Léontine l'avait réservé; elle s'en explique dès le second acte : on s'attend à cette catastrophe. Le fils de Phocas, près de tuer cet empereur, et Héraclius voulant le sauver, pouvaient former un beau coup de théâtre : cependant il n'arrive rien de ce que Léontine a projeté, et Martian ne fait autre chose, dans tout le cours de la pièce, que de dire : *Qui suis-je?*

V. 32. Sus donc.

On se servait autrefois de ce mot dans le discours familier; il veut dire : *vite, allons, courage, dépêchez-vous.*

Sus, sus, du vin partout; versez, garçon, versez.

Mais Pulchérie ne peut dire, *allons, vite, sus, qui veut feindre avec moi? qui veut m'épouser pour ne point jouer des droits du mariage?*

V. 38. Vous saurez mieux que moi la traiter de maîtresse.

Cette contestation est-elle convenable à la tragédie? *Traiter de maîtresse*, n'est ni français ni noble.

V. 49. L'obscure vérité, que de mon sang je signe,
Du grand nom qui me perd ne me peut rendre digne.

Ces vers ne sont pas moins obscurs. *L'obscure vérité qu'il signe ne peut le rendre digne du nom qui le perd!*

V. 59. Cédez, cédez tous deux aux rigueurs de mon sort.
Il a fait contre vous un violent effort.

Un sort qui fait un effort ! presque aucune expression n'est ni pure ni naturelle. Enfin, la délibération de ces trois personnages n'aboutit à rien. Ils n'agissent, ni n'ont aucun dessein arrêté dans toute la pièce.

SCÈNE VII.

V. 1. ....Mon bras
Vient de laver ce nom dans le sang de Phocas

Je ne parle point ici d'*un bras qui lave un nom* : on sent assez combien le terme est impropre; mais j'insiste sur ce personnage subalterne d'Amintas, qui n'a dit que quatre mots dans toute la pièce, et qui en fait le dénoûment. Jamais en aucun cas on ne doit imiter un tel exemple; il faut toujours que les premiers personnages agissent.

V. 3. Que nous dis-tu? — Qu'à tort vous nous prenez pour traîtres;
Qu'il n'est plus de tyran, que vous êtes les maîtres.

Ce mot n'est-il pas déplacé? car il s'adresse sûrement au fils de Phocas comme au fils de Maurice; il doit croire qu'un des deux princes vengera la mort de son père.

V. 5. De quoi? — De tout l'empire. — Et par toi? — Non, seigneur.
Un autre en a la gloire, et j'ai part à l'honneur.

Il (Amintas) doit au contraire répondre : *Oui, seigneur*, puisqu'au vers suivant, il dit : *J'ai part à cet honneur*.

V. 12. Son ordre excitoit seul cette mutinerie.

Ce mot est trop familier : *révolte, sédition, tumulte, soulèvement*, etc., sont les termes usités dans le style tragique.

V. 13. ....Admirez.
Que ces prisonniers même avec lui conjurés
Sous cette illusion couroient à leur vengeance.

Admirez qu'ils couraient n'est pas français. Cet événement est en effet bien étonnant; et jamais l'histoire n'a rien fourni de si improbable. On peut assassiner un roi au milieu de sa garde; on peut tuer César dans le sénat : mais il n'est guère possible que dans le temps que Phocas fait attaquer les conjurés, il n'ait pris aucune mesure pour être le plus fort chez lui. Un homme qui de simple soldat est devenu empereur n'est pas imbécile au point de recevoir dans sa maison plus de prisonniers qu'il n'a de soldats pour les garder; on ne fait point ainsi venir des prisonniers dans son appartement avec des poignards sous leurs robes; on les fouille, on les désarme, on les charge de fers, on ne se livre point à eux. Ainsi la vraisemblance est partout violée.

Remarquez que, dans la règle, il faut *ces prisonniers mêmes*; mais s'il n'est pas permis à un poète de retrancher une *s* en cette occasion, il n'y aura aucune licence pardonnable. Corneille retranche presque toujours cet *s*, et fait un adverbe de *même* au lieu de le décliner.

V. 15. Sous cette illusion couroient à leur vengeance.

Cela n'est pas français; on ne court point à la vengeance sous une illusion.

V. 20. Crispe même à Phocas porte notre message ;
......A ses genoux on met les prisonniers,
Qui tirent pour signal leurs poignards les premiers ;

et plus bas,

Il frappe, et le tyran tombe aussitôt sans vie,
Tant de nos mains la sienne est promptement suivie.

Porte notre message, leurs poignards les premiers, tant de nos mains la sienne, etc. Ces expressions ou impropres, ou incorrectes, ou faibles, énervent le récit et lui ôtent toute sa chaleur.

Oreste, dans l'*Andromaque*, en faisant un récit à peu près semblable, s'exprime ainsi :

A ces mots qui du peuple attiroient le suffrage,
Nos Grecs n'ont répondu que par un cri de rage;
L'infidèle s'est vu partout envelopper,
Et je n'ai pu trouver de place pour frapper [1].

La pureté de la diction augmente toujours l'intérêt.

V. 26. C'est lui qui me rendra l'honneur presque perdu.

Ce *presque perdu* affaiblit encore la narration. Le spectateur s'embarrasse trop peu qu'un personnage aussi subalterne qu'Exupère ait presque perdu son honneur.

V. 35. Quel chemin Exupère a pris pour sa ruine.

Prendre un chemin pour une ruine, est une expression vicieuse, un barbarisme ; et cette réflexion de Pulchérie est trop froide, quand elle apprend la mort de son tyran.

SCÈNE VIII ET DERNIÈRE.

V. 3. Seigneur, un tel succès à peine est concevable.

Léontine a très-grande raison de concevoir à peine une chose qui n'est nullement vraisemblable. Elle dit que la conduite de ce dessein est admirable ; mais c'était à elle à conduire ce dessein, puisqu'elle avait tant promis de tout faire. C'est une subalterne qui a voulu jouer un rôle principal, et qui ne l'a pas joué ; il se trouve qu'elle ne fait autre chose, dans les premiers actes et dans le dernier, que de montrer des billets ; elle a été, aussi bien que Phocas, la dupe d'un autre subalterne. Héraclius, Martian, Pulchérie, Eudoxe, n'ont contribué en rien ni au nœud ni au dénoûment ; la tragédie a été une méprise continuelle, et enfin Exupère a tout fait par une espèce de prodige. Remarquez encore que cette mort de Phocas n'est là qu'un événement inattendu, qui ne dépend point du tout du fond du sujet, qui n'y est point contenu, qui n'est point tiré, comme on dit, des entrailles de la pièce :

1. *Andromaque*, V, III. (Éd.)

ACTE V, SCÈNE VIII ET DERNIÈRE.

autant vaudrait que Phocas mourût d'apoplexie. Du moins Caldéron fait mourir Phocas en combattant contre Héraclius.

V. 5. *Perfide généreux, hâte-toi,* etc.

Une nuée de critiques s'est élevée contre La Motte pour avoir affecté de joindre ainsi des épithètes qui semblent incompatibles. On ne s'avise pas de reprendre le *perfide généreux* de Corneille. Quand un homme a établi sa réputation par des morceaux sublimes, et qu'un siècle entier a mis le sceau à sa gloire, on approuve en lui ce qu'on censure dans un contemporain. C'est ce qu'on voit en Angleterre, où l'on élève Shakspeare au-dessus de Corneille, et où l'on siffle ceux qui l'imitent. J'avoue que je ne sais si *perfide généreux* est un défaut ou non, mais je ne voudrais pas employer cette expression.

V. 18. *Quelle autre sûreté pourrions-nous demander?*

Je ne vois pas qu'on doive si aveuglément s'en rapporter au témoignage seul de Léontine, que sa conduite mystérieuse a pu rendre très-suspecte; et dans de si grands intérêts il faut des preuves claires.

V. 20. *Non, ne m'en croyez pas, croyez l'impératrice.*

La naissance des deux princes n'est enfin éclaircie que par un billet de Constantine, dont il n'a point été question jusqu'à présent. On est tout étonné que Constantine ait écrit ce billet. Il ne faut jamais jeter dans les derniers actes aucun incident principal qui ne soit bien préparé dans les premiers, et attendu même avec impatience.

Toutes ces raisons, qui me paraissent évidentes, font que le cinquième acte d'*Héraclius* est beaucoup inférieur à celui de *Rodogune*. La pièce est d'un genre singulier qu'il ne faudrait imiter qu'avec les plus grandes précautions.

V. 25. *Apprenez d'elle enfin quel sang vous a produits.*

La reconnaissance suit ici la catastrophe. On doit très-rarement violer la règle qui veut au contraire que la reconnaissance précède. Cette règle est dans la nature; car lorsque la péripétie est arrivée, quand le tyran est tué, personne ne s'intéresse au reste. Qu'importe qui des deux princes est Héraclius? Si Joas n'était reconnu qu'après la mort d'Athalie, la pièce finirait très-froidement. Il me semble qu'il se présentait une situation, une péripétie bien théâtrale. Phocas, méconnaissant son fils Martian, voudrait le faire périr; Héraclius, son ami, en le défendant, tuerait Phocas, et croirait avoir commis un parricide; Léontine lui dirait alors : « Vous croyez être souillé du sang de votre père; vous avez puni l'assassin du vôtre. »

V. 28. *Après avoir donné son fils au lieu du mien,*
Léontine à mes yeux, par un second échange,
Donne encore à Phocas mon fils au lieu du sien....
Celui qu'on croit Léonce est le vrai Martian,
Et le faux Martian est vrai fils de Maurice.

Tout cela ressemble peut-être plus à une question d'état, à un procès par écrit, qu'au pathétique d'une tragédie.

V. 46. Donc, pour mieux l'oublier, soyez encor Léonce.

On a déjà dit que ce mot *donc* ne doit jamais commencer un vers.

V. 47. Sous ce nom glorieux aimez ses ennemis,
Et meure du tyran jusqu'au nom de son fils!

Il semble que ce soient les ennemis de Léonce. Il entend apparemment les ennemis de Phocas.

V. 49. Vous, madame, acceptez et ma main et l'empire
En échange d'un cœur qui pour le mien soupire[1].

On ne peut dire que dans le style de la comédie, *en échange d'un cœur*. Un homme ne doit jamais dire d'une femme, *elle soupire pour moi*.

Remarquez encore que ce mariage n'est point un échange d'un cœur contre une main; ce sont deux personnes qui s'aiment.

V. 51. Seigneur, vous agissez en prince généreux.

Il faut dans la tragédie autre chose que des compliments; et celui-ci ne paraît pas convenable entre deux personnes qui s'aiment.

V. 52. Et vous dont la vertu me rend ce trouble heureux,
Attendant les effets de ma reconnoissance,
Reconnoissons, amis, sa céleste puissance, etc.

Rendre un trouble heureux à quelqu'un, cela n'est pas français. En général la diction de cette pièce n'est pas assez pure, assez élégante, assez noble. Il y a de très-beaux morceaux, l'intrigue occupe l'esprit continuellement; elle excite la curiosité; et je crois qu'elle réussit plus à la représentation qu'à la lecture.

EXAMEN D'HÉRACLIUS.

« La manière dont Eudoxe fait connoître, au second acte, le double échange que sa mère a fait des deux princes, est une des choses les plus spirituelles qui soient sorties de ma plume. »

Il n'est plus permis aujourd'hui de parler ainsi de soi-même, et il n'est pas trop spirituel de dire qu'on a fait des choses spirituelles. J'avoue que je ne trouve rien de spirituel dans le rôle d'Eudoxe, ni même rien d'intéressant, ce qui est bien plus nécessaire que d'être spirituel

1. Corneille a dit *pour qui le mien soupire*. (ÉD.)

REMARQUES SUR ŒDIPE,

TRAGÉDIE REPRÉSENTÉE EN 1659.

PIÈCES IMPRIMÉES AU-DEVANT DE LA TRAGÉDIE D'ŒDIPE.

ÉPITAPHE SUR LA MORT DE DAMOISELLE ÉLISABETH RANQUET,
FEMME DE M. DU CHEVREUIL, ÉCUYER, SEIGNEUR D'ESTURNVILLE [1].

SONNET.

Ne verse point de pleurs sur cette sépulture,
Passant; ce lit funèbre est un lit précieux,
Où gît d'un corps tout pur la cendre toute pure;
Mais le zèle du cœur vit encore en ces lieux.

Avant que de payer le droit de la nature,
Son âme, s'élevant au delà de ses yeux,
Avoit au Créateur uni la créature;
Et, marchant sur la terre, elle étoit dans les cieux.

Les pauvres bien mieux qu'elle ont senti sa richesse.
L'humilité, la peine, étoient son allégresse;
Et son dernier soupir fut un soupir d'amour.

Passant, qu'à son exemple un beau feu te transporte,
Et, loin de la pleurer d'avoir perdu le jour,
Crois qu'on ne meurt jamais quand on meurt de la sorte.

VERS PRÉSENTÉS A MONSEIGNEUR LE PROCUREUR-GÉNÉRAL FOUQUET,
SURINTENDANT DES FINANCES [2].

Laisse aller ton essor jusqu'à ce grand génie [3],
Qui te rappelle au jour dont les ans t'ont bannie,

---

1. On trouve cette épitaphe dans la vie de cette béate, imprimée à Paris pour la première fois en 1655, et pour la seconde fois en 1660, chez Charles Savreux.
Ce sonnet fut imprimé avec *Œdipe*, dans la première édition de cette tragédie; je ne sais pas pourquoi.
2. Imprimés à la tête de l'*Œdipe*, Paris, 1657, in-12. Ce fut M. Fouquet qui engagea Corneille à faire cette tragédie. « Si le public (dit ce grand poëte) a reçu quelque satisfaction de ce poëme, et s'il en reçoit encore de ceux de cette nature et de ma façon, qui pourront le suivre, c'est à lui qu'il en doit imputer le tout, puisque sans ses commandements je n'aurois jamais fait l'*Œdipe*. » Dans l'Avis au lecteur, qui est à la tête de la tragédie, de l'édition que j'ai indiquée au commencement de cette note.
3. Laisse aller ton essor jusqu'à ce grand génie.
Ce grand génie n'était pas Nicolas Fouquet; c'était Pierre Corneille, mal-

Muse, et n'oppose plus un silence obstiné
A l'ordre surprenant que sa main t'a donné.
De ton âge importun la timide foiblesse [1]
A trop et trop longtemps déguisé ta paresse,
Et fourni des couleurs à la raison d'État
Qui mutine ton cœur contre le siècle ingrat [2].
L'ennui de voir toujours ses louanges frivoles
Rendre à tes grands travaux paroles pour paroles [3],
Et le stérile honneur d'un éloge impuissant [4]
Terminer son accueil le plus reconnoissant ;
Ce légitime ennui qu'au fond de l'âme excite
L'excusable fierté d'un peu de vrai mérite,
Par un juste dégoût, ou par ressentiment,
Lui pouvoit de tes vers envier l'agrément :
Mais aujourd'hui qu'on voit un héros magnanime
Témoigner pour ton nom une tout autre estime,
Et répandre l'éclat de sa propre bonté
Sur l'endurcissement de ton oisiveté,
Il te seroit honteux d'affermir ton silence
Contre une si pressante et douce violence ;
Et tu ferois un crime à lui dissimuler
Que ce qu'il fait pour toi te condamne à parler.
Oui, généreux appui de tout notre Parnasse,
Tu me rends ma vigueur lorsque tu me fais grâce ;
Et je veux bien apprendre à tout notre avenir
Que tes regards bénins ont su me rajeunir [5].

gré *Pertharite*, et malgré quelques pièces assez faibles, et malgré *Œdipe* même.

1.   De ton âge importun la timide foiblesse.

Il avait cinquante-six ans ; c'était l'âge où Milton faisait son poëme épique.

2.   Qui mutine ton cœur contre le siècle ingrat.

Il eût dû dire que le peu de justice qu'on lui avait rendu l'avait dégoûté : *Plorauere suis non respondere favorem Speratum meritis.* (Horace, épît., v, 9.) Mais le dégoût d'un poète n'est pas une raison d'État.

3.   . . . . Paroles pour paroles.

Il se plaint qu'ayant trafiqué de la parole, on ne lui a donné que des louanges. Boileau dit bien plus noblement :

Apollon ne promet qu'un nom et des lauriers.

4.   Et le stérile honneur d'un éloge impuissant, etc.

Il se plaint que les éloges du public n'ont pas contribué à sa fortune. « Mais à présent que le grand Fouquet, héros magnanime, répand l'éclat de sa propre bonté sur l'endurcissement de l'oisiveté de l'auteur, il lui seroit honteux d'affermir son silence contre cette douce violence. » Que dire sur de tels vers ? plaindre la faiblesse de l'esprit humain, et admirer les beaux morceaux de *Cinna*.

5.   Que tes regards bénins, etc.

On est fâché des *regards bénins* et de la *claire vision*, et que, dans le temps qu'il fait de si étranges vers, il dise qu'il a senti encore la main qui crayonna l'âme du grand Pompée.

VERS PRÉSENTÉS A FOUQUET.

Je m'élève sans crainte avec de si bons guides :
Depuis que je t'ai vu, je ne vois plus mes rides
Et, plein d'une plus claire et noble vision,
Je prends mes cheveux gris pour une illusion.
Je sens le même feu, je sens la même audace
Qui fit plaindre le Cid, qui fit combattre Horace;
Et je me trouve encor la main qui crayonna
L'âme du grand Pompée, et l'esprit de Cinna.
Choisis-moi seulement quelque nom dans l'histoire
Pour qui tu veuilles place au temple de la Gloire,
Quelque nom favori qu'il te plaise arracher¹
A la nuit de la tombe, aux cendres du bûcher :
Soit qu'il faille ternir ceux d'Énée et d'Achille
Par un noble attentat sur Homère et Virgile;
Soit qu'il faille obscurcir par un dernier effort
Ceux que j'ai sur la scène affranchis de la mort;
Tu me verras le même, et je te ferai dire,
Si jamais pleinement ta grande âme m'inspire,
Que dix lustres et plus n'ont pas tout emporté
Cet assemblage heureux de force et de clarté,
Ces prestiges secrets de l'aimable imposture
Qu'à l'envi m'ont prêtés et l'art et la nature.
N'attends pas toutefois que j'ose m'enhardir²,
Ou jusqu'à te dépeindre, ou jusqu'à t'applaudir ;
Ce seroit présumer que, d'une seule vue,
J'aurois vu de ton cœur la plus vaste étendue ;
Qu'un moment suffiroit à mes débiles yeux
Pour démêler en toi ces dons brillants des cieux,
De qui l'inépuisable et perçante lumière,
Sitôt que tu parois, fait baisser la paupière.
J'ai déjà vu beaucoup en ce moment heureux ;
Je t'ai vu magnanime, affable, généreux ;
Et, ce qu'on voit à peine après dix ans d'excuses,
Je t'ai vu tout d'un coup libéral pour les muses.
Mais pour te voir entier, il faudroit un loisir
Que tes délassements daignassent me choisir.

1. Quelque nom favori, etc.

Il eût fallu que ces noms favoris eussent été célébrés par des vers tels que ceux des *Horaces* et de *Cinna*.

2. N'attends pas toutefois que j'ose m'enhardir, etc.

On est bien-plus fâché encore qu'un homme tel que Corneille n'ose s'enhardir *jusqu'à applaudir* un autre homme, et que la *plus vaste étendue* du cœur d'un procureur-général de Paris ne puisse être *vue d'une seule vue*. Il eût mieux valu, à mon avis, pour l'auteur de *Cinna*, vivre à Rouen avec du pain bis et de la gloire, que de recevoir de l'argent d'un sujet du roi, et de lui faire de si mauvais vers pour son argent. On ne peut trop exhorter les hommes de génie à ne jamais prostituer ainsi leurs talents. On n'est pas toujours le maître de sa fortune, mais on l'est toujours de faire respecter sa médiocrité, et même sa pauvreté.

C'est lorsque je verrois la saine politique
Soutenir par tes soins la fortune publique;
Ton zèle infatigable à servir ton grand roi,
Ta force et ta prudence à régir ton emploi;
C'est lorsque je verrois ton courage intrépide
Unir la vigilance et la vertu solide;
Je verrois cet illustre et haut discernement,
Qui te met au-dessus de tant d'accablement;
Et tout ce dont l'aspect d'un astre salutaire
Pour le bonheur des lis t'a fait dépositaire.
Jusque-là ne crains pas que je gâte un portrait
Dont je ne puis encor tracer qu'un premier trait;
Je dois être témoin de toutes ces merveilles,
Avant que d'en permettre une ébauche à mes veilles
Et ce flatteur espoir fera tous mes plaisirs,
Jusqu'à ce que l'effet succède à mes désirs.
Hâte-toi cependant de rendre un vol sublime
Au génie amorti que ta bonté ranime,
Et dont l'impatience attend, pour se borner,
Tout ce que tes faveurs lui voudront ordonner.

AVIS DE CORNEILLE AU LECTEUR.

Avis de Corneille au lecteur. — « J'ai connu que ce qui avoit passé pour miraculeux dans ces siècles éloignés pourroit sembler horrible au nôtre, et que cette éloquente et curieuse description de la manière dont ce malheureux prince se crève les yeux, et le spectacle de ces mêmes yeux crevés, dont le sang lui distille sur le visage, qui occupe tout le cinquième acte chez ces incomparables originaux, feroit soulever la délicatesse de nos dames, qui composent la plus belle partie de notre auditoire, et dont le dégoût attireroit aisément la censure de ceux qui les accompagnent. »

Cette *éloquente description* réussirait sans doute beaucoup, si elle était dans ce style mâle et terrible, et en même temps pur et exact, qui caractérise Sophocle. Je ne sais même si aujourd'hui que la scène est libre et dégagée de tout ce qui la défigurait, on ne pourrait pas faire paraître Œdipe tout sanglant, comme il parut sur le théâtre d'Athènes. La disposition des lumières, Œdipe ne paraissant que dans l'enfoncement pour ne pas trop offenser les yeux, beaucoup de pathétique dans l'acteur, et peu de déclamation dans l'auteur; les cris de Jocaste, et les douleurs de tous les Thébains, pourraient former un spectacle admirable. Les magnifiques tableaux dont Sophocle a orné son *Œdipe* feraient sans doute le même effet que les autres parties du poëme firent dans Athènes; mais, du temps de Corneille, nos jeux de paume étroits, dans lesquels on représentait ses pièces, les vêtements ridicules des acteurs, la décoration aussi mal entendue que ces vêtements, excluaient la magnificence d'un spectacle véritable, et réduisaient la tragédie à de simples conversations, que Corneille *anima* quelquefois par le feu de son génie.

« Je n'ai fait aucune pièce de théâtre où se trouve tant d'art qu'en celle-ci, bien que ce ne soit qu'un ouvrage de deux mois. »

Il eût bien mieux valu que c'eût été l'ouvrage de deux ans, et qu'il ne fût resté presque rien de ce qui fut fait en deux mois.

> Travaillez à loisir, quelque ordre qui vous presse,
> Et ne vous piquez point d'une folle vitesse[1].

Il semble que Fouquet ait commandé à Corneille une tragédie pour lui être rendue dans deux mois, comme on commande un habit à un tailleur, ou une table à un menuisier. N'oublions pas ici de faire sentir une grande vérité : Fouquet n'est plus connu aujourd'hui que par un malheur éclatant, et qui même n'a été célèbre que parce que tout le fut dans le siècle de Louis XIV; l'auteur de *Cinna*, au contraire, sera connu à jamais de toutes les nations, et le sera, même malgré ses dernières pièces, et malgré ses vers à Fouquet, et j'ose dire encore malgré *OEdipe*. C'est une chose étrange que le difficile et concis La Bruyère, dans son parallèle de Corneille et de Racine, ait dit *les Horaces* et *OEdipe*; mais il dit aussi *Phèdre* et *Pénélope*[2]. Voilà comme l'or et le plomb sont confondus souvent.

On disait Mignard et Le Brun. Le temps seul apprécie, et souvent ce temps est long.

ŒDIPE,

TRAGÉDIE.

ACTE I.

SCÈNE I.

V. 3. La gloire d'obéir n'a rien qui me soit doux,
Lorsque vous m'ordonnez de m'éloigner de vous.

Jamais la malheureuse habitude de tous les auteurs français, de mettre sur le théâtre des conversations amoureuses, et de rimer les phrases des romans, n'a paru plus condamnable que quand elle force

---

1. Boileau, *Art poétique*, I, 163-164. (ÉD.)
2. *Pénélope* est une tragédie de l'abbé Genest. (ÉD.)

Corneille à débuter dans la tragédie d'*OEdipe* par faire dire à Thésée qu'il est *un fidèle amant*, mais qu'il sera rebelle aux ordres de sa maîtresse si elle lui ordonne de se séparer d'elle.

V. 5.   Quelque ravage affreux qu'étale ici la peste,
    L'absence aux vrais amants est encor plus funeste.

On ne revient point de sa surprise, à cette absence qui est pour les vrais amants pire que la peste. On ne peut concevoir ni comment Corneille a fait ces vers, ni comment il n'eut point d'amis pour les lui faire rayer, ni comment les comédiens osèrent les dire.

V. 7.   Et d'un si grand péril l'image s'offre en vain,
    Quand ce péril douteux épargne un mal certain.

Ce péril douteux, c'est la peste ; *ce mal certain*, c'est l'absence de l'objet aimé.

V. 21.   Ah! seigneur. quand l'amour tient une âme alarmée,
    Il l'attache aux périls de la personne aimée.

C'est assez qu'on débite de ces maximes d'amour, pour bannir tout intérêt d'un ouvrage. Cette scène est une contestation entre deux amants, qui ressemble aux conversations de Clélie : rien ne serait plus froid. même dans un sujet galant, à plus forte raison dans le sujet le plus terrible de l'antiquité. Y a-t-il une plus forte preuve de la nécessité où étaient les auteurs d'introduire toujours l'amour dans leurs pièces, que cet épisode de Thésée et de Dircé, dont Corneille même a le malheur de s'applaudir dans son Examen d'*OEdipe?* Encore si, au lieu d'un amour galant et raisonneur, il eût peint une passion aussi funeste que la désolation où Thèbes était plongée ; si cette passion eût été théâtrale, si elle avait été liée au sujet! Mais un amour qui n'est imaginé que pour remplir le vide d'un ouvrage trop long n'est pas supportable. Racine même y aurait échoué avec ses vers élégants : comment donc put-on supporter une si plate galanterie, débitée en si mauvais vers? et comment reconnaître la même nation, qui, ayant applaudi aux morceaux admirables du *Cid*, d'*Horace*, de *Cinna*, et de *Polyeucte*, n'avait pu souffrir ni *Pertharite*, ni *Théodore?*

V. 63.   Oserai-je, seigneur, vous dire hautement
    Qu'un tel excès d'amour n'est pas d'un tel amant, etc.

Jugez quel effet ferait aujourd'hui au théâtre une princesse inutile, dissertant sur l'amour, et voulant prouver en forme que ce qui serait vertu dans une femme ne le serait pas dans un homme. Je ne parle pas du style et des fautes contre la langue, et de l'*horreur animée par toute la Grèce*, et *des hauts emportements qu'un beau feu inspire*. Ce galimatias froid et boursouflé est assez condamné aujourd'hui.

V. 89.   Ah! madame, vos yeux combattent vos maximes, etc.

Et que dirons-nous de ce *Thésée* qui lui répond galamment que ses yeux combattent ses maximes; que si elle aimait bien, elle conseillerait mieux, et qu'auprès de sa princesse, *aux seuls devoirs d'amant un héros s'intéresse?* Disons la vérité; cela ne serait pas supporté aujourd'hui dans le plus plat de nos romans.

SCÈNE III.

V. 12. *Je vous aurois fait voir un beau feu dans mon sein*, etc.

Thésée qui fait voir *un beau feu dans son sein*, et qui s'appelle *amant misérable;* OEdipe qui devine qu'un intérêt d'amour retient Thésée au milieu de la peste; l'offre d'une fille, la demande d'une autre fille, l'aveu qu'Antigone est *parfaite*, Ismène *admirable*, et que Dircé *n'a rien de comparable* : en un mot, ce style d'un froid comique, qui revient toujours, ces ironies, ces dissertations sur l'amour galant, tant de petitesses grossières dans un sujet si sublime, font voir évidemment que la rouille de notre barbarie n'était pas encore enlevée, malgré tous les efforts que Corneille avait faits dans les belles scènes de *Cinna* et d'*Horace*. Le sujet d'*OEdipe* demandait le style d'*Athalie*, et celui dont Corneille s'est servi n'est pas, à beaucoup près, aussi noble que celui du *Misanthrope*. Cependant Corneille avait montré dans plusieurs scènes de *Pompée* qu'il savait orner ses vers de toute la magnificence de la poésie; le sujet d'*OEdipe* n'est pas moins poétique que celui de *Pompée* : pourquoi donc le langage est-il dans *OEdipe* si opposé au sujet? Corneille s'était trop accoutumé à ce style familier, à ce ton de dissertation. Tous ses personnages, dans presque tous ses ouvrages, raisonnent sur l'amour et sur la politique. C'est non-seulement l'opposé de la tragédie, mais de toute poésie; car la poésie n'est guère que peinture, sentiment, et imagination. Les raisonnements sont nécessaires dans une tragédie, quand on délibère sur un grand intérêt d'État; il faut seulement qu'alors celui qui raisonne ne tienne point du sophiste : mais des raisonnements sur l'amour sont partout hors de saison.

L'abbé d'Aubignac écrivit contre l'*OEdipe* de Corneille; il y reprend plusieurs fautes avec lesquelles une pièce pourrait être admirable; fautes de bienséance, duplicité d'action, violation des règles. D'Aubignac n'en savait pas assez pour voir que la principale faute est d'être froid dans un sujet intéressant, et rampant dans un sujet sublime. Cette scène, dans laquelle il n'est question que de savoir si Thésée épousera Antigone qui est parfaite, ou Ismène qui est admirable, ou Dircé qui n'a rien de comparable, est une vraie scène de comédie, mais de comédie très-froide.

Je ne relève pas les fautes contre la langue, elles sont en trop grand nombre.

SCÈNE IV.

V. 9. *Le sang a peu de droits dans le sexe imbécile.*

Que veut dire *le sang a peu de droits dans le sexe imbécile?* C'est une injure très-déplacée et très-grossière, fort mal exprimée. L'auteur entend-il que les femmes ont peu de droits au trône? entend-il que le sang a peu de pouvoir sur leurs cœurs?

v. 17. On t'a parlé du sphinx, dont l'énigme funeste
Ouvrit plus de tombeaux que n'en ouvre la peste, etc.

Œdipe raconte l'histoire du sphinx à un confident qui doit en être instruit; c'est un défaut très-commun et très-difficile à éviter. Ce récit a de la force et des beautés : on l'écoutait avec plaisir, parce que tout ce qui forme un tableau plaît toujours plus que les contestations qui ne sont pas sublimes, et que l'amour qui n'est pas attendrissant.

SCÈNE V.

Jocaste raisonne sur l'amour de Dircé, sur lequel Thésée n'a déjà raisonné que trop. Elle dit que Dircé est amante à bon titre, et princesse avisée. Prenez cette scène isolée, on ne devinera jamais que c'est là le sujet d'*Œdipe*.

SCÈNE VI.

Cette scène paraît la plus mauvaise de toutes, parce qu'elle détruit le grand intérêt de la pièce; et cet intérêt est détruit, parce que le malheur et le danger public dont il s'agit ne sont présentés qu'en épisodes, et comme une affaire presque oubliée : c'est qu'il n'a été question jusqu'ici que du mariage de Dircé; c'est qu'au lieu de ce tableau si grand et si touchant de Sophocle, c'est un confident qui vient apporter froidement des nouvelles; c'est qu'Œdipe cherche une raison du courroux du ciel, laquelle n'est pas la vraie raison; c'est qu'enfin dans ce premier acte de tragédie, il n'y a pas quatre vers tragiques, pas quatre vers bien faits.

ACTE II.

SCÈNE I.

Toutes les fois que dans un sujet pathétique et terrible, fondé sur ce que la religion a de plus auguste et de plus effrayant, vous introduisez un intérêt d'État, cet intérêt, si puissant ailleurs, devient alors petit et faible. Si au milieu d'un intérêt d'État, d'une conspiration, ou d'une grande intrigue politique qui attache l'âme, supposé qu'une intrigue politique puisse attacher; si, dis-je, vous faites entrer la terreur et le sublime tiré de la religion ou de la fable dans ces sujets, ce sublime déplacé perd toute sa grandeur, et n'est plus qu'une froide déclamation. Il ne faut jamais détourner l'esprit du but principal. Si vous traitez *Iphigénie*, ou *Électre*, ou *Pélopée*, n'y mêlez point de petite intrigue de cour. Si votre sujet est un intérêt d'État, une conjuration découverte, un droit au trône disputé, n'allez pas y mêler les dieux, les autels, les oracles, les sacrifices, les prophéties : *Non erat his locus*.

S'agit-il de la guerre et de la paix ; raisonnez. S'agit-il de ces horribles infortunes que la destinée ou la vengeance céleste envoient sur la terre ; effrayez, touchez, pénétrez. Peignez-vous un amour malheureux ; faites répandre des larmes. Ici Dircé brave Œdipe, et l'avilit ; défaut trop ordinaire de toutes nos anciennes tragédies, dans lesquelles on voit presque toujours des femmes parler arrogamment à ceux dont elles dépendent, et traiter les empereurs, les rois, les vainqueurs, comme des domestiques dont on serait mécontent.

Cette longue scène ne finit que par un petit souvenir du sujet de la pièce ; *mais il faut aller voir ce qu'a fait Tirésie*. Ce n'est donc que par occasion qu'on dit un mot de la seule chose dont on aurait dû parler.

V. 15. Pour la reine, il est vrai qu'en cette qualité
Le sang peut lui devoir quelque civilité.

Cette princesse est un peu malapprise.

V. 46. Et quel crime a commis cette reconnoissance,
Qui, par un sentiment et juste et relevé,
L'a consacré lui-même à qui l'a conservé ?

La reconnaissance qui n'a point commis de crime, et qui, par un sentiment et juste et relevé, a consacré le peuple lui-même à qui a conservé le peuple !

V. 49. Si vous aviez du sphinx vu le sanglant ravage....
Je puis dire, seigneur, que j'ai vu davantage ;
J'ai vu ce peuple ingrat, que l'énigme surprit,
Vous payer assez bien d'avoir eu de l'esprit.

Elle a vu plus que la mort de tout un peuple ; elle a vu un homme élu roi pour avoir eu de l'esprit !

V. 64. Le peuple est trop heureux quand il meurt pour ses rois.

Trop heureux ! ah ! madame, la maxime est un peu violente. Il paraît à votre humeur que le peuple a très-bien fait de ne pas vous choisir pour reine.

V. 85. Puisse de plus de maux m'accabler leur colère,
Qu'Apollon n'en prédit jadis pour votre frère !

Quoique cette imprécation soit peu naturelle et amenée de trop loin, cependant elle fait effet, elle est tragique ; elle ramène du moins pour un moment au sujet de la pièce, et montre qu'il ne fallait jamais le perdre de vue.

V. 100. Qui ne craint point la mort ne craint point les tyrans

Le mot de *tyran* est ici très-mal placé ; car si Œdipe ne mérite pas ce titre, Dircé n'est qu'une impertinente ; et s'il le mérite, plus de compassion pour ses malheurs. La pitié et la crainte, les deux pivots de la tragédie, ne subsistent plus. Corneille a souvent oublié ces deux ressorts du théâtre tragique. Il a mis à la place des conversations dans lesquelles on trouve souvent des idées fortes, mais qui ne vont point au cœur.

SCÈNE II.

V. 1. Mégare, que dis-tu de cette violence?

Mégare n'a rien à dire de cette violence, sinon que Dircé est un personnage très-étranger et très-insipide dans cette tragédie.

V. 18. J'ai vu sa politique en former les tendresses, etc.

Sa politique, politique nouvelle, politique partout. Je n'insiste pas sur le comique de cette répétition et de ce tour; mais il faut remarquer que toute femme passionnée qui parle de politique est toujours très-froide, et que l'amour de Dircé, dans de telles circonstances, est plus froid encore.

SCÈNE III.

V. 10. Appréhender pour lui, c'est lui faire une injure.

Ce vers seul suffirait pour faire un grand tort à la pièce, pour en bannir tout intérêt. Il ne faut jamais tâcher de rendre odieux un personnage qui doit attirer sur lui la compassion; c'est manquer à la première règle. J'avertis encore que je ne remarque point dans cette pièce les fautes de langage; elles sont à peu près les mêmes que dans les pièces précédentes. Corneille n'écrivit presque jamais purement. La langue française ne se perfectionna que lorsque Corneille, ayant déjà donné plusieurs pièces, s'était formé un style dont il ne pouvait plus se défaire.

Mais voici une observation plus importante. Dircé se croit destinée pour victime, elle se prépare généreusement à mourir; c'est une situation très-belle, très-touchante par elle-même. Pourquoi ne fait-elle nul effet? pourquoi ennuie-t-elle? c'est qu'elle n'est point préparée, c'est que Dircé a déjà révolté les spectateurs par son caractère; c'est qu'enfin on sent bien que ce péril n'est pas véritable.

V. 85. Hélas! sur le chemin il fut assassiné.

Voilà une raison bien forcée, bien peu naturelle, et par conséquent nullement intéressante. Dircé suppose qu'elle a causé la mort de son père, parce qu'il fut tué en allant consulter l'oracle par amitié pour elle. Jusqu'à présent elle n'en a point encore parlé. Elle invente tout d'un coup cette fausse raison pour faire parade d'un sentiment filial et héroïque. Ce sentiment n'est point du tout touchant, parce qu'elle n'a été occupée jusqu'ici qu'à dire des injures à Œdipe.

SCÈNE IV.

Cette scène devrait encore échauffer le spectateur, et elle le glace. Rien de plus attendrissant que deux amants dont l'un va mourir; rien de plus insipide, quand l'auteur n'a pas eu l'art de rendre ses personnages aimables et intéressants. Dircé a pris tout d'un coup la résolution de mourir, sur un oracle équivoque :

> Et la fin de vos maux ne se fera point voir
> Que mon sang n'ait fait son devoir ;

et il semble qu'elle ne veut mourir que par vanité. Elle avait débité plus haut cette maxime atroce et ridicule :

> Un peuple est trop heureux quand il meurt pour ses rois;

et elle dit le moment d'après.

> Ne perdez point d'efforts à m'arrêter au jour....
> Ne me ravalez point jusqu'à cette bassesse....
> Les exemples abjects de ces petites âmes
> Règlent-ils de leurs rois les glorieuses trames?

Quels vers! quel langage! et la scène dégénère en une longue dissertation ; *quæstio in utramque partem*, s'il faut mourir ou non.

ACTE III.

SCÈNE I.

V. 1. Impitoyable soif de gloire....
...Souffre qu'en ce triste et favorable jour,
Avant que de donner ma vie,
Je donne un soupir à l'amour, etc.

Ces stances de Dircé sont bien différentes de celles de Polyeucte. Il n'y a que de l'esprit, et encore de l'esprit alambiqué. Si Dircé était dans un véritable danger, ces épigrammes déplacées ne toucheraient personne. Jugez quel effet elles doivent produire, quand on voit évidemment que Dircé, à laquelle personne ne s'intéresse, ne court aucun risque.

SCÈNE II.

V. 17. Et des morts de son rang les ombres immortelles
Servent souvent aux dieux de truchements fidèles.

C'est toujours le même défaut d'intérêt et de chaleur qui règne dans toutes ces scènes. C'est une chose bien singulière que l'obstination de Dircé à vouloir mourir de sang-froid, sans nécessité et par vanité. Mon père a parlé obscurément ; mais un *mort de son rang* est un truchement des dieux. Cela ressemble à cette dame qui disait que Dieu y regarde à deux fois quand il s'agit de damner une femme de qualité.

V. 38. Agissez en amante aussi bien qu'en princesse.

Jocaste conseille à Dircé de s'enfuir avec Thésée, et de s'aller marier où elle voudra. Elle ajoute que l'amour est un doux maître. Le conseil n'est pas mauvais en temps de peste; mais cela tient un peu trop de la farce.

V. 43. Je n'ose demander si de pareils avis
Portent des sentiments que vous ayez suivis, etc.

La réponse de Dircé est d'une insolence révoltante. *Des avis qui portent des sentiments*, bien *juger des choses*, du *sang sucé dans un flanc*, et toutes ces expressions vicieuses, sont de faibles défauts en comparaison de cette indécence intolérable avec laquelle cette Dircé parle à sa mère. Toute cette scène est aussi odieuse et aussi mal faite qu'inutile.

SCÈNE III.

V. 1. A quel propos, seigneur, voulez-vous qu'on diffère,
Qu'on dédaigne un remède à tous si salutaire? etc.

Cette scène est encore aussi glaçante, aussi inutile, aussi mal écrite que toutes les précédentes. On parle toujours mal quand on n'a rien à dire. Presque toutes nos tragédies sont trop longues; le public voulait pour ses dix sous avoir un spectacle de deux heures; et il y avait trop souvent une heure et demie d'ennui. Ce n'était pas des archontes qui donnaient des jeux au peuple d'Athènes; ce n'était pas des édiles qui assemblaient le peuple romain : c'était une société d'histrions qui, moyennant quelque argent qu'ils donnaient au clerc d'un lieutenant civil, obtenaient la permission de jouer dans un jeu de paume. Les décorations étaient peintes par un barbouilleur, les habits fournis par un fripier. Le parterre voulait des épisodes d'amour, et celle qui jouait les amoureuses voulait absolument un rôle. Ce n'est pas ainsi que l'*Œdipe* de Sophocle fut représenté sur le théâtre d'Athènes.

SCÈNE IV.

C'est ici que commence la pièce. Le spectateur est remué dès les premiers vers que dit Œdipe. Cela seul fait voir combien d'Aubignac était mauvais juge de l'art dont il donna des règles. Il soutient que le sujet d'*Œdipe* ne peut intéresser; et dès les premiers vers où ce sujet est traité, il intéresse malgré le froid de tout ce qui précède.

V. 25. Un bruit court depuis peu qu'il vous a mal servie, etc.

Œdipe devrait donc en avoir déjà parlé au premier acte. Il ne devait donc pas dire dans ce premier acte que c'était le sang innocent de cet enfant qui était la cause des malheurs de Thèbes.

V. 38. Vous pouvez consulter le devin Tirésie.

Quelle différence entre ce froid récit de la consultation, et les terribles prédictions que fait Tirésie dans Sophocle! Pourquoi n'a-t-on pu faire paraître ce Tirésie sur le théâtre de Paris? J'ose croire que si on

ACTE III, SCÈNE IV.   141

avait eu, du temps de Corneille, un théâtre tel que nous l'avons depuis peu d'années, grâce à la générosité éclairée de M. le comte de Lauraguais, le grand Corneille n'eût pas hésité à produire Tirésie sur la scène, à imiter le dialogue admirable de Sophocle. On eût connu alors la raison pour laquelle les arrêts des dieux veulent qu'Œdipe se prive lui-même de la vue; c'est qu'il a reproché à l'interprète des dieux son aveuglement. Je sais bien qu'à la farce dite italienne, on représenterait Tirésie habillé en Quinze-Vingts, une tasse à la main, et que cela divertirait la populace; mais ceux *quibus est equus et pater et res*[1], applaudiraient à une belle imitation de Sophocle. Si ce sujet n'a jamais été traité parmi nous comme il a dû l'être, accusons-en encore une fois la construction malheureuse de nos théâtres, autant que notre habitude méprisable d'introduire toujours une intrigue d'amour, ou plutôt de galanterie, dans les sujets qui excluent tout amour.

SCÈNE V.

Cette scène de Jocaste et de Thésée détruit l'intérêt qu'Œdipe commençait d'inspirer. Le spectateur voit trop bien que Thésée n'est pas le fils de Jocaste. On connaît trop l'histoire de Thésée, on aperçoit trop aisément l'inutilité de cet artifice. De plus, il faut bien observer qu'une méprise est toujours insipide au théâtre, quand ce n'est qu'une méprise, quand elle n'amène pas une catastrophe attendrissante. Thésée se croit fils de Jocaste, et cela, dit-il, *sans en avoir la preuve manifeste*. Cela ne produit pas le plus petit événement. Thésée s'est trompé, et voilà tout. Cette aventure ressemble (s'il est permis d'employer une telle comparaison) à Arlequin qui se dit curé de Domfront, et qui en est quitte pour dire : « Je croyais l'être. »

V. 85. Quoi! la nécessité des vertus et des vices
       D'un astre impérieux doit suivre les caprices? etc.

Ce morceau contribua beaucoup au succès de la pièce. Les disputes sur le libre arbitre agitaient alors les esprits. Cette tirade de Thésée, belle par elle-même, acquit un nouveau prix par les querelles du temps, et plus d'un amateur la sait encore par cœur.

Il y a dans ce beau morceau quelques expressions impropres et vicieuses, comme, « une nécessité de vertus et de vices qui suit les caprices d'un astre impérieux, un bras qui précipite d'en haut une volonté, rendre aux actions leur peine, enfoncer un œil dans un abîme; » mais le beau prédomine.

Ce couplet même n'est pas une déclamation étrangère au sujet; au contraire, des réflexions sur la fatalité ne peuvent être mieux placées que dans l'histoire d'Œdipe. Il est vrai que Thésée condamne ici les dieux, qui ont prédestiné Œdipe au parricide et à l'inceste.

Il y aurait de plus belles choses à dire pour l'opinion contraire à celle de Thésée. Les idées de la toute-puissance divine, l'inflexibilité

1. Horace, *Art poétique*, 248. (ÉD.)

du destin, le portrait de la faiblesse des vils mortels, auraient fourni des images fortes et terribles. Il y en a quelques-unes dans Sophocle.

ACTE IV.

SCÈNE I.

Tout retombe ici dans la langueur. Ce n'est plus ce Thésée qui croyait être fils de Laïus; il avoue que tout cela n'est qu'un stratagème. Ces malheureuses finesses détournent l'esprit de l'objet principal; on ne s'intéresse plus à rien. Les grandes idées du salut public, de la découverte du meurtrier de Laïus, de la destinée d'Œdipe, des crimes involontaires auxquels il ne peut échapper, sont toutes dissipées; à peine a-t-il attiré sur lui l'attention; il ne peut plus se ressaisir du cœur des spectateurs, qui l'ont oublié. Corneille a voulu intriguer ce qu'il fallait laisser dans sa simplicité majestueuse : tout est perdu dès ce moment; et Thésée n'est plus qu'un personnage intrigant, qu'un valet de comédie, qui a imaginé un très-plat mensonge pour tirer la pièce en longueur. Il est très-inutile de remarquer toutes les fautes de diction, et le style obscur, entortillé, de toutes ces scènes où Thésée joue un si froid et si avilissant personnage. Nous avons déjà vu que toutes les scènes qui pèchent par le fond pèchent aussi par le style.

SCÈNE II.

Il semble qu'alors on se fit un mérite de s'écarter de la noble simplicité des anciens, et surtout de leur pathétique. Jocaste vient ici conter froidement une histoire, sans faire paraître aucune de ces terribles inquiétudes qui devaient l'agiter. Elle parle d'un passant inconnu qui se chargea d'élever son fils sans demander qui était cet enfant, et sans vouloir le savoir : un Phædime savait qui était cet enfant, mais il est mort de la peste; ainsi, dit-elle, *vous pouvez l'être, et ne le pas être*. Tout cela est discuté comme s'il s'agissait d'un procès; nulle tendresse de mère, nulle crainte, nul retour sur soi-même. Il ne faut pas s'étonner si on ne peut plus jouer cette pièce.

V. 49. *L'assassin de Laïus est digne du trépas*, etc.

Quoique le théâtre permette quelquefois un peu d'exagération, je ne crois pas que de telles maximes soient approuvées des gens sensés. Comment peut-on reconnaître un monarque sous l'habit d'un paysan? Le Gascon qui a écrit les *Mémoires du duc de Guise*, *prisonnier à Naples*, dit que *les princes ont quelque chose entre les deux yeux qui les distingue des autres hommes*. Cela est bon pour un Gascon; mais ce qui n'est bon pour personne, c'est d'assurer qu'on est digne de mort quand on se défend contre trois hommes, dont l'un, par hasard, se trouve un roi. Cette maxime paraît plus cruelle que raisonnable.

Qu'on se souvienne que Montgommeri ne fut pas seulement mis en prison pour avoir tué malheureusement Henri II, son maître, dans un tournoi.

SCÈNE III.

V. 45. Mais si je vous nommois quelque personne chère,
Æmon votre neveu, Créon votre seul frère,
Ou le prince Lycus, ou le roi votre époux,
Me pourriez-vous en croire, ou garder ce courroux?

Ce tour que prend Phorbas suffirait pour ôter à la pièce tout son tragique. Il semble que Phorbas fasse une plaisanterie : *Si je vous nommais quelqu'un à qui vous vous intéressez, que diriez-vous?* C'est là le discours d'un homme qui raille, qui veut embarrasser ceux auxquels il parle; et rien n'est plus indécent dans un subalterne.

SCÈNE IV.

Il n'y a pas moyen de déguiser la vérité. Cette scène, qui est si tragique dans Sophocle, est tout le contraire dans l'auteur français. Non-seulement le langage est bas, *il y pourrait avoir entre quinze et vingt ans, c'est un de mes brigands, ce furent brigands,* un des suivants de Laïus, qui était *louche,* Laïus *chauve sur le devant, et mêlé sur le derrière;* mais les discours de Thésée, et une espèce de défi entre Œdipe et Thésée, achèvent de tout gâter.

SCÈNE V.

La scène précédente, qui devait porter l'effroi et la douleur dans l'âme, étant très-froide, porte sa glace sur celle-ci, qui par elle-même est aussi froide que l'autre. Œdipe, au lieu de se livrer à sa douleur, et à l'horreur de son état, prodigue des antithèses sur *le vivant* et sur *le mort.* Jocaste raisonne au lieu d'être accablée. Quelle est la source d'un si grand défaut? c'est qu'en effet le caractère de Corneille le portait à la dissertation ; c'est qu'il avait le talent de nouer une intrigue adroite, mais non intéressante : il abandonne trop souvent le pathétique, qui doit être l'âme de la tragédie. Je ne parle pas du style; il n'est pas tolérable.

ACTE V

SCÈNE I.

Quel est le lecteur qui ne sente pas combien ce terrible sujet est affaibli dans toutes les scènes? J'avoue que la diction vicieuse, obscure, sans chaleur, sans pathétique, contribue beaucoup aux vices de la pièce; mais la malheureuse intrigue de Thésée et de Dircé, introduite pour remplir les vides, est ce qui tue la pièce. Peut-on souffrir que, dans des moments destinés à la plus grande terreur, Œdipe parle froidement de se battre en duel demain avec Thésée? un duel chez les

Grecs! et dans le sujet d'Œdipe! et ce qu'il y a de pis, c'est qu'Œdipe qui se voit l'auteur de la désolation de Thèbes et le meurtrier de Laïus, Thésée qui doit craindre que le reste de l'oracle ne soit accompli, Thésée qui doit être saisi d'horreur et l'inspirer, s'occupent tous deux de la crainte d'un soulèvement de ces pauvres pestiférés qui pourraient bien devenir mutins.

Si vous ne frappez pas le cœur du spectateur par des coups toujours redoublés au même endroit, ce cœur vous échappe. Si vous mêlez plusieurs intérêts ensemble, il n'y a plus d'intérêt.

SCÈNE III.

Ces scènes sont beaucoup plus intéressantes que les autres, parce qu'elles sont uniquement prises du sujet. On n'y disserte point, on n'y cherche point à étaler des raisons et des traits ingénieux; tout est naturel; mais il y manque ces grands mouvements de terreur et de pitié qu'on attend d'une si affreuse situation. Cette tragédie pèche par toutes les choses qu'on y a introduites, et par celles qui lui manquent.

SCÈNE IV.

V. 1. *Ce jour est donc pour moi le grand jour des malheurs,*
Puisque vous apportez un comble à mes douleurs, etc.

Je n'examine point si on apporte *un comble à la douleur*, s'il est bien de dire que son épouse *est dans la fureur*. Je dis que je retrouve le véritable esprit de la tragédie dans cette scène d'Iphicrate, où l'on ne dit rien qui ne soit nécessaire à la pièce, dans cette simplicité éloignée de la fatigante dissertation, dans cet art théâtral et naturel qui fait naître successivement tous les malheurs d'Œdipe les uns des autres. Voilà la vraie tragédie; le reste est du verbiage : mais comment faire cinq actes sans verbiage?

V. 61. *Je serois donc Thébain à ce compte? — Oui, seigneur.*

Ne prenons point garde *à ce compte*. Ce n'est qu'une expression triviale qui ne diminue rien de l'intérêt de cette situation. Un mot familier et même bas, quand il est naturel, est moins répréhensible cent fois que toutes ces pensées alambiquées, ces dissertations froides, ces raisonnements fatigants et souvent faux, qui ont gâté quelquefois les plus belles scènes de l'auteur.

SCÈNE V.

V. 15. *Hélas! je le vois trop, et vos craintes secrètes,*
Qui vous ont empêché de vous entr'éclaircir,
Loin de tromper l'oracle, ont fait tout réussir, etc.

Ici l'art manque. Œdipe exerce trop tôt son autre art de deviner les énigmes. Plus de surprise, plus de terreur, plus d'horreur. L'auteur retombe dans ses malheureuses dissertations : *voyez où m'a plongé votre fausse prudence*, etc. Il est d'autant plus inexcusable, qu'il avait devant les yeux Sophocle, qui a traité ce morceau en maître.

SCÈNE VII.

Le spectateur, qui était ému, cesse ici de l'être. Œdipe, qui raisonne avec Dircé de l'amour de cette princesse pour Thésée, fait oublier ses malheurs; il rompt le fil de l'intérêt. Dircé est si étrangère à l'aventure d'Œdipe, que toutes les fois qu'elle paraît, elle fait beaucoup plus de tort à la pièce que l'infante n'en fait à la tragédie du *Cid*, et Livie à *Cinna*; car on peut retrancher Livie et l'infante, et on ne peut retrancher Dircé et Thésée, qui sont malheureusement des acteurs principaux.

Il reste une réflexion à faire sur la tragédie d'*OEdipe*. C'est, sans contredit, le chef-d'œuvre de l'antiquité, quoique avec de grands défauts. Toutes les nations éclairées se sont réunies à l'admirer, en convenant des fautes de Sophocle. Pourquoi ce sujet n'a-t-il pu être traité avec un plein succès chez aucune de ces nations? Ce n'est pas certainement qu'il ne soit très-tragique; quelques personnes ont prétendu qu'on ne peut s'intéresser aux crimes involontaires d'Œdipe, et que son châtiment révolte plus qu'il ne touche. Cette opinion est démentie par l'expérience; car tout ce qui a été imité de Sophocle, quoique très-faiblement, dans l'*OEdipe*, a toujours réussi parmi nous; et tout ce qu'on a mêlé d'étranger à ce sujet a été condamné. Il faut donc conclure qu'il fallait traiter *OEdipe* dans toute la simplicité grecque. Pourquoi ne l'avons-nous pas fait? c'est que nos pièces en cinq actes, dénuées de chœurs, ne peuvent être conduites jusqu'au dernier acte sans des secours étrangers au sujet. Nous les chargeons d'épisodes, et nous les étouffons; cela s'appelle du remplissage. J'ai déjà dit qu'on veut une tragédie qui dure deux heures : il faudrait qu'elle durât moins et qu'elle fût meilleure.

C'est le comble du ridicule de parler d'amour dans *OEdipe*, dans *Électre*, dans *Mérope*. Lorsqu'en 1718 il fut question de représenter le seul *OEdipe*[1] qui soit resté depuis au théâtre, les comédiens exigèrent quelques scènes où l'amour ne fût pas oublié, et l'auteur gâta et avilit ce beau sujet par le froid ressouvenir d'un amour insipide entre Philoctète et Jocaste.

L'actrice qui représentait Dircé dans l'*OEdipe* de Corneille dit au nouvel auteur : « C'est moi qui joue l'amoureuse, et si on ne me donne un rôle, la pièce ne sera pas jouée. » A ces paroles, *je joue l'amoureuse* dans Œdipe, deux étrangers de bon sens éclatèrent de rire; mais il fallut en passer par ce que les acteurs exigeaient; il fallut s'asservir à l'abus le plus méprisable; et si l'auteur, indigné de cet abus, auquel il cédait, n'avait pas mis dans sa tragédie le moins de conversation amoureuse qu'il put; s'il avait prononcé le mot d'amour dans les trois derniers actes, la pièce ne mériterait pas d'être représentée.

1. L'*OEdipe* de Voltaire lui-même. (Éd.)

Il y a bien des manières de parvenir au froid et à l'insipide. La Motte, l'un des plus ingénieux auteurs que nous ayons, y est arrivé par une autre route, par une versification lâche, par l'introduction de deux grands enfants d'Œdipe sur la scène, par la soustraction entière de la terreur et de la pitié.

SCÈNE VIII.

V. 1.   *Est-ce encor votre bras qui doit venger son père?* etc.

Thésée et Dircé viennent achever de répandre leur glace sur cette fin qui devait être si touchante et si terrible. Œdipe appelle Dircé sa sœur comme si de rien n'était. Il lui parle de l'empire qu'une belle flamme lui fit sur une âme. Il va en consoler la reine. Tout se passe en civilités et Dircé reste à disserter avec Thésée; et pour comble, l'auteur se félicite dans sa préface de *l'heureux épisode* de Thésée et de Dircé. Plaignons la faiblesse de l'esprit humain.

Déclaration du commentateur. — Mon respect pour l'auteur des admirables morceaux du *Cid*, de *Cinna*, et de tant de chefs-d'œuvre, mon amitié constante pour l'unique héritière du nom de ce grand homme, ne m'ont pas empêché de voir et de dire la vérité, quand j'ai examiné son *Œdipe* et ses autres pièces indignes de lui; et je crois avoir prouvé tout ce que j'ai dit. Le souvenir même que j'ai fait autrefois une tragédie d'*Œdipe* ne m'a point retenu. Je ne me suis point cru égal à Corneille : je me suis mis hors d'intérêt; je n'ai eu devant les yeux que l'intérêt du public, l'instruction des jeunes auteurs, l'amour du vrai, qui l'emporte dans mon esprit sur toutes les autres considérations. Mon admiration sincère pour le beau est égale à ma haine pour le mauvais. Je ne connais ni l'envie, ni l'esprit de parti. Je n'ai jamais songé qu'à la perfection de l'art, et je dirai hardiment la vérité en tout genre jusqu'au dernier moment de ma vie.

REMARQUES SUR LA TOISON D'OR,

TRAGÉDIE REPRÉSENTÉE EN 1660.

Préface du commentateur. — L'histoire de la *Toison d'or* est bien moins fabuleuse et moins frivole qu'on ne pense. C'est de toutes les époques de l'ancienne Grèce la plus brillante et la plus constatée. Il s'agissait d'ouvrir un commerce, de la Grèce aux extrémités de la mer Noire. Ce commerce consistait principalement en fourrures, et c'est de là qu'est venue la fable de la *Toison*. Le voyage des Argonautes servit à faire connaître aux Grecs le ciel et la terre. Chiron, qui était de cette expédition, observa que l'équinoxe du printemps était au milieu de la constellation du bélier; et cette observation, faite il y a environ 4300 années, fut la base sur laquelle on s'est fondé depuis pour constater l'étonnante révolution de vingt-cinq mille neuf cents années, que l'axe de la terre fait autour du pôle.

Les habitants de Cholchos, voisins d'une peuplade de Huns, étaient des barbares, comme ils le sont encore aujourd'hui. Leurs femmes ont toujours eu de la beauté. Il est très-vraisemblable que les Argonautes enlevèrent quelques Mingréliennes, puisque nous avons vu de nos jours un homme (Maupertuis), envoyé à Tornéo pour mesurer un degré du méridien, enlever une fille de ce pays-là. L'enlèvement de Médée fut la source de toutes les aventures attribuées à cette femme, qui probablement ne méritait pas d'être connue. Elle passa pour une magicienne. Cette prétendue magie était l'usage de quelques poisons qu'on prétend être assez communs dans la Mingrélie. Il est à croire que ces malheureux secrets furent une des sources de cette croyance à la magie qui a inondé la terre dans tous les temps. L'autre source fut la fourberie : les hommes ayant été toujours divisés en deux classes, celle des charlatans, et celle des sots. Le premier qui employa des herbes au hasard, pour guérir une maladie que la nature guérit toute seule, voulut faire croire qu'il en savait plus que les autres, on le crut : bientôt tout fut prestige et miracle.

C'était la coutume de tous les Grecs et de tous les peuples, excepté peut-être des Chinois, de tourner toute l'histoire en fable; la poésie seule célébrait les grands événements; on voulait les orner, et on les défigurait. L'expédition des Argonautes fut chantée en vers; et quoiqu'elle méritât d'être célèbre par le fond, qui était très-vrai et très-utile, elle ne fut connue que par des mensonges poétiques.

La partie fabuleuse de cette histoire semble beaucoup plus convenable à l'opéra qu'à la tragédie. Une toison d'or gardée par des taureaux qui jettent des flammes, et par un grand dragon; ces taureaux attachés à une charrue de diamants; les dents du dragon qui font naître des hommes armés; toutes ces imaginations ne ressemblent guère à la vraie tragédie, qui, après tout, doit être la peinture fidèle des mœurs.

ussi Corneille voulut en faire une espèce d'opéra, ou du moins une pièce à machines, avec un peu de musique. C'était ainsi qu'il en avait usé en traitant le sujet d'*Andromède*. Les opéras français ne parurent qu'en 1671, et *la Toison d'or* est de 1660. Cependant un an avant la représentation de la pièce de Corneille, c'est-à-dire en 1659, on avait exécuté à Issy, chez le cardinal Mazarin, une pastorale en musique; mais il n'y avait que peu de scènes, nulle machine, point de danse; et l'opéra s'établit ensuite en réunissant tous ces avantages.

Il y a plus de machines et de changements de décorations dans *la Toison d'or* que de musique : on y fait seulement chanter les Sirènes dans un endroit, et Orphée dans un autre; mais il n'y avait point, dans ce temps-là, de musicien capable de faire des airs qui répondissent à l'idée qu'on s'est faite du chant d'Orphée et des Sirènes. La mélodie, jusqu'à Lulli, ne consista que dans un chant froid, traînant et lugubre, ou dans quelques vaudevilles, tels que les airs de nos noëls, et l'harmonie n'était qu'un contre-point assez grossier.

En général, les tragédies dans lesquelles la musique interrompt la déclamation font rarement un grand effet, parce que l'une étouffe l'autre. Si la pièce est intéressante, on est fâché de voir cet intérêt détruit par des instruments qui détournent toute l'attention. Si la musique est belle, l'oreille du spectateur retombe avec peine et avec dégoût de cette harmonie au récit simple.

Il n'en était pas de même chez les anciens, dont la déclamation, appelée *mélopée*, était une espèce de chant; le passage de cette mélopée à la symphonie des chœurs n'étonnait point l'oreille et ne la rebutait pas.

Ce qui surprit le plus dans la représentation de *la Toison d'or*, ce fut la nouveauté des machines et des décorations, auxquelles on n'était point accoutumé. Un marquis de Sourdéac, grand mécanicien, et passionné pour les spectacles, fit représenter la pièce en 1660, dans le château de Neubourg, en Normandie, avec beaucoup de magnificence. C'est ce même marquis de Sourdéac à qui on dut depuis en France l'établissement de l'Opéra; il s'y ruina entièrement, et mourut pauvre et malheureux pour avoir trop aimé les arts.

Les prologues d'*Andromède* et de *la Toison d'or*, où Louis XIV était loué, servirent ensuite de modèle à tous les prologues de Quinault; et ce fut une coutume indispensable de faire l'éloge du roi à la tête de tous les opéras, comme dans les discours à l'académie française.

Il y a de grandes beautés dans le prologue de *la Toison d'or*. Ces vers surtout, que dit la France personnifiée, plurent à tout le monde :

A vaincre tant de fois mes forces s'affoiblissent;
L'État est florissant, mais les peuples gémissent;
Leurs membres décharnés courbent sous mes hauts faits;
Et la gloire du trône accable les sujets.

Longtemps après il arriva, sur la fin du règne de Louis XIV, que cette pièce ayant disparu du théâtre, et n'étant lue tout au plus que par un petit nombre de gens de lettres, un de nos poètes[1], dans une tragédie nouvelle, mit ces quatre vers dans la bouche d'un de ses personnages. Ils furent défendus par la police. C'est une chose singulière, qu'ayant été bien reçus en 1660, ils déplurent trente ans après; et qu'après avoir été regardés comme la noble expression d'une vérité importante, ils furent pris dans un autre auteur pour un trait de satire; ils ne devaient être regardés que comme un plagiat.

1. Ce poëte est Campistron, qui, dans son *Tiridate*, joué en 1691, a dit, acte II, scène II :

Je sais qu'en triomphant les États s'affoiblissent,
Le monarque est vainqueur, et les peuples gémissent !
Dans le rapide cours de ses vastes projets,
La gloire dont il brille accable ses sujets. (*Note de M. Beuchot.*)

De même que les opéras de Quinault faisaient oublier *Andromède* et *la Toison d'or*, ses prologues faisaient oublier aussi ceux de Corneille. Les uns et les autres sont composés de personnages, ou allégoriques, ou tirés de l'ancienne fable; c'est Mars et Vénus, c'est la Victoire et la Paix. Le seul moyen de faire supporter ces êtres fantastiques est de les faire peu parler, et de soutenir leurs vains discours par une belle musique, et par l'appareil du spectacle. La France et la Victoire qui raisonnent ensemble, qui s'appellent toutes deux par leurs noms, qui récitent de longues tirades, et qui poussent des arguments, sont de vraies amplifications de collége.

Le prologue d'*Amadis* est un modèle en ce genre; ce sont les personnages mêmes de la pièce qui paraissent dans ce prologue, et qui se réveillent à la lueur des éclairs et au bruit du tonnerre; et dans tous les prologues de Quinault, les couplets sont courts et harmonieux.

A l'égard de la tragédie de *la Toison d'or*, on ne la supporterait pas aujourd'hui telle que Corneille l'a traitée; on ne souffrirait pas Junon *sous le visage de Chalciope*, parlant et agissant comme une femme ordinaire, donnant à Jason des conseils de confidente, lui disant :

C'est à vous d'achever un si doux changement ;
Un soupir poussé juste, en suite d'une excuse,
Perce un cœur bien avant, quand lui-même il s'accuse....

Jason lui répond :

Déesse, quel encens....

JUNON.

Traitez-moi de princesse,
Jason, et laissez là l'encens et la déesse....
Mais cette passion est-elle en vous si forte,
Qu'à tous autres objets elle ferme la porte?

C'est dans cette tragédie qu'on retrouve encore ce goût des pointes et des jeux de mots qui était à la mode dans presque toutes les cours, et qui mêlait quelquefois du ridicule à la politesse introduite par la mère de Louis XIV, et par les hôtels de Longueville, de La Rochefoucauld, et de Rambouillet; c'est ce mauvais goût justement frondé par Boileau dans ces vers :

Toutefois à la cour les turlupins restèrent[1],
Insipides plaisants, bouffons infortunés,
D'un jeu de mots grossier partisans surannés.

Il nous apprend que la tragédie elle-même fut infectée de ce défaut :

Le madrigal d'abord en fut enveloppé;
La tragédie en fit ses plus chères délices.

1. Boileau, *Art poét.*, II, 130-132. (ÉD.)

Ce dernier vers exagère un peu trop. Il y a en effet quelques jeux de mots dans Corneille, mais ils sont rares; le plus remarquable est celui d'Hypsipyle qui, dans la quatrième scène du troisième acte, dit à Médée sa rivale, en faisant allusion à sa magie :

Je n'ai que des attraits, et vous avez des charmes.

Médée lui répond :

C'est beaucoup en amour que de savoir charmer.

Médée se livre encore au goût des pointes dans son monologue, où elle s'adresse à la Raison contre l'Amour, en lui disant :

Donne encor quelques lois à qui te fait la loi :
Tyrannise un tyran qui triomphe de toi;
Et par un faux trophée usurpe sa victoire....
Sauve tout le dehors d'un honteux esclavage
Qui t'enlève tout le dedans.

Le style de *la Toison d'or* est fort au-dessous de celui d'*OEdipe*; il n'y a aucun trait brillant qu'on y puisse remarquer; ainsi le lecteur permettra qu'on ne fasse aucune note sur cet ouvrage.

REMARQUES SUR SERTORIUS,

TRAGÉDIE REPRÉSENTÉE EN 1662.

Préface du commentateur. — Après tant de tragédies peu dignes de Corneille, en voici une où vous retrouverez souvent l'auteur de *Cinna*; elle mérite plus d'attention et de remarques que les autres. L'entrevue de Pompée et de Sertorius eut le succès qu'elle méritait, et ce succès réveilla tous ses ennemis. Le plus implacable était alors l'abbé d'Aubignac, homme célèbre en son temps, et que sa *Pratique du théâtre*, toute médiocre qu'elle est, faisait regarder comme un législateur en littérature. Cet abbé, qui avait été longtemps prédicateur, s'était acquis beaucoup de crédit dans les plus grandes maisons de Paris. Il était bien douloureux, sans doute, à l'auteur de *Cinna*, de voir un prédicateur et un homme de lettres considérable écrire à Mme la duchesse de Retz, à l'abri d'un privilége du roi, des choses qui auraient flétri un homme moins connu et moins estimé que Corneille.

« Vous êtes poëte, et poëte de théâtre (dit-il à ce grand homme dans sa quatrième dissertation adressée à Mme de Retz); vous êtes abandonné à une vile dépendance des histrions; votre commerce ordinaire n'est qu'avec leurs portiers; vos amis ne sont que des libraires du palais. Il faudrait avoir perdu le sens, aussi bien que vous, pour être en mauvaise humeur du gain que vous pouvez tirer de vos veilles, et de vos empressements auprès des histrions et des libraires.... Il vous arrive assez souvent, lorsqu'on vous loue, que vous n'êtes plus affamé de gloire, mais d'argent.... Défaites-vous, monsieur de Corneille, de ces mauvaises façons de parler, qui sont encore plus mauvaises que vos vers.... J'avais cru, comme plusieurs, que vous étiez le poëte de *la Critique de l'École des Femmes*, et que Licidas était un nom déguisé comme celui de M. de Corneille ; car vous êtes sans doute le marquis de Mascarille, qui piaille toujours, qui ricane toujours, qui parle toujours, et ne dit jamais rien qui vaille, etc. » Ces horribles platitudes trouvaient alors des protecteurs, parce que Corneille était vivant. Jamais les Zoïle, les Gacon, les Fréron, n'ont vomi de plus grandes indignités. Il attaqua Corneille sur sa famille, sur sa personne ; il examina jusqu'à sa voix, sa démarche, toutes ses actions, toute sa conduite dans son domestique ; et dans ces torrents d'injures il fut secondé par les mauvais auteurs ; ce que l'on croira sans peine.

J'épargne à la délicatesse des honnêtes gens, et à des yeux accoutumés à ne lire que ce qui peut instruire et plaire, toutes ces personnalités, toutes ces calomnies que répandirent contre ce grand homme ces faiseurs de brochures et de feuilles, qui déshonorent la nation, et que l'appât du plus léger et du plus vil gain engage, encore plus que l'envie, à décrier tout ce qui peut faire honneur à leur pays, à insulter le mérite et la vertu, à vomir imposture sur imposture, dans le vain espoir que quelqu'un de leurs mensonges pourra venir enfin aux oreilles des hommes en place, et servir à perdre ceux qu'ils ne peuvent rabaisser. On alla jusqu'à lui imputer des vers qu'il n'avait point faits ; ressource ordinaire de la basse envie, mais ressource inutile ; car ceux qui ont assez de lâcheté pour faire courir un ouvrage sous le nom d'un grand homme n'ayant jamais assez de génie pour l'imiter, l'imposture est bientôt reconnue.

Mais enfin, rien ne put obscurcir la gloire de Corneille, la seule chose presque qui lui restât. Le public de tous les temps et de toutes les nations, toujours juste à la longue, ne juge les grands hommes que par leurs bons ouvrages, et non par ce qu'ils ont fait de médiocre ou de mauvais.

Les belles scènes du *Cid*, les admirables morceaux des *Horaces*, les beautés nobles et sages de *Cinna*, le sublime de Cornélie, les rôles de Sévère et de Pauline, le cinquième acte de *Rodogune*, la conférence de Sertorius et de Pompée, tant de beaux morceaux tous produits dans un temps où l'on sortait à peine de la barbarie, assureront à Corneille une place parmi les plus grands hommes jusqu'à la dernière postérité.

Ainsi l'excellent Racine a triomphé des injustes dégoûts de Mme de Sévigné, des farces de Subligny, des méprisables critiques de Visé, des cabales des Boyer et des Pradon. Ainsi Molière se soutiendra toujours, et sera le père de la vraie comédie, quoique ses pièces ne soient pas suivies comme autrefois par la foule. Ainsi les charmants opéras de

Quinault feront toujours les délices de quiconque est sensible à la douce harmonie de la poésie, au naturel et à la vérité de l'expression, aux grâces faciles du style, quoique ces mêmes opéras aient toujours été en butte aux satires de Boileau, son ennemi personnel, et quoiqu'on les représente moins souvent qu'autrefois.

Il est des chefs-d'œuvre de Corneille qu'on joue rarement. Il y en a, je crois, deux raisons : la première, c'est que notre nation n'est plus ce qu'elle était au temps des *Horaces* et de *Cinna*. Les premiers de l'État alors, soit dans l'épée, soit dans la robe, soit dans l'Église, se faisaient un honneur, ainsi que le sénat de Rome, d'assister à un spectacle où l'on trouvait une instruction et un plaisir si nobles.

Quels furent les premiers auditeurs de Corneille? un Condé, un Turenne, un cardinal de Retz, un La Rochefoucauld, un Molé, un Lamoignon, des évêques gens de lettres, pour lesquels il y avait toujours un banc particulier à la cour, aussi bien que pour messieurs de l'Académie. Le prédicateur venait y apprendre l'éloquence et l'art de prononcer; ce fut l'école de Bossuet. L'homme destiné aux premiers emplois de la robe venait s'instruire à parler dignement. Aujourd'hui, qui fréquente nos spectacles? un certain nombre de jeunes gens et de jeunes femmes.

La seconde raison est, qu'on a rarement des acteurs dignes de représenter *Cinna* et *les Horaces*. On n'encourage peut-être pas assez cette profession, qui demande de l'esprit, de l'éducation, une connaissance assez grande de la langue, et tous les talents extérieurs de l'art oratoire. Mais quand il se trouve des artistes qui réunissent tous ces mérites, c'est alors que Corneille paraît dans toute sa grandeur.

Mon admiration pour ce rare génie ne m'empêchera point de suivre ici le devoir que je me suis prescrit, de marquer avec autant de franchise que d'impartialité ce qui me paraît défectueux, aussi bien que ce qui me semble sublime. Autant les injures des d'Aubignac et de ceux qui leur ressemblent sont méprisables, autant on doit aimer un examen réfléchi, dans lequel on respecte toujours la vérité que l'on cherche, le goût des connaisseurs qu'on a consultés, et l'auteur illustre que l'on commente. La critique s'exerce sur l'ouvrage, et non sur la personne; elle ne doit ménager aucun défaut, si elle veut être utile

SERTORIUS,
TRAGÉDIE.

ACTE I.

On doit être plus scrupuleux sur *Sertorius* que sur les quatre ou cinq pièces précédentes, parce que celle-ci vaut mieux. Cette première scène paraît intéressante; les remords d'un homme qui veut assassiner son général font d'abord impression.

SCÈNE I.

V. 1. D'où me vient ce désordre, Aufide, et que veut dire
Que mon cœur sur mes vœux garde si peu d'empire?

L'abbé d'Aubignac, malgré l'aveuglement de sa haine pour Corneille, a raison de reprendre ces expressions, *que veut dire qu'un cœur garde peu d'empire sur des vœux*. Il traite ces vers de *galimatias;* mais il devait ajouter que cette manière de parler, *que veut dire*, au lieu de *pourquoi, est-il possible, comment se peut-il*, etc., était d'usage avant Corneille. Malherbe dit, en parlant du mariage de Louis XIII avec l'infante d'Espagne :

Son Louis soupire
Après ses appas.
Que veut-elle dire
De ne venir pas?

Cette ridicule stance de Malherbe n'excuse pas Corneille; mais elle fait voir combien il a fallu de temps pour épurer la langue, pour la rendre toujours naturelle et toujours noble, pour s'élever au-dessus du langage du peuple sans être guindé.

V. 3. L'horreur que, malgré moi, me fait la trahison,
Contre tout mon espoir révolte ma raison.

Le premier vers est bien; le second semble pouvoir passer à l'aide des autres; mais il ne peut soutenir l'examen : on voit d'abord que le mot *raison* n'est pas le mot propre : un crime révolte le cœur, l'humanité, la vertu; un système faux et dangereux révolte la raison. Cette raison ne peut être révoltée contre *tout un espoir*. Le mot *tout* mis avec *espoir*, est inutile et faible : et cela seul suffirait pour défigurer le plus beau vers. Examinez encore cette phrase, et vous verrez que le sens en est faux. *L'horreur que me fait la trahison révolte ma raison contre mon espoir*, signifie précisément, empêche ma raison d'espérer; mais que Perpenna ait des remords ou non, que l'action qu'il médite lui paraisse pardonnable ou horrible, cela n'empêchera pas la raison de Perpenna d'espérer la place de Sertorius. Si on examinait ainsi tous les vers, on en trouverait beaucoup plus qu'on ne pense de défectueux, et chargés de mots impropres. Que le lecteur applique cette remarque à tous les vers qui lui feront de la peine, qu'il tourne les vers en prose, qu'il voie si les paroles de cette prose sont précises, si le sens en est clair, s'il est vrai, s'il n'y a rien de trop, ni de trop peu ; et qu'il soit sûr que tout vers qui n'a pas la netteté et la précision de la prose la plus exacte ne vaut rien. Les vers, pour être bons, doivent avoir tout le mérite d'une prose parfaite, en s'élevant au-dessus d'elle par le rhythme, la cadence, la mélodie, et par la sage hardiesse des figures.

V. 4. Contre tout mon espoir révolte ma raison, etc.

Une raison révoltée contre un espoir, une image qui ne trouve point de bras à lui prêter au point d'exécuter, méritent le même reproche que l'abbé d'Aubignac fait aux premiers vers; et *exécuter* ne peut être employé comme un verbe neutre.

V. 13. Cette âme, d'avec soi tout à coup divisée,
Reprend de ses remords la chaîne mal brisée.

Divisée d'avec soi, est une faute contre la langue; on est séparé de quelque chose, mais non pas divisé de quelque chose. Cette première scène est intéressante.

V. 17. Quel honteux contre-temps de vertu délicate
S'oppose au beau succès de l'espoir qui vous flatte?

Le premier vers n'est pas français. Un *contre-temps de vertu*, est impropre; et comment un contre-temps peut-il être honteux? *Le beau succès, et le crime qui a plein droit de régner*, révoltent le lecteur.

V. 25. L'honneur et la vertu sont des noms ridicules.

Cette maxime abominable est ici exprimée assez ridiculement. Nous avons déjà remarqué, dans la première scène de *la Mort de Pompée*, qu'il ne faut jamais étaler ces dogmes du crime; que ces sentences triviales, qui enseignent la scélératesse, ressemblent trop à des lieux communs d'un rhéteur qui ne connaît pas le monde. Non-seulement de telles maximes ne doivent jamais être débitées, mais jamais personne ne les a prononcées, même en faisant un crime ou en le conseillant. C'est manquer aux lois de l'honnêteté publique et aux règles de l'art; c'est ne pas connaître les hommes, que de proposer le crime comme crime. Voyez avec quelle adresse le scélérat de Narcisse presse Néron de faire empoisonner Britannicus; il se garde bien de révolter Néron par l'étalage odieux de ces horribles lieux communs, qu'un empereur doit être empoisonneur et parricide, dès qu'il y va de son intérêt. Il échauffe la colère de Néron par degrés, et le dispose petit à petit à se

ACTE I, SCÈNE I.

défaire de son frère, sans que Néron s'aperçoive même de l'adresse de Narcisse ; et si ce Narcisse avait un grand intérêt à la mort de Britannicus, la scène en serait incomparablement meilleure. Voyez encore comme Acomat, dans la tragédie de *Bajazet*, s'exprime, en ne conseillant qu'un simple manquement de parole à une femme ambitieuse et criminelle :

> Et d'un trône si saint la moitié n'est fondée
> Que sur la foi promise et rarement gardée.
> Je m'emporte, seigneur[1].

Il corrige la dureté de cette maxime, par ce mot si naturel et si adroit, *je m'emporte*.

Le reste de cette scène est beau et bien écrit. On ne peut, ce me semble, y reprendre qu'une seule chose, c'est qu'on ne sait point que c'est Perpenna qui parle. Le spectateur ne peut le deviner. Ce défaut vient en partie de la mauvaise habitude où nous avons toujours été d'appeler nos personnages de tragédie, *seigneurs*. C'est un nom que les Romains ne se donnèrent jamais. Les autres nations sont en cela plus sages que nous. Shakspeare et Addison appellent César, Brutus, Caton, par leurs noms propres.

V. 27. . . . . Sylla, ni Marius,
        N'ont jamais épargné le sang de leurs vaincus.

On ne dit point mon vaincu, comme on dit mon esclave, mon ennemi.

V. 31. Tour à tour le carnage et les proscriptions
        Ont sacrifié Rome à leurs dissensions.

Le carnage qui a sacrifié Rome aux dissensions. Quelle incorrection ! quelle impropriété ! et que ce défaut revient souvent !

V. 39. Vous y renoncez donc, et n'êtes plus jaloux, etc.

Ce couplet du confident est beaucoup plus beau que tout ce que dit le principal personnage. Ce n'est point un défaut qu'Aufide parle bien ; mais c'en est un grand que Perpenna, principal personnage, ne parle pas si bien que lui.

V. 53. . . . . . . Sertorius gouverne ses provinces,
        Leur impose tribut, fait des lois à leurs princes.

Par un caprice de langue, on dit faire la loi à quelqu'un, et non pas faire des lois à quelqu'un.

V. 73. L'impérieuse aigreur de l'âpre jalousie
        Grossit de jour en jour sous une passion
        Qui tyrannise encor plus que l'ambition.

Une aigreur s'envenime, devient plus cuisante, se tourne en haine,

1. *Bajazet*, II, III. (Éd.)

en fureur; mais une aigreur qui grossit sous une passion, n'est pas tolérable.

V. 77. J'adore Viriate.

Après avoir entendu les discours d'un conjuré romain qui doit assassiner son général ce jour même, on est bien étonné de lui entendre dire tout d'un coup, *j'adore Viriate*. Il n'y a que la malheureuse habitude de voir toujours des héros amoureux sur le théâtre comme dans les romans qui ait pu faire supporter un si étrange contraste. Quand on représente un héros enivré de la passion furieuse et tragique de l'amour, il faut qu'il en parle d'abord. Son cœur est plein; son secret doit échapper avec violence: il ne doit pas dire en passant, *j'adore*; le spectateur n'en croira rien. Vous parlez d'abord politique, et après vous parlez d'amour. Si on a dit:

Non bene conveniunt, nec eadem in sede morantur
Majestas et amor [1],

on en doit dire autant de l'amour et de la politique; l'une fait tort à l'autre: aussi ne s'intéresse-t-on point du tout à la passion prétendue de Perpenna pour la reine de Lusitanie.

V. 85. De son astre opposé telle est la violence,
Qu'il me vole partout, même sans qu'il y pense.

Un astre, dans les anciens préjugés reçus, a de la puissance, de l'influence, de l'ascendant; mais on n'a jamais attribué de la violence à un astre.

V. 92. J'immolerai ma haine à mes désirs contents.

Contents est de trop, et n'est là que pour la rime. C'est un défaut trop commun.

V. 101. Oui, mais de cette mort la suite m'embarrasse.

M'embarrasse, terme de comédie.

V. 103. Ceux dont il a gagné la croyance et l'appui
Prendront-ils même joie à m'obéir qu'à lui?

C'est bien pis. Par quelle fatalité, à mesure que la langue se polissait, Corneille mettait-il toujours plus de barbarismes dans ses vers?

SCÈNE II.

V. 7. . . . . Ce qui me surprend,
C'est de voir que Pompée ait pris le nom de Grand,
Pour faire encore au vôtre entière déférence.

Faire déférence, est un solécisme. On montre, on a de la déférence; on ne fait point déférence comme on fait hommage.

---

1. Ovide, *Métam.*, II, 848-49. (ÉD.)

V. 14. . . . . . Nous forçons les siens de quitter la campagne.

Quitter la campagne, est une de ces expressions triviales qui ne doivent jamais entrer dans le tragique. Scarron voulant obtenir le rappel de son père, conseiller au parlement, exilé dans une petite terre, dit au cardinal de Richelieu :

Si vous avez fait quitter la campagne
Au roi tanné qui commande en Espagne :
Mon père, hélas ! qui vous crie merci,
La quittera, si vous voulez, aussi.

V. 26. . . . Au lieu d'attaquer il a peine à défendre,

est un solécisme ; il faut, *il a peine à se défendre*. Ce verbe n'est neutre que quand il signifie prohiber, empêcher : je défends qu'on prenne les armes, je défends qu'on marche de ce côté, etc.

V. 33. J'aurois cru qu'Aristie, ici réfugiée,
Que, forcé par ce maître, il a répudiée,
Par un reste d'amour l'attirât en ces lieux
Sous une autre couleur lui faire ses adieux.

Cela n'est pas français, c'est un barbarisme de phrase. On vient faire, on engage, on invite à faire, on attire quelqu'un dans une ville pour y faire ses adieux ; mais *attirer faire*, est un solécisme intolérable. De plus, toutes ces expressions et ces tours sont de la prose trop négligée et trop embrouillée.

J'aurais cru qu'Aristie l'attirât, est un solécisme : il faut *l'attirait*, à l'imparfait, parce que la chose est positive : j'aurais cru que vous étiez amis, je ne savais pas que vous fussiez amis, je pensais que vous aviez été amis, j'espérais que vous seriez amis.

V. 45. C'est ainsi qu'elle parle, et m'offre l'assistance
De ce que Rome encore a de gens d'importance.

Gens d'importance, expression populaire et triviale, que la prose et la poésie réprouvent également.

V. 49. Leurs lettres en font foi qu'elle vient de me rendre.

Cela n'est pas français ; il faut, *leurs lettres qu'elle vient de me rendre en font foi*. Toute cette conversation est d'un style trop familier, trop négligé.

V. 59. J'aime ailleurs.

Un tel amour est si froid qu'il ne fallait pas en prononcer le nom. *J'aime ailleurs*, est d'un jeune galant de comédie. Ce n'est pas là Sertorius.

Cette passion de l'amour est si différente de toutes les autres, qu'elle ne peut jamais occuper la seconde place ; il faut qu'elle soit tragique, ou qu'elle ne se montre pas. Elle est tout à fait étrangère dans cette scène où il ne s'agit que d'intérêts d'État ; mais on était si accoutumé aux intrigues d'amour sur le théâtre, que le vieux Sertorius même prononce ce mot qui sied si mal dans sa bouche. Il dit, *j'aime ailleurs*, comme s'il était absolument nécessaire à la tragédie que le héros aimât en un endroit ou en un autre. Ces mots *j'aime ailleurs* sont du style de la comédie.

V. 59. . . . . A mon âge il sied si mal d'aimer.

A mon âge, est encore comique ; et *il sied si mal d'aimer*, l'est davantage. Il semble qu'on examine ici, comme dans *Clélie*, s'il sied à un vieillard d'aimer ou de n'aimer pas. Ce n'est point ainsi que les héros de la tragédie doivent penser et parler. Si vous voulez un modèle de ces vieux personnages auxquels on propose une jeune princesse par un intérêt de politique, prenez-le dans l'Acomat de l'admirable et sage Racine :

> Voudrois-tu qu'à mon âge
> Je fisse de l'amour le vil apprentissage?
> Qu'un cœur qu'ont endurci la fatigue et les ans
> Suivît d'un vain plaisir les conseils imprudents¹?

C'est là penser et parler comme il faut. Racine dit toujours ce qu'il doit dire dans la position où il met ses personnages, et le dit de la manière la plus noble, et à la fois la plus simple, la plus élégante. Corneille, surtout dans ses dernières pièces, débite trop souvent des pensées ou fausses, ou mal placées, ou exprimées en solécismes, ou en termes bas, pires que des solécismes ; mais aussi il étincelle de temps en temps de beautés sublimes.

V. 60. Que je le cache même à qui m'a su charmer.

Sertorius que Viriate a su charmer ! ce n'est pas là Horace ou Curiace.

V. 68. Qu'ils réduisent bientôt les deux peuples en un.

Mauvaise expression. *En un*, finissant un vers, choque l'oreille ; et réduire *deux en un*, choque la langue.

V. 81. Auprès d'un tel malheur, pour nous irréparable,
Ce qu'on promet pour l'autre est peu considérable ;
Et sous un faux espoir de nous mieux établir,
Ce renfort accepté pourroit nous affaiblir.

Observez comme ce style est confus, embarrassé, négligé, comme il pèche contre la langue. *Auprès d'un tel malheur irréparable pour nous, ce qu'on promet pour l'autre est peu considérable.* Quel est cet *autre*? c'est Aristie ; mais il faut le deviner ; et quel est ce *renfort*? est-ce le *renfort* du mariage d'Aristie ? Serait-il permis de s'exprimer ainsi en prose ? et quand une telle prose est en rimes, en est-elle meilleure ?

1. *Bajazet*, I, 1. (Éd.)

ACTE I, SCÈNE II. 159

V. 97. Des plus nobles d'entre eux, et des plus grands courages,
N'avez-vous pas les fils dans Osca pour otages?

On ne peut dire, Vous avez pour otages les fils des plus *grands courages*. Que la malheureuse nécessité de rimer entraîne d'impropriétés, d'inutilités, de termes louches, de fautes contre la langue! mais qu'il est beau de vaincre tous ces obstacles! et qu'on les surmonte rarement!

V. 99. . . . . .Leurs propres soldats;
Dispersés dans nos rangs, ont fait tant de combats....

Expression du peuple de province. *Faire des combats, faire une maladie.*

V. 105. Je vois ce qu'on m'a dit, vous aimez Viriate.

Vers de comédie. Il semble que ce soit Damis ou Éraste qui parle, et c'est le vieux Sertorius!

V. 108. Dites que vous l'aimez, et je ne l'aime plus.

Si Sertorius a le ridicule d'aimer à son âge, il ne doit pas céder tout d'un coup sa maîtresse; s'il n'aime pas, il ne doit pas dire qu'il aime. Dans l'une et l'autre supposition le vers est trop comique.

Voilà où conduit cette malheureuse coutume de vouloir toujours parler d'amour, de ne point traiter cette passion comme elle doit l'être. Comment a-t-on pu oublier que Virgile, dans l'*Énéide*, ne l'a peinte que funeste? On ne peut trop redire que l'amour sur le théâtre doit être armé du poignard de Melpomène, ou être banni de la scène. Il est vrai que le Mithridate de Racine est amoureux aussi, et que de plus il a le ridicule d'être le rival de deux jeunes princes ses fils. Mithridate est au fond aussi fade, aussi héros de roman, aussi condamnable que Sertorius; mais il s'exprime si noblement, il se reproche sa faiblesse en si beaux vers; Monime est un personnage si décent, si aimable, si intéressant, qu'on est tenté d'excuser, dans la tragédie de *Mithridate*, l'impertinente coutume de ne fonder les tragédies françaises que sur une jalousie d'amour.

V. 113. Tous mes vœux sont déjà du côté d'Aristie;
Et je l'épouserai, pourvu qu'en même jour
La reine se résolve à payer votre amour.

Voilà donc ce vieux Sertorius qui a deux maîtresses, et qui en cède une à son lieutenant! Il forme une partie carrée de Perpenna avec Viriate, et d'Aristie avec Sertorius.

Et on a reproché à Racine d'avoir toujours traité l'amour! mais qu'il l'a traité différemment!

V. 117. Car, quoi que vous disiez, je dois craindre sa haine
Et fuirois à ce prix cette illustre Romaine.

A ce prix, n'est pas juste; la haine de Viriate n'est pas un prix.

veut dire, je fuirais cette illustre Romaine, si son hymen me privait des secours de Viriate.

V. der. ......Voyez cependant de quel air on m'écrit.

Cela est trop comique.

SCÈNE III.

Ce premier couplet d'Aristie n'a pas toute la netteté qui est absolument nécessaire au dialogue ; *l'un et l'autre qui ont sa raison d'État contre sa retraite ; Pompée qui veut se ressaisir par la violence d'un bien qu'il ne peut voir ailleurs sans déplaisir.*

Ces phrases n'ont pas l'élégance et le naturel que les vers demandent. Mais le plus grand défaut, ce me semble, c'est qu'Aristie ne lie point une intrigue tragique; elle ne sait ce qu'elle veut; elle est délaissée par son mari; elle est indécise; elle n'est ni assez animée par la vengeance, ni assez puissante pour se venger, ni assez touchée, ni assez héroïque.

V. 5. Mais vous pouvez, seigneur, joindre à mes espérances,
Contre un péril nouveau, nouvelles assurances.

Ces phrases barbares et le reste du discours d'Aristie ne sont pas assurément tragiques; mais ce qui est contre l'esprit de la vraie tragédie, contre la décence aussi bien que contre la vérité de l'histoire, c'est une femme de Pompée qui s'en va en Aragon pour prier un vieux soldat révolté de l'épouser.

V. 28. Mais s'il se dédisoit d'un outrage forcé....
J'aurois peine, seigneur, à lui refuser grâce.

Le mot de *dédire* semble petit et peu convenable. Peut-être *s'il se repentait*, serait mieux placé. On ne se dédit point d'un outrage.

V. 41. Vous ravaleriez-vous jusques à la bassesse....

Ravaler ne se dit plus.

V. 45. ....Laissons pour les petites âmes
Ce commerce rampant de soupirs et de flammes.

L'abbé d'Aubignac condamne durement ce commerce rampant, et je crois qu'il a raison ; mais le fond de l'idée est beau. Aristie et Sertorius pensent et s'expriment noblement; et il serait à souhaiter qu'il y eût plus de force, plus de tragique dans le rôle de la femme de Pompée.

V. 49. Unissons ma vengeance à votre politique,
Pour sauver des abois toute la république.

On n'a jamais dû dire *sauver des abois*, parce qu'*abois* signifie les derniers soupirs, et qu'on ne sauve point d'un soupir; on sauve d'un péril, et on tire d'une extrémité; on rappelle des portes de la mort; on ne sauve point des *abois*. Au reste, ce mot *abois* est pris des cris des chiens qui aboient autour d'un cerf forcé, avant de se jeter sur lui.

V. 65. Si votre hymen m'élève à la grandeur sublime....

Grandeur sublime n'est plus d'usage. Ce terme, *sublime*, ne s'emploie que pour exprimer les choses qui élèvent l'âme ; une pensée sublime, un discours sublime. Cependant, pourquoi ne pas appeler de ce nom tout ce qui est élevé? On doit, ce me semble, accorder à la poésie plus de liberté qu'on ne lui en donne. C'est surtout aux bons auteurs qu'il appartient de ressusciter des termes abolis, en les plaçant avantageusement. Mais aussi remarquons que *rang sublime* vaut bien mieux que *grandeur sublime* : pourquoi? c'est que *sublime* joint avec *rang* est une épithète nécessaire ; *sublime* apprend que ce rang est élevé ; mais *sublime* est inutile avec *grandeur*. Ne vous servez jamais d'épithètes que quand elles ajouteront beaucoup à la chose.

V. 66. Tandis qu'en l'esclavage un autre hymen l'abîme.

Le mot d'*abîme* ne convient point à l'esclavage. Pourquoi dit-on *abîmé dans la douleur, dans la tristesse*, etc.? C'est qu'on y peut ajouter l'épithète de *profonde* ; mais un esclavage n'est point profond. On ne saurait y être abîmé. Il y a une infinité d'expressions louches, qui font peine au lecteur ; on en sent rarement la raison, on ne la cherche pas même ; mais il y en a toujours une, et ceux qui veulent se former le style doivent la chercher.

V. 69. Tout mon bien est encor dedans l'incertitude.

Il semble que son bien consiste à être incertain. Quand on dit, *tout mon bien est dans l'espérance*, on entend que le bonheur consiste à espérer. L'auteur veut dire, *tout mon bien est incertain*.

V. 72. Tant que de cet espoir vous n'ayez répondu.

On ne répond point d'un espoir : on répond d'une personne, d'un événement. *Tant que*, n'est pas ici français en ce sens.

V. 78. J'adore les grands noms que j'en ai pour otages,
Et vois que leur secours, nous rehaussant le bras,
Auroit bientôt jeté la tyrannie à bas.

Des noms pour *otages*, des secours qui *rehaussent le bras*, et qui jettent la tyrannie *à bas*, sont des expressions trop impropres, trop triviales ; ce style est trop obscur et négligé. Un secours qui rehausse le bras, n'est ni élégant, ni noble ; la tyrannie jetée à bas, n'est pas meilleure. Voyez si jamais Racine a jeté la tyrannie à bas. Quoi! dans une scène entre la femme de Pompée et un général romain, il n'y a pas quatre vers supérieurement écrits!

V. 85. Si vous vouliez ma main par choix de ma personne,
Je vous dirois, seigneur : « Prenez, je vous la donne. »

Il semble qu'Aristie ne doit point dire à Sertorius, si vous m'aimiez, je vous épouserais. Ce n'est point du tout son intention de faire des coquetteries à ce vieux général ; elle ne veut que se venger de Pompée

Il est vrai que ces mariages politiques ne peuvent faire aucun effet au théâtre; ce sont des intrigues, mais non pas des intrigues tragiques. Le cœur veut être remué, et tout ce qui n'est que politique est plutôt fait pour être lu dans l'histoire, que pour être représenté dans la tragédie.

Plus j'examine les pièces de Corneille, et plus je suis surpris qu'après le prodigieux succès du *Cid*, il ait presque toujours renoncé à émouvoir. Je ne peux m'empêcher de dire ici que quand je pris la résolution de commenter les tragédies de Corneille, un homme qui honore sa haute naissance par les talents les plus distingués m'écrivit : *Vous prenez donc Tacite et Tite Live pour des poëtes tragiques?* En effet, *Sertorius* et toutes les pièces suivantes sont plutôt des dialogues sur la politique, et des pensées dans le goût et non dans le style de Tacite, que des pièces de théâtre; il faut bien distinguer les intérêts d'État et les intérêts du cœur. Tout ce qui n'est point fait pour remuer fortement l'âme n'est pas du genre de la tragédie : le plus grand défaut est d'être froid.

V. 110. Tu l'as fait un parjure, un méchant, un infâme.

On ne doit jamais donner le nom d'infâme à Pompée; et surtout Aristie, qui l'aime encore, ne doit point le nommer ainsi.

V. 117. Si votre amour trop prompt veut borner sa conquête,
Je vous le dis encor, ma main est toute prête.

L'amour de Sertorius n'est ni prompt ni lent; car en effet, il n'en a point du tout, quoiqu'il ait dit qu'il est amoureux, pour être au ton du théâtre. Il faut avouer que les anciens Romains auraient été bien étonnés d'entendre reprocher à Sertorius un amour trop prompt.

V. 123. Elle veut un grand homme à recevoir ma foi.

Ce vers n'est pas français; c'est un barbarisme. On dit bien, il est homme à recevoir sa foi; et encore ce n'est que dans le style familier. Il y a dans *Polyeucte*, *vous n'êtes pas homme à la violenter*[1]; mais *un grand homme à faire quelque chose* ne peut se dire. Souvenez-vous qu'*elle veut un grand homme* est beau, mais *un grand homme à recevoir une foi*, ne forme point un sens; *vouloir à* est encore plus vicieux.

V. 127. ......J'y vais préparer mon reste de pouvoir.

On ne prépare point un pouvoir. Elle veut dire qu'elle va se préparer à regagner Pompée, ce qui n'est pas bien flatteur pour Sertorius.

V. 128. Moi, je vais donner ordre à le bien recevoir.

C'est ainsi qu'on pourrait finir une scène de comédie. Rien n'est plus difficile que de terminer heureusement une scène de politique.

V. 129. Dieux, souffrez qu'à mon tour avec vous je m'explique.

1. Dans *Cinna*. (Éd.)

On ne doit, ce me semble, s'adresser aux dieux que dans le malheur ou dans la passion. C'est là qu'on peut dire, *nec deus intersit nisi dignus*[1]; mais qu'il *s'explique* avec les dieux comme avec quelqu'un à qui il parlerait d'affaires! Le mot *s'expliquer* n'est pas le mot propre : et que dit-il aux dieux? *que c'est un sort cruel d'aimer par politique; et que les intérêts de ce sort cruel sont des malheurs étranges, s'ils font donner la main quand le cœur est ailleurs.* C'est en effet la situation où Sertorius et Aristie se trouvent : mais on ne plaint nullement un vieux soldat dont le cœur est ailleurs. Il y a dans cet acte de beaux vers et de belles pensées; mais tout est affaibli par le peu d'intérêt qu'on prend à la prétendue passion du héros et aux offres que lui fait Aristie, et surtout par le mauvais style.

ACTE II.

SCÈNE I.

V. 3.   .....L'exil d'Aristie, enveloppé d'ennuis,
        Est prêt à l'emporter sur tout ce que je suis,
        En vain de mes regards l'ingénieux langage
        Pour découvrir mon cœur a tout mis en usage.

Un exil qui est prêt à l'emporter sur tout ce qu'est Viriate! expressions un peu trop négligées et trop impropres. Une grande reine, une héroïne ne doit pas dire, ce me semble, qu'elle a employé *l'ingénieux langage des regards.*

V. 8.   J'ai cru faire éclater l'orgueil d'un autre choix,

n'est pas une expression propre; ce choix n'est pas orgueilleux.

V. 9.   Le seul pour qui je tâche à le rendre visible,
        Ou n'ose en rien connoître, ou demeure insensible.

Est-ce son cœur, est-ce l'orgueil de son choix qu'elle tâche à rendre visible?

V. 11. Et laisse à ma pudeur des sentiments confus,
        Que l'amour-propre obstine à douter du refus.

Il ne faut jamais parler de sa pudeur; mais il faut encore moins *laisser à sa pudeur des sentiments confus, que l'amour-propre obstine à douter du refus,* parce que c'est un galimatias ridicule.

V. 13. Épargne-m'en la honte, et prends soin de lui dire,
        A ce héros si cher... Tu le connois, Thamire ;
        Car d'où pourroit mon trône attendre un ferme appui?
        Et pour qui mépriser tous nos rois que pour lui?

Cet embarras, cette crainte de nommer celui qu'elle aime, pourraient

1. Horace, *Art poétique*, v. 191. (Éd.)

convenir à une jeune personne timide, et semblent peu faits pour une femme politique : mais, *et pour qui mépriser tous nos rois que pour lui?* est un vers digne de Corneille. Il faudrait, pour que ce vers fît son effet, qu'il fût pour un jeune héros aimable, et non pas pour un vieux soldat de fortune.

V. 21. Dis-lui... Mais j'aurois tort d'instruire ton adresse.

Peut-être le mot d'*adresse* est-il plus propre au comique qu'au tragique dans cette occasion.

V. 25. Il est assez nouveau qu'un homme de son âge
Ait des charmes si forts pour un jeune courage ;
Et que d'un front ridé les replis jaunissants
Trouvent l'heureux secret de captiver les sens.

Discours de soubrette, sans doute, plutôt que de la confidente d'une reine ; mais discours qui rendent Viriate un personnage intolérable à quiconque a un peu de goût. Ces replis jaunissants, et cette pudeur de Viriate, et ce héros si cher que Thamire connaît, font un étrange contraste. Rien n'est plus indigne de la tragédie. La réplique de Viriate me paraît admirable. Je ne voudrais pourtant pas qu'une reine parlât des *sens*. Racine, qu'on regarde si mal à propos comme le premier qui ait parlé d'amour, mais qui est le seul qui en ait bien parlé, ne s'est jamais servi de ces mots *les sens*. Voyez la première scène de *Pulchérie*.

V. 40. Et quiconque peut tout est aimable en tout temps.

Ces sentiments de Viriate sont les seuls qu'elle aurait dû exprimer. Il ne fallait pas les affaiblir par cette *pudeur* et *ce héros si cher*.

V. 50. Il faut, pour la braver, qu'elle nous prête un homme.

C'est dommage qu'un aussi mauvais vers suive ce vers si beau :

Rome seule aujourd'hui peut résister à Rome.

C'est presque toujours la rime qui amène les vers faibles, inutiles et rampants, avant ou après les beaux vers. On en a fait souvent la remarque. Cet inconvénient attaché à la rime a fait naître plus d'une fois la proposition de la bannir ; mais il est plus beau de vaincre une difficulté que de s'en défaire. La rime est nécessaire à la poésie française par la nature de notre langue, et est consacrée à jamais par les ouvrages de nos grands hommes.

V. 51. Et que son propre sang, en faveur de ces lieux,
Balance les destins et partage les dieux

Balance, etc., est un très-beau vers ; mais celui qui le précède est mauvais.

V. 53. Depuis qu'elle a daigné protéger nos provinces,
Et de son amitié faire honneur à leurs princes.

Faire honneur de son amitié n'est pas le mot propre.

V. 68. Le grand Viriatus, de qui je tiens le jour,
D'un sort plus favorable eut un pareil retour.

On dit bien en général *un retour du sort*, et encore mieux *un revers du sort*; mais non pas *un retour d'un sort favorable*, pour exprimer une disgrâce ; au contraire, un *retour d'un sort favorable* signifie une nouvelle faveur de la fortune après quelque disgrâce passagère.

V. 65. Il défit trois préteurs, il gagna dix batailles,
Il repoussa l'assaut de plus de cent murailles.

Gagner des batailles, repousser l'assaut de plus de cent murailles: voilà de ces vers communs et faibles qu'on doit soigneusement s'interdire. On voit trop que *murailles* n'est là que pour rimer à *batailles*.

V. 79. Nos rois, sans ce héros, l'un de l'autre jaloux,
Du plus heureux sans cesse auroient rompu les coups, etc.

Rompre les coups du plus heureux, avoir *l'ombre d'une montagne pour se couvrir*, *un bonheur qui décide des armes*, tout cela est impropre, irrégulier, obscur.

V. 95. Sa mort me laissera, pour ma protection,
La splendeur de son ombre et l'éclat de son nom.

Ces figures outrées ne réussissent plus. Le mot d'*ombre* est trop le contraire de *splendeur*; il n'est pas permis non plus à une femme telle que Viriate de dire que l'ombre d'un général mort protégera plus l'Espagne que ne feraient cent rois. Ces exagérations ne seraient pas même tolérées dans une ode. Le vrai doit régner partout, et surtout dans la tragédie. La splendeur d'une ombre a quelque chose de si contradictoire, que cette expression dégénère en pure plaisanterie.

SCÈNE II.

V. 1. .... Qué direz-vous, madame,
Du dessein téméraire où s'échappe mon âme ?

Une âme ne s'échappe point à un dessein.

V. 23. Pour qui de tous ces rois êtes-vous sans soupçon ?

C'est un barbarisme de phrase. On soupçonne quelqu'un, on a des soupçons, on jette des soupçons sur lui ; on n'a pas des soupçons pour quelqu'un, comme on a de l'estime, de l'amitié, de la haine pour quelqu'un. Il est vraisemblable que c'est une faute ancienne des imprimeurs, et qu'on doit lire : *Sur qui de tous ces rois êtes-vous sans soupçon ?*

V. 34. Digne d'être avoué de l'ancienne Rome,
Il en a la naissance, il en a le grand cœur.

Cette phrase signifie, Il a la naissance de Rome, il a le grand cœur de Rome. On sent bien que l'auteur veut dire, Il est né Romain, il a la valeur d'un Romain ; mais il ne suffit pas qu'on puisse l'entendre, il faut qu'on ne puisse pas l'entendre autrement.

V. 38. Libéral, intrépide, affable, magnanime ;
Enfin, c'est Perpenna sur qui vous emportez....
— J'attendois votre nom après ces qualités.
Les éloges brillants que vous daignez y joindre
Ne me permettoient pas d'espérer rien de moindre...
Si vos Romains ainsi choisissent des maîtresses,
A vos derniers tribuns il faudra des princesses.
— Madame.... — Parlons net sur ce choix d'un époux.

Cette réponse est fort belle ; elle doit toujours faire un grand effet. Les vers suivants semblent l'affaiblir. *Parlons net* sent un peu trop le dialogue de comédie, et le mot de *maîtresse* n'a jamais été employé par Racine dans ses bonnes pièces.

V. 50. ..... Un pareil amour sied bien à ses pareilles.

Un amour qui sied bien, ou qui sied mal, ne peut se dire : il semble qu'on parle d'un ajustement. On doit éviter le mot de *mes pareilles* ; il est plus bourgeois que noble.

V. 53. Je lui dis donc tout haut, afin que l'on m'entende.

Viriate n'élève pas ici la voix ; elle parle devant sa confidente qui connaît ses sentiments : ainsi ce vers n'est qu'un vers de comédie, qui ne devait pas avoir place dans une scène noble.

V. 57. Mais si de leur puissance ils vous laissent l'arbitre,
Leur foiblesse du moins en conserve le titre.

Être arbitre des rois se dit très-bien, parce qu'en effet des rois peuvent choisir ou recevoir un arbitre : on est l'arbitre des lois, parce que souvent les lois sont opposées l'une à l'autre ; l'arbitre des États qui ont des prétentions, mais non pas l'arbitre de la puissance ; encore moins a-t-on le titre de sa puissance.

V. 59. Ainsi ce noble orgueil qui vous préfère à tous
En préfère le moindre à tout autre qu'à vous.

Elle veut dire *préfère le moindre* des rois à tout autre Romain que vous.

V. 61. Car enfin, pour remplir l'honneur de ma naissance....

On soutient l'honneur de sa naissance ; on remplit les devoirs de sa naissance ; mais on ne remplit point un honneur. Encore une fois, rien n'est si rare que le mot propre.

V. 62. Il me faudroit un roi de titre et de puissance

On dit bien, *un roi de nom* ; par exemple, Jacques II fut roi de nom, et Guillaume resta roi en effet ; mais on ne dit point *roi de titre*. On dit encore moins *roi de puissance* ; cela n'est pas français. Toutes ces expressions sont des barbarismes de phrase ; mais le sens est fort beau, et tous les sentiments de Viriate ont de la dignité. *Je pense m'en devoir, ou le pouvoir sans nom, ou le nom sans pouvoir.* Voilà de ces jeux de mots qu'il faut soigneusement éviter ; et si on se permet cette licence, il faut du moins s'exprimer avec netteté et correctement. *Se devoir le pouvoir d'un roi sans nom* est un barbarisme et une construction très-vicieuse.

V. 65. J'adore ce grand cœur qui rend ce qu'il doit rendre
Aux illustres aïeux dont on vous voit descendre.

Cette expression ne paraît pas juste : on ne voit personne descendre de ses aïeux. Racine dit dans *Iphigénie*[1] :

Le sang de ces héros dont tu me fais descendre,

mais non pas, *le sang dont on me voit descendre.*

V. 71. Perpenna, parmi nous, est le seul dont le sang
Ne mêleroit point d'ombre à la splendeur du rang.

Qu'est-ce qu'un sang qui ne mêlerait point d'ombre à une splendeur ? On ne peut trop redire que toute métaphore doit être juste et faire une image vraie.

V. 75. Je n'ose m'éblouir d'un peu de nom fameux....

Le mot de *peu* ne convient point à un nom : un peu de gloire, un peu de renommée, de réputation, de puissance, se dit dans toutes les langues, et *un peu de nom* dans aucune. Il y a une grammaire commune à toutes les nations, qui ne permet pas que les adverbes de quantité se joignent à des choses qui n'ont pas de quantité. On peut avoir plus ou moins de gloire ou de puissance, mais non pas plus ou moins de nom.

V. 76. Jusqu'à déshonorer le trône par mes vœux.

Il est étrange que Corneille fasse parler ainsi un Romain, après avoir dit ailleurs, *pour être plus qu'un roi tu te crois quelque chose* ; et après avoir répété si souvent cette exagération prodigieuse, qu'il n'y a point de bourgeois de Rome qui ne soit au-dessus de tous les rois. Ces manières si différentes d'envisager la même chose font bien voir que l'archevêque Fénelon et le marquis de Vauvenargues avaient raison de dire que Corneille atteignit rarement le véritable but de la tragédie, et que trop souvent, au lieu d'émouvoir, il exagérait ou dissertait.

V. 78. Je ne veux que le nom de votre créature.

Créature : ce mot dans notre langue n'est employé que pour les subalternes qui doivent leur fortune à leurs patrons, et semble ne pas convenir à Sertorius.

V. 79. Un si glorieux titre a de quoi me ravir.

1. Acte V, scène dernière. (Éd.)

Ce titre n'est point *glorieux*; il n'a point *de quoi ravir*. Ce mot *ravir* est trop familier.

V. 80. Il m'a fait triompher en voulant vous servir.

Par la construction de la phrase, c'est le glorieux titre qui a voulu servir Viriate.

V. 81. Et malgré tout le peu que le ciel m'a fait naître.

Tout le peu est une contradiction dans les termes; les mots de *peu* et de *tout* s'excluent l'un l'autre.

V. 85. Accordez le respect que mon trône vous donne
Avec cet attentat sur ma propre personne.

On ne donne point du respect, on l'impose, on l'imprime, on l'inspire, etc.

V. 101. Ainsi pour estimer chacun à sa manière....

est trop familier, et *sa manière pour estimer* est aussi bas que peu français.

V. 102. Au sang d'un Espagnol je ferois grâce entière,

ne dit point ce qu'elle veut dire; elle entend que ce serait faire une grâce à un Espagnol que de l'épouser. *Faire grâce entière*, c'est ne point pardonner à demi.

V. 105. Mais si vous haïssez comme eux le nom de reine,
Regardez-moi, seigneur, comme dame romaine.

Elle ne doit point dire à Sertorius qu'il peut haïr le trône, après que Sertorius lui a dit qu'il déshonorerait le trône s'il osait aspirer à elle. Tous ces raisonnements sur le trône semblent trop se contredire; tantôt le trône de Viriate dépend de Sertorius, tantôt Sertorius est au-dessous du trône, tantôt il hait le trône, tantôt Viriate veut faire respecter son trône : mais quand même il y aurait de la justesse dans ces dissertations, il y aurait toujours trop de froideur. Presque tous ces raisonnements sont faux : ils auraient besoin du style le plus élégant et le plus noble pour être tolérés ; mais malheureusement le style est guindé, obscur, souvent bas, et hérissé de solécismes et de barbarismes.

V. 123. Je trahirois, madame, et vous et vos États,
De voir un tel secours et ne l'accepter pas.

Je trahirais de voir est un solécisme.

V. 127. Et qu'un destin jaloux de nos communs desseins,
Jetât ce grand dépôt en de mauvaises mains.

On ne *jette* point *un dépôt*, c'est un barbarisme; il faut, *ne mît ce grand dépôt*

V. 137. Après que ma couronne a garanti vos têtes,
Ne mérité-je point de part en vos conquêtes?

Que veut dire une couronne qui garantit des têtes? il fallait au moins dire de quoi elle les garantit : on garantit un traité, une possession, un héritage; mais une couronne ne garantit point une tête.

V. 154. Il en est bien payé d'avoir sauvé sa vie.

C'est un barbarisme et un contre-sens. On est payé en recevant une récompense, on est payé par une récompense; mais on n'est point payé de recevoir une récompense : il fallait, *Il fut assez payé, vous sauvâtes sa vie*, ou quelque chose de semblable.

V. 161. Quand nous sommes aux bords d'une pleine victoire,
Quel besoin avons-nous d'en partager la gloire?

La victoire n'a point de bords; on touche à la victoire, on est près de la remporter, de la saisir, mais on n'est point à ses bords. Cela ne peut se dire dans aucune langue, parce que dans toutes les langues les métaphores doivent être justes.

V. 169. L'espoir le mieux fondé n'a jamais trop de forces.

On ne peut dire *les forces d'un espoir;* aucune langue ne peut admettre ce mot, parce que les forces ne peuvent pas être dans un espoir. C'est un barbarisme.

V. 170. Le plus heureux destin surprend par les divorces.

Un destin n'a point de divorces, il a des vicissitudes, des changements, des revers; et alors ce n'est pas l'heureux destin qui surprend. Cette expression est un barbarisme.

V. 171. Du trop de confiance il aime à se venger.

Ce destin qui aime à se venger est une idée poétique qui n'a rien de vrai. Pourquoi aimerait-il à se venger de la confiance qu'on a en lui? Est-ce ainsi que doit raisonner un grand capitaine, un homme d'État?

V. 173. Devons-nous exposer à tant d'incertitude
L'esclavage de Rome et notre servitude?

Ce n'est point l'esclavage qu'on expose ici à l'incertitude des événements; au contraire, c'est la liberté de Rome et celle de l'Espagne, pour laquelle Sertorius et Viriate combattent, et qu'on exposerait.

V. 189. Faites, faites entrer ce héros d'importance,

est un peu trop comique; l'auteur a déjà dit *des gens d'importance*. Il n'est pas permis d'écrire d'un style si trivial, surtout après avoir écrit de si belles choses.

V. 191. Et si vous le croyez, craignez autant du moins
Un long et vain regret d'avoir prêté vos soins.

Il faudrait achever la phrase; *Prêté vos soins* n'a pas un sens complet; on doit dire à qui on les a prêtés. De plus, on ne prête point de soins, on ne prête que les choses qu'on peut retirer. Quand les soins sont une fois donnés, on peut en refuser de nouveaux. Il n'en est pas de même du mot *appui*, *secours*; on prête son *appui*, son *secours*, son *bras*, son *armée*, etc., parce qu'on peut les retirer, les reprendre. Ce style est très-vicieux.

V. 196. Je parle pour un autre, et toutefois, hélas!
Si vous saviez.... — Seigneur, que faut-il que je sache?

Cet *hélas* dans la bouche de Sertorius est trop déplacé; il ne convient ni à son caractère, ni à son âge, ni à la scène politique et raisonnée qui vient de se passer entre Viriate et lui.

V. 199. Ce soupir redoublé.... — N'achevez point, allez.

Ce *soupir redoublé* achève de dégrader Sertorius.

Qu'Achille aime autrement que Tircis et Philène[1].

Un vieux capitaine romain qui fait remarquer ses soupirs à sa maîtresse est au-dessous de Tircis; car Tircis soupirera sans le dire, et ce sera sa maîtresse qui s'en apercevra.

Qu'un amant passionné soit attendri, ému, troublé, qu'il soupire; mais qu'il ne dise pas, Voyez comme je suis attendri, comme je suis ému, comme je suis touché, comme je soupire. Cette pusillanimité dans laquelle Corneille fait tomber Sertorius et Viriate est une preuve bien manifeste de ce que nous avons dit tant de fois, que l'amour s'était emparé du théâtre très-longtemps avant Racine, qu'il n'y avait aucune pièce où cette passion n'entrât, et c'était presque toujours mal à propos. Encore une fois, l'amour n'a jamais bien été traité que dans les scènes du *Cid*, imitées de Guillem de Castro, jusqu'à l'*Andromaque* de Racine; je dis jusqu'à l'*Andromaque*, car dans la *Thébaïde* et dans *Alexandre*, on sent que Racine suit la mauvaise route que Corneille avait tracée; c'est l'unique raison peut-être pour laquelle ces deux pièces n'intéressent point du tout.

SCÈNE III.

V. 1. Sa dureté m'étonne, et je ne puis, madame....

Il est assez difficile de comprendre comment Thamire peut parler de dureté après ces hélas et ces soupirs.

V. 2. L'apparence t'abuse; il m'aime au fond de l'âme.

Rien n'est assurément moins tragique qu'une femme qui dit qu'un homme l'aime. C'est de la comédie froide.

V. 3. Quoi! quand pour un rival il s'obstine au refus....

Quoi quand forme une cacophonie désagréable.

[1]. Boileau, *Art poét.* III, 99. (Éd.)

ACTE II, SCÈNE III.

V. 4.   Il veut que je l'amuse, et ne veut rien de plus.

Viriate, dans cet hémistiche comique, ne dit point ce qu'elle doit dire. Sa vanité lui persuade qu'elle est aimée, et que Sertorius sacrifie son amour à l'amitié. Ce n'est pas là un amusement. Il faut convenir que rien n'est plus éloigné du caractère de la tragédie.

SCÈNE IV.

V. 1.   Vous m'aimez, Perpenna, Sertorius le dit ;
        Je crois sur sa parole, et lui dois tout crédit.

Il fallait dire, *je le crois*. Corneille a bien employé le mot *je crois* sans régime dans *Polyeucte* : *Je vois, je sais, je crois, je suis désabusée* ; mais c'est dans un autre sens. Pauline veut dire *j'ai la foi* ; mais Viriate n'a point la foi.

Et lui dois tout crédit ; ce terme est impropre et n'est pas noble. *Crédit* ne signifie point *confiance*. Racine s'est servi plus noblement de ce mot dans un autre sens, quand il fait dire à Agrippine :

   Je vois mes honneurs croître et tomber mon crédit[1].

Crédit alors signifie *autorité, puissance, considération*.

V. 5.   A quel titre lui plaire, et par quel charme un jour
        Obliger sa couronne à payer votre amour?

On n'oblige point une couronne à payer ; et payer un amour !

V. 10. Eh bien ! qu'êtes-vous prêt de lui sacrifier?
        — Tous mes soins, tout mon sang, mon courage, ma vie.

On peut sacrifier son sang et sa vie, ce qui est la même chose : mais sacrifier son courage ! qu'est-ce que cela veut dire ? On emploie son courage, ses soins ; on sacrifie sa vie.

V. 12. Pourriez-vous la servir dans une jalousie?
        Ah, madame ! — A ce mot en vain le cœur vous bat....
        J'ai de l'ambition, et mon orgueil de reine
        Ne peut voir sans chagrin une autre souveraine,
        Qui, sur mon propre trône, à mes yeux s'élevant,
        Jusque dans mes États prenne le pas devant.

Dans une jalousie, le cœur vous bat, un orgueil de reine ; ce n'est pas là le style noble ; et cette idée de *se faire servir dans une jalousie* est non-seulement du comique, mais du comique insipide. Ce n'est pas là le φόβος καὶ ἔλεος, la terreur et la pitié. Voilà une plaisante intrigue tragique que de savoir qui de deux femmes passera la première à une porte.

Prenne le pas devant, ne se dit plus ; et présente une petite idée. Voilà de ces choses qu'il faut ennoblir par l'expression. Racine dit

---

1. *Britannicus*, acte I, scène I. (ÉD.)

Je ceignis la tiare et marchai son égal [1].

Prendre le pas devant, est une mauvaise façon de parler, qui n'est pas même pardonnable aux gazettes.

V. 25. . . . . L'offre qu'elle fait,
Ou que l'on fait pour elle, en assure l'effet.

Il faut éviter ces expressions prosaïques et négligées. Celle-ci n'est ni noble ni exacte. Une offre n'assure point un effet; une offre est acceptée ou dédaignée. Le mot d'*effet* ne s'applique qu'aux desseins et aux causes, aux menaces, aux prières.

V. 34. Un autre hymen vous met dans le même embarras.

Perpenna n'a aucune raison de parler d'un autre hymen de Sertorius, puisqu'il n'en est point question dans la pièce : et quel style de comédie! *un hymen qui met dans l'embarras.*

V. 41. Voulez-vous me servir? — Si je le veux! J'y cours,
Madame, et meurs déjà d'y consacrer mes jours.

Il fallait, *et je meurs;* mais cette façon de parler est du style de la comédie; encore ne dit-on pas même, *je meurs d'aller, je meurs de servir;* mais *je meurs d'envie d'aller, de servir;* et cela ne se dit que dans la conversation familière.

SCÈNE V.

V. 3. Il fait auprès de vous l'officieux rival.

Encore une fois, style de comédie.

V. 5. A lui rendre service elle m'ouvre une voie
Que tout mon cœur embrasse avec excès de joie.

Embrasser avec excès de joie une voie à rendre service! on ne peut écrire avec plus d'impropriété. C'est un amas de barbarismes.

V. 9. . . . . Rompant le cours d'une flamme nouvelle,
Vous forcez ce rival à retourner vers elle.

Rompre le cours d'une flamme, autre barbarisme.

V. 19. . . . . Allons le recevoir,
Puisque Sertorius m'impose ce devoir.

Dans cette scène Perpenna paraît généreux; il n'est plus question de l'assassinat de Sertorius qui fait le sujet du drame. C'est d'ordinaire un grand défaut dans une pièce, soit tragique, soit comique, qu'un personnage paraisse, sans rappeler les premiers sentiments et les premiers desseins qu'il a d'abord annoncés; c'est rompre l'unité de dessein qui doit régner dans tout l'ouvrage.

Nous sommes entrés dans presque tous les détails de ces deux pre-

1. *Athalie*, acte III, scène III. (Ed.)

miers actes, pour montrer aux commençants combien il est difficile de bien écrire en vers, pour éviter le reproche qu'on nous a fait de n'en avoir pas assez dit, et pour répondre au reproche ridicule que quelques gens de parti, très-mal instruits, nous ont fait d'en avoir trop dit. Nous ne pouvons assez répéter que nous cherchons uniquement la vérité, et qu'aucune cabale ne nous a jamais intimidés.

Nous reprenons quatre fois plus de fautes dans cette édition[1] que dans les précédentes, parce que des gens qui ne savent point le français ont eu le ridicule d'imprimer qu'il ne fallait pas s'apercevoir de ces fautes.

ACTE III.

SCÈNE I.

Cette scène, ou plutôt la seconde, dont celle-ci n'est que le commencement, fit le succès de *Sertorius*, et elle aura toujours une grande réputation. S'il y a quelques défauts dans le style, ces défauts n'ôtent rien à la noblesse des sentiments, à la politique, aux bienséances de toute espèce, qui font un chef-d'œuvre de cette conversation. Elle n'est pas tragique, j'en conviens; elle n'est que politique. La pièce de *Sertorius* n'a rien de la chaleur et du pathétique de la vraie tragédie, comme Corneille l'avoue dans son Examen; mais cette scène de Sertorius et de Pompée, prise à part, est un grand modèle.

Il n'y a, je crois, que deux autres exemples sur le théâtre de ces conférences entre de grands hommes, qui méritent d'être remarqués. La première, dans Shakspeare, entre Cassius et Brutus; elle est dans un goût un peu différent de celui de Corneille. Brutus reproche à Cassius *that he hath an itching palm*: ce qui signifie précisément que Cassius se fait graisser la patte. Cassius répond qu'il aimerait mieux être un chien et aboyer à la lune, que de se faire donner des pots-de-vin. Il y a d'ailleurs des choses vives et animées, mais ce ton de la halle n'est pas tout à fait celui de la scène tragique; ce n'est pas celui du sage Addison.

La seconde conférence est dans l'*Alexandre* de Racine, entre Porus, Éphestion et Taxile. Si Éphestion était un personnage principal, et si la tragédie était intéressante, cette conférence pourrait encore plaire beaucoup au théâtre, même après celle de Sertorius et de Pompée. Le mal est que ces scènes ne sont pas absolument nécessaires à la pièce. Sertorius même dit au quatrième acte :

.... Quel bruit fait par la ville
De Pompée et de moi l'entrevue inutile ?

Ces scènes donnent rarement au spectateur d'autre plaisir que celui de voir de grands hommes conférer ensemble.

V. I. Seigneur, qui des mortels eût jamais osé croire
Que la trêve à tel point dût rehausser ma gloire ?

1. L'édition de 1774.

Certainement Sertorius n'a jamais dit à Pompée, *quel homme aurait jamais osé croire que ma gloire pût être augmentée ?* On ne parle point ainsi de soi-même ; la bienséance n'est pas observée dans les expressions. Le fond de la pensée est que la visite de Pompée est le plus grand honneur qu'il ait jamais reçu, mais il ne doit pas commencer par parler de sa gloire, et par dire que jamais mortel n'eût osé croire que cette gloire pût augmenter ; ces vers peuvent paraître une fanfaronnade plus qu'un compliment ; il eût été plus court, plus naturel, plus décent de supprimer ces vers, et de dire avec une noble simplicité, *Seigneur, je doute encor si ma vue est trompée,* etc.

V. 3.   Qu'un nom à qui la guerre a fait trop applaudir
        Dans l'ombre de la paix trouvât à s'agrandir?

Comment est-ce qu'un nom trouve quelque chose ? Sertorius veut dire qu'il n'a jamais reçu tant d'honneurs ; mais un nom ne s'agrandit pas, et il ne fallait pas qu'il commençât une conversation polie et modeste par dire que la guerrre a fait applaudir à son nom. Ce n'est pas au nom qu'on applaudit, c'est à la personne, aux actions.

V. 9. . . . . Faites qu'on se retire.

Pompée ne doit pas demander qu'on se retire, pour pouvoir dire en liberté à Sertorius qu'il l'estime. On peut faire un compliment en public, et faire ensuite retirer les assistants. Cela même eût fait un bon effet au théâtre.

SCÈNE II.

V. 1.   L'inimitié qui règne entre nos deux partis
        N'y rend pas de l'honneur tous les droits amortis.
        Comme le vrai mérite a ses prérogatives
        Qui prennent le dessus des haines les plus vives,
        L'estime et le respect sont de justes tributs
        Qu'aux plus fiers ennemis arrachent les vertus.

Cet *amortissement des droits*, ces *prérogatives du vrai mérite*, gâtent un peu ce commencement du discours de Pompée. *Prérogatives* n'est pas le mot propre ; et *des prérogatives qui prennent le dessus des haines!* rien n'est moins élégant. Quand même ces deux vers seraient bons, ils pécheraient en ce qu'ils sont inutiles ; ils affaibliraient ces deux beaux vers si nobles et si simples :

L'estime et le respect sont les justes tributs
Qu'aux cœurs même ennemis arrachent les vertus.

Rien de trop, voilà la grande règle.

V. 3.   Comme le vrai mérite a ses prérogatives, etc.

Cette phrase, ce *comme*, ne conviennent pas à Pompée. Cela sent trop son rhéteur. Ce tour est trop apprêté, cette expression trop prosaïque. Le défaut est petit ; mais il faut remarquer tout dans un dialogue aussi important que celui de Pompée et de Sertorius.

V. 7. Et c'est ce que vient rendre à la haute vaillance,
Dont je ne fais ici que trop d'expérience,
L'ardeur de voir de près un si fameux héros.

Ce *rendre* se rapporte à *tribut*; mais on ne rend point un tribut; on rend justice, on rend hommage, on paye un tribut.

V. 10. Sans lui voir en la main piques ni javelots.

Il serait à désirer que Corneille eût tourné autrement ce vers. *Voir piques* n'est pas français.

V. 11. Et le front désarmé de ce regard terrible,
Qui dans nos escadrons guide un bras invincible.

Le *front désarmé* se rapporte à *sans voir*; de sorte que la véritable construction est, *sans lui voir le front désarmé*; ce qui est précisément le contraire de ce qu'il entend. Il reste à savoir si un général doit parler à un autre général de son regard terrible.

V. 15. . . . . . Ce franc aveu sied bien aux grands courages.

C'est ce qu'on doit dire de Pompée; mais c'est ce que Pompée ne doit pas dire de lui : c'est une parenthèse du poète. Jamais un général d'armée ne se vante ainsi, et ne s'appelle *grand courage*. Il ne faut jamais faire parler les hommes autrement qu'ils ne parleraient eux-mêmes. C'est une règle générale qu'on ne peut trop répéter.

V. 16. J'apprends plus contre vous par mes désavantages
Que les plus beaux succès qu'ailleurs j'aie emportés
Ne m'ont encore appris par mes prospérités

On emporte une place, on remporte un avantage, on a un succès, on n'emporte point un succès. C'est un barbarisme.

V. 19. Je vois ce qu'il faut faire à voir ce que vous faites.

Je vois à voir, répétition qu'il faut éviter.

V. 34. Souffrez que je réponde à vos civilités

Il eût été mieux que Sertorius eût répondu aux civilités de Pompée sans le dire; cela donne à son discours un air apprêté et contraint. Il annonce qu'il veut faire un compliment. Un tel compliment doit être sans appareil, afin qu'il paraisse plus naturel et plus vrai. On n'a pas besoin de faire retirer les assistants pour faire un compliment.

V. 35. Vous ne me donnez rien par cette haute estime
Que vous n'ayez déjà dans le degré sublime.

Degré sublime, expression faible et impropre, employée pour la rime.

V. 41. Si, dans l'occasion, je ménage un peu mieux
L'assiette du pays et la faveur des lieux, etc.

Je ne peux m'empêcher de remarquer ici qu'on trouve dans plusieurs livres, et surtout dans l'histoire du théâtre, que le vicomte de Turenne, à la représentation de *Sertorius*, s'écria : *Où donc Corneille a-t-il pu apprendre l'art de la guerre?* Ce conte est ridicule. Corneille eût très-mal fait d'entrer dans les détails de cet art ; il fait dire en général à Sertorius ce que ce Romain devait peut-être se passer de dire, qu'il sait mieux se prévaloir du terrain que Pompée. Il n'y a pas là de quoi étonner un Turenne. Les généraux de Charles-Quint et de François Ier pouvaient en effet s'étonner que Machiavel, secrétaire de Florence, donnât des règles excellentes de tactique, et enseignât à disposer les bataillons comme on les range aujourd'hui ; c'est alors qu'on pouvait dire : « Où Machiavel a-t-il appris l'art de la guerre? » Mais si le vicomte de Turenne en avait dit autant sur un ou deux vers de Corneille qui n'enseignent point la tactique, et qui ne doivent point l'enseigner, il aurait dit une puérilité dont il était incapable.

On pouvait plus justement dire que Corneille parlait supérieurement de politique. La preuve en est dans ces vers : *Lorsque deux factions divisent un empire*, etc. : elle est encore plus dans *Cinna*. Nous sommes inondés, depuis peu, de livres sur le gouvernement. Des hommes obscurs, incapables de se gouverner eux-mêmes, et ne connaissant ni le monde, ni la cour, ni les affaires, se sont avisés d'instruire les rois et les ministres, et même de les injurier. Y a-t-il un seul de ces livres, je n'en excepte pas un, qui approche de loin de la délibération d'Auguste, dans *Cinna*, et de la conversation de Sertorius et de Pompée ? C'est là que Corneille est bien grand ; et la comparaison qu'on peut faire de ces morceaux avec tous nos fatras de prose sur la politique le rend plus grand encore, et est le plus bel éloge de la poésie.

V. 57. Et sur les bords du Tibre, une pique à la main,
Lui demander raison pour le peuple romain.

On se servait encore de piques en France, lorsqu'on représenta *Sertorius*; et cette expression était plus noble qu'aujourd'hui.

V. 59. De si hautes leçons, seigneur, sont difficiles,
Et pourroient vous donner quelques soins inutiles,
Si vous faisiez dessein de me les expliquer
Jusqu'à m'avoir appris à les bien pratiquer.

Le dernier vers n'a pas un sens net. On ne sait si l'intention de l'auteur est, si vous vouliez m'expliquer mes leçons jusqu'à ce que vous m'apprissiez à les mettre en pratique. Mais *faire dessein de les expliquer jusqu'à m'avoir appris*, est un contre-sens en toute langue. *Faire dessein* est un barbarisme.

V. 75. Est-ce être tout Romain qu'être chef d'une guerre
Qui veut tenir aux fers les maîtres de la terre ?

On est chef de parti, on n'est pas chef d'une guerre. Le mot est trop impropre.

V. 79. C'est vous qui sous le joug traînez des cœurs si braves,

ACTE III, SCÈNE II.

Traîner des cœurs peut se dire. Racine a dit [1] :

Charmant, jeune, traînant tous les cœurs après soi.

Mais cet *après soi* ou *après lui* est absolument nécessaire.

Entraînant après lui tous les cœurs des soldats.

V. 89. Mais vous jugez, seigneur, de l'âme par le bras,
Et souvent l'un paraît ce que l'autre n'est pas.

Ces expressions sont trop négligées; et comment un bras peut-il paraître différent d'une âme? La plupart des fautes de langage sont au fond des défauts de justesse.

V. 99. Je servirai sous lui tant qu'un destin funeste
De nos divisions soutiendra quelque reste.

Soutiendra n'est pas le mot propre. On entretient un reste de divisions, on les fomente, etc. On soutient un parti, une cause, une prétention; mais c'est un très-léger défaut dans un aussi beau discours que celui de Pompée.

Lorsque deux factions divisent un empire,
Chacun suit au hasard la meilleure ou la pire;
Mais quand le choix est fait, on ne s'en dédit plus, etc.

Quelle vérité dans ces vers, et quelle force dans leur simplicité! point d'épithète, rien de superflu; c'est la raison en vers.

V. 102. J'ignore quels projets peut former son bonheur.

Un bonheur qui forme des projets, est trop impropre.

V. 109. Afin que, Sylla mort, ce dangereux pouvoir
Ne tombe qu'en des mains qui sachent leur devoir.

On peut animer tout dans la poésie; mais dans une conférence sans passions, les métaphores outrées ne peuvent avoir lieu; peut-être cette expression porte encore plus l'empreinte d'une négligence qui échappe, que d'une figure qu'on recherche.

V. 128. Aux périls de Sylla vous tâtez leur courage.

Ce mot *tâter*, qui par lui-même est familier, et même ignoble, fait ici un très-bel effet; car, comme on l'a déjà remarqué, il n'y a guère de mot qui étant heureusement placé ne puisse contribuer au sublime. Ce discours de Sertorius est un des plus beaux morceaux de Corneille; et le reste de la scène en est digne, à quelques négligences près.

Ces vers :

Et votre empire en est d'autant plus dangereux, etc.
Rome n'est plus dans Rome, elle est toute où je suis, etc.

sont égaux aux plus beaux vers de *Cinna* et des *Horaces*.

[1]. *Phèdre*, II, v. (Éd.)

V. 169. C'est Rome.... — Le séjour de votre potentat
Qui n'a que ses fureurs pour maximes d'État, etc.

Voilà encore un des plus beaux endroits de Corneille; il y a de la force, de la grandeur, de la vérité; et même il est supérieurement écrit, à quelques négligences, à quelques familiarités près; comme *le tyran est bas, donner cette joie, ouvrir ses bras*. Mais quand une expression familière et commune est bien placée, et fait un contraste, alors elle tient presque du sublime. Tel est ce vers :

Je n'appelle plus Rome un enclos de murailles.

Ce mot *enclos*, qui ailleurs est si commun et même bas, s'ennoblit ici, et fait un très-beau contraste avec ce vers admirable :

Rome n'est plus dans Rome, elle est toute où je suis.

V. 197............. Et l'on ne sait que c'est
De suivre ou d'obéir, que suivant qu'il leur plaît.

Il faut éviter ces expressions triviales *que c'est*, qui n'est pas français, et *ce que c'est*, qui, étant plus régulier, est dur à l'oreille, et du style de conversation.

V. 209. Vous qu'à sa défiance il a sacrifié
Jusques à vous forcer d'être son allié....

Cette transition ne me paraît pas assez ménagée. Je crois que Sertorius devait, dans l'énumération des cruautés de Sylla, compter celle d'avoir forcé Pompée à répudier sa femme.

V. 213. J'aimois mon Aristie, il m'en vient d'arracher.

J'aimais mon Aristie, est faible, trivial, et comique.

V. 219. Protéger hautement les vertus malheureuses,
C'est le moindre devoir des âmes généreuses.

Sertorius ne doit point dire *qu'il est une âme généreuse*. Il doit le laisser entendre; c'est le défaut de tous les héros de Corneille de se vanter toujours.

SCÈNE III.

V. 1. Venez,.................. ....
..... montrer.... à tout le genre humain
La force qu'on vous fait pour me donner la main.

La force qu'on vous fait, est un barbarisme. On dit, prendre à force, faire force de rames, de voiles; céder à la force, employer la force; mais non *faire force à quelqu'un*. Le terme propre est *faire violence* ou *forcer*.

Remarquons ici que le grand Pompée est présenté sous un aspect bien défavorable; c'est l'aventure la plus honteuse de sa vie : il a répudié Antistia qu'il aimait, et a épousé Æmilia, la petite-fille de Sylla, pour faire sa cour à ce tyran. Cette bassesse était d'autant plus honteuse, qu'Émilie était grosse de son premier mari quand Pompée l'épousa par un double divorce. Pompée avoue ici sa honte à Sertorius et à sa première femme. Il ne paraît que comme un esclave de Sylla, qui craint de déplaire à son maître. Dans cette position, quelque chose qu'il dise ou qu'il fasse, il est impossible de s'intéresser à lui. On prend un intérêt médiocre à Sertorius amoureux. Viriate est peut-être le premier personnage de la pièce : mais quiconque n'étalera que de la politique n'excitera jamais les grands mouvements, qui sont l'âme de la tragédie. Il est dit dans le Bolæana que Boileau n'aimait pas cette fameuse conférence de Sertorius et Pompée. On prétend que Boileau disait que cette scène n'était ni dans la raison, ni dans la nature, et qu'il était ridicule que Pompée vînt redemander sa femme à Sertorius tandis qu'il en avait une autre de la main de Sylla. J'avoue que l'objet de cette conférence peut être critiqué; mais j'ai bien de la peine à croire que Boileau ne fût pas content des morceaux adroits et sublimes de cette scène ; il savait trop bien que le goût consiste à savoir admirer les beautés au milieu des défauts.

SCÈNE IV.

Après une scène de politique, il n'est guère possible que jamais une scène de tendresse puisse réussir. Le cœur veut être mené par degrés : il ne peut passer rapidement d'un sujet à un autre ; et toutes les fois qu'on promène ainsi le spectateur d'objets en objets, tout intérêt cesse. C'est une des raisons qui empêchent presque toutes les tragédies de Corneille d'être touchantes : il paraît qu'il a senti ce défaut, puisque Sertorius et Pompée ont parlé d'Aristie à la fin de la scène précédente; mais ils n'en ont parlé que par occasion.

V. 3. *Suivant qu'on m'aime ou hait, j'aime ou hais à mon tour,*

Ce vers et les suivants sont un peu du haut comique, et ôtent à la femme de Pompée toute sa dignité.

V. 13. *Mon feu, qui n'est éteint que parce qu'il doit l'être,*
Cherche en dépit de moi le vôtre pour renaître, etc.

Ce *feu* qui cherche *le feu* de Pompée, ce courroux qui *trébuche,* en un mot cette scène entre un mari et une femme ne passerait pas aujourd'hui.

V. 17. *M'aimeriez-vous encor, seigneur? — Si je vous aime!*

Ce qui fait en partie que cette scène est froide, c'est précisément cette chaleur que Pompée essaye de mettre dans sa réponse à sa femme. S'il est vrai qu'il l'aime si tendrement, il joue le rôle d'un lâche de l'avoir répudiée par crainte de Sylla ; et Pompée ainsi avili ne peut plus intéresser les spectateurs, comme on vient de le faire voir. Aristie plaît encore moins, en ne paraissant que pour dire à Pompée qu'elle prendra un autre mari, s'il ne veut pas d'elle. Ce sont là des intérêts qui n'ont rien de grand ni d'attendrissant.

V. 20. Sortez de mon esprit, ressentiments jaloux....
Rentrez dans mon esprit, jaloux ressentiments,....
Plus de Sertorius ...Venez, Sertorius...., etc.

Il n'y a personne qui puisse souffrir cet apprêt, ces refrains, ces jeux d'esprit compassés. Cela ressemble un peu à ces anciennes pièces de poésies nommées chants royaux, ballades, virelais; amusements que jamais ni les Grecs ni les Romains ne connurent, excepté dans les vers phaleuques, qui étaient une espèce de poésie molle et efféminée où les refrains étaient admis, et quelquefois aussi dans l'églogue :

Ducite ab urbe domum, mea carmina, ducite Daphnim[1].

V. 29. Plus de Sertorius. Hélas! quoi que je die,
Vous ne me dites point, seigneur : « Plus d'Émilie. »

Cela serait à sa place dans une pastorale; mais dans une tragédie!

V. 41. Ce qu'il vous fait d'injure également m'outrage;
Mais enfin je vous aime, et ne puis davantage.

Ce qu'il fait d'injure, est un barbarisme; mais *je vous aime et ne puis davantage*, déshonore entièrement Pompée. Le vainqueur de Mithridate ne devait pas s'avilir jusque-là.

V. 59. Elle porte en ses flancs un fruit de cet amour, etc.

Ce détail domestique, cette confidence de Pompée, qu'il ne couche point avec sa nouvelle femme, et qu'elle est grosse d'un autre, sont au-dessous de la comédie. De telles naïvetés qui succèdent à la belle scène de l'entrevue de Pompée et de Sertorius justifient ce que Molière disait de Corneille, qu'il y avait un lutin qui tantôt lui faisait ses vers admirables, et tantôt le laissait travailler lui-même.

V. 60. Rendez-le-moi, seigneur, ce grand nom qu'elle porte.

C'est le lutin qui fit ce vers-là; mais ce n'est pas lui qui fit, *pour celles de ma sorte*.

Et ce nom seul est tout pour celles de ma sorte.

V. 80. Mais pour venger ma gloire, il me faut un époux.

Une femme qui dit que pour la venger il lui faut un mari, dit une étrange chose. Corneille l'a bien senti en relevant cet aveu par ces mots, *Il m'en faut un illustre*, et ce n'est peut-être pas encore assez.

V. 82. Ah! ne vous lassez point d'aimer et d'être aimée,

est un vers d'églogue; et entre un mari et une femme, il est au-dessous de l'églogue.

[1] Virg., Ecl. VIII, v. 68. (ÉD.)

ACTE III, SCÈNE IV.

V. 85. Ayez plus de courage et moins d'impatience

C'est au contraire, c'est Aristie qui doit dire à Pompée, *ayez plus de courage;* c'est lui seul qui en manque ici.

V. 93. Mais, tant qu'il pourra tout, que pourrai-je, madame?

Ce vers humilie trop Pompée. Il y a des hommes qu'il ne faut jamais faire voir petits.

V. 94. Suivre en tous lieux, seigneur, l'exil de votre femme.

On ne suit point un exil, on suit une exilée.

V. 96. Et rendre un heureux calme à nos divisions.

On rend le calme à un peuple agité et divisé, on ne rend point le calme à une division. Cela est impropre et forme un contre-sens. On fait succéder le calme au trouble, à l'orage; l'union, la concorde à la division. Corneille, dans ses vingt dernières pièces, ne se sert presque jamais du mot propre, ne parle presque jamais français, et surtout n'est jamais intéressant; et cela tandis que la langue se perfectionnait sous la plume de tant de beaux génies du grand siècle, tandis que Racine parlait au cœur avec tant de chaleur, de noblesse, d'élégance, et dans un langage si pur.

V. 101. Ce n'est pas s'affranchir qu'un moment le paroître.

Pour que ce vers fût français, il faudrait *ce n'est pas être affranchi que le paraître.*

V. 106. Perpenna qui l'a joint saura que vous en dire.

Ce vers familier, et la dissertation politique de Pompée avec sa femme, augmentent les défauts de cette scène. Le principal vice est dans le sujet, et je crois qu'il était impossible de mettre de la chaleur dans cette pièce.

V. 109. ......Ce peu que j'y rends de vaine déférence,
        Jaloux du vrai pouvoir, ne sert qu'en apparence.

Le peu de déférence qui est jaloux du pouvoir, et qui sert en apparence, est un galimatias qui n'est pas français.

V. 124. Me voulez-vous, seigneur? ne me voulez-vous pas?

C'est un vers de comédie qui avilit tout; et ce vers est le précis de toute la scène.

V. 133. Sertorius sait vaincre, et garder ses conquêtes.
      — La vôtre, à la garder, coûtera bien des têtes.

La vôtre, etc., est un vers de *Nicomède,* qui est bien plus à sa place dans *Nicomède* qu'ici, parce qu'il sied mieux à Nicomède de braver son frère, qu'à Pompée de braver sa femme.

V. 151. Ah! c'en est trop, madame, et de nouveau je jure....

Ce vers fait bien connaître à quel point cette scène de politique amoureuse était difficile à faire. Quand on répète ce qu'on a déjà dit, c'est une preuve qu'on n'a rien à dire.

V. 160. Me punissent les dieux que vous avez jurés,
Si, passé ce moment, et hors de votre vue,
Je vous garde une foi que vous avez rompue!

Il faudrait au moins qu'elle fût sûre d'épouser Sertorius pour parler ainsi.

V. 164. Éteindre un tel amour! — Vous-même l'éteignez.

Si Pompée est en effet si amoureux, il n'a pas dû se séparer d'Aristie; et s'il n'a pas une passion violente, tout ce qu'il dit de cet amour refroidit au lieu d'échauffer.

V. der. Adieu donc pour deux jours. — Adieu pour tout jamais.

Pour jamais, est bien plus fort que *pour tout jamais*. Ce dialogue pressé, rapide, coupé, est souvent dans Corneille d'**une grande beauté**. Il ferait beaucoup d'effet entre deux amants; il n'en fait point entre un mari et une femme qui ne sont pas dans une situation assez douloureuse. Il était impossible de faire d'un tel sujet une véritable tragédie. Les demi-passions ne réussissent jamais à la longue, et les intérêts politiques peuvent tout au plus produire quelques beaux vers qu'on aime à citer. La seule scène de Sertorius et de Pompée suffisait alors à une nation qui sortait des guerres civiles. On n'avait rien d'aucun auteur qu'on pût comparer à ce morceau sublime, et on pardonnait à tout le reste en faveur de ces beautés qui n'appartenaient dans le monde entier qu'à Corneille.

ACTE IV.

SCÈNE I.

V. 1. Pourrai-je voir la reine? etc.

Cette scène de Sertorius avec une confidente a quelque chose de comique. Les scènes avec les subalternes sont d'ordinaire très-froides dans la tragédie, à moins que ces personnages secondaires n'apportent des nouvelles intéressantes, ou qu'ils ne donnent lieu à des explications plus intéressantes encore. Mais ici Sertorius demande simplement des nouvelles. Il veut savoir *où vont* les sentiments de Viriate, quoique des sentiments n'aillent point. Thamire semble un peu le railler, en lui disant que Perpenna, offert par lui, *fléchira* le dédain de la reine; et Sertorius répond qu'il a pour elle un *violent* respect. Cela n'est pas fort tragique.

V. 19. ......je préférerois un peu d'emportement
Aux plus humbles devoirs d'un tel accablement, etc.

Avouons que Sertorius et cette suivante débitent un étrange galimatias de comédie. Ce violent *respect* que l'aspect de Viriate fait régner sur les plus doux vœux de Sertorius, ce peu de *respects* qui ressemblent *aux respects* de Sertorius, ce *respect* qui ne sait que trouver des raisons pour un autre, et cette suivante qui préférerait un peu d'emportement aux plus humbles devoirs d'un accablement; enfin, l'autre qui lui réplique qu'il n'est rien parti capable de lui nuire, et qu'un soupir échappé ne pût détruire! ce n'est pas le lutin qui a fait de tels vers.

V. 34. Ah! pour être Romain je n'en suis pas moins homme!

Ce vers a quelque chose de comique; aussi est-il excellent dans la bouche du Tartuffe, qui dit :

Ah! pour être dévot je n'en suis pas moins homme!

Mais il n'est pas permis à Sertorius de parler comme le Tartuffe.

V. 35. J'aime, et peut-être plus qu'on n'a jamais aimé.

Ce vers prouve encore que ceux qui ont dit que Corneille dédaignait de faire parler d'amour ses héros se sont bien trompés. Ce vers est d'autant plus déplacé dans la bouche de Sertorius, qu'il n'a rien dit jusqu'ici qui puisse faire croire qu'il ait une grande passion. Rien ne déplaît plus au théâtre que les expressions fortes d'un sentiment faible; plus on cherche alors à attacher, et moins on attache.

Et qu'est-ce qu'une reine qui est sensible à de nouveaux désirs, et qui entend des raisons et non pas des soupirs?

Et cette suivante qui n'entend pas bien ce qu'un soupir veut dire, et qui serait un meilleur truchement! Non, jamais on n'a rien mis de plus mauvais sur la scène tragique. On dira tant qu'on voudra que cette critique est dure; je dois et je veux la publier, parce que je déteste le mauvais autant que j'idolâtre le bon.

V. 49. La voici. Profitez des avis qu'on vous donne,
Et gardez bien surtout qu'elle ne m'en soupçonne.

Profitez de mes avis, mais ne me nommez pas, discours de soubrette ridicule. A quoi sert cette froide scène de comédie? Mais il faut remplir son acte; mais il faut donner à un parterre, souvent ignorant, grossier, et tumultueux, trois cents vers pour les cinq sous qu'on payait alors. Non, il faut bien plutôt ne donner que deux cents beaux vers par acte que trois cents mauvais. Il ne faut point prostituer ainsi l'art de la poésie. Il est honteux qu'il y ait en France un parterre où les spectateurs sont debout, pressés, gênés, nécessairement tumultueux. Peut-être c'est encore un mal qu'on donne des spectacles tous les jours; s'ils étaient plus rares, ils pourraient devenir meilleurs:

Voluptates commendat rarior usus[1].

1. Juvénal, XI, 208. (ED.)

SCÈNE II.

V. 1. *On m'a dit qu'Aristie a manqué son projet.*

Cette scène, remplie d'ironie et de coquetterie, semble bien peu convenable à Sertorius et à Viriate. Les vers en paraissent aussi contraints que les sentiments. Mais quand on voit ensuite Sertorius qui dit qu'il aime *malgré ses cheveux gris*, et qu'il a cru qu'il ne lui *en coûterait que deux ou trois soupirs*, Sertorius paraît trop petit. Viriate d'ailleurs lui dit à peu près les mêmes choses qu'Aristie a dites à Pompée. L'une dit : *Me voulez-vous? ne me voulez-vous pas ?* L'autre dit : *M'aimez-vous?* L'une veut que Pompée lui rende sa main ; l'autre, que Sertorius lui donne sa main. Pompée a parlé politique à sa femme ; Sertorius parle politique à sa maîtresse. Viriate lui dit : *Vous savez que l'amour n'est pas ce qui me presse.* L'un et l'autre s'épuisent en raisonnements. Enfin, Viriate finit cette scène en disant :

> Je suis reine ; et qui sait porter une couronne,
> Quand il a prononcé, n'aime point qu'on raisonne.

C'est parler à Sertorius, dont elle dépend, comme si elle parlait à son domestique ; et ce *n'aime point qu'on raisonne*, est d'un comique qui n'est point supportable : la fierté est ridicule quand elle n'est pas à sa place.

V. 8. *Ce n'est pas en effet ce qui plus m'embarrasse*, etc.

Obéir sans remise, une offre en l'air, assurer des nœuds, une frénésie poussée au dernier éclat.
Quels vers! quelles expressions! et de petits écoliers oseront me reprocher d'être trop sévère ?

V. 19. Et quand l'obéissance a de l'exactitude ;
Elle voit que sa gloire est dans la promptitude.

Une obéissance qui a de l'exactitude!

V. 29. *Je n'ai donc qu'à mourir en faveur de ce choix.*

Il n'y a guère, dans toutes ces scènes, d'expression qui soit juste ; mais le pis est que les sentiments sont encore moins naturels. Un vieux factieux tel que Sertorius doit-il dire à une femme qu'il mourra en faveur du choix qu'elle fera d'un autre ?

V. 41. Puis-je me plaindre à vous d'un retour inégal
Qui tient moins d'un ami qu'il ne fait d'un rival ?

Ce n'est pas parler français ; c'est coudre ensemble, pour rimer, des paroles qui ne signifient rien : car que peut signifier *un retour inégal?* Que d'obscurités! que de barbarismes entassés! et quelle froideur!

V. 45. *Vous m'en parlez enfin comme si vous m'aimiez.*

Il n'y a point de vers plus comique.

ACTE IV, SCÈNE II.   185

V. 46. *Souffrez, après ce mot, que je meure à vos pieds*

Jamais le ridicule excessif des intrigues amoureuses de nos héros de théâtre n'a paru plus sensiblement que dans ce couplet où ce vieux militaire, ce vieux conjuré, vient mourir aux pieds de sa Viriate qu'il n'aime guère. Il s'en est défendu *à voir ses cheveux gris*; mais sa passion ne s'est pas *vue alentie*, quoiqu'il se fût figuré que de tels déplaisirs ne lui coûteraient que deux ou trois soupirs. Il envisageait l'*estime de chef magnanime*.

V. 74. .... *Je ne sais que c'est d'aimer ni de haïr.*

Aristie a dit à Pompée : *Suivant qu'on m'aime ou hait, j'aime ou hais à mon tour*; et Viriate dit à Sertorius *qu'elle ne sait que c'est d'aimer ni de haïr*. Dès qu'elle ne sait que c'est ou ce que c'est, elle n'a qu'un intérêt de politique, par conséquent elle est froide. Cependant elle dit, le moment d'après, *m'aimez-vous?* Ne devrait-elle pas lui dire : « L'amour n'est pas fait pour nous ; l'intérêt de l'État, le vôtre, celui de ma grandeur, doivent présider à notre hyménée? »

V. 91. *Que se tiendroit heureux un amour moins sincère,*
Qui n'auroit autre but que de se satisfaire!

Autre but que de se satisfaire, donne une idée qui est un peu comique, et qui assurément ne convient pas à la tragédie.

V. 114. *Et que m'importe à moi si Rome souffre ou non?* etc.

Voilà enfin des sentiments dignes d'une reine et d'une ennemie de Rome; voilà des vers qui seraient dignes de l'entrevue de Pompée et de Sertorius, avec un peu de correction.

Si tout le rôle de Viriate était de cette force, la pièce serait au rang des chefs-d'œuvre.

V. 135. .... *Je vois quelles tempêtes*
Cet ordre surprenant formera sur nos têtes.

Un ordre surprenant qui forme des tempêtes sur des têtes!

V. 144. *Elle en prendra pour vous une haine où j'aspire*, etc.

Prendre une haine, aspirer à une haine! un orgueil endurci! et c'est par là qu'on veut l'arrêter ici!

V. 148. *Mais nos Romains, madame, aiment tous leur patrie ;*
Et de tous leurs travaux l'unique et doux espoir,
C'est de vaincre bientôt assez pour la revoir.

Vaincre assez pour revoir Rome!

V. 161. *La perte de Sylla n'est pas ce que je veux*,
Rome attire encor moins la fierté de mes vœux, etc.

Attirer la fierté des vœux, c'est encore une de ces expressions impropres et sans justesse. *Un hymen qui ne peut trouver d'amorce au milieu d'une ville! des attraits où l'on n'est roi qu'un an!*

Quand on examine de près cette foule innombrable de fautes, on est effrayé.

V. 180. Vous savez que l'amour n'est pas ce qui me presse.

Nous avons déjà remarqué ce vers. Voyez le commencement de cette scène.

SCÈNE III.

V. 1. Dieux! qui peut faire ainsi disparoître la reine? etc.

Cette scène paraît encore moins digne de la tragédie que les précédentes. Perpenna et Sertorius ne s'entendent point : l'un dit, je parlais de Sylla ; l'autre, je parlais de la reine. Ces petites méprises ne sont permises que dans la comédie. Il est vrai que cette scène est toute comique : *Quelque chose qui le gêne; savez-vous ce qu'on dit? l'avez-vous mis fort loin au delà de la porte? je me suis dispensé de le mener plus loin; nous n'avons rien conclu, mais ce n'est pas ma faute. Si je m'en trouvais mal, vous ne seriez pas bien.* Tout le reste est écrit de ce style.

V. 29. .... Je vous demandois quel bruit fait par la ville
De Pompée et de moi l'entretien inutile.

Quel bruit fait par la ville, est du style de la comédie, comme on le sent assez ; mais ce que Sertorius fait trop sentir, c'est qu'en effet la conférence qu'il a eue avec Pompée n'a rien produit dans la pièce. Ce n'est, comme on l'a déjà dit, qu'une belle conversation dont il ne résulte rien, un beau dialogue de politique. Si cette entrevue avait fait naître la conspiration de Perpenna, ou quelque autre intrigue intéressante et terrible, elle eût été une beauté tragique, au lieu qu'elle n'est qu'une beauté de dialogue.

Remarquez que cette tragédie est un tissu de conversations souvent très-embrouillées, jusqu'à ce que le héros de la pièce soit assassiné. De là naît la froideur qui produit l'ennui.

V. 32. Seigneur, ceux de sa suite en ont su mal user, etc.

Les gens de la suite de Pompée qui en ont su mal user ; le coup d'une erreur qu'on veut rompre avant qu'elle grossisse ; une pourpre qui agit; l'erreur qui s'épand jusqu'en nos garnisons ; des gens comme vous deux et moi ; Sylla qui prend cette mesure, de rendre l'impunité fort sûre; la reine qui est d'une humeur si fière. Ce sont là des expressions peu convenables et bien vicieuses ; mais le plus grand vice, encore une fois, c'est le manque d'intérêt ; et ce manque d'intérêt vient principalement de ce qu'il n'y a dans la pièce que des demi-desseins, des demi-passions, et des demi-volontés.

Sertorius conseille à Perpenna d'épouser la reine des Hergètes, *qui rendra ses volontés bien plus tôt satisfaites;* après quoi il lui dit qu'il ira souper chez lui. Assurément il n'y a rien là de tragique.

V. 51. Croyez-moi, pour des gens comme vous deux et moi,
Rien n'est si dangereux que trop de bonne foi.

Des gens comme vous deux!

V. 53. Sylla, par politique, a pris cette mesure
De montrer aux soldats l'impunité fort sûre.

Un homme d'État prend des mesures ; un ouvrier, un maçon, un tailleur, un cordonnier, prennent une mesure.

V. 85. Celle des Vacéens, celle des Ilergètes,
Rendroient vos volontés bien plus tôt satisfaites.

On ne s'attendait ni à la reire des Vacéens, ni à celle des Ilergètes. Rien n'est plus froid que de pareilles propositions ; et, dans une tragédie, le froid est encore plus insupportable que le comique déplacé et que les fautes de langage.

V. 107. Voyez quel prompt remède on y peut apporter,
Et quel fruit nous aurons de la violenter.

Un fruit de violenter est un barbarisme et un solécisme.

V. 127. Adieu ; j'entre un moment pour calmer son chagrin.
Et me rendrai chez vous à l'heure du festin.

La scène commence par un général de l'armée romaine qui dit qu'il a reconduit le grand Pompée jusqu'à la porte, et finit par un autre général qui dit : « Allons souper. »

SCÈNE IV.

V. 1. Ce maître si chéri fait pour vous des merveilles.

Du comique encore, et de l'ironie ! et dans un subalterne !

V. 5. Quels services faut-il que votre espoir hasarde,
Afin de mériter l'amour qu'elle vous garde?

Des services qu'un espoir hasarde, et un amour qu'on garde :

V. der. . . . . Allons en résoudre chez moi.

Il peut aussi bien se résoudre dans l'endroit où il parle.

ACTE V.

SCÈNE I.

V. 1. Oui, madame, j'en suis comme vous ennemie.
Vous aimez les grandeurs, et je hais l'infamie, etc.

Que veulent Aristie et Viriate? qu'ont-elles à se dire? elles se parlent pour se parler : c'est une dame qui rend visite à une autre; elles font la conversation; et cela est si vrai, que Viriate répète à la femme de Pompée tout ce qu'elle a déjà dit de Sertorius.

La règle est qu'aucun personnage ne doit paraître sur la scène sans nécessité. Ce n'est pas encore assez, il faut que cette nécessité soit intéressante. Ces dialogues inutiles sont ce qu'on appelle du remplissage. Il est presque impossible de faire une tragédie exempte de ce défaut. L'usage a voulu que les actes eussent une longueur à peu près égale. Le public encore grossier se croyait trompé s'il n'avait pas deux heures de spectacle pour son argent. Les chœurs des anciens étaient absolument ignorés; et dans ces malheureux jeux de paume où de mauvais farceurs étaient accoutumés à déclamer les farces de Hardi et de Garnier, le bourgeois de Paris exigeait pour ses cinq sous qu'on déclamât pendant deux heures. Cette loi a prévalu depuis que nous sommes sortis de la barbarie où nous étions plongés. On ne peut trop s'élever contre ce ridicule usage.

V. 41.   Avec un seul vaisseau ce grand héros prit terre, etc.

Ces particularités ont déjà été annoncées dès le premier acte. Viriate fait au cinquième une nouvelle exposition : rien ne fait mieux voir qu'elle n'a rien à dire. Point de passion, point d'intrigue dans Viriate, nul changement d'état.

V. 80.   .... Mais que nous veut ce Romain inconnu? etc.

Comme Pompée et Sertorius ont eu un entretien qui n'a rien produit, Aristie et Viriate ont ici un entretien non moins inutile, mais plus froid. Viriate conte à Aristie l'histoire de Sertorius, qu'elle a déjà contée à d'autres dans les actes précédents.

Les fautes principales de langage sont, *daigner pencher sa main*, pour dire, *abaisser sa main; consent l'hyménée*, au lieu de, *consent à l'hyménée; s'il n'a tout son éclat*, pour *s'il ne s'effectue pas; un reste d'autre espoir; la paix qui ouvre trop les portes de Rome; Rome qui domine au cœur; l'ordre qu'un grand effet demande, et qui arrête Pompée à le donner.*

Si le terme est impropre ou le tour vicieux,
En vain vous étalez une scène savante[1].

Mais ici la scène n'est point savante, et les termes sont très-impropres, les tours sont très-vicieux.

SCÈNE II.

V. 2.   .... Ces lettres, mieux que moi,
Vous diront un succès qu'à peine encor je croi.

La nouvelle, arrivée de Rome, que Sylla quitte la dictature, qu'Émilie est morte en accouchant, et que Pompée peut reprendre sa femme,

---

1. Boileau, *Art poétique*, I, 158, et III, 20. (ÉD.)

n'a rien qui soit digne de la tragédie. Elle avilit le grand Pompée, qui n'ose se marier et se remarier qu'avec la permission de Sylla. De plus, cette nouvelle n'est qu'un événement qui ne naît point de l'intrigue et du fond du sujet. Ce n'est pas comme dans *Bajazet* :

> Viens, j'ai reçu cet ordre, il faut l'intimider.

V. 23. A deux milles d'ici j'ai su le rencontrer.

Ce *j'ai su* fait entendre qu'il y avait beaucoup de peine, beaucoup d'art et de savoir-faire à rencontrer Pompée. *J'ai su vaincre et régner*, parce que ce sont deux choses très-difficiles.

> J'ai su, par une longue et pénible industrie [1],
> Des plus mortels venins prévenir la furie....

> J'ai su lui préparer des craintes et des veilles [2]....
> J'ai prévu ses complots, je sais les prévenir.

Le mot *savoir* est bien placé dans tous ces exemples; il indique la peine qu'on a prise.

Mais *j'ai su rencontrer un homme en chemin*, est ridicule. Tous les mauvais poëtes ont imité cette faute.

V. 29.   L'ordre que pour son camp ce grand effet demande,
         L'arrête à le donner, attendant qu'il s'y rende, etc.

Tout ce couplet est confus, obscur, inintelligible; tournez-le en prose : *Son transport d'amour, qui le rappelle, ne lui permet pas d'achever son retour; et l'ordre que ce grand effet demande pour son camp l'arrête à le donner, attendant qu'il se rende à ce camp.* Un pareil langage est-il supportable? Il est triste d'être forcé de relever des fautes si considérables et si fréquentes.

(*Fin de la scène*). Un domestique qui apporte une lettre et des nouvelles qui n'ont rien de surprenant, rien de tragique, est une chose absolument indigne du théâtre. Aristie, qui n'a produit dans la pièce aucun événement, apprend par un exprès que la seconde femme de Pompée est *morte en couche*.

Arcas dit qu'il a rendu une pareille lettre à Pompée, qu'il a rencontré à deux milles de la ville. Ce ne sont pas là certainement les péripéties, les catastrophes que demande Aristote; c'est un fait historique altéré, mis en dialogue.

SCÈNE III.

L'assassinat de Sertorius, qui devait faire un grand effet, n'en fait aucun : la raison en est que ce qui n'est point préparé avec terreur n'en peut point causer. Le spectateur y prend d'autant moins d'intérêt que Viriate elle-même ne s'en occupe presque pas; elle ne songe qu'à elle, elle dit *qu'on veut disposer d'elle et de son trône*.

---

1. *Mithridate*, acte IV, scène v. (ÉD.) — 2. *Bajazet*, acte I, scène I. (ÉD.)

V. 1. . . . . Ah, madame! — Qu'as-tu,
Thamire? et d'où te vient ce visage abattu?
Que nous disent tes pleurs? — Que vous êtes perdue;
Que cet illustre bras qui vous a défendue, etc.

Qu'as-tu? d'où te vient ce visage? cet illustre bras!

V. 20. N'attendez point de moi de soupirs ni de larmes.

Il semble que l'auteur, refroidi lui-même dans cette scène, fait répéter à Viriate les mêmes vers[1] et les mêmes choses que dit Cornélie en tenant l'urne de Pompée, à cela près que les vers de Cornélie sont très-touchants, et que ceux de Viriate languissent.

V. 21. Ce sont amusements que dédaigne aisément
Le prompt et noble orgueil d'un vif ressentiment.

Ce sont amusements est comique, et *le prompt et noble orgueil* n'a point de sens. On n'a jamais dit *un prompt orgueil*; et assurément ce n'est pas un sentiment d'orgueil qu'on doit éprouver quand on apprend l'assassinat de son amant.

V. 31. Et jusqu'à ce qu'un temps plus favorable arrive,
Daignez vous souvenir que vous êtes captive.

J'ai dit souvent qu'on doit soigneusement éviter ce concours de syllabes qui offensent l'oreille, *jusqu'à ce que*. Cela paraît une minutie; ce n'en est point une : ce défaut répété forme un style trop barbare. J'ai lu dans une tragédie :

Nous l'attendons tous trois jusqu'à ce qu'il se montre,
Parce que les proscrits s'en vont à sa rencontre.

SCÈNE IV.

V. 1. Sertorius est mort; cessez d'être jalouse,
Madame, du haut rang qu'auroit pris son épouse;
Et n'appréhendez plus, comme de son vivant,
Qu'en vos propres États elle ait le pas devant.

C'est une chose également révoltante et froide que l'ironie avec laquelle cet assassin vient répéter à Viriate ce qu'elle lui avait dit au second acte, qu'elle craignait qu'Aristie ne prît *le pas devant*.

Il vient se proposer avec *des qualités* où Viriate trouvera *de quoi mériter une reine.* Son bras l'a dégagée d'un *choix abject.* Enfin, il fait entendre à la reine qu'il est plus jeune que Sertorius.

Il n'y a point de connaisseur qui ne se rebute à cette lecture; le seul fruit qu'on en puisse retirer, c'est que jamais on ne doit mettre un grand crime sur la scène, qu'on ne fasse frémir le spectateur; que c'est là où il faut porter le trouble et l'effroi dans l'âme, et que tout ce qui n'émeut point est indigne de la scène tragique.

C'est une règle puisée dans la nature, qu'il ne faut point parler d'a-

1. *Pompée*, acte V, scène I. (ÉD.)

ACTE V, SCÈNE IV.   191

mour quand on vient de commettre un crime horrible, moins par amour que par ambition. Comment ce froid amour d'un scélérat pourrait-il produire quelque intérêt? Que le forcené Ladislas, emporté par sa passion, teint du sang de son rival, se jette aux pieds de sa maîtresse, on est ému d'horreur et de pitié. Oreste fait un effet admirable dans *Andromaque*, quand il paraît devant Hermione, qui l'a forcé d'assassiner Pyrrhus. Point de grands crimes sans de grandes passions qui fassent pleurer pour le criminel même. C'est là la vraie tragédie.

V. 7. . . . . Ce coup heureux saura vous maintenir.

Un coup qui saura la maintenir! Voilà encore ce mot de *savoir* aussi mal placé que dans les scènes précédentes.

V. 25. Lâche, tu viens ici braver encor des femmes!

Pourquoi Aristie ne fait-elle aucun effet? c'est qu'elle est de trop dans cette scène.

V. 43. Cependant vous pourriez, pour votre heur et le mien,
Ne parler pas si haut à qui ne vous dit rien,

sont des vers de Jodelet; et *je ne vous dis rien*, après lui avoir parlé assez longtemps, est encore plus comique.

V. 50. Et mon silence ingrat a droit de me confondre.

Le silence ingrat de Viriate! cette ingrate de fièvre! Joignez à cela de *hauts remercîments*.

V. 66. Tout mon dessein n'étoit qu'une atteinte frivole.

Que veut dire, *tout son dessein qui n'était qu'une atteinte ou une atteinte frivole?*

V. 87. Et je me résoudrois à cet excès d'honneur,
Pour mieux choisir la place à lui percer le cœur. ..

V. 92. . . . . Recevez enfin ma main, si vous l'osez.

Rodelinde dit dans *Pertharite* :

Pour mieux choisir la place à te percer le cœur.
. . . .
A ces conditions prends ma main, si tu l'oses.

Mais ces vers ne font aucune impression ni dans *Pertharite*, ni dans *Sertorius*, parce que les personnages qui les prononcent n'ont pas d'assez fortes passions. On est quelquefois étonné que le même vers, le même hémistiche fasse un très-grand effet dans un endroit, et soit à peine remarqué dans un autre. La situation en est cause: aussi on appelle vers de situation ceux qui, par eux-mêmes, n'ayant rien de sublime, le deviennent par les circonstances où ils sont placés.

V. 93. Moi, si je l'oserai? Vos conseils magnanimes
Pouvoient perdre moins d'art à m'étaler mes crimes.

Dès qu'on fait sentir qu'il y a de l'art dans une scène, cette scène ne peut plus toucher le cœur.

SCÈNE V.

V. 1. . . . . Seigneur, Pompée est arrivé;
Nos soldats mutinés, le peuple soulevé....

Ceci est une aventure nouvelle qui n'est pas assez préparée. Pompée pouvait venir ou ne venir pas le même jour; les soldats pouvaient ne se pas mutiner. Ces accidents ne tiennent point au nœud de la pièce. Toute catastrophe qui n'est pas tirée de l'intrigue est un défaut de l'art, et ne peut émouvoir le spectateur.

V. 13. Pour quelle heure, seigneur, faut-il se préparer? etc.

Aristie répète ici les mêmes choses que lui a dites Perpenna dans la scène précédente. On a déjà observé que l'ironie doit rarement être employée dans le tragique; mais dans un moment qui doit inspirer le trouble et la terreur, elle est un défaut capital.

Aristie ne fait ici qu'un rôle inutile, et peu digne de la femme de Pompée. On a tué Sertorius, qu'elle n'aimait point; elle se trouve dans les mains de Perpenna; elle ne sert qu'à faire remarquer combien elle a fait un voyage inutile en Espagne.

SCÈNE VI.

V. 5. Je vous rends Aristie, et finis cette crainte.

Finir une crainte!

V. 9: Je fais plus, je vous livre une fière ennemie,
Avec tout son orgueil et sa Lusitanie.

Comme si cet orgueil était un effet appartenant à Viriate.

V. 19. Et vous reconnoîtrez, par leurs perfides traits,
Combien Rome pour vous a d'ennemis secrets....

Des ennemis pour quelqu'un, c'est un solécisme et un barbarisme.

V. 21. Qui tous, pour Aristie enflammés de vengeance,
Avec Sertorius étoient d'intelligence.

Enflammés de vengeance pour, même faute.

V. 24. Madame, il est ici votre maître et le mien.

Quand même la situation serait intéressante, théâtrale, et terrible, elle ne pourrait émouvoir, parce que Perpenna n'est là qu'un misérable, qu'un vil délateur, et qu'on ne peut jouer un rôle plus bas et plus lâche.

V. 34. . . . . Seigneur, qu'allez-vous faire?
— Montrer d'un tel secret ce que je veux savoir.

Cette action de brûler des lettres est belle dans l'histoire, et fait un mauvais effet dans une tragédie. On apporte une bougie ; autrefois on apportait une chandelle.

V. 40. *Je n'y remettrai point le carnage et l'horreur.*

On ne *remet* point le carnage dans une ville comme on y remet la paix. *Le carnage et l'horreur*, termes vagues et usés qu'il faut éviter. Aujourd'hui tous nos mauvais versificateurs emploient le carnage et l'horreur à la fin d'un vers, comme les armes et les alarmes pour rimer.

V. der. *Je suis maître, je parle; allez, obéissez.*

Le froid qui règne dans ce dénoûment vient principalement du rôle bas et méprisable que joue Perpenna. Il est assez lâche pour venir accuser la femme de Pompée d'avoir voulu faire des ennemis à son mari dans le temps de son divorce, et assez imbécile pour croire que Pompée lui en saura gré dans le temps qu'il reprend sa femme.

Un défaut non moins grand, c'est que cette accusation contre Aristie est un faible épisode auquel on ne s'attend point.

C'est une belle chose dans l'histoire que Pompée brûle les lettres sans les lire ; mais ce n'est point du tout une chose tragique : ce qui arrive dans un cinquième acte sans avoir été préparé dans les premiers, ne fait jamais une impression violente.

Ces lettres sont une chose absolument étrangère à la pièce. Ajoutez à tous ces défauts contre l'art du théâtre que le supplice d'un criminel, et surtout d'un criminel méprisable, ne produit jamais aucun mouvement dans l'âme ; le spectateur ne craint ni n'espère. Il n'y a point d'exemple d'un dénoûment pareil qui ait remué l'âme, et il n'y en aura point. Aristote avait bien raison, et connaissait bien le cœur humain, quand il disait que le simple châtiment d'un coupable ne pouvait être un sujet propre au théâtre.

Encore une fois, le cœur veut être ému ; et quand on ne le trouble pas, on manque à la première loi de la tragédie.

Viriate parle noblement à Pompée ; mais des compliments finissent toujours une tragédie froidement. Toutes ces vérités sont dures, je l'avoue ; mais à qui dures ? à un homme qui n'est plus. Quel bien lui ferais-je en le flattant ? quel mal en disant vrai ? Ai-je entrepris un vain panégyrique ou un ouvrage utile ? Ce n'est pas pour lui que je réfléchis, et que j'écris ce que m'ont appris cinquante ans d'expérience ; c'est pour les auteurs et pour les lecteurs. Quiconque ne connaît pas les défauts, est incapable de connaître les beautés, et je répète ce que j'ai dit dans l'examen de presque toutes ces pièces, que la vérité est préférable à Corneille, et qu'il ne faut pas tromper les vivants par respect pour les morts. Je ne suis pas même retenu par la crainte de me voir soupçonné de sentir un plaisir secret à rabaisser un grand homme, dans la vaine idée de m'égaler à lui en l'avilissant : je me crois trop au-dessous de lui. Je dirai seulement ici que je parlerais avec plus de hardiesse et de force, si je ne m'étais pas exercé quelquefois dans l'art de Corneille.

J'ai dit ma pensée avec l'honnête liberté dont j'ai fait profession toute ma vie; et je sens si vivement ce que le père du théâtre a de sublime, qu'il m'est permis plus qu'à personne de montrer en quoi il n'est pas imitable.

SCÈNE VII.

V. 25. *Je renonce à la guerre ainsi qu'à l'hyménée.*

Cette tirade de Viriate est très à sa place, pleine de raison et de noblesse.

SCÈNE VIII ET DERNIÈRE.

V. 9. *Allons donner notre ordre à des pompes funèbres.*

Donner un ordre à des pompes, et, qui pis est, *notre ordre*.

REMARQUES SUR SOPHONISBE,

TRAGÉDIE REPRÉSENTÉE EN 1663.

Préface du Commentateur. — Il y a des points d'histoire qui paraissent au premier coup d'œil de beaux sujets de tragédie, et qui au fond sont presque impraticables : telles sont, par exemple, les catastrophes de Sophonisbe et de Marc-Antoine. Une des raisons qui probablement excluront toujours ces sujets de théâtre, c'est qu'il est bien difficile que le héros n'y soit avili. Massinisse, obligé de voir sa femme menée en triomphe à Rome, ou de la faire périr pour la soustraire à cette infamie, ne peut guère jouer qu'un rôle désagréable. Un vieux triumvir, tel qu'Antoine, qui se perd pour une femme telle que Cléopâtre, est encore moins intéressant, parce qu'il est plus méprisable.

La *Sophonisbe* de Mairet eut un grand succès; mais c'était dans un temps où non-seulement le goût du public n'était point formé, mais où la France n'avait encore aucune tragédie supportable.

Il en avait été de même de la *Sophonisbe* du Trissino; et celle de Corneille fut oubliée au bout de quelques années. Elle essuya dans sa nouveauté beaucoup de critiques, et eut des défenseurs célèbres; mais il paraît qu'elle ne fut ni bien attaquée ni bien défendue.

Le point principal fut oublié dans toutes ces disputes. Il s'agissait de savoir si la pièce était intéressante : elle ne l'est pas, puisque, malgré le nom de son auteur, on ne l'a point rejouée depuis quatre-vingts ans. Si ce défaut d'intérêt, qui est le plus grand de tous, comme nous l'avons déjà dit, était racheté par une scène semblable à celle de Sertorius et de Pompée, on pourrait la représenter encore quelquefois.

Il ne sera pas inutile de faire connaître ici le style de Mairet et de tous les auteurs qui donnèrent des tragédies avant le *Cid*.

Syphax, dès la première scène, reproche à Sophonisbe sa femme un amour *impudique* pour le roi Massinisse son ennemi. *Je veux bien*, lui dit-il, *que tu me méprises, et que tu en aimes un autre; mais*

> Ne pouvois-tu trouver où prendre tes plaisirs,
> Qu'en cherchant l'amitié de ce prince numide?

Sophonisbe lui répond :

> J'ai voulu m'assurer de l'assistance d'un
> A qui le nom libyque avec nous fût commun.

Ce même Syphax se plaint à son confident Philon de l'infidélité de son épouse; et Philon, pour le consoler, lui représente

> .... que c'est aux grandes âmes
> A souffrir de grands maux, et que femmes sont femmes.

Ensuite, quand Syphax est vaincu, Phénice, confidente de Sophonisbe, lui conseille de chercher à plaire au vainqueur; elle lui dit :

> Au reste, la douleur ne vous a point éteint
> Ni la clarté des yeux, ni la beauté du teint.
> Vos pleurs vous ont lavée; et vous êtes de celles
> Qu'un air triste et dolent rend encore plus belles.
> Vos regards languissants font naître la pitié,
> Que l'amour suit parfois, et toujours l'amitié;
> N'étant rien de pareil aux effets admirables
> Que font dans les grands cœurs des beautés misérables.
> Croyez que Massinisse est un vivant rocher,
> Si vos perfections ne le peuvent toucher.

Sophonisbe, qui n'avait pas besoin de ces conseils, emploie avec Massinisse le langage le plus séduisant, et lui parle même avec une dignité qui la rend encore plus touchante. Une de ses suivantes, remarquant l'effet que le discours de Sophonisbe a fait sur le prince, dit derrière elle à une autre suivante : *Ma compagne, il se prend;* et sa compagne lui répond : *La victoire est à nous, ou je n'y connais rien.*

Tel était le style des pièces les plus suivies; tel était ce mélange perpétuel de comique et de tragique, qui avilissait le théâtre : l'amour n'était qu'une galanterie bourgeoise; le grand n'était que du boursouflé; l'esprit consistait en jeux de mots et en pointes, tout était hors de la nature. Presque personne n'avait encore ni pensé ni parlé comme il faut dans aucun discours public.

Il est vrai que la *Sophonisbe* de Mairet avait un mérite très-nouveau en France; c'était d'être dans les règles du théâtre. Les trois unités, de lieu, de temps et d'action, y sont parfaitement observées. On regarda son auteur comme le père de la scène française : mais qu'est-ce que la régularité sans force, sans éloquence, sans grâce, sans décence? Il y a des vers naturels dans la pièce, et on admirait ce naturel qui approche du bas, parce qu'on ne connaissait point encore celui qui touche au sublime.

En général, le style de Mairet est ou ampoulé ou bourgeois. Ici c'est un officier du roi Massinisse qui, en annonçant que Sophonisbe est morte empoisonnée, dit au roi :

> Si Votre Majesté désire qu'on lui montre
> Ce pitoyable objet, il est ici tout contre ;
> La porte de sa chambre est à deux pas d'ici,
> Et vous le pourrez voir de l'endroit que voici.

Là, c'est Massinisse qui, en voyant Sophonisbe expirée, s'écrie en s'adressant aux yeux de cette beauté :

> Vous avez donc perdu ces puissantes merveilles
> Qui déroboient les cœurs et charmoient les oreilles,
> Clair soleil, la terreur d'un injuste sénat,
> Et dont l'aigle romain n'a pu souffrir l'éclat ;
> Doncques votre lumière a donné de l'ombrage, etc.

On ne faisait guère alors autrement des vers.

Dans ce chaos à peine débrouillé de la tragédie naissante, on voyait pourtant des lueurs de génie ; mais surtout ce qui soutint si longtemps la pièce de Mairet, c'est qu'il y a de la vraie passion. Elle fut représentée sur la fin de 1629[1], trois ans avant *le Cid*, et enleva tous les suffrages. Les succès en tout genre dépendent de l'esprit du siècle. Le médiocre est admiré dans un temps d'ignorance ; le bon est tout au plus approuvé dans un temps éclairé.

On fera peu de remarques grammaticales sur la *Sophonisbe* de Corneille, et on tâchera de démêler les véritables causes qui excluent cette pièce du théâtre.

AVERTISSEMENT AU LECTEUR.

« Depuis trente ans que M. Mairet a fait admirer sa *Sophonisbe* sur notre théâtre, elle y dure encore... ; elle a des endroits inimitables.... Le démêlé de Scipion avec Massinisse et le désespoir de ce prince sont de ce nombre. »

On voit que Corneille était alors raccommodé avec Mairet, ou qu'il craignait de choquer le public, qui aimait toujours l'ancienne *Sophonisbe*. C'est dans cette scène où Scipion fait à Massinisse des reproches de sa faiblesse, qu'on trouve ce vers énergique :

> Massinisse en un jour voit, aime, et se marie !

Ce vers est la critique de tant d'amours de théâtre, qui commencent au premier acte, et qui produisent un mariage au dernier.

1. Voltaire dit 1634 ; mais quand il se trompe sur la date d'une pièce, nous rectifions le chiffre dans le texte même. (ÉD.)

« Je ne m'aperçus point qu'on se scandalisât de voir, dans *Sertorius*, Pompée mari de deux femmes vivantes, dont l'une venoit chercher un second mari aux yeux mêmes de ce premier. »

C'est qu'Aristie est répudiée, et on la plaint ; Sophonisbe ne l'est pas, et on la blâme.

« J'aime mieux qu'on me reproche d'avoir fait mes femmes trop héroïnes.... que de m'entendre louer d'avoir efféminé mes héros par une docte et sublime complaisance au goût de nos délicats, qui veulent de l'amour partout. »

Ce n'est point Racine que Corneille désigne ici. Ce grand homme, qui n'a jamais efféminé ses héros, qui n'a traité l'amour que comme une passion dangereuse, et non comme une galanterie froide, pour remplir un acte ou deux d'une intrigue languissante ; Racine, dis-je, n'avait encore publié aucune pièce de théâtre : c'est de Quinault dont il est ici question. Le jeune Quinault venait de donner successivement *Stratonice*, *Amalasonte*, *le faux Tiberinus*, *Astrate*. Cet *Astrate* surtout, joué dans le même temps que *Sophonisbe*, avait attiré tout Paris, tandis que *Sophonisbe* était négligée. Il y a de très-belles scènes dans *Astrate* ; il y règne surtout de l'intérêt : c'est ce qui fit son grand succès. Le public était las de pièces qui roulaient sur une politique froide, mêlée de raisonnements sur l'amour et de compliments amoureux, sans aucune passion véritable. On commençait aussi à s'apercevoir qu'il fallait un autre style que celui dont les dernières pièces de Corneille sont écrites. Celui de Quinault était plus naturel et moins obscur. Enfin, ses pièces eurent un prodigieux succès, jusqu'à ce que l'*Andromaque* de Racine les éclipsât toutes. Boileau commença à rendre l'*Astrate* ridicule en se moquant de l'anneau royal, qui, en effet, est une invention puérile ; mais il faut convenir qu'il y a de très-belles scènes entre Sichée et Astrate.

SOPHONISBE,

TRAGÉDIE.

ACTE I.

SCÈNE I.

V. 5. ...... L'orgueil des Romains se promettoit l'éclat
D'asservir par leur prise et vous et tout l'État.

L'éclat d'asservir vous et tout l'État par une prise, solécisme et barbarisme.

V. 7. Syphax a dissipé par sa seule présence
De leur ambition la plus fière espérance.

La plus fière espérance d'une ambition, solécisme et barbarisme.

V. 12. Il les range en bataille au milieu de la plaine;
L'ennemi fait le même.

L'ennemi fait le même, barbarisme.

(*Fin de la scène.*) Vous voyez que l'exposition de la pièce est bien faite : on entre tout d'un coup en matière; on est occupé de grands objets. Les fautes de style, comme, *se promettre l'éclat d'asservir vous et l'État, étaler des menaces, envoyer un trompette, une heure à conférer*, sont des minuties, qu'il ne faut pas, à la vérité, négliger, mais qu'on ne doit pas reprendre sévèrement quand le beau est dominant.

SCÈNE II.

V. 2. ....Vos vœux pour la paix n'ont pas votre âme entière.

Des vœux qui n'ont pas une âme entière!

V. 23. Nous vaincrons, Herminie, etc.

Il y a des degrés dans le mauvais comme dans le bon. Cette tirade n'est pas de ce dernier degré qui étonne et qui révolte dans *Pertharite*, dans *Théodore*, dans *Attila*, dans *Agésilas* : mais si le plus plat des auteurs tragiques s'avisait de dire aujourd'hui : *Nos destins jaloux voudront faire quelque chose pour nous à leur tour; un amour qu'il m'a plu de trahir ne se trahira pas jusqu'à me haïr; et l'estime qu'on prend pour un autre mérite, et un ordre ambitieux d'un hymen*; et si enfin il étalait sans cesse tous ces misérables lieux communs de politique, y aurait-il assez de sifflets pour lui?

V. 29. Jamais à ce qu'on aime on n'impute d'offense, etc.

Le cœur est glacé dès cette scène. Ces dissertations sur l'amour, qui tiennent plus de la comédie que de la tragédie, ne conviennent ni à une femme qui aime véritablement, ni à une ambitieuse comme Sophonisbe; et Sophonisbe, qui dans cette scène trouve bon que Massinisse ne l'aime point, et qui ne veut pas qu'il en aime une autre, joue dès ce moment un personnage auquel on ne peut jamais s'intéresser.

V. 53. Ce reste ne va point à regretter ma perte,
Dont je prendrois encor l'occasion offerte.

Un reste qui ne va point à regretter une perte dont on prendrait encore l'occasion offerte! quelles expressions! quel style!

V. 96. Un esclave échappé nous fait toujours rougir.

Cette petite coquetterie comique et cette nouvelle dissertation sur les femmes, qui veulent toujours conserver leurs amants, sont si dé-

ACTE I, SCÈNE II.

placées, que la confidente a bien raison de lui dire, respectueusement, qu'elle est une capricieuse. Ce mot seul de *caprice* ôte au rôle de Sophonisbe toute la dignité qu'il devait avoir, détruit l'intérêt, et est un vice capital. Ajoutez à cette faute les défauts continuels de la diction, comme *Éryxe qui avance la douleur de Sophonisbe par sa joie; une nouveauté qui n'ose consoler de la déloyauté; un illustre refus; une perte devenue amère au dedans; Herminie qui ne comprend pas que peut importer à laquelle on veuille s'arrêter; un reste d'amour qui ne va point à regretter une perte dont on prendrait encore l'occasion offerte;* et tout ce galimatias absurde qu'on ne remarqua pas assez dans un temps où le goût des Français n'était pas encore formé, et qu'on ne remarque guère aujourd'hui, parce qu'on ne lit pas avec attention, et surtout parce que presque personne ne lit les dernières pièces de Corneille.

SCÈNE III.

V. 27. Rome nous auroit donc appris l'art de trembler.

On n'avait pas mis encore la peur au rang des arts.

V. 30. On ne voit point ici ce qui se passe à Rome.

On sent combien ce vers est ridicule dans une tragédie. Si on voulait remarquer tous les mauvais vers, la peine serait trop grande, et serait perdue.

(*Fin de la scène.*) Cette conversation politique entre deux femmes, leurs petites picoteries, n'élèvent l'âme du spectateur, ni ne la remuent; et le lecteur est rebuté de voir à tout moment de ces vers de comédie que Corneille s'est permis dans toutes ses pièces depuis *Cinna*, et que le succès constant de *Cinna* devait l'engager à proscrire de son style. On pourroit observer les solécismes, les barbarismes de ces deux femmes, et, ce qui est bien plus impardonnable, leur langage trivial et comique.

Il n'est pas permis de mettre dans une tragédie des vers tels que ceux-ci :

  Avez-vous en ces lieux quelque commerce? — Aucun.
  — D'où le savez-vous donc? — D'un peu de sens commun.
  On pourroit fort attendre: et durant cette attente
  Vous pourriez n'avoir pas l'âme la plus contente.
  On ne voit point d'ici ce qui se passe à Rome.
  Mais, madame, les dieux vous l'ont-ils révélé?
  . . . . L'âme la plus crédule
  D'un miracle pareil feroit quelque scrupule.
  . . . . Un succès hautement emporté,
  Qui mettroit notre gloire en plus d'égalité.
  Du reste, si la paix vous plaît ou vous déplaît,
  La bataille et la paix sont pour moi même chose, etc., etc.

C'est là ce que Saint-Évremond appelle parler avec dignité, c'est la véritable tragédie : et l'*Andromaque* de Racine est à ses yeux une pièce dans laquelle il y a des choses qui approchent du bon! Tel est le préjugé; telle est l'envie secrète qu'on porte au mérite nouveau sans presque s'en apercevoir. Saint-Évremond était né après Corneille, et avait vu naître Racine. Osons dire qu'il n'était digne de juger ni l'un ni l'autre. Il n'y a peut-être jamais eu de réputation plus usurpée que celle de Saint-Évremond.

SCÈNE IV.

V. der. Et je saurai, pour vous, vaincre ou mourir en roi.

Cette scène devrait être intéressante et sublime. Sophonisbe veut forcer son mari à prendre le parti de Carthage contre les Romains. C'est un grand objet, et digne de Corneille; si cet objet n'est pas rempli, c'est en partie la faute du style; c'est cette répétition, *m'aimez-vous, seigneur? oui, m'aimez-vous encore?* c'est cette imitation du discours de Pauline à Polyeucte :

> Moi qui, pour en étreindre à jamais les grands nœuds,
> Ai d'un amour si juste éteint les plus beaux feux[1],

imitation mauvaise; car le sacrifice que Pauline a fait de son amour pour Sévère est touchant, et le sacrifice de Massinisse, que Sophonisbe a fait à l'ambition, est d'un genre tout différent. Enfin, Syphax est faible, Sophonisbe veut gouverner son mari; la scène n'est pas assez fortement écrite, et tout est froid.

Je ne parle point de *Carthage abandonnée, qui vaut pour l'un et pour l'autre une grande journée;* je ne parle pas du style, qui devrait réparer les vices du fond, et qui les augmente.

ACTE II.

On retrouve dans ce second acte des étincelles du feu qui avait animé l'auteur de *Cinna* et de *Polyeucte*, etc. Cependant la pièce de Corneille n'eut qu'un médiocre succès, et la *Sophonisbe* de Mairet continua à être représentée. Je crois en trouver la raison jusque dans les beaux endroits même de la *Sophonisbe* de Corneille. Éryxe, cette ancienne maîtresse de Massinisse, démêle très-bien l'amour de Massinisse pour sa rivale : tout ce qu'elle dit est vrai; mais ce vrai ne peut toucher. Elle annonce elle-même que Sophonisbe est aimée : dès lors plus d'incertitude dans l'esprit du spectateur, plus de suspension, plus de crainte. Mairet avait eu l'art de tenir les esprits en suspens : on ne sait d'abord chez lui si Massinisse pardonnera ou non à sa captive. C'est beaucoup que, dans le temps grossier où Mairet écrivait, il devînt ce grand art d'intéresser. Sa pièce était à la vérité remplie de vers de comédie et de longues déclamations; mais ce goût subsista

---

1. C'est à son père, et non à Polyeucte, que Pauline fait cet aveu. (Éd.)

très-longtemps, et il n'y avait qu'un petit nombre d'esprits éclairés qui s'aperçussent de ces défauts. On aimait encore, ainsi que nous l'avons remarqué souvent, ces longues tirades raisonnées, qui, à l'aide de cinq ou six vers pompeux, et de la déclamation ampoulée d'un acteur, subjuguaient l'imagination d'un parterre, alors peu instruit, qui admirait ce qu'il entendait et ce qu'il n'entendait pas. Des vers durs, entortillés, obscurs, passaient à la faveur de quelques vers heureux. On ne connaissait pas la pureté et l'élégance continue du style.

La pièce de Mairet subsista donc, ainsi que plusieurs ouvrages de Desmarets, de Tristan, de Duryer, de Rotrou, jusqu'à ce que le goût du public fût formé.

La *Sophonisbe* de Corneille tomba ensuite comme les autres pièces de tous ces auteurs ; elle est plus fortement écrite, mais non plus purement ; et avec l'incorrection et l'obscurité continuelle du style, elle a le grand défaut d'être absolument sans intérêt, comme le lecteur peut le sentir à chaque page.

SCÈNE I.

(*Fin de la scène.*) On sent dans cette scène combien Éryxe est froide et rebutante.

J'aime donc Massinisse, et je prétends qu'il m'aime ;
Je l'adore, et je veux qu'il m'adore de même....
Pour juste aux yeux de tous qu'en puisse être la cause,
Une femme jalouse à cent mépris s'expose.
Plus elle fait de bruit, moins on en fait d'état.

Est-ce là une comédie de Montfleuri ? est-ce une tragédie de Corneille ?

SCÈNE II.

Cette scène est aussi froide et aussi comiquement écrite que la précédente. Massinisse est non-seulement *le maître de la ville, mais aussi des murs. Il voit céder les soins de la victoire aux douceurs de l'amour en ce reste de jour. Il n'aurait plus sujet d'aucune inquiétude, n'était qu'il ne peut sortir d'ingratitude.* Quand on fait parler ainsi ses héros, il faut se taire. Éryxe dit autant de sottises que Massinisse : j'appelle hardiment les choses par leur nom ; et j'ai cette hardiesse, parce que j'idolâtre les beaux morceaux du *Cid*, d'*Horace*, de *Cinna*, le *Polyeucte*, et de *Pompée*.

SCÈNE III.

(*Fin de la scène.*) Ce qui fait que cette petite scène de bravades entre Éryxe et Sophonisbe est froide, c'est qu'elle ne change rien à la situation, c'est qu'elle est inutile, c'est que ces deux femmes ne se bravent que pour se braver.

SCÈNE IV

V. 1. .... Pardonnez-vous à cette inquiétude
Que fait de mon destin la triste incertitude?

On a dit que ce qui déplut davantage dans la *Sophonisbe* de Corneille, c'est que cette reine épouse le vainqueur de son mari le même jour que ce mari est prisonnier. Il se peut qu'une telle indécence, un tel mépris de la pudeur et des lois, ait révolté tous les esprits bien faits. Mais les actions les plus condamnables, les plus révoltantes, sont très-souvent admises dans la tragédie, quand elles sont amenées et traitées avec un grand art. Il n'y en a point du tout ici ; et les discours que se tiennent ces deux amants n'étaient pas capables de faire excuser ce second mariage dans la maison même qu'habite encore le premier mari.

Pardonnez, monsieur, à l'inquiétude que l'incertitude de mon destin fait. Jugez l'excès de ma confusion. Si ce qu'on vit d'intelligence entre nous ne nous convaincra point d'une vengeance indigne. Mais plus l'injure est grande, d'autant mieux éclate la générosité de servir une ingrate, mise par votre bras lui-même hors d'état d'en reconnaître l'éclat.

Cet horrible galimatias, hérissé de solécismes, est-il bien propre à faire pardonner à Sophonisbe l'insolente indécence de sa conduite?

On ne peut excuser Corneille qu'en disant qu'il a fait *Cinna*.

(*Fin de la scène.*) Scène froide encore, parce que le spectateur sait déjà quel parti a pris Massinisse, parce qu'elle est dénuée de grandes passions et de grands mouvements de l'âme.

SCÈNE V.

V. 16. Mais comme enfin la vie est bonne à quelque chose,
Ma patrie elle-même à ce trépas s'oppose.

La vie est bonne à quelque chose! quels discours et quels raisonnements!

(*Fin de la scène.*) Scène plus froide encore, parce que Sophonisbe ne fait que raisonner avec sa confidente sur ce qui vient de se passer. Partout où il n'y a ni crainte, ni espérance, ni combats de cœur, ni infortunes attendrissantes, il n'y a point de tragédie. Encore si la froideur était un peu ranimée par l'éloquence de la poésie! mais une prose incorrecte et rimée ne fait qu'augmenter les vices de la construction de la pièce.

ACTE III.

SCÈNE I.

V. 1. Oui, seigneur, j'ai donné vos ordres à la porte, etc.

Mêmes défauts partout. Quel fruit tirerait-on des remarques que nous pourrions faire? Il n'y a que le bon qui mérite d'être discuté.

ACTE III, SCÈNE I.

(*Fin de la scène.*) Scène froide, parce qu'elle ne change rien à la situation de la scène précédente, parce qu'un subalterne rapporte en subalterne un discours inutile de l'inutile Éryxe, et qu'il est fort indifférent que cette Éryxe ait prononcé ou non ce vers comique :

Le roi n'use pas mal de mon consentement.

SCÈNE II.

(*Fin de la scène.*) Scène froide encore, par la même raison qu'elle n'apporte aucun changement, qu'elle ne forme aucun nœud, que les personnages répètent une partie de ce qu'ils ont déjà dit, qu'on ne s'intéresse point à Éryxe, qu'elle ne fait rien du tout dans la pièce. Ce sont les Romains, et non pas Éryxe, que Massinisse doit craindre ; qu'elle se plaigne ou qu'elle ne se plaigne pas, les Romains voudront toujours mener Sophonisbe en triomphe. Mais le pis de tout cela, c'est qu'on ne saurait plus mal écrire. La première loi quand on fait des vers, c'est de les faire bons.

SCÈNE III.

(*Fin de la scène.*) Nouvelles bravades inutiles, qui rendent cette scène aussi froide que les autres.

SCÈNE IV.

(*Fin de la scène.*) Scène encore froide. Sophonisbe semble y craindre en vain la vengeance d'Éryxe, qui n'est point en état de se venger, qui ne joue d'autre personnage que celui d'être délaissée, qui ne parle pas même aux Romains, qui, comme on l'a déjà remarqué, ne produit rien du tout dans la pièce.

SCÈNE VI.

V. 97. Votre exemple est ma loi ; vous vivez et je vi.

Il est bon que dans la poésie on puisse supprimer ou ajouter des lettres selon le besoin, sans nuire à l'harmonie : *je fai, je vi, je croi, je doi,* pour *je fais, je vis, je crois, je dois,* etc.

(*Fin de la scène.*) Cette scène n'est pas de la froideur des autres, par cette seule raison que la situation est embarrassante ; mais cette situation n'est ni noble, ni tragique ; elle est révoltante, elle tient du comique. Un vieux mari qui vient revoir sa femme, et qui la trouve mariée à un autre, ferait aujourd'hui un effet très-ridicule. On n'aime de telles aventures que dans les contes de La Fontaine et dans des farces. Les mots de *roi,* de *couronne,* de *diadème,* loin de mettre de la dignité dans une aventure si peu tragique, ne servent qu'à faire mieux sentir le contraste de la tragédie et de la comédie. Syphax est si prodigieusement avili, qu'il est impossible qu'on prenne à lui le moindre intérêt. Pour peu qu'on pèse toutes ces raisons, on verra qu'à la longue une nation éclairée est toujours juste, et que c'est en se formant le goût que le public a rejeté *Sophonisbe*.

ACTE IV.

SCÈNE II.

(*Fin de la scène.*) Si le vieux Syphax a été humilié avec sa femme, il l'est bien plus avec Lælius en demandant pardon d'avoir combattu les Romains, et s'excusant sur son *imbécile et sévère esclavage*, sur *ses cheveux gris*, sur *les ardeurs ramassées dans ses veines glacées*.

On demande pourquoi il n'est pas permis d'introduire dans la tragédie des personnages bas et méprisables. La tragédie, dit-on, doit peindre les mœurs des grands ; et parmi les grands il se trouve beaucoup d'hommes méprisables et ridicules. Cela est vrai ; mais ce qu'on méprise ne peut jamais intéresser : il faut qu'une tragédie intéresse ; et ce qui est fait pour le pinceau de Téniers ne l'est pas pour celui de Raphaël.

SCÈNE IV.

V. 93. Vous parlez tant d'amour, qu'il faut que je confesse
Que j'ai honte pour vous de voir tant de foiblesse, etc.

Il y a bien de la force et de la dignité dans les vers suivants ; c'est ce morceau singulier, ce sont quelques autres tirades contre la passion de l'amour, qui ont fait dire assez mal à propos que Corneille avait dédaigné de représenter ses héros amoureux. Le discours de Lælius est noble, et a quelque chose de sublime ; mais vous sentez que plus il est grand, plus il rend Massinisse petit. Massinisse est le premier personnage de la pièce, puisque c'est lui qui est passionné et infortuné. Dès que ce premier personnage devient un subalterne traité avec mépris par son supérieur, il ne peut plus être souffert : il est impossible, comme on l'a déjà dit, de s'intéresser à ce qu'on méprise. Quand le vieux don Diègue dit à Rodrigue, son fils :

L'amour n'est qu'un plaisir, l'honneur est un devoir [1],

il n'avilit point Rodrigue, il le rend même plus intéressant, en mettant aux prises sa passion et l'amour filial ; mais si un envoyé de Pompée venait reprocher à Mithridate sa faiblesse pour Monime, s'il insultait avec une dérision amère au ridicule d'un vieillard amoureux, jaloux de ses deux enfants, Mithridate ne serait plus supportable.

Il paraît que Lælius se moque continuellement de Massinisse, et que ce prince n'exprime ni assez ce qu'il doit dire, ni assez bien ce qu'il dit.

Quel ridicule espoir en garderoit mon âme,
Si votre dureté me refuse ma femme?
Est-il rien plus à moi, rien plus à balancer?

[1]. *Le Cid*, acte III, scène VI. (ÉD.)

ACTE IV, SCÈNE IV.

Lælius répond à ces vers comiques que sa femme n'est point sa femme ; le Numide ne parle alors que de son amour fidèle, de ce qu'un digne amour donne d'impatience, des amours de Mars et de Jupiter : il dit qu'il ne veut régner et vivre que dans les bras de Sophonisbe : il parle beaucoup plus tendrement de sa passion pour elle à Lælius, qu'il n'en parle à elle-même ; et par là il redouble le mépris que Lælius lui témoigne. C'était là pourtant une belle occasion de répondre avec dignité à Lælius, de faire valoir les droits des rois et des nations, d'opposer la violence africaine à la grandeur romaine, de repousser l'outrage par l'outrage, au lieu de jouer le rôle d'un valet qui s'est marié sans la permission de son maître. Il soutient ce malheureux personnage dans la scène suivante avec Sophonisbe ; il la prie de venir demander grâce avec lui à Scipion : et enfin la faiblesse de ses expressions ne répond que trop à celle de son âme.

(*Fin de la scène.*) Massinisse paraît dans un avilissement encore plus grand que Syphax ; il vient se plaindre de ce qu'on lui prend sa femme ; il fait l'apologie de l'amour devant le lieutenant de Scipion ; et il fait cette apologie en vers comiques : *Pour aimer à notre âge, en est-on moins parfait?* etc. ; et Lælius, qui ne paraît là que pour dire qu'il ne faut point aimer, joue un rôle aussi froid que celui de Massinisse est humiliant.

SCÈNE V.

V. 72. Allons, allons, madame, essayer aujourd'hui
    Sur le grand Scipion ce qu'il a craint pour lui.

Quoi ! Massinisse, apprenant que le jeune Scipion arrive, conseille à sa femme d'aller lui faire des coquetteries, et de tâcher d'avoir en un jour trois maris ! Sophonisbe répond noblement ; mais toute la grandeur de Corneille ne pourrait ennoblir cette scène qui commence par une proposition si lâche et si ridicule.

SCÈNE VI.

V. 1. Douterez-vous encor, seigneur, qu'elle vous aime ?
    — Mézétulle, il est vrai, son amour est extrême.

Il serait à souhaiter qu'il le fût, il y aurait au moins quelque intérêt dans la pièce ; mais Sophonisbe n'a point du tout cette *illustre faiblesse* dont Massinisse l'a priée de faire voir les douceurs. Elle ne lui a dit qu'un mot un peu tendre : elle a toujours grand soin de persuader qu'elle n'aime que sa grandeur.

ACTE V.

SCÈNE I.

V. 32. Tous les cœurs ont leur foible, et c'étoit là le mien.

Toutes les scènes précédentes ayant été si froides, il est impossible que ce cinquième acte ne le soit pas. Sophonisbe elle-même avertit qu'elle n'avait point de passion, qu'elle n'avait que la folle ardeur de braver sa rivale ; que c'était là son *suprême bien* et son *faible ;* un tel faible n'est nullement tragique.

Elle a donc un caractère aussi froid que ses deux maris, puisque de son aveu elle n'a qu'un *caprice* sans grandeur d'âme et sans amour.

SCÈNE II.

(*Fin de la scène.*) Comment se peut-il faire qu'une scène où un mari envoie du poison à sa femme soit froide et comique? C'est que cette femme lui renvoie son poison, après que ce poison lui a été présenté comme un message tout ordinaire ; c'est qu'elle lui fait dire qu'il n'a qu'à s'empoisonner lui-même. Après une si étrange scène, tout ce qui peut étonner, c'est qu'il se soit trouvé autrefois des défenseurs de cette tragédie ; et ce qui serait plus étonnant, c'est qu'on la rejouât aujourd'hui.

SCÈNE IV.

(*Fin de la scène.*) Cette scène paraît au-dessous de toutes les précédentes par la raison même qu'elle devait être touchante. Une femme à qui son mari envoie du poison, et qui en fait confidence à sa rivale, semble devoir produire quelques grands mouvements, quelque changement surprenant de fortune, quelque catastrophe ; mais cette confidence, faite froidement et reçue de même, ne produit qu'un vers de comédie :

Que voulez-vous, madame, il faut s'en consoler.

Les expressions les plus simples dans de grands malheurs sont souvent les plus nobles et les plus touchantes ; mais nous avons déjà remarqué combien il faut craindre, en cherchant le simple, de tomber dans le comique et dans le bas.

SCÈNE V.

(*Fin de la scène.*) Cette fin de la pièce est, quant au fond, très-inférieure à celle de Mairet : car du moins Massinisse, dans Mairet, est au désespoir ; il montre aux Romains sa femme expirante, et il se tue auprès d'elle ; mais ici Sophonisbe parle de Massinisse comme du dernier des hommes, et cet homme si méprisé épouse Éryxe. La pièce de Corneille finit donc par le mariage de deux personnages dont personne ne se soucie ; et Corneille a si bien senti combien Massinisse est bas et odieux, qu'il n'ose le faire paraître ; de sorte qu'il ne reste sur la scène qu'un Lælius qui ne prend nulle part au dénoûment, la froide Éryxe, et des subalternes.

SCÈNE VIII ET DERNIÈRE.

V. 37. Elle meurt à mes yeux, mais elle meurt sans trouble,
Et soutient, en mourant, la pompe d'un courroux
Qui semble moins mourir que triompher de nous.

La pompe d'un courroux qui semble moins mourir que triompher!

On voit assez que c'est là de l'enflure dépourvue du mot propre, et qu'un courroux n'est pas pompeux. Éryxe répond avec noblesse et avec convenance. Il eût été à désirer que la pièce finît par ce discours d'Éryxe, ou que Lælius eût mieux parlé; car qu'importe qu'*on aille voir Scipion et Massinisse?*

V. der. Madame, encore un coup, laissons en faire au temps,

n'est pas une fin heureuse. Les meilleures sont celles qui laissent dans l'âme du spectateur quelque idée sublime, quelque maxime vertueuse et importante, convenable au sujet ; mais tous les sujets n'en sont pas susceptibles.

On n'a point remarqué tous les défauts dans les détails, que le lecteur remarque assez. La pièce en est pleine; elle est très-froide, très-mal conçue, et très-mal écrite.

REMARQUES SUR OTHON,

TRAGÉDIE REPRÉSENTÉE EN 1664.

Préface du commentateur. — Il ne faut guère en croire sur un ouvrage ni l'auteur, ni ses amis, encore moins les critiques précipitées qu'on en fait dans la nouveauté. En vain Corneille dit, dans sa préface, que cette pièce égale ou passe la meilleure des siennes; en vain Fontenelle fait l'éloge d'*Othon* : le temps seul est juge souverain; il a banni cette pièce du théâtre. Il y en a sans doute une raison qu'il faut chercher; je n'en connais point de meilleure que l'exemple de *Britannicus*. Le temps nous a appris que quand on veut mettre la politique sur le théâtre, il faut la traiter comme Racine, y jeter de grands intérêts, des passions vraies, et de grands mouvements d'éloquence, et que rien n'est plus nécessaire qu'un style pur, noble, coulant et égal, qui se soutienne d'un bout de la pièce à l'autre. Voilà tout ce qui manque à *Othon*.

Avouons que cette tragédie n'est qu'un arrangement de famille; on ne s'y intéresse pour personne; il y est beaucoup parlé d'amour, et cet amour même refroidit le lecteur. Lorsque ce ressort, qui devrait attacher, a manqué son effet, la pièce est perdue.

Il est dit dans l'*Histoire du Théâtre*, à l'article *Othon*, que Corneille refit trois fois le cinquième acte : j'ai de la peine à le croire ; mais si la chose est vraie, elle prouve qu'il fallait le refaire une quatrième fois, ou plutôt qu'il était impossible de tirer un cinquième acte intéressant d'un sujet ainsi arrangé. Corneille ne refit pas trois fois la première scène du premier acte, qui est pleine de très-grandes beautés. Quand le sujet porte l'auteur, il vogue à pleines voiles; mais quand l'auteur porte le sujet, quand il est accablé du poids de la difficulté, et refroidi par le défaut d'intérêt qu'il ne peut se dissimuler à lui-même, alors tous ses efforts sont inutiles. Corneille pouvait être d'abord échauffé par le beau portrait que fait Tacite de la cour de Galba, et par le discours qu'il prête à cet empereur.

Le nom de Rome était encore quelque chose d'important. Corneille avait assez d'invention pour former une intrigue de cinq actes, mais tout cela n'avait rien d'attachant ni de tragique; il le sentit, sans doute, plus d'une fois en composant; et quand il fut au cinquième acte, il se vit arrêté. Il s'aperçut trop tard que ce n'était pas là une tragédie. Racine lui-même aurait échoué dans un sujet pareil.

OTHON,

TRAGÉDIE.

ACTE I.

SCÈNE I.

Il y a peu de pièces qui commencent plus heureusement que celle-ci; je crois même que de toutes les expositions celle d'*Othon* peut passer pour la plus belle; et je ne connais que l'exposition de *Bajazet* qui lui soit supérieure.

V. 41. Je les voyois tous trois se hâter sous un maître,
Qui, chargé d'un long âge, a peu de temps à l'être,
Et tous trois à l'envi s'empresser ardemment
A qui dévoreroit ce règne d'un moment.

Corneille n'a jamais fait quatre vers plus forts, plus pleins, plus sublimes; et c'est en partie ce qui justifie la liberté que je prends de préférer cette exposition à celles de toutes ses autres pièces. A la vérité, il y a quelques vers familiers et négligés dans cette première scène, quelques expressions vicieuses, comme, *le mérite et le sang font un éclat en vous;* on ne dit point, *faire un éclat dans quelqu'un.*

V. 44. A qui dévoreroit ce règne d'un moment.

La beauté de ce vers consiste dans cette métaphore rapide du mot *dévorer;* tout autre terme eût été faible; c'est là un de ces mots que Despréaux appelait *trouvés*. Racine est plein de ces expressions dont il a enrichi la langue. Mais qu'arrive-t-il? bientôt ces termes neufs et originaux, employés par les écrivains les plus médiocres, perdent leur premier éclat qui les distinguait; ils deviennent familiers; alors les hommes de génie sont obligés de chercher d'autres expressions, qui souvent ne sont pas si heureuses. C'est ce qui produit le style forcé et sauvage dont nous sommes inondés. Il en est à peu près comme des modes : on invente pour une princesse une parure nouvelle ; toutes les femmes l'adoptent; on veut ensuite renchérir, et on invente du bizarre plutôt que de l'agréable.

V. 91. *Il se vengeroit même à la face des dieux.*

A la face des dieux, est ce qu'on appelle une cheville ; il ne s'agit point ici de dieux et d'autels. Ces malheureux hémistiches qui ne disent rien, parce qu'ils semblent en trop dire, n'ont été que trop souvent imités.

V. 102. *Seigneur, en moins de rien il se fait des miracles,*

est un vers comique; mais ces petits défauts, qui rendraient une mauvaise scène encore plus mauvaise, n'empêchent pas que celle-ci ne soit claire, vigoureuse, attachante ; trois mérites très-rares dans les expositions.

Cette première scène d'*Othon* prouve que Corneille avait encore beaucoup de génie. Je crois qu'il ne lui a manqué que d'être sévère pour lui-même, et d'avoir des amis sévères. Un homme capable de faire une telle scène pouvait assurément faire encore de bonnes pièces. C'est un très-grand malheur, il faut le redire, que personne ne l'avertît qu'il choisissait mal ses sujets, que ces dissertations politiques n'étaient pas propres au théâtre, qu'il fallait parler au cœur, observer les règles de la langue, s'exprimer avec clarté et avec élégance, ne jamais rien dire de trop, préférer le sentiment au raisonnement : il le pouvait, il ne l'a fait dans aucune de ses dernières pièces. Elles donnent de grands regrets.

SCÈNE II.

V. 1. *Je crois que vous m'aimez, seigneur, et que ma fille*
Vous fit prendre intérêt en toute la famille, etc.

La pièce commence à faiblir dès cette seconde scène. On voit trop que la tragédie ne sera qu'une intrigue de cour, une cabale pour donner un successeur à Galba. C'est là de quoi fournir une douzaine de lignes à un historien, et quelques pages à des écrivains d'anecdotes ; mais ce n'est pas là un sujet de tragédie. *Othon* est beaucoup moins théâtral que *Sophonisbe*, et bien moins heureux encore que *Sertorius*. *Agésilas*, qui suit, est moins théâtral encore qu'*Othon*. Le succès est presque toujours dans le sujet; ce qui le prouve, c'est que *Théodore*, *Sophonisbe*, *la Toison d'or*, *Pertharite*, *Othon*, *Agésilas*, *Suréna*. *Pulchérie*, *Bérénice*, *Attila*, pièces que le public a proscrites, sont écrites à peu près du même style que *Rodogune*, dont on revoit le cinquième acte et quelques autres morceaux avec tant de plaisir. Ce sont quelquefois les mêmes beautés, et toujours les mêmes défauts dans l'élocution.

Partout vous trouverez des pensées fortes et des idées alambiquées, de la hauteur et de la familiarité, de l'amour mêlé de politique, quelques vers heureux, et beaucoup de mal faits, des raisonnements, des contestations, des bravades. Il est impossible de ne pas reconnaître la même main. D'où peut donc venir la différence du succès, si ce n'est du fond même du dessin ? Les défauts de style, qui ne se remarquent pa dans le beau spectacle du cinquième acte de *Rodogune*, se font sentir quand le sujet ne les couvre pas, quand l'esprit du spectateur refroidi a la liberté d'examiner la diction, l'inconvenance, l'irrégularité des phrases, les solécismes. Je sais bien qu'*Œdipe* était un très-beau sujet ; mais ce n'est pas le sujet de Sophocle que Corneille a traité. c'est l'amour de Thésée et de Dircé, mêlé avec la fable d'Œdipe ; c'est une froide politique, jointe à un froid amour, qui rend tant de pièces insipides.

« Une jeune fille qui fait prendre intérêt en toute la famille ; des devoirs dont s'empresse un amant ; Galba qui refuse son ordre à l'effet de nos vœux ; de l'air dont nous nous regardons ; une vérité qu'on voit trop manifeste ; du tumulte excité ; Vitellius qui arrive avec sa force unie ; ce qu'il a de vieux corps ; de qui se l'immola ; ramener les esprits par un jeune empereur ; il ira du côté de Lacus ; il a remis exprès à tantôt d'en résoudre ; ces grands jaloux ; un œil bas ; une princesse qui s'est mise à sourire ; » tout cela est à la vérité très-défectueux. Le fond du discours de Vinius est raisonnable ; mais ce n'est pas assez.

V. 87. . . . . Il est d'autres Romains,
Seigneur, qui sauront mieux appuyer vos desseins....
Et qui seront ravis de vous devoir l'empire.
— . . . . Sans Plautine
L'amour m'est un poison, le bonheur m'assassine.
. . . . Les douceurs du pouvoir souverain
Me sont d'affreux tourments, s'il m'en coûte ma main....
Vous voulez que je règne, et je ne sais qu'aimer.

Je ne remarquerai que ces étranges vers dans cette scène ; ils sont en partie le sujet de la pièce. Othon est amoureux ; car, quoi qu'on en dise, encore une fois, il n'y a aucun des héros de Corneille qui ne le soit ; mais il est amoureux froidement. Il n'a d'abord demandé la fille de Vinius que par politique ; il n'a pas de ces passions violentes, qui seules réussissent au théâtre, et qui seules font pardonner le refus d'un empire. Il a commencé par étaler la profondeur d'un courtisan habile Il parle à présent comme un jeune homme passionné et tendre. Il dé ment le caractère qu'il a fait paraître dans la première scène ; et l même homme qui se fera nommer empereur et qui détrônera Galba renonce ici à l'empire. Le spectateur ne croit guère à cet amour ; il ne s'y intéresse pas. Un des meilleurs connaisseurs, en lisant *Othon* pour la première fois, dit à cette seconde scène : « Il est impossible que la pièce ne soit froide ; » et il ne se trompa point. En effet, ces craintes éloignées que montre Vinius de ce qui peut arriver un jour ne sont point un assez grand ressort. Il faut craindre des périls présents et véritables dans la tragédie, sans quoi tout languit, tout ennuie.

SCÈNE III.

V. 1.   Non pas, seigneur, non pas ; quoi que le ciel m'envoie,
        Je ne veux rien tenir d'une honteuse voie.

Cette troisième scène justifie déjà ce qu'on doit prévoir, que ce n'est pas là une tragédie. Plautine écoutait à la porte, et elle vient interrompre son père, pour dire en vers durs et obscurs qu'elle ne voudrait point un jour épouser son amant, si cet amant marié à une autre ne pouvait revenir à elle que par un divorce. Non-seulement c'est manquer à la bienséance, mais quel faible intérêt, quel froid sujet d'une scène, qu'une fille qui, sans être appelée, vient dire à son père devant son amant ce qu'elle ferait un jour, si ce froid amant voulait l'épouser en troisièmes noces! Elle serait en effet la troisième femme d'Othon, qui l'épouserait après avoir répudié Poppée et Camille.

V. 7.   .... Je vaincrai l'horreur d'un si cruel devoir, etc.

Vaincre l'horreur d'un si cruel devoir; ce qu'à ses désirs elle fait de violence, pour fuir les appas honteux d'une espérance indigne; la vertu qui dompte et bannit l'amour, et n'en souffre qu'un vertueux retour. Ce sont là des expressions qui affaibliraient les plus beaux sentiments.

V. 16. Quittez vos yeux de père, et prenez-en d'amant.

Ce vers ne prépare pas un intérêt tragique, et ce défaut revient souvent dans toutes ces dernières tragédies.

SCÈNE IV.

V. 2.   .... S'il faut prévenir ce mortel déshonneur,
        Recevez-en l'exemple, etc.

Othon qui veut se tuer ainsi au premier acte pour une crainte imaginaire, et pour une maîtresse, excite plutôt le rire que la terreur ; rien n'est jamais plus mal reçu au théâtre qu'un désespoir mal placé, et qu'on n'attendait pas d'un homme qui n'a d'abord parlé que de politique. Ajoutons que cette scène entre Othon et Plautine est très-faible. Je remarque que Plautine conseille ici à Othon précisément la même chose qu'Atalide à Bajazet : mais quelle différence de situation, de sentiments, et de style ! Bajazet est réellement en danger de sa vie, et Othon ne court ici qu'un danger chimérique. Plautine est raisonneuse et froide. Atalide est touchante et a autant de délicatesse que d'amour. Enfin, ce qui est de la plus grande importance, les vers de Corneille ne valent rien, et ceux de Racine sont parfaits dans leur genre. Comparez (rien ne forme plus le goût), comparez aux vers d'Atalide ces vers de **Plautine** :

Et n'aspire qu'au bien d'aimer et d'être aimé.
— Qu'un tel épurement demande un grand courage!...
Et se croit mal aimé, s'il n'en a l'assurance....
Et que de votre cœur vos yeux indépendants
Triomphent comme moi des troubles du dedans.
— Conservez-moi toujours l'estime et l'amitié.

C'est le style, c'est la diction qui fait tout dans les scènes où le spectateur est assez tranquille pour réfléchir sur les vers ; et encore est-il nécessaire de ne point négliger la diction dans les situations les plus frappantes du théâtre. En un mot, il faut toujours bien écrire.

V. 22. Il est un autre amour dont les vœux innocents
S'élèvent au-dessus du commerce des sens.

Encore des dissertations métaphysiques sur l'amour : quel mauvais goût! C'était l'esprit du temps, dit-on ; mais il faut dire encore que la nation française est la seule qui ait eu cette malheureuse espèce d'esprit. Cela est bien pis que les *concetti* qu'on reprochait aux Italiens.

ACTE II.

SCÈNE I.

V. 1. Dis-moi donc, lorsqu'Othon s'est offert à Camille,
A-t-il paru contraint? a-t-elle été facile ?
Son nommage auprès d'elle a-t-il eu plein effet?
Comment l'a-t-elle pris, et comment l'a-t-il fait? etc.

Racine a encore pris entièrement cette situation dans sa tragédie de *Bajazet*. Atalide a envoyé son amant à Roxane ; elle s'informe en tremblant du succès de cette entrevue qu'elle a ordonnée elle-même, et qui doit causer sa mort. La délicatesse de ses sentiments, les combats de son cœur, ses craintes, ses douleurs, sont exprimés en vers si naturels, si aisés, si tendres, que ces vraies beautés charment tous les lecteurs.

Mais ici, Corneille commence sa scène par quatre vers dont le ridicule est si extrême, qu'on n'ose plus même les citer dans des ouvrages sérieux : *Dis-moi donc, lorsqu'Othon*, etc.

Pauline exprime les mêmes sentiments qu'Atalide :

En regardant son change ainsi que mon ouvrage, etc.

Atalide est dans des circonstances absolument semblables ; mais c'est précisément dans ces mêmes situations qu'on voit la prodigieuse différence qu'il y a entre le sentiment et le raisonnement, entre l'élégance et la dureté du style, entre cet art charmant qui développe avec une vérité si touchante tous les replis du cœur, et la vaine déclamation ou la sécheresse.

ACTE II, SCÈNE I. 213

V. 27. Othon à la princesse a fait un compliment,
Plus en homme de cour qu'en véritable amant, etc....

V. 54. Mais la civilité n'est qu'amour en Camille,
Comme en Othon, l'amour n'est que civilité.

Toute cette tirade est entièrement du style de la comédie, mais de la comédie froide et dénuée d'intérêt. *L'amour qui est civilité dans Othon, et la civilité qui est amour dans Camille*, est si éloigné de la tragédie, qu'on ne conçoit guère comment Corneille a pu y faire entrer de pareilles phrases et de pareilles idées.

V. 33. Ses gestes concertés, ses regards de mesure,
N'y laissoient aucun mot aller à l'aventure....
Jusque dans ses soupirs la justesse régnoit,
Et suivoit pas à pas un effort de mémoire, etc.

Qu'est-ce que *des regards de mesure, et la justesse qui règne dans des soupirs?* et comment cette *justesse de soupirs* peut elle suivre un *effort de mémoire?* Othon a-t-il appris par cœur un long compliment? De tels vers ne seraient tolérables en aucun genre de poésie. Que veut dire Mme de Sévigné, quand elle dit : *Racine n'ira pas loin; pardonnons de mauvais vers à Corneille?* Non ; il ne faut pas pardonner des pensées fausses très-mal exprimées, il faut être juste.

SCÈNE II.

V. 1. .... Que venez-vous m'apprendre?

Corneille, qu'on a voulu faire passer pour un poète qui dédaignait d'introduire l'amour sur la scène, était tellement accoutumé à faire parler d'amour ses héros, qu'il représente ici un vieux ministre d'État comme amoureux de Plautine ; et cette Plautine lui répond, par des injures. On peut, dans les mouvements violents d'une passion trahie, et dans l'excès du malheur, s'emporter en reproches ; mais Plautine n'a aucune raison de parler ainsi au premier ministre de l'empereur qui la demande en mariage : ce trait est contre la bienséance et contre la raison : ce qui est bien plus extraordinaire, c'est que Martian, à qui Plautine fait le plus sanglant outrage, en lui reprochant très-mal à propos sa naissance, lui dit ensuite : *Madame, encore un coup, souffrez que je vous aime*. L'amour de ce ministre, les réponses de Plautine, et tout ce dialogue, révoltent et refroidissent. Ce n'est là ni peindre les hommes comme ils sont ni comme ils doivent être, ni les faire parler comme ils doivent parler.

V. 15. Votre âme, en me faisant cette civilité,
Devroit l'accompagner de plus de vérité, etc.

Une âme qui fait une civilité ; le mal qui vient à un vieux ministre d'État (et c'est le mal d'amour) ; et Plautine qui répond à ce ministre, *qu'il n'a point changé de visage ;* et l'autre qui réplique, *qu'il a l'oreille du grand maître*

Que dire d'un tel dialogue? On est obligé de faire un commentaire : que ce commentaire au moins serve à faire connaître que son auteur rend justice : il ne connaît aucune occasion où l'on doive déguiser la vérité. Plautine montre de la hauteur ; et si cette hauteur menait à quelque chose de tragique, elle pourrait faire impression. Remarquons encore que de la hauteur n'est pas de la grandeur.

SCÈNE III

V. 1. Madame, enfin Galba s'accorde à vos souhaits,
Et j'ai tant fait sur lui, que dès cette journée
De vous avec Othon il consent l'hyménée.
— Qu'en dites-vous, seigneur, etc....

V. 11. .... Sa grande âme
Me faisoit tout à l'heure un présent de sa flamme....

V. 17. Comme en de certains temps il fait bon s'expliquer,
En d'autres il vaut mieux ne s'y point embarquer.

Tout ce qu'on peut remarquer, c'est que, *j'ai tant fait sur lui*, est un barbarisme et une expression basse ; que le *qu'en dites-vous* de Plautine est une ironie comique ; que *sa grande âme qui fait un présent de sa flamme*, est très-vicieux ; qu'*il fait bon s'expliquer*, est bourgeois ; et que la scène est très-froide.

SCÈNE IV

V. 35. Il sait trop ménager ses vertus et ses vices;
Il étoit, sous Néron, de toutes ses délices, etc.

Le portrait d'Othon est très-beau dans cette scène. Il est permis à un auteur dramatique d'ajouter des traits aux caractères qu'il dépeint, et d'aller plus loin que l'histoire. Tacite dit d'Othon : *Pueritiam incuriose, adolescentiam petulanter egerat ; gratus Neroni æmulatione luxus..... In provinciam specie legationis seposuit.... comiter administrata provincia.* « Son enfance fut paresseuse, sa jeunesse débauchée ; il plut à Néron en imitant ses vices et son luxe. S'étant exilé lui-même dans la Lusitanie, dont il était gouverneur, il s'y comporta avec humanité. »

Cette scène serait intéressante si elle produisait de grands événements. Les fautes sont, *l'amitié ressaisie de trois cœurs, que ce nœud la retienne d'ajouter, ou près de cette belle*, et quelques autres expressions qui ne sont ni assez nobles, ni assez correctes.

V. 66. S'il a grande naissance, il a peu de vertu, etc.

S'il a grande naissance ; une vigueur adroite et fière qui sème des appas ; et c'est là justement ; moquons-nous du reste ; il nous devra le tout ; s'il vient par nous à bout, etc. Il n'est pas nécessaire de dire que toutes ces façons de parler sont ou vicieuses ou ignobles.

V. 101. Quoi! votre amour toujours fera son capital
Des attraits de Plautine et du nœud conjugal?

Cela seul suffirait pour avilir un héros, et détruit tout ce que cette scène promettait.

SCÈNE V

V. 1. Je vous rencontre ensemble ici fort à propos,
Et voulois à tous deux vous dire quatre mots.

A propos et *quatre mots*, auraient gâté le rôle de Cornélie. Mais une fille qui vient parler ainsi de son mariage à deux ministres est bien loin d'être une Cornélie. Camille emploie cette figure froide de l'ironie qu'il faut employer si sobrement ; elle parle en bourgeoise, en parlant de l'empire. *Je sais ce qui m'est propre; je m'aime un peu moi-même; je n'ai pas grande envie.* L'insipidité de l'intrigue et la bassesse de l'expression sont égales. Ces fautes trop souvent répétées sont cause que cette pièce admirablement commencée faiblit de scène en scène, et ne peut plus être représentée.

ACTE III.

SCÈNE I.

V. 1. Ton frère te l'a dit, Albiane? — Oui, madame.
Galba choisit Pison, et vous êtes sa femme, etc.
V. 57. C'est la gêne où réduit celles de votre sorte,
La scrupuleuse loi du respect qu'on leur porte....
V. 68. Il faut qu'en dépit d'elle elle s'offre à demi.
Voyez-vous comme Othon sauroit encor se taire,
Si je ne l'avois fait enhardir par mon frère?

L'intrigue n'est pas ici plus intéressante et plus tragique qu'auparavant. Cette confidente qui apprend à sa maîtresse qu'elle va être femme de Pison, et que son amant Othon sera sacrifié, pourrait émouvoir le spectateur si le péril d'Othon était bien certain. Mais qui a dit à cette confidente qu'un jour Pison étant César se déferait d'Othon ? Premièrement, Camille devait apprendre son mariage de la bouche de l'empereur, et non de celle d'une confidente; et ce serait du moins une espèce de situation, une petite surprise, quelque chose de ressemblant à un coup de théâtre, si Camille, espérant d'obtenir Othon de l'empereur, recevait inopinément de la bouche de l'empereur l'ordre d'en épouser un autre.

Secondement, de longs discours d'une suivante, qui dit que *les princesses doivent faire les avances*, jetteraient du froid sur le rôle de Phèdre, et sur les tragédies d'*Andromaque* et d'*Iphigénie*.

Troisièmement, s'il y a quelque chose d'aussi comique et d'aussi insipide qu'une suivante qui dit *c'est la gêne où réduit celles de votre sorte; si je n'avais fait enhardir votre amant, il ne vous aurait pas parlé,* etc.; c'est une princesse qui répond : *Tu le crois donc qu'il m'aime ?* Le lecteur sent assez qu'*un devoir qui passe du côté de l'amour.... se faire en la cour un accès pour un plus digne amour,* en un mot tout ce dialogue n'est pas ce qu'on doit attendre dans une tragédie.

SCÈNE II.

V. 1. ..... L'empereur vient ici vous trouver,
Pour vous dire son choix et le faire approuver, etc.

On ne voit jamais dans cette pièce qu'une fille à marier. Il n'est pas contre la convenance que Galba tâche d'ennoblir la petitesse de cette intrigue par un discours politique ; mais il est contre toute bienséance, tranchons le mot, il est intolérable que Camille dise à l'empereur qu'il serait bon *que son mari eût quelque chose de propre à donner de l'amour.* Galba dit à sa nièce que ce raisonnement est fort délicat[1].

SCÈNE III

V. antépén. N'en parlons plus; dans Rome il sera d'autres femmes
A qui Pison en vain n'offrira pas sa foi.

Si on faisait paraître un vieillard de comédie, entre sa nièce et un amant qu'elle veut épouser, on ne pourrait guère s'exprimer autrement que dans cette scène :

N'en parlons plus...., il sera d'autres femmes
A qui Pison en vain, etc.

Otez les noms, toute cette tragédie n'est qu'une comédie sans intérêt, et aussi froidement écrite que durement. Je le répète, on a voulu un commentaire sur toutes les pièces de Corneille : mais que dire d'un mauvais ouvrage, sinon qu'il est mauvais, en montrant aux étrangers et aux jeunes gens pourquoi il est si mauvais ?

SCÈNE IV.

V. 1. Othon est-il bien vrai que vous aimiez Camille?
— Non, non, si vous l'aimez, elle vous aime aussi....
— Son cœur de telle force à votre hymen aspire....
Choisissez donc encore à communs sentiments
Des charges dans ma cour ou des gouvernements....
— Tenez-vous assuré qu'elle aura tout mon bien.

Le vice de cette scène est la suite des défauts précédents. La petite ironie de Galba : « Est-il bien vrai que vous aimiez Camille? si vous l'aimez, elle vous aime aussi, son cœur aspire à votre hymen d'une telle force; choisissez des charges à communs sentiments; tenez-vous

---

1. C'est dans la scène III qu'on lit, vers 75 et suivants :

Et puisque ce grand choix doit me faire un époux,
Il seroit bon qu'il eût quelque chose de doux....
Et qu'il fût aussi propre à donner de l'amour....
— Ce long raisonnement, dans sa délicatesse,
A vos tendres respects mêle beaucoup d'adresse

assuré qu'elle aura tout mon bien : » y a-t-il dans tout cela un seul mot qui ne soit, même pour le fond, convenable au seul genre comique?

SCÈNE V.

V. 1.   Vous pouvez voir par là mon âme tout entière....
Je ne sais point, seigneur, faire valoir les choses....
Je ne sais quel amour je vous ai pu donner,
Seigneur, mais sur l'empire il aime à raisonner :
Je l'y trouve assez fort, et même d'une force
A montrer qu'il connoît tout ce qu'il a d'amorce.

Cette scène sort du ton de la comédie ; mais l'impression déjà reçue empêche le spectateur de voir de l'élévation dans un sujet qui, pendant près de trois actes, n'a presque rien eu de noble et de grand. Tous les discours artificieux que tient Othon pour se débarrasser de l'amour de Camille, toutes ses craintes de l'avenir, ne peuvent faire naître d'autre sentiment que celui de l'indifférence. Camille, à la fin de la scène, est jalouse de Plautine ; mais elle est froidement jalouse. Othon ne peut guère intéresser personne en parlant de sa première femme Poppée, qui a été maîtresse de Néron. Camille peut-elle intéresser davantage, en disant qu'*elle ne sait point faire valoir les choses*, *qu'elle ne sait pas quel amour elle a pu donner*, mais qu'*Othon aime à raisonner sur l'empire?* *Elle l'y trouve assez fort, et même d'une force à montrer qu'il connaît ce que l'empire a d'amorce?*

Je crois que cet acte était impraticable. Tout manque quand l'intérêt manque. C'est précisément ce que dit l'auteur de l'*Histoire du Théâtre Français*, à l'article *Othon* : « La partie la plus nécessaire y manque : l'intérêt est l'âme d'une pièce, et le spectateur n'en prend ici pour aucun des personnages. »

ACTE IV.

SCÈNE I.

V. 1.   Que voulez-vous, seigneur, qu'enfin je vous conseille? etc.

Cette scène pourrait faire quelque effet si Othon était véritablement en danger ; mais cette crainte prématurée, que Pison ne le fasse mourir un jour, n'a rien de réel, comme on l'a déjà remarqué. Tout l'édifice de la pièce tombe par cette seule raison ; et je crois que c'est une loi qui ne souffre aucune exception, que jamais un danger éloigné ne doit faire le nœud d'une tragédie.

SCÈNE II.

Le consul Vinius vient ici apprendre à Othon une grande nouvelle. Une partie de l'armée désire Othon pour empereur ; mais cela même rend Othon et Vinius des personnages froids et inutiles : ni l'un ni l'autre n'ont eu la moindre part au grand changement qui se va faire dans l'empire romain. Ce sont quatre soldats qui sont venus avertir Vinius des sentiments de l'armée; les personnages principaux n'ont rien fait du tout. C'est un défaut capital, qu'il faut éviter dans quelque sujet que ce puisse être.

SCÈNE III.

Vinius joue ici le rôle d'un intrigant, et rien de plus. Il ne se soucie point d'Othon; il lui importe peu qui sa fille épousera; ses sentiments sont bas, lorsque même il parle de l'empire, et il se fait mépriser par sa propre fille inutilement.

SCÈNE IV.

Ces petites picoteries de deux femmes, ces ironies, ces bravades continuelles, qui ne produisent rien du tout, seraient mauvaises, quand même elles produiraient quelque chose. Ces petites scènes de remplissage sont fréquentes dans les dernières pièces de Corneille. Jamais Racine n'est tombé dans ce défaut; et quand il fait parler Hermione à Andromaque, Iphigénie à Ériphyle, Roxane à Atalide, il n'emploie point ces froides ironies, ces petits reproches comiques, ce ton bourgeois, ces expressions de la conversation la plus familière. Il fait parler ces femmes avec noblesse et avec sentiment. Il touche le cœur, il arrache même quelquefois des larmes; mais que Corneille est loin d'en faire répandre!

SCÈNE V.

Que dire de cette scène, sinon qu'elle est aussi froide que les autres? Camille croit tromper Martian, et Martian croit tromper Camille, sans qu'il y ait encore le moindre danger pour personne, sans qu'il y ait eu aucun événement, sans qu'il y ait eu un seul moment d'intérêt.

SCÈNE VI.

V. pén. Du courroux à l'amour si le retour est doux,
On repasse aisément de l'amour au courroux.

Aucun personnage n'agit dans la pièce. Un subalterne apprend à Camille que quinze ou vingt soldats ont proclamé Othon; et Camille, qui aimait cet Othon, consent tout d'un coup qu'on lui fasse couper la tête, et prononce une maxime de comédie sur le retour de l'amour au courroux et du courroux à l'amour.

ACTE V.

Le cinquième acte est absolument dans le goût des quatre premiers, et fort au-dessous d'eux; aucun personnage n'agit, et tous discutent. Le vieux Galba, ayant menacé sa nièce, discute avec elle ses raisons, et se trompe, comme un vieillard de comédie qu'on prend pour dupe, et le style n'est ni plus net, ni plus pur, ni plus noble que dans ce qu'on a déjà lu.

SCÈNE II.

V. 3. ......Ceux de la marine et les Illyriens
Se sont avec chaleur joints aux prétoriens, etc.

Après tous les mauvais vers précédents que nous n'avons point repris, nous ne dirons rien des soldats de la marine et des Illyriens qui se sont avec chaleur joints aux prétoriens; mais nous remarquerons que cette scène pouvait être aussi belle que celle d'Auguste, de Cinna, et de Maxime, et qu'elle n'est qu'une scène froide de comédie. Pourquoi ? c'est qu'elle est écrite de ce style familier, bas, obscur, incorrect, auquel Corneille s'était accoutumé; c'est qu'il n'y a ni noblesse dans les sentiments, ni éloquence dans les discours, ni rien qui attache.

On a dit quelquefois que Corneille ne cherchait pas à faire de beaux vers, que la grandeur des sentiments l'occupait tout entier : mais il n'y a nulle grandeur dans aucune de ses dernières pièces; et quant aux vers, il faut les faire excellents, ou ne se point mêler d'écrire. *Cinna* ne passe à la postérité qu'à cause de ses beaux vers : ils sont dans la bouche de tous les connaisseurs. Le grand mérite de Corneille est d'avoir fait de très-beaux vers dans ses premières pièces, c'est-à-dire d'avoir exprimé de très-belles pensées en vers corrects et harmonieux.

V. 31.. Un salutaire avis agit avec lenteur....
— Qu'un prince est malheureux quand de ceux qu'il écoute
Le zèle cherche à prendre une diverse route !

Galba dit : *Eh bien ! quelles nouvelles ?* Cet empereur, au lieu d'agir comme il le doit, demande ce qui se passe, comme un nouvelliste. Vinius lui donne le conseil de persister à ne rien faire, conseil visiblement ridicule. Il lui dit : *Un salutaire avis agit avec lenteur.* Ce n'est pas certainement dans le moment d'une crise aussi forte, quand on proclame un autre empereur, que la lenteur est salutaire. Galba ne sait à quoi se déterminer, et se contente de faire remarquer à sa nièce qu'il est triste de régner quand les ministres d'Etat se contrarient.

SCÈNE III.

Galba demandait tranquillement des nouvelles : on lui en donne une fausse. Il est vrai que cette fausse nouvelle est rapportée dans Tacite; mais c'est précisément parce qu'elle n'est qu'historique, parce qu'elle n'est point préparée, parce que c'est un simple mensonge d'un nommé Atticus, qu'il fallait ne pas employer un dénoûment si destitué d'art et d'intérêt.

SCÈNE IV.

Cet Atticus, qui n'est pas un personnage de la pièce, vient en faire le dénoûment, en faisant accroire qu'il a tué Othon. Ce pourrait être tout au plus le dénoûment du *Menteur*. Le vieux Galba croit cette fausseté. Il conseille à Plautine d'*évaporer ses soupirs*. Camille dit un petit mot d'ironie à Plautine, et va *dans son appartement*.

SCÈNE V.

Non-seulement Plautine demeure sur la scène, et s'occupe à répondre par des injures à l'amour du ministre d'État Martian, mais ce grand ministre d'État, qui devrait avoir partout des serviteurs et des émissaires, ne sait rien de ce qui s'est passé. Il croit une fausse nouvelle, lui qui devrait avoir tout fait pour être informé de la vérité. Il est pris pour dupe par cet Atticus, comme l'empereur.

SCÈNE VI.

Enfin, deux soldats terminent tout dans le propre palais de Galba. Martian et Plautine apprennent qu'Othon est empereur. Si le lecteur peut aller jusqu'au bout de cette pièce et de ces remarques, il observera qu'il ne faut jamais introduire sur la fin d'une tragédie un personnage ignoré dans les premiers actes, un subalterne qui commande en maître. Il est impossible de s'intéresser à ce personnage, et il avilit tous les autres.

SCÈNE VII

Cette scène est aussi froide que tout le reste, parce qu'on ne s'intéresse point du tout à ce Vinius qu'on jette par la fenêtre. Tout cet acte se passe à apprendre des nouvelles, sans qu'il y ait ni intrigue attachante, ni sentiments touchants, ni grands tableaux, ni beau dénoûment, ni beaux vers. Othon, l'empereur, ne reparaît que pour dire qu'il est *un malheureux amant*. Camille est oubliée. Galba n'a paru dans la pièce que pour être trompé et tué.

Puissent au moins ces réflexions persuader les jeunes auteurs qu'un sujet politique n'est point un sujet tragique, que ce qui est propre pour l'histoire l'est rarement pour le théâtre, qu'il faut dans la tragédie beaucoup de sentiment et peu de raisonnements, que l'âme doit être émue par degrés, que sans terreur et sans pitié nul ouvrage dramatique ne peut atteindre au but de l'art, et qu'enfin le style doit être pur, vif, majestueux et facile!

Corneille, dans une Épître au roi, dit qu'Othon et Suréna

Ne sont point des cadets indignes de Cinna.

Il y a en effet dans le commencement d'*Othon* des vers aussi forts que les plus beaux de *Cinna*; mais la suite est bien loin d'y répondre: aussi cette pièce n'est point restée au théâtre.

On joua la même année l'*Astrate* de Quinault, célèbre par le ridicule que Despréaux lui a donné, mais plus célèbre alors par le prodigieux succès qu'elle eut. Ce qui fit ce succès, ce fut l'intérêt qui parut régner dans la pièce. Le public était las de tragédies en raisonnements et de héros dissertateurs. Les cœurs se laissèrent toucher par l'*Astrate*, sans examiner si la pièce était vraisemblable, bien conduite, bien écrite. Les passions y parlaient, et c'en fut assez. Les acteurs s'animèrent; ils portèrent dans l'âme du spectateur un attendrissement auquel il n'était pas accoutumé. Les excellents ouvrages de l'inimitable Racine n'avaient point encore paru. Les véritables routes du cœur étaient ignorées; celles que présenta l'*Astrate* furent suivies avec transport. Rien ne prouve mieux qu'il faut intéresser, puisque l'intérêt le plus mal amené échauffa tout le public, que des intrigues froides de politique glaçaient depuis plusieurs années.

REMARQUES SUR AGÉSILAS,

TRAGÉDIE REPRÉSENTÉE EN 1666.

Préface du commentateur. — *Agésilas* n'est guère connu dans le monde que par le mot de Despréaux :

J'ai vu l'Agésilas;
Hélas!

Il eut tort sans doute de faire imprimer, dans ses ouvrages, ce mot qui n'en valait pas la peine; mais il n'eut pas tort de le dire. La tragédie d'*Agésilas* est un des plus faibles ouvrages de Corneille. Le public commençait à se dégoûter. On trouve dans une lettre manuscrite d'un homme de ce temps-là, qu'il s'éleva un murmure très-désagréable dans le parterre, à ces vers d'Agintide :

Hélas ! . . je n'entends pas des mieux
Comme il faut qu'un hélas s'explique;
Et lorsqu'on se retranche au langage des yeux,
Je suis muette à la réplique.

Ce même parterre avait passé, dans la pièce d'*Othon*, des vers beaucoup plus répréhensibles, en faveur des beautés des premières scènes; mais il n'y avait point de pareilles beautés dans *Agésilas* : on fit sentir à Corneille qu'il vieillissait. Il donnait un ouvrage de théâtre presque tous les ans, depuis 1625, si vous en exceptez l'intervalle entre *Pertharite* et *Œdipe* : il travaillait trop vite; il était épuisé. Plaignons le triste état de sa fortune, qui ne répondait pas à son mérite, et qui le forçait à travailler.

On prétend que la mesure des vers qu'il employa dans *Agésilas* nuisit beaucoup au succès de cette tragédie. Je crois, au contraire, que cette nouveauté aurait réussi, et qu'on aurait prodigué les louanges à ce génie si fécond et si varié, s'il n'avait pas entièrement négligé dans *Agésilas*, comme dans les pièces précédentes, l'intérêt et le style.

Les vers irréguliers pourraient faire un très-bel effet dans une tragédie ; ils exigent, à la vérité, un rhythme différent de celui des vers alexandrins et des vers de dix syllabes ; ils demandent un art singulier : vous pouvez voir quelques exemples de la perfection de ce genre dans Quinault [1] :

> Le perfide Renaud me fuit :
> Tout perfide qu'il est, mon lâche cœur le suit.
> Il me laisse mourante, il veut que je périsse
> A regret je revois la clarté qui me luit :
> L'horreur de l'éternelle nuit
> Cède à l'horreur de mon supplice, etc., etc.

Toute cette scène bien déclamée remuera les cœurs autant que si elle était chantée ; et la musique même de cette admirable scène n'est qu'une déclamation notée.

Il est donc prouvé que cette mesure de vers pourrait porter dans la tragédie une beauté nouvelle dont le public a besoin pour varier l'uniformité du théâtre.

Le lecteur doit trouver bon qu'on ne fasse aucun commentaire sur une pièce qu'on ne devrait pas même imprimer : il serait mieux, sans doute, qu'on ne publiât que les bons ouvrages des bons auteurs ; mais le public veut tout avoir, soit par une vaine curiosité, soit par une malignité secrète, qui aime à repaître ses yeux des fautes des grands hommes.

La tragédie d'*Agésilas* est à la vérité très-froide, et aussi mal écrite que mal conduite. Il y a pourtant quelques endroits où on retrouve encore un reste de Corneille. Le roi Agésilas dit à Lysander [2] :

> En tirant toute à vous la suprême puissance,
>   Vous me laissez des titres vains.
> On s'empresse à vous voir, on s'efforce à vous plaire ;
> On croit lire en vos yeux ce qu'il faut qu'on espère ;
> On pense avoir tout fait quand on vous a parlé.
> Mon palais près du vôtre est un lieu désolé....
> Général en idée, et monarque en peinture,
> De ces illustres noms pourrois-je faire cas,
> S'il les falloit porter moins comme Agésilas
>   Que comme votre créature,
> Et montrer avec pompe au reste des humains
> En ma propre grandeur l'ouvrage de vos mains?
> Si vous m'avez fait roi, Lysander, je veux l'être.
> Soyez-moi bon sujet, je vous serai bon maître ;
> Mais ne prétendez plus partager avec moi
>   Ni la puissance ni l'emploi.
> Si vous croyez qu'un sceptre accable qui le porte,
> A moins qu'il prenne une aide à soutenir son poids,
>   Laissez discerner à mon choix
> Quelle main à m'aider pourroit être assez forte.

1. *Armide*, acte V, scène V. (ÉD.) — 2. Acte III, scène I. (ÉD.)

Vous aurez bonne part à des emplois si doux,
Quand vous pourrez m'en laisser faire;
Mais soyez sûr aussi d'un succès tout contraire,
Tant que vous ne voudrez les tenir que de vous.

S'il y a beaucoup de fautes de diction dans ces vers, si le style est faible, du moins les pensées sont fortes, sages, vraies, sans enflure et sans amplification de rhétorique.

Qu'il me soit permis de dire ici que, dans mon enfance, le P. Tournemine, jésuite, partisan outré de Corneille, et ennemi de Racine, qu'il regardait comme janséniste, me faisait remarquer ce morceau, qu'il préférait à toutes les pièces de Racine. C'est ainsi que la prévention corrompt le goût, comme elle altère le jugement dans toutes les actions de la vie.

REMARQUES SUR ATTILA,
ROI DES HUNS,

TRAGÉDIE REPRÉSENTÉE EN 1667

Préface du commentateur. — *Attila* parut malheureusement la même année qu'*Andromaque*. La comparaison ne contribua pas à faire remonter Corneille à ce haut point de gloire où il s'était élevé; il baissait, et Racine s'élevait : c'était alors le temps de la retraite; il devait prendre ce parti honorable. La plaisanterie de Despréaux devait l'avertir de ne plus travailler, ou de travailler avec plus de soin.

J'ai vu l'Agésilas;
Hélas!
Mais après l'Attila,
Holà!

On connaît encore ces vers :

Peut aller au parterre attaquer Attila [1];
Et si le roi des Huns ne lui charme l'oreille,
Traiter de visigoths tous les vers de Corneille.

On a prétendu (car que ne prétend-on pas?) que Corneille avait regardé ces vers comme un éloge; mais quel poète trouvera jamais bon qu'on traite ses vers de visigoths, surtout lorsqu'ils sont en effet durs et obscurs pour la plupart? La dureté et la sécheresse dans l'expression sont assez communément le partage de la vieillesse; il arrive alors à notre esprit ce qui arrive à nos fibres. Racine, dans la force de son âge,

---

1. Boileau, Satire IX, 175-180. (ÉD.)

né avec un cœur tendre, un esprit flexible, une oreille harmonieuse, donnait à la langue française un charme qu'elle n'avait point eu jusqu'alors. Ses vers entraient dans la mémoire des spectateurs, comme un jour doux entre dans les yeux. Jamais les nuances des passions ne furent exprimées avec un coloris plus naturel et plus vrai ; jamais on ne fit de vers plus coulants, et en même temps plus exacts.

Il ne faut pas s'étonner si le style de Corneille, devenu encore plus incorrect et plus raboteux dans ses dernières pièces, rebutait les esprits que Racine enchantait, et qui devenaient par cela même plus difficiles.

Quel commentaire peut-on faire sur *Attila, qui combat de tête, encore plus que de bras, sur la terreur de son bras qui lui donne pour nouveaux compagnons les Alains, les Francs, et les Bourguignons*; sur un Ardaric et sur un Valamir, deux prétendus rois qu'on traite comme des officiers subalternes ; sur cet Ardaric qui est amoureux et qui s'écrie :

Qu'un monarque est heureux, lorsque le ciel lui donne
La main d'une si rare et si belle personne ! etc.

La même raison qui m'a empêché d'entrer dans aucun détail sur *Agésilas* m'arrête pour *Attila* ; et les lecteurs qui pourront lire ces pièces me pardonneront sans doute de m'abstenir des remarques ; je suis sûr du moins qu'ils ne me pardonneraient pas d'en avoir fait.

Je dirai seulement, dans cette préface, qu'il est très-vraisemblable que cet Attila, très-peu connu des historiens, était un homme d'un mérite rare dans son métier de brigand. Un capitaine de la nation des Huns qui force l'empereur Théodose à lui payer tribut, qui savait discipliner ses armées, les recruter chez ses ennemis mêmes, et nourrir la guerre par la guerre; un homme qui marcha en vainqueur de Constantinople aux portes de Rome, et qui, dans un règne de dix ans, fut la terreur de l'Europe entière, devait avoir autant de politique que de courage ; et c'est une grande erreur de penser qu'on puisse être conquérant sans avoir autant d'habileté que de valeur. Il ne faut pas croire, sur la foi de Jornandès, qu'Attila mena une armée de cinq cent mille hommes dans les plaines de la Champagne : avec quoi aurait-il nourri une pareille armée ? La prétendue victoire remportée par Aétius, auprès de Châlons, et deux cent mille hommes tués de part et d'autre dans cette bataille, peuvent être mis au rang des mensonges historiques. Comment Attila, vaincu en Champagne, serait-il allé prendre Aquilée ? La Champagne n'est pas assurément le chemin d'Aquilée dans le Frioul. Personne ne nous a donné des détails historiques sur ces temps malheureux. Tout ce qu'on sait, c'est que les Barbares venaient des Palus-Méotides et du Borysthène, passaient par l'Illyrie, entraient en Italie par le Tyrol, ravageaient l'Italie entière, franchissaient ensuite l'Apennin et les Alpes, et allaient jusqu'au Rhin, jusqu'au Danube.

Corneille, dans sa tragédie d'*Attila*, fait paraître Ildione, une princesse, sœur d'un prétendu roi de France; elle s'appelait Ildecone à la première représentation : on changea ensuite ce nom ridicule. Mérouée, son prétendu frère, ne fut jamais roi de France. Il était à la tête d'une petite nation barbare vers Mayence, Francfort et Cologne; Corneille dit :

> Que le grand Mérouée est un roi magnanime,
> Amoureux de la gloire, ardent après l'estime....
> Qu'il a déjà soumis et la Seine et la Loire.

Ces fictions peuvent être permises dans une tragédie ; mais il faudrait que ces fictions fussent intéressantes.

REMARQUES SUR BÉRÉNICE,

TRAGÉDIE DE RACINE, REPRÉSENTÉE EN 1670.

Préface du commentateur. — Un amant et une maîtresse qui se quittent ne sont pas sans doute un sujet de tragédie. Si on avait proposé un tel plan à Sophocle ou à Euripide, ils l'auraient renvoyé à Aristophane. L'amour qui n'est qu'amour, qui n'est point une passion terrible et funeste, ne semble fait que pour la comédie, pour la pastorale, ou pour l'églogue.

Cependant Henriette d'Angleterre, belle-sœur de Louis XIV, voulut que Racine et Corneille fissent chacun une tragédie des adieux de Titus et de Bérénice. Elle crut qu'une victoire obtenue sur l'amour le plus vrai et le plus tendre ennoblissait le sujet ; et en cela elle ne se trompait pas : mais elle avait encore un intérêt secret à voir cette victoire représentée sur le théâtre ; elle se ressouvenait des sentiments qu'elle avait eus longtemps pour Louis XIV, et du goût vif de ce prince pour elle. Le danger de cette passion, la crainte de mettre le trouble dans la famille royale, les noms de beau-frère et de belle-sœur, mirent un frein à leurs désirs ; mais il resta toujours dans leurs cœurs une inclination secrète, toujours chère à l'un et à l'autre.

Ce sont ces sentiments qu'elle voulut voir développer sur la scène, autant pour sa consolation que pour son amusement. Elle chargea le marquis de Dangeau, confident de ses amours avec le roi, d'engager secrètement Corneille et Racine à travailler l'un et l'autre sur ce sujet, qui paraissait si peu fait pour la scène. Les deux pièces furent composées dans l'année 1670, sans qu'aucun des deux sût qu'il avait un rival.

Elles furent jouées en même temps sur la fin de la même année ; celle de Racine à l'hôtel de Bourgogne[1], et celle de Corneille au Palais-Royal[2].

Il est étonnant que Corneille tombât dans ce piége ; il devait bien sentir que le sujet était l'opposé de son talent. Entelle ne terrassa point Darès dans ce combat ; il s'en faut bien. La pièce de Corneille tomba ;

1. Le 21 novembre. (ÉD.) — 2. Le 28 novembre. (ÉD.)

celle de Racine eut trente représentations de suite; et toutes les fois qu'il s'est trouvé un acteur et une actrice capables d'intéresser dans les rôles de Titus et de Bérénice, cet ouvrage dramatique, qui n'est peut-être pas une tragédie, a toujours excité les applaudissements les plus vrais; ce sont les larmes.

Racine fut bien vengé, par le succès de *Bérénice*, de la chute de *Britannicus*. Cette estimable pièce était tombée, parce qu'elle avait paru un peu froide; le cinquième acte surtout avait ce défaut; et Néron, qui revenait alors avec Junie, et qui se justifiait de la mort de Britannicus, faisait un très-mauvais effet. Néron, qui se cache derrière une tapisserie pour écouter, ne paraissait pas un empereur romain. On trouvait que deux amants, dont l'un est aux genoux de l'autre, et qui sont surpris ensemble, formaient un coup de théâtre plus comique que tragique; les intérêts d'Agrippine, qui veut seulement avoir le premier crédit, ne semblaient pas un objet assez important. Narcisse n'était qu'odieux; Britannicus et Junie étaient regardés comme des personnages faibles. Ce n'est qu'avec le temps que les connaisseurs firent revenir le public. On vit que cette pièce était la peinture fidèle de la cour de Néron. On admira enfin toute l'énergie de Tacite exprimée dans des vers dignes de Virgile. On comprit que Britannicus et Junie ne devaient pas avoir un autre caractère. On démêla dans Agrippine des beautés vraies, solides, qui ne sont ni gigantesques ni hors de la nature, et qui ne surprennent point le parterre par des déclamations ampoulées. Le développement du caractère de Néron fut enfin regardé comme un chef-d'œuvre. On convint que le rôle de Burrhus est admirable d'un bout à l'autre, et qu'il n'y a rien de ce genre dans toute l'antiquité. Britannicus fut la pièce des connaisseurs, qui conviennent des défauts, et qui apprécient les beautés.

Racine passa de l'imitation de Tacite à celle de Tibulle. Il se tira d'un très-mauvais pas par un effort de l'art, et par la magie enchanteresse de ce style qui n'a été donné qu'à lui.

Jamais l'on n'a mieux senti quel est le mérite de la difficulté surmontée. Cette difficulté était extrême, le fond ne semblait fournir que deux ou trois scènes, et il fallait faire cinq actes.

On ne donnera qu'un léger commentaire sur la tragédie de Corneille; il faut avouer qu'elle n'en mérite pas. On en fera sur celle de Racine, que nous donnons avant la *Bérénice* de Corneille. Les lecteurs doivent sentir qu'on ne cherche qu'à leur être utile : ce n'est ni pour Corneille ni pour Racine qu'on écrit; c'est pour leur art, et pour les amateurs de cet art si difficile.

On ne doit pas se passionner pour un nom. Qu'importe qui soit l'auteur de la *Bérénice* qu'on lit avec plaisir, et celui de la *Bérénice* qu'on ne lit plus? C'est l'ouvrage, et non la personne, qui intéresse la postérité. Tout esprit de parti doit céder au désir de s'instruire.

BÉRÉNICE,
TRAGÉDIE DE RACINE.

ACTE I.
SCÈNE I

V. 7. De son appartement cette porte est prochaine,
Et cette autre conduit dans celui de la reine, etc.

Ce détail n'est pas inutile; il fait voir clairement combien l'unité de lieu est observée; il met le spectateur au fait tout d'un coup. On pourrait dire que *la pompe de ces lieux*, et *ce cabinet superbe*, paraissent des expressions peu convenables à un prince que cette pompe ne doit point du tout éblouir, et qui est occupé de tout autre chose que des ornements d'un cabinet. J'ai toujours remarqué que la douceur des vers empêchait qu'on ne remarquât ce défaut.

V. 15. Quoi! déjà de Titus épouse en espérance,
Ce rang entre elle et vous met-il tant de distance?

Épouse en espérance, expression heureuse et neuve dont Racine enrichit la langue, et que par conséquent on critiqua d'abord. Remarquez encore qu'*épouse* suppose, *étant épouse*; c'est une ellipse heureuse en poésie. Ces finesses font le charme de la diction.

V. 17. Va, dis-je, et sans vouloir te charger d'autres soins,
Vois si je puis bientôt lui parler sans témoins.

Ce vers, *sans vouloir te*, etc., qui ne semble fait que pour la rime, annonce avec art qu'Antiochus aime Bérénice.

SCÈNE II.
ANTIOCHUS *seul*.

Beaucoup de lecteurs réprouvent ce long monologue. Il n'est pas naturel qu'on fasse ainsi tout seul l'histoire de ses amours; qu'on dise, *Je me suis tu cinq ans; on m'a imposé silence; j'ai couvert mon amour d'un voile d'amitié*. On pardonne un monologue qui est un combat du cœur, mais non une récapitulation historique.

V. 20. Belle reine, et pourquoi vous offenseriez-vous?

Belle reine, a passé pour une expression fade.

V. 28. Je pars, fidèle encor quand je n'espère plus.

Ces amants fidèles sans succès et sans espoir, n'intéressent jamais. Cependant la douce harmonie de ces vers naturels fait qu'on supporte Antiochus : c'est surtout dans ces faibles rôles que la belle versification est nécessaire.

SCÈNE III.

V. 2. . . . . Je n'ai percé qu'à peine
Les flots toujours nouveaux d'un peuple adorateur,
Qu'attire sur ses pas sa prochaine grandeur.

La prose n'eût pu exprimer cette idée avec la même précision, ni se parer de la beauté de ces figures. C'est là le grand mérite de la poésie. Cette scène est parfaitement écrite, et conduite de même; car il doit y avoir une conduite dans chaque scène comme dans le total de la pièce; elle est même intéressante, parce qu'Antiochus ne dit point son secret, et le fait entendre.

SCÈNE IV.

V. 25. Jugez de ma douleur, moi dont l'ardeur extrême,
Je vous l'ai dit cent fois, n'aime en lui que lui-même;
Moi qui, loin des grandeurs dont il est revêtu,
Aurois choisi son cœur et cherché sa vertu !

Personne avant Racine n'avait ainsi exprimé ces sentiments, qu'on retrouve à la vérité dans tous les livres d'amour, et dont le seul mérite consiste dans le choix des mots. Sans cette élégance si fine et si naturelle, tout serait languissant.

V. 68. Mes pleurs et mes soupirs vous suivoient en tous lieux.

Ces vers et les suivants n'ont pas le mérite qu'on a remarqué dans les notes précédentes. Un roi dont *les pleurs et les soupirs suivent en tous lieux* une reine amoureuse d'un autre, est là un fade personnage qui exprime en vers faibles et lâches un amour un peu ridicule. Si la pièce était écrite de ce ton, elle ne serait qu'une très-faible idylle en dialogues. Plus le héros qu'on fait parler est dans une position désagréable et indigne d'un héros, plus il faut s'étudier à relever par la beauté du style la faiblesse du fond. Le rôle d'Antiochus ne peut avoir rien de tragique : mettez-y donc plus de noblesse, plus de chaleur, et plus d'intérêt, s'il est possible.

En général, les déclarations d'amour, les maximes d'amour sont faites pour la comédie. Les déclarations de Xipharès, d'Hippolyte, d'Antiochus, sont de la galanterie, et rien de plus : ces morceaux se sentent du goût dominant qui régnait alors.

V. 85. La valeur de Titus surpassoit ma fureur, etc.

Voilà à peu près ce qu'un lecteur éclairé demande. Antiochus se relève, et c'est un grand art de mettre les louanges de Titus dans sa

ACTE I, SCÈNE IV.   229

bouche. Toute cette tirade où il parle de Titus est parfaite en son genre. Si Antiochus ne parlait là que de son amour, il ennuierait, il affadirait ; mais tous les accessoires, toutes les circonstances qu'il emploie, sont nobles et intéressantes ; c'est la gloire de Titus, c'est un siége fameux dans l'histoire ; c'est, sans le vouloir, l'éloge de l'amour de Bérénice pour Titus. Vous vous sentez alors attaché malgré vous et malgré la petitesse du rôle d'Antiochus. Vous verrez, dans l'examen d'Ariane, que l'auteur n'a pu imiter ni l'art de Racine, ni le style de Racine. Les premiers actes d'*Ariane* sont une faible copie de *Bérénice*. Vous sentirez combien il est difficile d'approcher de cette élégance continue et de ce style toujours naturel.

V. 130. J'oublie en sa faveur un discours qui m'outrage, etc.

Voilà le modèle d'une réponse noble et décente ; ce n'est point ce langage des anciennes héroïnes de roman, qu'une déclaration respectueuse transporte d'une colère impertinente. Bérénice ménage tout ce qu'elle doit à l'amitié d'Antiochus ; elle intéresse par la vérité de sa tendresse pour l'empereur. Il semble qu'on entende Henriette d'Angleterre elle-même, parlant au marquis de Vardes. La politesse de la cour de Louis XIV, l'agrément de la langue française, la douceur de la versification la plus naturelle, le sentiment le plus tendre, tout se trouve dans ce peu de vers. Point de ces maximes générales que le sentiment réprouve. Rien de trop, rien de trop peu. On ne pouvait rendre plus agréable quelque chose de plus mince.

SCÈNE V.

V. 1. ..... Que je le plains! tant de fidélité,
         Madame, méritoit plus de prospérité, etc.

La faiblesse du sujet se montre ici dans toute sa misère ; ce n'est plus ce goût si fin, si délicat ; Phénice parle un peu en soubrette.

V. 5. Je l'aurois retenu,

est encore plus mauvais ; cela est d'un froid comique : il importe bien ce qu'aurait fait Phénice! mais ce défaut est bientôt réparé par le discours passionné de Bérénice :

Cette foule de rois, ce consul, ce sénat,
Qui tous de mon amant empruntoient leur éclat, etc.

V. 31. En quelque obscurité que le ciel l'eût fait naître,
       Le monde, en le voyant, eût reconnu son maître.

Un homme sans goût a traité cet éloge de flatterie ; il n'a pas songé que c'est une amante qui parle. Ce vers fit d'autant plus de plaisir qu'on l'appliquait à Louis XIV, alors couvert de gloire, et dont la figure, très-supérieure à celle d'Auguste[1], semblait faite pour commander aux

1. De Titus. (Éd.)

autres hommes ; car Auguste était petit et ramassé, et Louis XIV avait reçu tous les avantages que peut donner la nature. Enfin, dans ce vers, c'était moins Bérénice que Madame qui s'expliquait. Rien ne fait plus de plaisir que ces allusions secrètes ; mais il faut que les vers qui les font naître soient beaux par eux-mêmes.

V. 39. Aussitôt, sans l'attendre, et sans être attendue,
Je reviens le chercher, et, dans cette entrevue,
Dire tout ce qu'aux cœurs l'un de l'autre contents
Inspirent des transports retenus si longtemps.

Ces vers ne sont que des vers d'églogue. La sortie de Bérénice, qui ne s'en va que pour revenir dire tout ce que disent *les cœurs contents*, est sans intérêt, sans art, sans dignité. Rien ne ressemble moins à une tragédie. Il est vrai que l'idée qu'elle a de son bonheur fait déjà un contraste avec l'infortune qu'on sait bien qu'elle va essuyer ; mais la fin de cet acte n'en est pas moins faible.

ACTE II.

SCÈNE I.

V. 2. .... J'ai couru chez la reine, etc.

Je crois que le second acte commence plus mal que le premier ne finit. *J'ai couru chez la reine*, comme s'il fallait courir bien loin pour aller d'un appartement dans un autre. *J'y suis couru*, qui est un solécisme ; cet *il suffit. Et que fait la reine Bérénice?* et le *trop aimable princesse;* tout cela est *trop petit*, et d'une naïveté qu'il est trop aisé de tourner en ridicule. Les simples propos d'amour sont des objets de raillerie quand ils ne sont point relevés ou par la force de la passion, ou par l'élégance du discours : aussi ces vers prêtèrent-ils le flanc à la parodie de la farce nommée comédie italienne.

SCÈNE II.

V. 7. .... J'entends de tous côtés
Publier vos vertus, seigneur, et ses beautés.

On ne publie point des beautés, cela n'est pas exact.

V. 13. Et je l'ai vue aussi cette cour peu sincère,
A ses maîtres toujours trop soigneuse de plaire, etc.

Rarement Racine tombe-t-il longtemps ; et quand il se relève, c'est toujours avec une élégance aussi noble que simple, toujours avec le mot propre, ou avec des figures justes et naturelles, sans lesquelles le mot propre ne serait que de l'exactitude. La réponse de Paulin est un chef-d'œuvre de raison et d'habileté ; elle est fortifiée par des faits, par des exemples : tout y est vrai, rien n'est exagéré ; point de cette enflure qui aime à représenter les plus grands rois avilis en présence d'un bourgeois de Rome. Le discours de Paulin n'en a que plus de force, il annonce la disgrâce de Bérénice.

Racine et Corneille ont évité tous deux de faire trop sentir combien les Romains méprisaient une Juive. Ils pouvaient s'étendre sur l'aversion que cette misérable nation inspirait à tous les peuples ; mais l'un et l'autre ont bien vu que cette vérité trop développée jetterait sur Bérénice un avilissement qui détruirait tout intérêt.

V. 35.   On sait qu'elle est charmante, et de si belles mains
         Semblent vous demander l'empire des humains.

De si belles mains, ne paraît pas digne de la tragédie ; mais il n'y a que ce vers de faible dans cette tirade.

V. 83.   Cet amour est ardent, il le faut confesser.

Il y a dans presque toutes les pièces de Racine de ces naïvetés ; et ce sont presque toujours les confidents qui les disent. Les critiques en prirent occasion de donner du ridicule au seul nom de Paulin, qui fut longtemps un terme de mépris. Racine eût mieux fait d'ailleurs de choisir un autre confident, et de ne point le nommer d'un nom français, tandis qu'il laisse à Titus son nom latin. Ce qui est bien plus digne de remarque, c'est que les railleurs sont toujours injustes. S'ils relevèrent les mauvais vers qui échappent à Paulin, ils oublièrent qu'il en débite beaucoup d'excellents. Ces railleurs s'épuisèrent sur la *Bérénice* de Racine, dont ils sentaient l'extrême mérite dans le fond de leur cœur ; ils ne disaient rien de celle de Corneille, qui était déjà oubliée, mais ils opposaient l'ancien mérite de Corneille au mérite présent de Racine.

V. 207. Depuis cinq ans entiers chaque jour je la vois,
         Et crois toujours la voir pour la première fois.

Ces vers sont connus de presque tout le monde ; on en a fait mille applications ; ils sont naturels et pleins de sentiment ; mais ce qui les rend encore meilleurs, c'est qu'ils terminent un morceau charmant. Ce n'est pas une beauté, sans doute, de l'*Électre* et de l'*Œdipe* de Sophocle ; mais qu'on se mette à la place de l'auteur, qu'on essaye de faire parler Titus comme Racine y était obligé, et qu'on voie s'il est possible de le faire mieux parler. Le grand mérite consiste à représenter les hommes et les choses comme elles sont dans la nature, et dans la belle nature. Raphaël réussit aussi bien à peindre les Grâces que les Furies.

V. 212. Encore un coup, allons, il n'y faut plus penser.

Encore un coup est une façon de parler trop familière et presque basse, dont Racine fait trop souvent usage.

V. der. Je n'examine point si j'y pourrai survivre

Cette résolution de l'empereur ne fait attendre qu'une seule scène. Il peut renvoyer Bérénice avec Antiochus, et la pièce sera bientôt finie. On conçoit très-difficilement comment le sujet pourra fournir encore quatre actes ; il n'y a point de nœud, point d'obstacle, point d'intrigue. L'empereur est le maître ; il a pris son parti, il veut et il doit vouloir que Bérénice parte. Ce n'est que dans les sentiments inépuisables du cœur, dans le passage d'un mouvement à l'autre, dans le développement des plus secrets ressorts de l'âme, que l'auteur a pu trouver de quoi remplir la carrière. C'est un mérite prodigieux, et dont je crois que lui seul était capable.

SCÈNE IV.

V. 6.   Je demeure sans voix et sans ressentiment.

Ce dernier mot est le seul employé par Racine qui ait été hors d'usage depuis lui. *Ressentiment* n'est plus employé que pour exprimer le souvenir des outrages, et non celui des bienfaits.

V. 29.   N'en doutez point, madame.

Ces mots de *madame* et de *seigneur* ne sont que des compliments français. On n'employa jamais chez les Grecs, ni chez les Romains, la valeur de ces termes. C'est une remarque qu'on peut faire sur toutes nos tragédies. Nous ne nous servons point des mots *monsieur*, *madame*, dans les comédies tirées du grec : l'usage a permis que nous appelions les Romains et les Grecs *seigneur*, et les Romaines *madame*; usage vicieux en soi, mais qui cesse de l'être, puisque le temps l'a autorisé.

SCÈNE V.

V. 16.   Il craint peut-être, il craint d'épouser une reine.
Hélas! s'il étoit vrai.... mais non, etc.

Sans ce *mais non*, sans les assurances que Titus lui a données tant de fois de n'être jamais arrêté par ce scrupule, elle devrait s'attacher à cette idée ; elle devrait dire : « Pourquoi Titus embarrassé vient-il de prononcer en soupirant les mots de *Rome* et d'*empire*? » Elle se rassure sur les promesses qu'on lui a faites; elle cherche de vaines raisons. Il est pardonnable, ce me semble, qu'elle craigne que Titus ne soit instruit de l'amour d'Antiochus. Les amants et les conjurés peuvent, je crois, sur le théâtre, se livrer à des craintes un peu chimériques, et se méprendre. Ils sont toujours troublés, et le trouble ne raisonne pas. Bérénice, en raisonnant juste, aurait plutôt craint Rome que la jalousie de Titus. Elle aurait dit : « Si Titus m'aime, il forcera les Romains à souffrir qu'il m'épouse; » et non pas : *Si Titus est jaloux, Titus est amoureux.*

ACTE III.

SCÈNE I

On n'a d'autre remarque à faire sur cette scène, sinon qu'elle est écrite avec la même élégance que le reste, et avec le même art. Antiochus, chargé par son rival même de déclarer à Bérénice que ce rival aimé renonce à elle, devient alors un personnage un peu plus nécessaire qu'il n'était.

SCÈNE II.

C'est ici qu'on voit plus qu'ailleurs la nécessité absolue de faire de beaux vers ; c'est-à-dire d'être éloquent de cette éloquence propre au caractère du personnage et à sa situation ; de n'avoir que des idées justes et naturelles ; de ne se pas permettre un mot vicieux, une construction obscure, une syllabe rude ; de charmer l'oreille et l'esprit par une élégance continue. Les rôles qui ne sont ni principaux, ni relevés, ni tragiques, ont surtout besoin de cette élégance et du charme d'une diction pure. Bérénice, Atalide, Ériphyle, Aricie, étaient perdues sans ce prodige de l'art, prodige d'autant plus grand qu'il n'étonne point, qu'il plaît par la simplicité, et que chacun croit que s'il avait eu à faire parler ces personnages, il n'aurait pu les faire parler autrement :

Speret idem, sudet multum, frustraque laboret[1].

SCÈNE III.

V. 12. . . . . Suspendez votre ressentiment,
D'autres, loin de se taire en ce même moment,
Triompheroient peut-être, etc.

Concevez l'excès de la tyrannie de la rime, puisque l'auteur qui lui commande le plus est gêné par elle au point de remplir un hémistiche de ces mots inutiles et lâches, *en ce même moment.*

V. 23. Vous voyez devant vous une reine éperdue,
Qui, la mort dans le sein, vous demande deux mots.

Deux mots, ailleurs, seraient une expression triviale ; elle est ici touchante ; tout intéresse, la situation, la passion, le discours de Bérénice, l'embarras même d'Antiochus.

V. 67. Pour jamais à mes yeux gardez-vous de paroître.

Voilà le caractère de la passion. Bérénice vient de flatter tout à l'heure Antiochus pour savoir son secret ; elle lui a dit : « Si jamais je vous fus chère, parlez ; » elle l'a menacé de sa haine s'il garde le silence ; et dès qu'il a parlé, elle lui ordonne de ne jamais paraître devant elle.

1. Horace, *De Arte poetica*, v. 241. (ÉD.)

Ces flatteries, ces emportements, font un effet très-intéressant dans la bouche d'une femme; ils ne toucheraient pas ainsi dans un homme. Tous ces symptômes de l'amour sont le partage des amantes. Presque toutes les héroïnes de Racine étalent ces sentiments de tendresse, de jalousie, de colère, de fureur; tantôt soumises, tantôt désespérées. C'est avec raison qu'on a nommé Racine le poëte des femmes. Ce n'est pas là du vrai tragique; mais c'est la beauté que le sujet comportait.

SCÈNE IV.

V. pén. *Va voir si la douleur ne l'a point trop saisie.*

Tous les actes de cette pièce finissent par des vers faibles et un peu langoureux. Le public aime assez que chaque acte se termine par quelque morceau brillant qui enlève les applaudissements. Mais *Bérénice* réussit sans ce secours. Les tendresses de l'amour ne comportent guère ces grands traits qu'on exige à la fin des actes dans des situations vraiment tragiques.

ACTE IV.
SCÈNE I.

V. 1. *Phénice ne vient point. Moments trop rigoureux,*
Que vous paroissez lents à mes rapides vœux! etc.

Je me souviens d'avoir vu autrefois une tragédie de *Saint Jean-Baptiste*, supposée antérieure à *Bérénice*, dans laquelle on avait inséré toute cette tirade, pour faire croire que Racine l'avait volée. Cette supposition maladroite était assez confondue par le style barbare du reste de la pièce. Mais ce trait suffit pour faire voir à quels excès se porte la jalousie, surtout quand il s'agit des succès du théâtre, qui, étant les plus éclatants dans la littérature, sont aussi ceux qui aveuglent le plus les yeux de l'envie. Corneille et Racine en ressentirent les effets tant qu'ils travaillèrent.

SCÈNE II.

V. 10. *Souffrez que de vos pleurs je répare l'outrage,* etc.

On peut appliquer à ces vers ce précepte de Boileau[1] :

Qui dit, sans s'avilir, les plus petites choses.

En effet, rien n'est plus petit que de faire paraître sur le théâtre tragique une suivante qui propose à sa maîtresse de rajuster son voile et ses cheveux. Otez à ces idées les grâces de la diction, on rira.

---
1. Épître X, vers 48. (Éd.)

SCÈNE III.

V. der. Voyons la reine.

Ou le théâtre reste vide, ou Titus voit Bérénice; s'il la voit, il doit donc dire qu'il l'évite, ou lui parler.

SCÈNE IV.

(*Fin de la scène*.) Ce monologue est long, et il contient, pour le fond, les mêmes choses à peu près que Titus a dites à Paulin. Mais remarquez qu'il y a des nuances différentes. Les nuances font beaucoup dans la peinture des passions; et c'est là le grand art si caché et si difficile dont Racine s'est servi pour aller jusqu'au cinquième acte sans rebuter le spectateur. Il n'y a pas dans ce monologue un seul mot hors de sa place. *Ah, lâche! fais l'amour, et renonce à l'empire.* Ce vers et tout ce qui suit me paraissent admirables.

SCÈNE V.

V. 115. Vous êtes empereur, seigneur, et vous pleurez!

Ce vers si connu faisait allusion à cette réponse de mademoiselle Mancini à Louis XIV : *Vous m'aimez, vous êtes roi, vous pleurez, et je pars!* Cette réponse est bien plus remplie de sentiment, est bien plus énergique que le vers de Bérénice. Ce vers même n'est au fond qu'un reproche un peu ironique. Vous dites qu'un empereur doit vaincre l'amour; vous êtes empereur, et vous pleurez!

V. 116. Oui, madame, il est vrai, je pleure, je soupire.

Cela est trop faible; il ne faut pas dire, *je pleure*, il faut que par vos discours on juge que votre cœur est déchiré. Je m'étonne comment Racine a, cette fois, manqué à une règle qu'il connaissait si bien.

V. 130. Je sais qu'en vous quittant, le malheureux Titus
Passe l'austérité de toutes les vertus.

Cela me paraît encore plus faible, parce que rien ne l'est tant que l'exagération outrée. Il est ridicule qu'un empereur dise qu'il y a plus de vertu, plus d'austérité à quitter sa maîtresse qu'à immoler à sa patrie ses deux enfants coupables. Il fallait peut-être dire, en parlant des Brutus et des Manlius : *Titus en vous quittant les égale peut-être,* ou plutôt il ne fallait point comparer une victoire remportée sur l'amour à ces exemples étonnants et presque surnaturels de la rigidité des anciens Romains. Les vers sont bien faits, je l'avoue; mais, encore une fois, cette scène élégante n'est pas ce qu'elle devrait être.

V. der. Adieu.

Peut-être cette scène pouvait-elle être plus vive, et porter dans les cœurs plus de trouble et d'attendrissement; peut-être est-êlle plus élégante et mesurée que déchirante.

> Et que tout l'univers reconnoisse, sans peine,
> Les pleurs d'un empereur et les pleurs d'une reine.
> Car enfin, ma princesse, il faut nous séparer.
> — Eh bien! seigneur, eh bien! qu'en peut-il arriver?
> Vous ne comptez pour rien les pleurs de Bérénice.
> — Je les compte pour rien!. Ah ciel! quelle injustice!

Tout cela me paraît petit; je le dis hardiment, et je suis en cela seul de l'opinion de Saint-Évremond, qui dit en plusieurs endroits que les sentiments dans nos tragédies ne sont pas assez profonds, que le désespoir n'y est qu'une simple douleur, la fureur un peu de colère.

SCÈNE IV.

V. 17. Moi-même je me hais. Néron, tant détesté,
N'a point à cet excès poussé sa cruauté.

Autre exagération puérile. Quelle comparaison y a-t-il à faire d'un homme qui n'épouse point sa maîtresse à un monstre qui fait assassiner sa mère?

V. 20. Allons, Rome en dira ce qu'elle en voudra dire.
— Quoi, seigneur! — Je ne sais, Paulin, ce que je dis.

Dire et *dis* font un mauvais effet. *Je ne sais ce que je dis*, est du style comique, et c'était quand il se croyait plus austère que Brutus, et plus cruel que Néron, qu'il pouvait s'écrier: *Je ne sais ce que je dis*.

V. 27. Et le peuple, élevant vos vertus jusqu'aux nues,
Va partout de lauriers couronner vos statues.

Élevant vos vertus, etc.; ni cette expression, ni cette cacophonie, ne semblent dignes de Racine.

V. der. Pourquoi suis-je empereur? pourquoi suis-je amoureux?

Tous ces actes finissent froidement, et par des vers qui appartiennent plus à la haute comédie qu'à la tragédie. Il ne doit pas demander pourquoi il est empereur. *Amoureux* est d'une idylle; *amoureux* est trop général. Pourquoi dois-je quitter ce que je dois adorer? pourquoi suis-je forcé à rendre malheureuse celle qui mérite le moins de l'être? C'est là, du moins je le crois, le sentiment qu'il devait exprimer.

SCÈNE VII.

V. 3. Elle n'entend ni pleurs, ni conseil, ni raison.

Ce mot *pleurs*, joint avec *conseil* et *raison*, sauve l'irrégularité du terme *entendre*. On n'entend point des pleurs; mais ici, *n'entend*, signifie *ne donne point attention*.

V. der. Moi-même, en ce moment, sais-je si je respire?

Cette scène et la suivante, qui semblent être peu de chose, me paraissent parfaites. Antiochus joue le rôle d'un homme qui est supérieur à sa passion. Titus est attendri et ébranlé comme il doit l'être; et dans le moment le sénat vient le féliciter d'une victoire qu'il craint de remporter sur lui-même. Ce sont des ressorts presque imperceptibles qui agissent puissamment sur l'âme. Il y a mille fois plus d'art dans cette belle simplicité que dans cette foule d'incidents dont on a chargé tant de tragédies. Corneille a aussi le mérite de n'avoir jamais recours à cette malheureuse et stérile fécondité qui entasse événement sur événement; mais il n'a pas l'art de Racine, de trouver dans l'incident le plus simple le développement du cœur humain.

ACTE V.

SCÈNE I.

V. 55. Lisez, ingrat! lisez, et me laissez sortir.

Titus lisait tout haut cette lettre à la première représentation. Un mauvais plaisant dit que c'était le testament de Bérénice. Racine en fit supprimer la lecture. On a cru que la vraie raison était que la lettre ne contenait que les mêmes choses que Bérénice dit dans le cours de la pièce.

SCÈNE VII ET DERNIÈRE.

V. der. Pour la dernière fois, adieu, seigneur. — Hélas!

Je n'ai rien à dire de ce cinquième acte, sinon que c'est en son genre un chef-d'œuvre, et qu'en le relisant avec des yeux sévères, je suis encore étonné qu'on ait pu tirer des choses si touchantes d'une situation qui est toujours la même; qu'on ait trouvé encore de quoi attendrir, quand on paraît avoir tout dit; que même tout paraisse neuf dans ce dernier acte, qui n'est que le résumé des quatre précédents : le mérite est égal à la difficulté, et cette difficulté était extrême. On peut être un peu choqué qu'une pièce finisse par un *hélas!* Il fallait être sûr de s'être rendu maître du cœur des spectateurs pour oser finir ainsi.

Voilà, sans contredit, la plus faible des tragédies de Racine qui sont restées au théâtre. Ce n'est pas même une tragédie; mais que de beautés de détail, et quel charme inexprimable règne presque toujours dans la diction! Pardonnons à Corneille de n'avoir jamais connu ni cette pureté ni cette élégance : mais comment se peut-il faire que personne depuis Racine n'ait approché de ce style enchanteur? Est-ce un don de la nature? est-ce le fruit d'un travail assidu? C'est l'effet de l'un et de l'autre. Il n'est pas étonnant que personne ne soit arrivé à ce point de perfection; mais il l'est que le public ait depuis applaudi avec transport à des pièces qui à peine étaient écrites en français, dans lesquelles il n'y avait ni connaissance du cœur humain, ni bon sens, ni poésie ; c'est que des situations séduisent, c'est que le goût est très-rare. Il en a été de même dans d'autres arts. En vain on a devant les yeux des Raphaël, des Titien, des Paul Véronèse ; des peintres médiocres usurpent après eux de la réputation, et il n'y a que les connaisseurs qui fixent à la longue le mérite des ouvrages.

TITE ET BÉRÉNICE,
COMÉDIE HÉROÏQUE DE CORNEILLE.

ACTE I.
SCÈNE I.

V. 3. ....Plus nous approchons de ce grand hyménée,
Plus en dépit de moi je m'en trouve gênée.

On saura bientôt de quel hyménée on parle ; mais on ne saura point que c'est Domitie qui parle ; et le lieu où elle n'est point annoncé. Cette Domitie, fille de Corbulon, est amoureuse de Domitian, qui l'est aussi d'elle. Il est vrai que cet amour est froid ; mais il est vrai aussi que, quand Domitian et sa maîtresse Domitie s'exprimeraient avec la tendre élégance des héros de Racine, ils n'en intéresseraient pas davantage. Il y a des personnages qu'il ne faut jamais représenter amoureux : les grands hommes comme Alexandre, César, Scipion, Caton, Cicéron, parce que c'est les avilir ; et les méchants hommes, parce que l'amour dans une âme féroce ne peut jamais être qu'une passion grossière qui révolte au lieu de toucher, à moins qu'un tel caractère ne soit attendri et changé par un amour qui le subjugue. Domitian, Caligula, Néron, Commode, en un mot tous les tyrans qui feront l'amour à l'ordinaire, déplairont toujours. Dès que Domitian est l'amoureux de la pièce, la pièce est tombée.

V. 6. Ne devroit-il pas faire aussi tous mes plaisirs?

Il semble, par ce vers, et par tant d'autres dans ce goût, que Corneille ait voulu imiter la mollesse du style de son rival, qui seul alors était en possession des applaudissements au théâtre ; mais il l'imite comme un homme robuste, sans grâce et sans souplesse, qui voudrait se donner les attitudes gracieuses d'un danseur agile et élégant.

V. 8. Rome s'en fait d'avance en l'esprit une fête, etc.

Cette expression, et l'*amer* et le *rude*, *tout à fait la maîtresse*, *un nœud reculé qui dégoûte*, font bien voir que Corneille n'était pas fait pour combattre Racine dans la carrière de l'élégance et du sentiment.

V. 41. J'ai quelques droits, Plautine, à l'empire romain, etc.

Où sont donc ces droits à l'empire qu'elle *peut mettre en bonne main?* Quoi! parce qu'elle est fille d'un Corbulon, que quelques troupes voulurent déclarer césar, elle a des droits à l'empire? C'est heurter toutes les notions qu'on a du gouvernement des Romains.

V. 43. Mon père avant le sien, élu pour cet empire,
Préféra.... tu le sais, et c'est assez t'en dire.

On n'est point élu pour l'empire, cela n'est pas français; et que veut dire ce *préféra* avec des points...? On peut laisser une phrase suspendue quand on craint de s'expliquer, quand on aurait trop de choses à dire, quand on fait entendre, par ce qui suit, ce qu'on n'a pas voulu énoncer, d'abord, et qu'on le fait plus fortement entendre que si on s'expliquait, comme dans *Britannicus* :

Et ce même Sénèque, et ce même Burrhus,
Qui depuis..... Rome alors estimoit leurs vertus.

Mais ici ce *préféra* ne signifie autre chose sinon que Corbulon préféra son devoir : ce n'était pas là la place d'une réticence. On s'est un peu étendu sur cette remarque, parce qu'elle contient une règle générale, et que ces réticences inutiles et déplacées ne sont que trop communes.

V. 46. Mais pour le cœur, te dis-je, il n'est pas tout à moi.
— La chose est bien égale, il n'a pas tout le vôtre, etc.

« La chose est bien égale; il n'a pas tout le vôtre; vous en aimez un autre; et comme sa raison; une ardeur pour un rang; qu'entre nous la chose soit égale; un divorce qui ravale; un sort à qui l'on renvoie; ce que Plautine a d'ambitieux caprice qui lui fait un dur supplice; en l'aimant comme il faut; comme il faut qu'il vous aime. » Est-il possible qu'avec un tel style on ait voulu jouter contre Racine dans un ouvrage où tout dépend du style!

V. 63. Si l'amour quelquefois souffre qu'on le contraigne,
Il souffre rarement qu'une autre ardeur l'éteigne;
Et, quand l'ambition en met l'empire à bas,
Elle en fait son esclave et ne l'étouffe pas.

Je passe tous les vers ou faibles, ou durs, ou qui offensent la langue, et je remarquerai seulement que voilà des dissertations sur l'amour, des sentences générales. Ce n'est pas là comme il faut s'y prendre pour traiter une passion douce et tendre ; ce n'est pas là *Horatii curiosâ felicitas*[1], et le *molle* de Virgile :

V. 75. Laisse-moi retracer ma vie en ta mémoire;
Tu me connois assez pour en savoir l'histoire.

Pourquoi donc répète-t-elle cette histoire à une personne qui la sait

---

1. Pétrone, ch. 118. (Éd.)

si bien ? Le sentiment de son *illustre orgueil* n'est pas une raison suffisante pour fonder ce récit, qui d'ailleurs est trop long et trop peu intéressant.

Cette Domitie, partagée entre l'ambition et l'amour, n'est véritablement ni ambitieuse ni sensible. Ces caractères indécis et mitoyens ne peuvent jamais réussir, à moins que leur incertitude ne naisse d'une passion violente, et qu'on ne voie jusque dans cette indécision l'effet du sentiment dominant qui les emporte. Tel est Pyrrhus dans *Andromaque*, caractère vraiment théâtral et tragique, excepté dans la scène imitée de Térence [1] :

<blockquote>
Crois-tu, si je l'épouse,
Qu'Andromaque en son cœur n'en sera pas jalouse ?
</blockquote>

et dans la scène où Pyrrhus vient dire à Hermione qu'il ne peut l'aimer.

Cette première scène de Domitie annonce que la pièce sera sans intérêt ; c'est le plus grand des défauts.

SCÈNE II.

V. 1. Faut-il mourir, madame ? et, si proche du terme,
Votre illustre inconstance est-elle encor si ferme ? etc.

Cette seconde scène tient au delà de ce que la première a promis. Un Domitian qui veut mourir d'amour ! c'est mettre un hochet entre les mains de Polyphème : et qu'est-ce qu'une *illustre inconstance proche du terme, si ferme, que les restes d'un feu si fort se promettent la mort de Domitian dans quatre jours ?* Ces paroles, ces tours inintelligibles qui sont comme jetés au hasard, forment un étrange discours. La princesse Henriette joua un tour bien sanglant à Corneille, quand elle le fit travailler à *Bérénice*.

On ne voit que trop combien la suite est digne de ce commencement. Quels vers que ceux-ci, et que de barbarismes ! *Ce n'est pas un mal qui vaille en soupirer ; un choix qui charme avec un peu d'appas qu'on met si bas ;* et tous ces compliments ironiques que se font Domitian et Domitie ; *et cette beauté qui n'a écouté aucun des soupirants qui l'accablaient de leurs regards mourants ; et son cœur qui va tout à Domitian quand on le laisse aller.*

On est étonné qu'on ait pu jouer une pièce ainsi écrite, ainsi dialoguée et raisonnée.

Tous ces raisonnements de Domitie ne peuvent être écoutés. *Comme la passion du trône est la première, elle est la dominante :* ce n'est pas qu'elle ne *se violente à trahir l'amour ;* mais il est juste que *des soupirs secrets la punissent d'aimer contre ses intérêts.*

Il semble que, dans cette pièce, Corneille ait voulu en quelque sorte imiter ce double amour qui règne dans l'*Andromaque*, et qu'il ait tenté de plier la roideur de son caractère à ce genre de tragédie si délicat et

---

1. La première scène de l'*Eunuque*. (ÉD.)

si difficile. Domitian aime Domitie, Titus aime aussi Domitie un peu. On propose Bérénice à Domitian, et Bérénice est aimée véritablement de Titus. Avouons qu'on ne pouvait faire un plus mauvais plan.

SCÈNE III.

V. 1. *Elle se défend bien, seigneur, et dans la cour....*
— *Aucun n'a plus d'esprit, Albin, et moins d'amour*, etc.

Il s'agit bien là d'esprit! et cette adresse à *défendre une mauvaise cause, et la flamme qui applique cette adresse au secours*. Quels vains et malheureux propos! Peut-on dire en de plus mauvais vers des choses plus indignes du théâtre tragique?

V. 14. *Dans toute la nature, aime-t-on autrement?* etc.

Quoi! dans une tragédie une dissertation sur l'amour-propre! Finissons. Il a bien fallu faire quelques remarques sur ce premier acte, pour montrer que c'est une peine perdue d'en faire sur les autres. Un commentaire peut être utile quand on a des beautés et des défauts à examiner: mais ce serait vouloir outrager la mémoire de Corneille de s'appesantir sur toutes les fautes d'un ouvrage où il n'y a guère que des fautes. Finissons nos remarques par respect pour lui: rendons-lui justice; convenons que c'est un grand homme qui fut trop souvent différent de lui-même, sans que ses pièces malheureuses fissent tort aux beaux morceaux qui sont dans les autres.

REMARQUES SUR PULCHÉRIE,

TRAGÉDIE REPRÉSENTÉE EN 1672.

Préface du commentateur. — Pulchérie était une fille de l'empereur Arcadius et de l'impératrice Eudoxie. Elle avait toute l'ambition de sa mère. Corneille dit, dans son avis au lecteur, que ses talents étaient merveilleux, et que, dès l'âge de quinze ans, *elle empiéta l'empire sur son frère*. Il est vrai que ce frère, Théodose II, était un homme très-faible, qui fut longtemps gouverné par cette sœur impérieuse, plus capable d'intrigues que d'affaires, plus occupée de soutenir son crédit que de défendre l'empire, et n'ayant pour ministres que des esclaves sans courage.

Aussi ce fut de son temps que les peuples du Nord ravagèrent l'empire romain. Cette princesse, après la mort de Théodose le jeune, épousa un vieux militaire, aussi peu fait pour gouverner que Théodose; elle en fit son premier domestique, sous le nom d'empereur. C'était un homme qui n'avait su se conduire ni dans la guerre ni dans la paix. Il avait été longtemps prisonnier de Genseric ; et, quand il fut sur le trône, il ne se mêla que des querelles des Eutychiens et des Nestoriens. On sent un mouvement d'indignation quand on lit, dans la continuation de l'*Histoire romaine* de Laurent Echard, le puéril et honteux éloge de Pulchérie et de Martian. « Pulchérie, dit l'auteur, dont les vertus avaient mérité la confiance de tout l'empire, offrit la couronne à Martian, pourvu qu'il voulût l'épouser, et qu'il la laissât fidèle à son vœu de virginité. »

Quelle pitié! il fallait dire, pourvu qu'il la laissât demeurer fidèle à son vœu d'ambition et d'avarice ; elle avait cinquante ans, et Martian soixante et dix.

Il est permis à un poëte d'ennoblir ses personnages et de changer l'histoire, surtout l'histoire de ces temps de confusion et de faiblesse. Corneille intitula d'abord cette pièce *tragédie;* il la présenta aux comédiens, qui refusèrent de la jouer. Ils étaient plus frappés de leurs intérêts que de la réputation de Corneille ; il fut obligé de la donner à une mauvaise troupe qui jouait au Marais, et qui ne put se soutenir ; et malheureusement pour *Pulchérie,* on joua *Mithridate* à peu près dans le même temps ; car *Pulchérie* fut représentée les derniers jours de 1672, et *Mithridate* les premiers de 1673.

Fontenelle prétend que son oncle Corneille se peignit lui-même avec bien de la force dans le personnage de Martian. Voici comme Martian parle de lui-même dans la première scène du second acte.

J'aimois quand j'étois jeune, et ne déplaisois guère :
Quelquefois de soi-même on cherchoit à me plaire ;
Je pouvois aspirer au cœur le mieux placé ;
Mais, hélas! j'étois jeune, et ce temps est passé.
Le souvenir en tue, et l'on ne l'envisage
Qu'avec, s'il faut le dire, une espèce de rage,
On le repousse, on fait cent projets superflus ;
Le trait qu'on porte au cœur s'enfonce d'autant plus ;
Et ce feu, que de honte on s'obstine à contraindre,
Redouble par l'effort qu'on se fait pour l'éteindre.

Si ces vers d'un vieux berger, plutôt que d'un vieux capitaine, ont paru *forts* à Fontenelle, ils n'en sont pas moins faibles. Enfin Pulchérie épouse Martian. Un Aspar en est tout étonné : *Quoi!* dit-il, *tout vieil et tout cassé qu'il est?* Pulchérie répond : *Tout vieil et tout cassé, je l'épouse; il me plaît; j'ai mes raisons.*

Cette Pulchérie qui dit à Léon, *j'ai de la fierté*, s'exprime trop souvent en soubrette de comédie.

Je vous entrer Irène ; Aspar la trouve belle
Faites agir pour vous l'amour qu'il a pour elle.
Et, comme en ce dessein rien n'est à négliger,
Voyez ce qu'une sœur vous pourra ménager
....
Vous aimez, vous plaisez ; c'est tout auprès des femmes.

C'est par là qu'on surprend, qu'on enlève leurs âmes.
....
Aspar vous aura vue, et son âme est chagrine....
— Il m'a vue, et j'ai vu quel chagrin le domine.
Mais il n'a pas laissé de me faire juger
Du choix que fait mon cœur quel sera le danger.
Il part de bons avis quelquefois de la haine.
On peut tirer du fruit de tout ce qui fait peine.
Et des plus grands desseins qui peut venir à bout,
Prête l'oreille à tous, et fait profit de tout.

C'est ainsi que la pièce est écrite. La matière y est digne de la forme. C'est un mariage ridicule traversé ridiculement et conclu de même.

L'intrigue de la pièce, le style et le mauvais succès déterminèrent Corneille à ne donner à cet ouvrage que le titre de *comédie héroïque*; mais, comme il n'y a ni comique ni héroïsme dans la pièce, il serait difficile de lui donner un nom qui lui convînt.

Il semble pourtant que, si Corneille avait voulu choisir des sujets plus dignes du théâtre tragique, il les aurait peut-être traités convenablement; il aurait pu rappeler son génie qui fuyait de lui. On en peut juger par le début de Pulchérie :

Je vous aime, Léon, et n'en fais point mystère ;
Des feux tels que les miens n'ont rien qu'il faille taire
Je vous aime, et non pas de cette folle ardeur
Que les yeux éblouis font maîtresse du cœur ;
Non d'un amour conçu par les sens en tumulte,
A qui l'âme applaudit sans qu'elle se consulte,
Et qui, ne concevant que d'aveugles désirs,
Languit dans les faveurs, et meurt dans les plaisirs.

Ces premiers vers en effet sont imposants ; ils sont bien faits ; il n'y a pas une faute contre la langue, et ils prouvent que Corneille aurait pu écrire encore avec force et avec pureté, s'il avait voulu travailler davantage ses ouvrages. Cependant les connaisseurs d'un goût exercé sentiront bien que ce début annonce une pièce froide. Si Pulchérie aime ainsi, son amour ne doit guère toucher. On s'aperçoit encore que c'est le poëte qui parle, et non la princesse. C'est un défaut dans lequel Corneille tombe toujours. Quelle princesse débutera jamais par dire que l'amour *languit dans les faveurs, et meurt dans les plaisirs?* Quelle idée ces vers ne donnent-ils pas d'une volupté que Pulchérie ne doit pas connaître? De plus, cette Pulchérie ne fait que répéter ce que Viriate a dit dans la tragédie de *Sertorius :*

Ce ne sont pas les sens que mon amour consulte;
Il hait des passions l'impétueux tumulte.

Il y a des beautés de pure déclamation, il y a des beautés de sentiment, qui sont les véritables. Cette pièce tombe dans le même inconvénient qu'*Othon*. Trois personnes se disputent la main de la nièce d'Othon; et ici on voit trois prétendants à Pulchérie, nulle grande intrigue, nul événement considérable, pas un seul personnage auquel on s'intéresse. Il y a quelques beaux vers dans *Othon*, et ce mérite manque à *Pulchérie*. On y parle d'amour de manière à dégoûter de cette passion, s'il était possible. Pourquoi Corneille s'obstinait-il à traiter l'amour ? Sa comédie héroïque de *Tite et Bérénice* devait lui apprendre que ce n'était pas à lui de faire parler des amants, ou plutôt qu'il ne devait plus travailler pour le théâtre : *solve senescentem*. Il veut de l'amour dans toutes ses pièces; et depuis *Polyeucte*, ce ne sont que des contrats de mariage, où l'on stipule pendant cinq actes les intérêts des parties, ou des raisonnements alambiqués sur le devoir des *vrais amants*. A l'égard du style, tandis qu'il se perfectionnait tous les jours en France, Corneille le gâtait de jour en jour. C'est, dès la première scène, *l'habitude à régner, et l'horreur d'en déchoir*, c'est *un penchant flatteur qui fait des assurances*, ce sont *des hauts faits qui portent à grands pas à l'empire*.

C'est un vieux Martian qui conte ses amours à sa fille Justine, et qui lui dit : *Allons, parle aussi des tiens; c'est mon tour d'écouter*. La bonne Justine lui dit comment elle est tombée amoureuse, *et comment son imprudente ardeur, prête à s'évaporer, respecte sa pudeur*.

On parle toujours d'amour à la Pulchérie, âgée de cinquante ans. Elle aime un prince nommé Léon, et elle prie une fille de sa cour de faire l'amour à ce Léon, afin qu'elle, impératrice, puisse s'en détacher.

Qu'il est fort, cet amour! sauve-m'en si tu peux.
Vois Léon, parle-lui, dérobe-moi ses vœux.
M'en faire un prompt larcin, c'est me rendre service.

De tels vers sont d'une mauvaise comédie, et de tels sentiments ne sont pas d'une tragédie.

Mais que dirons-nous de ce vieux Martian amoureux de la vieille Pulchérie? Cette impératrice entame avec lui une plaisante conversation au cinquième acte :

On m'a dit que pour moi vous aviez de l'amour;
Seigneur, seroit-il vrai ?

MARTIAN.

Qui vous l'a dit, madame?

PULCHÉRIE.

Vos services, mes yeux....

A quoi le bonhomme répond, « qu'il s'est tu après s'être rendu, qu'en effet il languit, il soupire, mais qu'enfin la langueur qu'on voit sur son visage est encore plus l'effet de l'amour que de l'âge. »

J'aime encore mieux je ne sais quelle farce dans laquelle un vieillard est saisi d'une toux violente devant sa maîtresse, et lui dit : *Mademoiselle, c'est d'amour que je tousse*.

J'avoue, sans balancer, que les Pradon, les Bonnecorse, les Coras, les Danchet, n'ont rien fait de si plat et de si ridicule que toutes ces dernières pièces de Corneille. Mais je n'ai dû le dire qu'après l'avoir prouvé.

Corneille se plaint, dans une de ses épîtres, des succès de son rival; il finit par dire :

> Et la seule tendresse est toujours à la mode.

Oui, la seule tendresse de Racine, la tendresse vraie, touchante, exprimée dans un style égal à celui du quatrième livre de Virgile, et non pas la tendresse fausse et froide, mal exprimée.

Ce que peu de gens ont remarqué, c'est que Racine, en traitant toujours l'amour, a parfaitement observé ce précepte de Despréaux :

> Qu'Achille aime autrement que Tyrcis et Philène[1],
> Et que l'amour, souvent de remords combattu,
> Paroisse une foiblesse, et non une vertu.

Le rôle de Mithridate est au fond par lui-même un peu ridicule. Un vieillard jaloux de ses deux enfants, est un vrai personnage de comédie, et la manière dont il arrache à Monime son secret, est petite et ignoble; on l'a déjà dit ailleurs, et rien n'est plus vrai. Mais que ce fond est enrichi et ennobli! que Mithridate sent bien ses fautes, et qu'il se reproche dignement sa faiblesse!

> Quoi! des plus chères mains craignant les trahisons[2],
> J'ai pris soin de m'armer contre tous les poisons;
> J'ai su, par une longue et pénible industrie,
> Des plus mortels venins prévenir la furie.
> Ah! qu'il eût mieux valu, plus sage et plus heureux,
> Et repoussant les traits d'un amour dangereux,
> Ne pas laisser remplir d'ardeurs empoisonnées
> Un cœur déjà glacé par le froid des années!

Quand un homme se reproche ses fautes avec tant de force et de noblesse, avec un langage si sublime et si naturel, on les lui pardonne. C'est ainsi que Roxane se dit à elle-même :

> Tu pleures, malheureuse! ah! tu devois pleurer[3],
> Lorsque d'un vain désir à ta perte poussée
> Tu conçus de le voir la première pensée.

On ne voit point, dans ces excellents ouvrages, de héros qui porte un *beau feu dans son sein*[4], de *princesse aimant sa renommée, qui, quand elle dit qu'elle aime, est sûre d'être aimé*[5]. On n'y fait point *un compliment*[6], *plus en homme d'esprit qu'en véritable amant*; l'absence *aux vrais amants n'y est pas pire que la peste*[7]. Un héros n'y dit point, comme dans *Alcibiade*[8], que quand il a *troublé la paix d'un*

---

1. *Art poétique*, III, 99-101. (Éd.) — 2. *Mithridate*, IV, v. (Éd.)
3. *Bajazet*, IV, v. (Éd.) — 4. *Œdipe*, I, III. (Éd.) — 5. *Pompée*, II, I. (Éd.)
6. *Othon*, II, II, (Éd.) — 7. *Œdipe*, I, I. (Éd.)
8. Campistron, *Alcibiade*, I, III. (Éd.)

jeune cœur, il a cent fois éprouvé qu'un mortel peut goûter un bonheur achevé. Phèdre, dans son admirable rôle, le chef-d'œuvre de l'esprit humain, et le modèle éternel, mais inimitable, de quiconque voudra jamais écrire en vers; Phèdre se fait plus de reproches que le mari le plus austère ne pourrait lui en faire. C'est ainsi, encore une fois, qu'il faut parler d'amour, ou n'en point parler du tout.

C'est surtout en lisant ce rôle de Phèdre, qu'on s'écrie avec Despréaux[1]:

> Eh! qui, voyant un jour la douleur vertueuse
> De Phèdre, malgré soi perfide, incestueuse,
> D'un si noble travail justement étonné,
> Ne bénira d'abord le siècle fortuné
> Qui, rendu plus fameux par tes illustres veilles,
> Vit naître sous ta main ces pompeuses merveilles?

Ces merveilles étaient plus touchantes que pompeuses. Que ceux-là se sont trompés, qui ont dit et répété que Racine avait gâté le théâtre par la tendresse, tandis que c'est lui seul qui a épuré ce théâtre, infecté toujours avant lui, et presque toujours après lui, d'amours postiches, froids et ridicules, qui déshonorent les sujets les plus graves de l'antiquité! Il vaudrait autant se plaindre du quatrième livre de Virgile, que de la manière dont Racine a traité l'amour. Si on peut condamner en lui quelque chose, c'est de n'avoir pas toujours mis dans cette passion toutes les fureurs tragiques dont elle est susceptible, de ne lui avoir pas donné toute sa violence, de s'être quelquefois contenté de l'élégance, de n'avoir que touché le cœur, quand il pouvait le déchirer; d'avoir été faible dans presque tous ses derniers actes. Mais tel qu'il est, je le crois le plus parfait de tous nos poëtes. Son art est si difficile, que depuis lui nous n'avons pas vu une seule bonne tragédie. Il y en a eu seulement quelques-unes, en très-petit nombre, dans lesquelles les connaisseurs trouvent des beautés; et, avant lui, nous n'en avons eu aucune qui fût bien faite du commencement jusqu'à la fin. L'auteur de ce commentaire est d'autant plus en droit d'annoncer cette vérité, que lui-même s'étant exercé dans le genre tragique, n'en a connu que les difficultés, et n'est jamais parvenu à faire un seul ouvrage qu'il ne regardât comme très-médiocre.

Non-seulement Racine a presque toujours traité l'amour comme une passion funeste et tragique, dont ceux qui en sont atteints rougissent; mais Quinault même sentit dans ses opéras que c'est ainsi qu'il faut représenter l'amour.

Armide commence par vouloir perdre Renaud, l'ennemi de sa secte:

> Le vainqueur de Renaud, si quelqu'un le peut être[2],
> Sera digne de moi.

Elle ne l'aime que malgré elle; sa fierté en gémit; elle veut cacher sa faiblesse à toute la terre; elle appelle la Haine à son secours

---

1. Épître VII, à Racine, vers 79-84. (ÉD.) — 2. *Armide* I, II. (ÉD.)

> Venez, Haine implacable !
> **Sortez** du gouffre épouvantable
> Où vous faites régner une éternelle horreur.
> Sauvez-moi de l'amour, rien n'est si redoutable ;
> Rendez-moi mon courroux, rendez-moi ma fureur,
> Contre un ennemi trop aimable.

Il y a même de la morale dans cet opéra. La Haine qu'Armide a invoquée lui dit :

> Je ne puis te punir d'une plus rude peine,
> Que de t'abandonner pour jamais à l'amour.

Sitôt que Renaud s'est regardé dans le miroir symbolique qu'on lui présente, il a honte de lui-même ; il s'écrie :

> Ciel ! quelle honte de paroître
> Dans l'indigne état où je suis !

Il abandonne sa maîtresse pour son devoir sans balancer. Ces lieux communs de *morale lubrique*, que Boileau reproche à Quinault[1], ne sont que dans la bouche des génies séducteurs qui ont contribué à faire tomber Renaud dans le piège.

Si on examine les admirables opéras de Quinault, *Armide*, *Roland*, *Atys*, *Thésée*, *Amadis*, l'amour y est tragique et funeste. C'est une vérité que peu de critiques ont reconnue, parce que rien n'est si rare que d'examiner. Y a-t-il rien, par exemple, de plus noble et de plus beau que ces vers d'Amadis ?

> J'ai choisi la gloire pour guide[2] ;
> J'ai prétendu marcher sur les traces d'Alcide.
> Heureux si j'avois évité
> Le charme trop fatal dont il fut enchanté !
> Son cœur n'eut que trop de tendresse.
> Je suis tombé dans son malheur ;
> J'ai mal imité sa valeur,
> J'imite trop bien sa foiblesse.

Enfin, Médée elle-même ne rend-elle pas hommage aux mœurs qu'elle brave, dans ces vers si connus :

> Le destin de Médée est d'être criminelle[3],
> Mais son cœur étoit né pour aimer la vertu.

Voyez sur Quinault, et sur les règles de la tragédie, la *Poétique* de M. Marmontel, ouvrage rempli de goût, de raison et de science.

On auroit pu placer ces réflexions au-devant de toute autre pièce que *Pulchérie* ; mais elles se sont présentées ici, et elles ont distrait un moment l'auteur des remarques du triste soin de faire réimprimer

---

1. Boileau, satire X, 141. (Éd.) — 2. *Amadis*, I, 1. (Éd.)
3. *Thésée*, II, 1. (Éd.)

des pièces que Corneille aurait dû oublier, qui n'ôtent rien aux grandes beautés de ses ouvrages, mais qu'enfin il est difficile de pouvoir lire.

PRÉFACE DE PULCHÉRIE,
PAR CORNEILLE.

« J'aurai de quoi me satisfaire, si cet ouvrage est aussi heureux à la lecture qu'il l'a été à la représentation; et, si j'ose ne vous dissimuler rien, je me flatte assez pour l'espérer. »

Il se flatte beaucoup trop. Cet ouvrage ne fut point heureux à la représentation, et ne le sera jamais à la lecture, puisqu'il n'est ni intéressant, ni conduit théâtralement, ni bien écrit. Il s'en faut beaucoup.

On a prétendu que ce grand homme tombé si bas n'était pas capable d'apprécier ses ouvrages; qu'il ne savait pas distinguer les admirables scènes de *Cinna*, de *Polyeucte*, de celles d'*Agésilas* et d'*Attila*. J'ai peine à le croire. Je pense plutôt qu'appesanti par l'âge et par la dernière manière qu'il s'était faite insensiblement, il cherchait à se tromper lui-même.

REMARQUES SUR SURÉNA.
GÉNÉRAL DES PARTHES.

TRAGÉDIE REPRÉSENTÉE EN 1674.

Préface du commentateur. — Suréna n'est point un nom propre, c'est un titre d'honneur, un nom de dignité. Le Suréna des Parthes était l'Ethmadoulet des Persans d'aujourd'hui, le grand vizir des Turcs. Cette méprise ressemble à celle de plusieurs de nos écrivains, qui ont parlé d'un Azem, grand vizir de la Porte-Ottomane, ne sachant pas que *vizir azem* signifie *grand vizir*. Mais la méprise est bien plus pardonnable à Corneille qu'à ces historiens, parce que l'histoire des Parthes nous est bien moins connue que celle des nouveaux Persans et des Turcs.

La tragédie de *Suréna* fut jouée les derniers jours de 1674, et les premiers de 1675 : elle roule tout entière sur l'amour. Il semblait que Corneille voulût jouter contre Racine. Ce grand homme avait donné son *Iphigénie* la même année 1674. J'avoue que je regarde *Iphigénie* comme le chef-d'œuvre de la scène; et je souscris à ces beaux vers de Despréaux :

> Jamais Iphigénie en Aulide immolée[1],
> N'a coûté tant de pleurs à la Grèce assemblée,
> Que, dans l'heureux spectacle à nos yeux étalé,
> En a fait sous son nom verser la Champmêlé.

Veut-on de la grandeur, on la trouve dans Achille, mais telle qu'il la faut au théâtre, nécessaire, passionnée, sans enflure, sans déclamation. Veut-on de la vraie politique, tout le rôle d'Ulysse en est plein; et c'est une politique parfaite, uniquement fondée sur l'amour du bien public; elle est adroite; elle est noble; elle ne disserte point; elle augmente la terreur. Clytemnestre est le modèle du grand pathétique; Iphigénie celui de la simplicité noble et intéressante; Agamemnon est tel qu'il doit être : et quel style ! c'est là le vrai sublime.

Après *Suréna*, Pierre Corneille renonça au théâtre, auquel il eût dû renoncer plus tôt. Il survécut près de dix ans à cette pièce, et fut témoin des succès mérités de son illustre rival; mais il avait la consolation de voir représenter ses anciennes pièces avec des applaudissements toujours nouveaux; et c'est aux beaux morceaux de ces anciens ouvrages que nous renvoyons le lecteur. Il remarquera que tout ce qui est bien pensé dans ces chefs-d'œuvre est presque toujours bien exprimé, à quelques tours et quelques termes près qui ont vieilli; et qu'il n'est obscur, guindé, alambiqué, incorrect, faible, et froid, que quand il n'est pas soutenu par la force du sujet. Presque tout ce qui est mal exprimé chez lui ne méritait pas d'être exprimé. Il écrivait très-inégalement, mais je ne sais s'il avait un génie inégal, comme on le dit; car je le vois toujours, dans ses meilleures pièces et dans ses plus mauvaises, attaché à la solidité du raisonnement, à la force et à la profondeur des idées, presque toujours plus occupé de disserter que de toucher; plein de ressources, jusque dans les sujets les plus ingrats, mais de ressources souvent peu tragiques; choisissant mal tous ses sujets, depuis *OEdipe*; inventant des intrigues, mais petites, sans chaleur et sans vie; s'étant fait un mauvais style, pour avoir travaillé trop rapidement; et cherchant à se tromper lui-même sur ses dernières pièces. Son grand mérite est d'avoir trouvé la France agreste, grossière, ignorante, sans esprit, sans goût, vers le temps du *Cid*, et de l'avoir changée : car l'esprit qui règne au théâtre est l'image fidèle de l'esprit d'une nation. Non-seulement on doit à Corneille la tragédie, la comédie, mais on lui doit l'art de penser.

Il n'eut pas le pathétique des Grecs; il n'en donna une idée que dans le dernier acte de *Rodogune*; et le tableau que forme ce cinquième acte me paraît, avec ses défauts, très-supérieur à tout ce que la Grèce admirait. Le tableau du cinquième acte d'*Athalie* est dans ce grand goût. Il faut avouer que tous les derniers actes des autres pièces, sans exception, sont maigres, décharnés, faibles en comparaison. Si vous excep-

---

1. Épître VII, à Racine, vers 3-6. (Éd.)

uez ces deux spectacles frappants, nos tragédies françaises ont été trop souvent des recueils de dialogues, plutôt que des actions pathétiques. C'est par là que nous péchons principalement; mais avec ce défaut, et quelques autres auxquels la nécessité de faire cinq actes assujettit les auteurs, on avoue que la scène française est supérieure à celle de toutes les nations anciennes et modernes. Cet art est absolument nécessaire dans une ville telle que Paris; mais avant Corneille cet art n'existait pas, et après Racine il paraît impossible qu'il s'accroisse.

Il n'est pas plus possible de faire un commentaire sur la pièce de *Suréna* que sur *Agésilas*, *Attila*, *Pulchérie*, *Pertharite*, *Tite et Bérénice*, *la Toison d'or*, *Théodore*. Si on a fait quelques réflexions sur *Othon*, c'est qu'en effet les beaux vers répandus dans la première scène soutenaient un peu le commentateur dans ce travail ingrat et dégoûtant. Je finirai par dire qu'il ne faut examiner que les ouvrages qui ont des beautés avec des défauts, afin d'apprendre aux jeunes gens à éviter les uns, et à imiter les autres; mais, pour les pièces aussi mal inventées que mal écrites, où les fautes innombrables ne sont pas rachetées par une seule belle scène, il est très-inutile de commenter ce qu'on ne peut lire.

On n'aura donc ici qu'une seule observation, que j'ai déjà souvent indiquée; c'est que plus Corneille vieillissait, plus il s'obstinait à traiter l'amour, lui qui, dans son dépit de réussir si mal, se plaignait *que la seule tendresse fût toujours à la mode* [1]. D'ordinaire la vieillesse dédaigne des faiblesses qu'elle ne ressent plus. L'esprit contracte une fermeté sévère qui va jusqu'à la rudesse; mais Corneille, au contraire, mit dans ses derniers ouvrages plus de galanterie que jamais : et quelle galanterie! peut-être voulait-il jouter contre Racine, dont il sentait, malgré lui, la prodigieuse supériorité dans l'art si difficile de rendre cette passion aussi noble, aussi tragique qu'intéressante. Il imprima que

Othon ni Suréna
Ne sont point des cadets indignes de Cinna.

Ils étaient pourtant des cadets très-indignes; et Pacorus, et Eurydice, et Palmis, et le Suréna, parlent d'amour comme des bourgeois de Paris.

Si le mérite est grand, l'estime est un peu forte.
Vous la pardonnerez à l'amour qui s'emporte.
Comme vous le forcez à se trop expliquer,
S'il manque de respect, vous l'en faites manquer.
Il est si naturel d'estimer ce qu'on aime,
Qu'on voudrait que partout on l'estimât de même;
Et la pente est si douce à vanter ce qu'il vaut,
Que jamais on ne craint de l'élever trop haut.

C'est dans ce style ridicule que Corneille fait l'amour dans ses vingt dernières tragédies, et dans quelques-unes des premières. Quiconque ne

---

1. *Discours au roi sur son retour de Flandre*, 1667, in-4°, vers 40. (ED.)

sent pas ce défaut est sans aucun goût, et quiconque veut le justifier se ment à lui-même. Ceux qui m'ont fait un crime d'être trop sévère m'ont forcé à l'être véritablement, et à n'adoucir aucune vérité. Je ne dois rien à ceux qui sont de mauvaise foi. Je ne dois compte à personne de ce que j'ai fait pour une descendante de Corneille, et de ce que j'ai fait pour satisfaire mon goût. Je connais mieux les beaux morceaux de ce grand génie que ceux qui feignent de respecter les mauvais. Je sais par cœur tout ce qu'il a fait d'excellent; mais on ne m'imposera silence en aucun genre sur ce qui me paraît défectueux.

Ma devise a toujours été : *Fari quæ sentiam* [1].

SURÉNA,

GÉNÉRAL DES PARTHES.

TRAGÉDIE.

ACTE V.

SCÈNE DERNIÈRE.

V. 22. *Non, je ne pleure point, madame, mais je meurs.*

Ce vers fournira la seule remarque qu'on croie devoir faire sur la tragédie de *Suréna*. *Je ne pleure point, mais je meurs,* serait le sublime de la douleur, si cette idée était assez ménagée, assez préparée pour devenir vraisemblable; car le vraisemblable seul peut toucher. Il faut, pour dire qu'on meurt de douleur, et pour en mourir en effet, avoir éprouvé, avoir fait voir un désespoir si violent, qu'on ne s'étonne pas qu'un prompt trépas en soit la suite; mais on ne meurt pas ainsi de mort subite après avoir fait des raisonnements politiques, et des dissertations sur l'amour. Le vers par lui-même est très-tragique; mais il n'est pas amené par des sentiments assez tragiques. Ce n'est pas assez qu'un vers soit beau, il faut qu'il soit placé, et qu'il ne soit pas seul de son espèce dans la foule.

1. Horace, livre I, od. VII, vers 2. (ÉD.)

REMARQUES SUR ARIANE,

TRAGÉDIE DE THOMAS CORNEILLE, REPRÉSENTÉE EN 1672.

Préface du commentateur. — Un grand nombre d'amateurs du théâtre ayant demandé qu'on joignît aux œuvres dramatiques de Pierre Corneille l'*Ariane* et l'*Essex* de Thomas Corneille, son frère, accompagnées aussi de commentaires, on n'a pu se refuser à ce travail.

Thomas Corneille était cadet de Pierre d'environ vingt années. Il a fait trente-trois pièces de théâtre, aussi bien que son aîné. Toutes ne furent pas heureuses; mais *Ariane* eut un succès prodigieux en 1672, et balança beaucoup la réputation du *Bajazet* de Racine, qu'on jouait en même temps, quoique assurément *Ariane* n'approche pas de *Bajazet;* mais le sujet était heureux. Les hommes, tout ingrats qu'ils sont, s'intéressent toujours à une femme tendre, abandonnée par un ingrat; et les femmes qui se retrouvent dans cette peinture pleurent sur elles-mêmes.

Presque personne n'examine à la représentation si la pièce est bien faite et bien écrite; on est touché; on a eu du plaisir pendant une heure; ce plaisir même est rare, et l'examen n'est que pour les connaisseurs.

On rapporte, dans la *Bibliothèque des théâtres*, qu'*Ariane* fut faite en quarante jours; je ne suis pas étonné de cette rapidité dans un homme qui a l'habitude des vers, et qui est plein de son sujet. On peut aller vite quand on se permet des vers prosaïques, et qu'on sacrifie tous les personnages à un seul. Cette pièce est au rang de celles qu'on joue souvent, lorsqu'une actrice veut se distinguer par un rôle capable de la faire valoir. La situation est très-touchante. Une femme qui a tout fait pour Thésée, qui l'a tiré du plus grand péril, qui s'est sacrifiée pour lui, qui se croit aimée, qui mérite de l'être, qui se voit trahie par sa sœur, et abandonnée par son amant, est un des plus heureux sujets de l'antiquité. Il est bien plus intéressant que la *Didon* de Virgile; car Didon a bien moins fait pour Énée, et n'est point trahie par sa sœur; elle n'éprouve point d'infidélité, et il n'y avait peut-être pas là de quoi se brûler.

Il est inutile d'ajouter que le sujet vaut infiniment mieux que celui de *Médée*. Une empoisonneuse, une meurtrière ne peut toucher des cœurs et des esprits bien faits.

Thomas Corneille fut plus heureux dans le choix de ce sujet que son frère ne le fut dans aucun des siens depuis *Rodogune;* mais je doute que Pierre Corneille eût mieux fait le rôle d'Ariane que son frère. On peut remarquer, en lisant cette tragédie, qu'il y a moins de solécismes et moins d'obscurités que dans les dernières pièces de Pierre Corneille. Le cadet n'avait pas la force et la profondeur du génie de l'aîné; mais il parlait sa langue avec plus de pureté, quoique avec plus de faiblesse. C'était d'ailleurs un homme d'un très-grand mérite, et d'une vaste littérature; et si vous exceptez Racine, auquel il ne faut comparer personne, il était le seul de son temps qui fût digne d'être le premier au-dessous de son frère.

ARIANE,

TRAGÉDIE.

ACTE I.

SCÈNE I.

V. 1. *Je le confesse, Arcas, ma faiblesse redouble*, etc.

Ce rôle d'Œnarus est visiblement imité de celui d'Antiochus dans *Bérénice*, et c'est une mauvaise copie d'un original défectueux par lui-même. De pareils personnages ne peuvent être supportés qu'à l'aide d'une versification toujours élégante, et de ces nuances de sentiment que Racine seul a connues.

Le confident d'Œnarus avoue que sans doute *Ariane est belle*. Œnarus a vu Thésée rendre *quelques soins à Mégiste et à Cyane*; cela l'a flatté *du côté d'Ariane*. C'est un amour de comédie, dans le style négligé de la comédie.

V. 17. *Ariane vous charme, et sans doute elle est belle.*

Ce vers, et tous ceux qui sont dans ce goût, prouvent assez ce que dit Riccoboni, que la tragédie en France est la fille du roman. Il n'y a rien de grand, de noble, de tragique, à aimer une femme parce qu'*elle est belle*. Il faudrait du moins relever ces petitesses par l'élégance de la poésie.

Que le lecteur dépouille seulement de la rime les vers suivants : « Vous sûtes que Thésée avait, par le secours d'Ariane, évité les détours du labyrinthe en Crète, et que, pour reconnaître un si fidèle amour, il fuyait avec elle vainqueur du Minotaure : quelle espérance vous laissaient des nœuds si bien formés ? » Voyez non-seulement combien ce discours est sec et languissant, mais à quel point il pèche contre la régularité.

Éviter les détours du labyrinthe en Crète. Thésée n'évita pas les détours du labyrinthe en Crète, puisqu'il fallait nécessairement passer par ces détours. La difficulté n'était pas de les éviter, mais de sortir en ne les évitant pas. Virgile dit :

Hic labor ille domus, et inextricabilis error.
Æn., VI, 27.

Ovide dit :
>   Ducit in errorem variarum ambage viarum.
>   *Met.* VIII, 161.

Racine dit :

> Par vous auroit péri le monstre de la Crète,
> Malgré tous les détours de sa vaste retraite.
> Pour en développer l'embarras incertain,
> Ma sœur du fil fatal eût armé votre main [1].

Voilà des images, voilà de la poésie, et telle qu'il la faut dans le style tragique.

Pour reconnaître un amour si fidèle. On ne reconnaît point un amour comme on reconnaît un service, un bienfait. *Si fidèle* n'est pas le mot propre. Ce n'est point comme fidèle, c'est comme passionnée qu'Ariane donna le fil à Thésée.

Des nœuds si bien formés. Un nœud est-il bien formé parce qu'on s'enfuit avec une femme? Cette expression lâche, triviale, vague, n'exprime pas ce qu'on doit exprimer. Examinez ainsi tous les vers, vous n'en trouverez que très-peu qui résistent à une critique exacte. Cette négligence dans le style, ou plutôt cette platitude, n'est presque pas remarquée au théâtre. Elle est sauvée par la rapidité de la déclamation, et c'est ce qui encourage tant d'auteurs à se négliger, à employer des termes impropres, à mettre presque toujours le boursouflé à la place du naturel, à rimer en épithètes, à remplir leurs vers de solécismes, ou de façons de parler obscures qui sont pires que des solécismes : pour peu qu'il y ait dans leurs pièces deux ou trois situations intéressantes, quoique rebattues, ils sont contents. Nous avons déjà dit que nous n'avons pas depuis Racine une tragédie bien écrite d'un bout à l'autre.

V. 89. D'un aveugle penchant le charme imperceptible
> Frappe, saisit, entraîne, et rend un cœur sensible ;
> Et, par une secrète et nécessaire loi,
> On se livre à l'amour sans qu'on sache pourquoi.

Ces vers sont une imitation de ces vers de *Rodogune* :

> Il est des nœuds secrets, il est des sympathies,
> Dont par le doux rapport les âmes assorties, etc.

et de ces vers de *la Suite du Menteur* :

> Quand les ordres du ciel nous ont faits l'un pour l'autre,
> Lise, c'est un accord bientôt fait que le nôtre, etc.

Redisons toujours que ces vers d'idylle, ces petites maximes d'amour conviennent peu au dialogue de la tragédie ; que toute maxime doit échapper au sentiment du personnage ; qu'il peut, par les expressions de son amour, dire rapidement un mot qui devienne maxime, mais non pas être un parleur d'amour.

1. *Phèdre,* II, v. (Éd.)

ACTE I, SCÈNE I. 255

C'est ici qu'il ne sera pas inutile d'observer encore que *ces lieux communs de morale lubrique*[1], que Despréaux a tant reprochés à Quinault, se trouvent dans des ariettes détachées où ils sont bien placés, et que jamais le personnage de la scène ne prononce une maxime qu'à propos, tantôt pour faire pressentir sa passion, tantôt pour la déguiser. Ces maximes sont toujours courtes, naturelles, bien exprimées, convenables au personnage et à sa situation ; mais quand une fois la passion domine, alors plus de ces sentences amoureuses. Arcabone dit à son frère[2] :

Vous m'avez enseigné la science terrible
Des noirs enchantements qui font pâlir le jour ;
    Enseignez-moi, s'il est possible,
Le secret d'éviter les charmes de l'amour.

Elle ne cherche point à discuter la difficulté de vaincre cette passion, à prouver que l'amour triomphe des cœurs les plus durs.
Armide ne s'amuse point à dire en vers faibles[3] :

Non, ce n'est point par choix, ni par raison d'aimer,
Qu'en voyant ce qui plait on se laisse enflammer.

Elle dit en voyant Renaud[4] :

Achevons.... je frémis.... Vengeons-nous.... je soupire.

L'amour parle en elle, et elle n'est point parleuse d'amour.
(*Fin de la scène.*) Remarquons que le style de cette scène et de beaucoup d'autres est négligé, lâche, faible, prosaïque.

.... Au défaut d'être aimé,
Méritons jusqu'au bout de m'en voir estimé.

SCÈNE II.

V. 41. Un ami si parfait.... de si charmants appas....
    J'en dis trop, c'est à vous de ne m'entendre pas.

Qui ne sent dans toute cette scène, et surtout en cet endroit, la pusillanimité de ce rôle ? Avec ces *charmants appas* ! Pourquoi ce pauvre roi dit-il ainsi son secret à Thésée ? On laisse échapper les sentiments de son cœur devant sa maîtresse, mais non pas devant son rival.

SCÈNE III.

V. 24. Ma raison, qui toujours s'intéresse pour elle,
    Me dit qu'elle est aimable, et mes yeux qu'elle est belle.

Ces vers, qui sont d'un bouquet à Iris, et *Ariane en beauté partout si renommée*, et *l'amour qui tâche d'ébranler Thésée sur le rapport de*

1. Boileau, satire X, vers 141. (ÉD.). — 2. *Amadis*, II, II, (ÉD.)
3. Th. Corneille, *Ariane*, I. I. (ÉD.) — Quinault, *Armide*, II, V. (ÉD.)

ses yeux, et *cet amour qui a beau parler quand le cœur se tait*, font de Thésée un héros de *Clélie*. Les raisonnements d'aimer ou n'aimer pas achèvent de gâter cette scène, qui d'ailleurs est bien conduite; mais ce n'est pas assez qu'une scène soit raisonnable, ce n'est que remplir un devoir indispensable; et quand il n'est question que d'amour, tout est froid et petit sans le style de Racine. Cette scène surtout manque de force, les combats du cœur y étaient nécessaires. Thésée, perfide envers une princesse à qui il doit sa vie et sa gloire, devrait avoir plus de remords.

SCÈNE IV.

V. 8. *Vous pouvez là-dessus vous répondre vous-même*, etc.

Phèdre devait là-dessus parler avec plus d'élégance. Cette scène est ennuyeuse, et l'amour de Phèdre et de Thésée déplaît à tout le monde. L'ennui vient de ce qu'on sait qu'ils s'aiment et qu'ils sont d'accord; ils n'ont plus rien alors d'intéressant à se dire. Cette scène pouvait être belle; mais quand Phèdre dit *que la gloire est le secours d'un cœur bien né*, et qu'avoir dit *une fois qu'on aime*, c'est le *dire toujours*, on ne croit pas entendre une tragédie.

ACTE II.

SCÈNE I.

V. 13. Mais quand d'un premier feu l'âme tout occupée
Ne trouve de douceurs qu'aux traits qui l'ont frappée,
C'est un sujet d'ennui qui ne peut s'exprimer
Qu'un amant qu'on néglige, et qui parle d'aimer.

On voit dans ces vers quelque chose du style de Pierre Corneille: ce sont des maximes générales, elles sont justes; mais disons toujours que les grandes passions ne s'expriment point en maximes. J'ai déjà remarqué que vous n'en trouvez pas un seul exemple dans Racine. *Trouver de la douceur à des traits*, n'est pas élégant; *c'est un sujet d'ennui qui ne peut s'exprimer*, est de la faible prose de comédie; *un amant qui parle d'aimer*, est un pléonasme.

V. 17. Pour m'en rendre la peine à souffrir plus aisée,
Tandis que le roi vient, parle-moi de Thésée.

Le premier vers est prosaïque et mal fait. *Parle-moi de Thésée tandis que le roi vient*; ce vers ne me paraît pas assez passionné. Ce *tandis que le roi vient*, semble dire, *parle-moi de Thésée en attendant*. Observez comme Hermione dans *Andromaque* dit la même chose avec plus de sentiment et d'élégance :

..... Qu'Oreste à son gré m'impute ses douleurs,
N'avons-nous d'entretien que celui de ses pleurs?

ACTE II, SCÈNE I.

Pyrrhus revient à nous. Eh bien! chère Cléone,
Conçois-tu les transports de l'heureuse Hermione?
Sais-tu quel est Pyrrhus? t'es-tu fait raconter
Le nombre des exploits.... mais qui les peut compter?
Intrépide, et partout suivi de la victoire, etc.

Cela est bien supérieur aux *cent monstres dont l'univers a été dégagé par Thésée, et qui se voit purgé d'un mauvais sang; à ces victimes prises par Thésée et par Hercule,* etc.

V. 37. J'aime Phèdre; tu sais combien elle m'est chère.

Ce sentiment d'Ariane me paraît bien naturel, et en même temps du plus grand art. Le spectateur sent avec un extrême plaisir les raisons du silence de Phèdre.

V. 47. N'ayant jamais aimé, son cœur ne conçoit pas.
— Elle évite peut-être un cruel embarras.

Ce sentiment est encore très-touchant, quoique le mot d'*embarras* soit trop faible.

V. 50. Mais vivre indifférente, est-ce une vie heureuse?

Ce vers serait fort plat, si Ariane parlait d'elle-même; mais elle parle de sa sœur; elle la plaint de ne point aimer, tandis qu'en effet elle aime Thésée. On est déjà bien vivement intéressé.

SCÈNE II.

V. 1. Ne vous offensez point, princesse incomparable, etc.

Œnarus joue ici le rôle de l'Antiochus de *Bérénice*; mais il est bien moins raisonnable et bien moins touchant; il a le ridicule de parler d'amour à une princesse dont il sait que Thésée est idolâtré, et qu'il croit que Thésée adore; et il ne l'a aimé que depuis qu'il a été témoin de leurs amours. Antiochus, au contraire, a aimé Bérénice avant qu'elle se fût déclarée pour Titus, et il ne lui parle que lorsqu'il va la quitter pour jamais. Ce qui rend surtout Œnarus très-inférieur à Antiochus, c'est la manière dont il parle.

Thésée a du mérite, et il l'a dit cent fois. Les sens ravis d'Œnarus ont cédé à l'amour dès qu'il a vu Ariane. Il fallait n'en parler plus, il l'a fait par respect. Il n'a point changé d'âme, il a langui d'amour tout consumé. Il demande, pour *flatter son martyre, un mot favorable et un sincère soupir.*

Ariane répond qu'elle n'est point *ingrate*, que Thésée *se trouve adoré dans son cœur*, que *dès la première fois elle l'a déclaré;* et répète encore, *dès la première fois*, comme si c'était un beau discours à répéter. Ce dialogue trop négligé devait être écrit avec la plus grande finesse. On ne s'aperçoit pas de ces défauts à la représentation; ils choquent beaucoup à la lecture.

SCÈNE III.

V. 1. Prince, mon trouble parle, etc.

On ne doit, ce me semble, faire un pareil aveu que quand il est absolument nécessaire. Aucune raison ne doit engager Œnarus à se déclarer le rival de Thésée. Antiochus, dans *Bérénice*, ne fait un pareil aveu qu'à la fin du cinquième acte ; et c'est en quoi il y a un très-grand art. Le style d'Œnarus met le comble à l'insipidité de son rôle ; il adore *les charmes de son amour*, il en fait *l'aveu au point de l'hymen*. Il dit que *c'est montrer assez ce qu'est un si beau feu*, et qu'il est *trahi par sa vertu*. Comment est-il trahi par sa vertu, puisqu'il renonce à un si beau feu, et qu'il va préparer le mariage de Thésée et d'Ariane?

SCÈNE IV.

V. 10. . . . . Apprenez un projet de ma flamme, etc.

Ce dessein d'Ariane d'unir une sœur qu'elle aime à l'ami de Thésée, tandis que cette sœur lui prépare la plus cruelle trahison, forme une situation très-belle et très-intéressante : c'est là connaître l'art de la tragédie et du dialogue, c'est même une espèce de coup de théâtre. L'embarras de Thésée et l'extrême bonté d'Ariane attachent le spectateur le plus indifférent : les vers, à la vérité, sont faibles.

V. 17. Ma sœur a du mérite, elle est aimable et belle....
L'offre de cet hymen rendra sa joie extrême, etc.

sont des expressions trop négligées ; mais la scène par elle-même est excellente.

SCÈNE V.

V. 5. Je vous comprends tous deux, vous arrivez d'Athènes.

Ariane tombe dans la même méprise que Bérénice, qui impute au trouble de Titus un tout autre sujet que le véritable. Il vaudrait mieux peut-être qu'Ariane demandât à Pirithoüs si les Athéniens ne s'opposent pas à son mariage avec Thésée, plutôt que de soupçonner tout d'un coup qu'ils s'y opposent : mais enfin cette méprise, ne servant qu'à faire éclater davantage l'amour d'Ariane, intéresse beaucoup pour elle.

V. 15. Et comment pourroit-il avoir le cœur si bas
Que tenir tout de vous et ne vous aimer pas?

Ces deux vers sont imités de ces deux-ci de Sévère dans *Polyeucte* [1] :

Un cœur qui vous chérit ; mais quel cœur assez bas
Auroit pu vous connoître et ne vous chérir pas?

1. Acte IV, scène v. (Éd.)

ACTE II, SCÈNE II.

Ce mot *bas* n'est tolérable ni dans la bouche de Sévère, ni dans celle de Pirithoüs. Un homme n'est point du tout *bas* pour connaître une femme et ne la pas aimer; et ce n'est point à Pirithoüs à dire que son ami aurait le cœur *bas*, s'il n'aimait pas Ariane : de plus, ce n'est point une bassesse d'être perfide en amour. Chaque chose a son nom propre; et sans la convenance des termes il n'y a rien de beau.

V. 27. . . . . Les moindres lâchetés
Sont pour votre grand cœur des crimes détestés.

Cette impropriété de termes déplaît à quiconque aime la justesse dans les discours. Le mot de *lâcheté* ne convient pas plus que celui de *bas*. et *l'ardeur sans pareille pour la gloire*, est déplacée quand il s'agit d'amour. Cette scène ressemble encore à celle où Antiochus vient annoncer à Bérénice qu'elle doit renoncer à Titus; mais il y a bien plus d'art à faire apprendre le malheur de Bérénice par son amant même, qu'à faire instruire Ariane de sa disgrâce par un homme qui n'y a nul intérêt.

V. 33. . . . . Moi, qui voudrois pour Thésée
A cent et cent périls voir ma vie exposée!

Cela est encore imité de Racine[1]

Moi, dont vous connoissez le trouble et le tourment,
Quand vous ne me quittez que pour quelque moment;
Moi qui mourrois le jour qu'on voudroit m'interdire
De vous....

Cela vaut mieux que *cent et cent périls*; mais la situation est très-touchante, et c'est presque toujours la situation qui fait le succès au théâtre.

SCÈNE VI.

V. 2. Il n'en faut point douter, je suis trahie, etc.

Il manque peut-être à cette scène de la gradation dans la douleur, et de la force dans les sentiments. Ariane ne doit point dire *qu'elle regrette cette raison barbare*. La raison ne s'oppose point du tout à sa juste douleur, et ce n'est pas ainsi que le désespoir s'exprime : c'est le poëte qui fait là une petite digression sur la *raison barbare*; ce n'est point Ariane. Thomas Corneille imitait souvent de son frère ce grand défaut qui consiste à vouloir raisonner quand il faut sentir.

SCÈNE VIII.

V. 2. Vous avez cru Thésée un héros tout parfait?
Vous l'estimiez, sans doute; et qui ne l'eût pas fait?
. . . . Plus d'honneur, tout chancelle.

1. *Bérénice*, II, IV. (Éd.)

Voilà des expressions bien étranges ; il n'était plus permis d'écrire avec tant de négligence, après les modèles que Thomas Corneille avait devant les yeux.

V. 12. Son sang devroit payer la douleur qui me presse.

Pour parler ainsi, Ariane devrait être plus sûre de l'infidélité de Thésée. Ce que lui a dit Pirithoüs n'est point assez clair pour la convaincre de son malheur; elle devait demander des éclaircissements à Pirithoüs, elle devait même chercher Thésée. L'amour aime à se flatter; le doute, l'agitation, le trouble, devaient être plus marqués. Phèdre se présente ici d'elle-même ; c'était à sa sœur à la faire prier de venir. Phèdre ne doit point dire : *Quoi! Thésée ?*.... Feindre en cette occasion de l'étonnement, c'est un artifice qui rend Phèdre odieuse.

V 44. Le ciel m'inspira bien, quand par l'amour séduite
Je vous fis, malgré vous, accompagner ma fuite.
Il semble que dès lors il me faisoit prévoir
Le funeste besoin que j'en devois avoir.

Voilà quatre vers dignes de Racine.

V. 51. Hélas! et plût au ciel que vous sussiez aimer!

Ce vers est encore fort beau, et par le naturel dont il est, et par la situation. Elle souhaite que sa sœur connaisse l'amour ; et pour son malheur Phèdre ne le connaît que trop. Il serait à souhaiter que les vers suivants fussent dignes de celui-là.

ACTE III.

SCÈNE I.

Cette scène est une de celles qui devraient être traitées avec le plus d'art et d'élégance. C'est le mérite de bien dire qui seul peut donner du prix à ces dialogues, où l'on ne peut dire que des choses communes. Que serait Aricie, que serait Atalide, si l'auteur n'avait employé tous les charmes de la diction pour faire valoir un fond médiocre? C'est là ce que la poésie a de plus difficile ; c'est elle qui orne les moindres objets,

Qui dit sans s'avilir les plus petites choses[1],
Fait des plus secs chardons des œillets et des roses.
« In tenui labor, at tenuis non gloria[2]. »

Ce rôle de Phèdre était très-délicat à traiter : quelque chose qu'elle dise pour se justifier, elle est coupable; et dès qu'elle a fait l'aveu de sa passion à Thésée, on ne peut la regarder que comme une perfide qui cherche à pallier sa trahison. Cependant, il y a beaucoup d'art et de

1. Boileau épître IX, 49-50. (ÉD.) — 2. Virgile, *Georg.*, IV, 6. (ÉD.)

ACTE III, SCÈNE I.

bienséance dans les reproches qu'elle se fait, et dans la résolution qu'elle semble prendre.

> Que de foiblesse! Il faut l'empêcher d'en jouir,
> Combattre incessamment son infidèle audace.
> Allez, Pirithoüs, revoyez-le, de grâce.

Et si les vers étaient meilleurs, ce sentiment rendrait Phèdre supportable.

V. 46. Nous avancerions peu, madame, il vous adore.

Le personnage de Pirithoüs est un peu lâche : est-ce à lui d'encourager Phèdre dans sa perfidie?

V. 58. Quoi! je la trahirois, etc.

L'art du dialogue exige qu'on réponde précisément à ce que l'interlocuteur a dit. Ce n'est que dans une grande passion, dans l'excès d'un grand malheur, qu'on doit ne pas observer cette règle : l'âme alors est toute remplie de ce qui l'occupe, et non de ce qu'on lui dit. C'est alors qu'il est beau de ne pas bien répondre; mais ici Pirithoüs ouvre à Phèdre la voie la plus convenable et la plus honnête de réussir dans sa passion : cette passion même doit la forcer à répondre à l'ouverture de Pirithoüs.

SCÈNE II.

V. 3. .... Quand au repentir on le porte à céder,
Croit-il que mon amour ose trop demander?

Ces scènes sont trop faiblement écrites; mais le plus grand défaut est la nécessité malheureuse où l'auteur met Phèdre de ne faire que tromper. Il fallait un coup de l'art pour ennoblir ce rôle. Peut-être si Phèdre avait pu espérer qu'Ariane épouserait le roi de Naxe, si sur cette espérance elle s'était engagée avec Thésée, alors étant moins coupable elle serait beaucoup plus intéressante.

Ariane d'ailleurs ne dit pas toujours ce qu'elle doit dire; elle se sert du mot de *rage*, elle veut qu'on peigne bien sa *rage:* ce n'est pas ainsi qu'on cherche à attendrir son amant.

SCÈNE III.

V. 1. Par ce que je vous dis, ne croyez pas, madame,
Que je veuille applaudir à sa nouvelle flamme, etc.

Cette scène est inutile, et par là devient languissante au théâtre. Pirithoüs ne fait que redire en vers faibles ce qu'il a déjà dit; et Ariane dit des choses trop vagues.

SCÈNE IV.

V. 1. Approchez-vous, Thésée, et perdez cette crainte.

Cette scène est très-touchante au théâtre, du moins de la part d'Ariane : elle le serait encore davantage si Ariane n'était pas tout à fait sûre de son malheur. Il faut toujours faire durer cette incertitude le plus qu'on peut; c'est elle qui est l'âme de la tragédie : l'auteur l'a si bien senti, qu'Ariane semble encore douter du changement de Thésée, quand elle doit en être sûre. *Pourquoi m'aborder*, dit-elle, *la rougeur au front, quand rien ne vous confond ? et, si ce qu'on m'a dit a quelque vérité*, etc.; c'est s'exprimer en doutant, et c'est ce qui est dans la nature; mais il ne fallait donc pas que, dans les scènes précédentes, on l'eût instruite positivement qu'elle était abandonnée.

V. 5. Un héros tel que vous, à qui la gloire est chère,
       Quoi qu'il fasse, ne fait que ce qu'il voit à faire;
       . . . . Le labyrinthe ouvert
       Vous fit fuir le trépas. . . . .

Voilà de mauvais vers; et ceux-ci ne sont pas meilleurs :

       Et que s'est-il offert que je pusse tenter,
       Qu'en ta faveur ma flamme ait craint d'exécuter?

Mais aussi il y a des vers très-heureux, comme :

       . . . . Eblouis-moi si bien,
       Que je puisse penser que tu ne me dois rien....
       Je te suis, mène-moi dans quelque île déserte....
       Tu n'as qu'à dire un mot, ce crime est effacé.
       C'en est fait, tu le vois, je n'ai plus de colère.

Mais surtout :

       Ramène-moi, barbare, aux lieux où tu m'as prise,

est admirable. Le cœur humain est surtout bien développé et bien peint, quand Ariane dit à Thésée, *ôte-toi de mes yeux; je ne veux pas avoir l'affront que tu me quittes*, et que dans le moment même elle est au désespoir qu'il prenne congé d'elle. Il y a beaucoup de vers dignes de Racine, et entièrement dans son goût; ceux-ci, par exemple :

       As-tu vu quelle joie a paru dans ses yeux?
       Combien il est sorti satisfait de ma haine?
       Que de mépris!

Cette césure, interrompue au second pied, c'est-à-dire au bout de quatre syllabes, fait un effet charmant sur l'oreille ou sur le cœur. Ces finesses de l'art furent introduites par Racine, et il n'y a que les connaisseurs qui en sentent le prix.

V. 14. *Même zèle toujours suit mon respect extrême*, etc.

Thésée ne peut guère répondre que par ces protestations vagues de reconnaissance; mais c'est alors que la beauté de la diction doit réparer le vice du sujet, et qu'il faut tâcher de dire d'une manière singulière des choses communes.

Tous les sentiments d'Ariane dans cette scène sont naturels et attendrissants; on ne pourrait leur reprocher qu'une diction un peu prosaïque et négligée.

ACTE IV.

SCÈNE I.

V. 1. Un si grand changement ne peut trop me surprendre, etc.

Cette scène d'Œnarus et de Phèdre est une de celles qui refroidissent le plus la pièce; on le sent assez. Ce roi qui sait le dernier ce qui se passe dans sa cour, et qui dit que, *voir un tel espoir tout à coup avorter, passe tous les malheurs qu'on ait à redouter, et que c'est du courroux du ciel la preuve la plus funeste*, paraît un roi assez méprisable; mais quand il dit qu'il sera responsable de ce que Thésée aime probablement dans sa cour quelque fille d'honneur, et qu'on voudra qu'il soit le garant de cet hommage inconnu, on ne peut pas lui pardonner ces discours indignes d'un prince.

Ce que lui dit Phèdre est plus froid encore. Toutes les scènes où Ariane ne paraît pas sont absolument manquées.

SCÈNE II.

V. 1. Madame, je ne sais si l'ennui qui vous touche
Doit m'ouvrir, pour vous plaindre, ou me fermer la bouche, etc.

On ne peut parler plus mal. Il ne sait si l'ennui qui touche Ariane doit *lui ouvrir, pour la plaindre, ou lui fermer la bouche*; il doit en partager les coups, quoi qui *la blesse*; il sent le changement *qui trompe la flamme d'Ariane, et il le met au rang des plus noirs attentats; et le ciel lui est témoin, si Ariane en doute, qu'il voudrait racheter de son sang ce que*.... Ariane fait fort bien de l'interrompre; mais le mauvais style d'Œnarus la gagne. L'espérance qu'elle donne à Œnarus de l'épouser, dès qu'elle connaîtra sa rivale heureuse, est d'un très-grand artifice. Son dessein est de tuer cette rivale; c'est devant Phèdre qu'elle explique l'intérêt qu'elle a de connaître la personne qui lui enlève Thésée; et l'embarras de Phèdre ferait un très-grand plaisir au spectateur, si le rôle de Phèdre était plus animé et mieux écrit.

SCÈNE III.

V. 13. Et lorsque son amour a tant reçu du vôtre,
Vous le verrez sans peine entre les bras d'une autre?
— Entre les bras d'une autre! Avant ce coup, ma sœur,
J'aime, je suis trahie, on connoîtra mon cœur.

Voilà de la vraie passion. La fureur d'une amante trahie éclate ici d'une manière très-naturelle. On souhaiterait seulement que Thomas Corneille n'eût point, dans cet endroit, imité son frère, qui débite des maximes quand il faut que le sentiment parle. Ariane dit :

> Moins l'amour outragé fait voir d'emportement,
> Plus, quand le coup approche, il frappe sûrement.

Il semble qu'elle débite une loi du code de l'amour pour s'y conformer. Voilà de ces fautes dans lesquelles Racine ne tombe pas. D'ailleurs, tous les discours d'Ariane sont passionnés comme ils doivent l'être ; mais la diction ne répond pas aux sentiments, et c'est un défaut capital.

V. 50. *Il faut frapper par là, c'est son endroit sensible*, etc.

Cette expression ridicule, et cette autre qui est un plat solécisme, *elle me fait trahir* ; et celle-ci, *consentir à ce que la rage a de plus sanglant*, sont du style le plus incorrect et le plus lâche. Cependant à la représentation, le public ne sent point ces fautes ; la situation entraîne ; une excellente actrice glisse sur ces sottises, et ne vous fait apercevoir que les beautés de sentiment. Telle est l'illusion du théâtre ; tout passe quand le sujet est intéressant. Il n'y a que le seul Racine qui soutienne constamment l'épreuve de la lecture.

V. 67. > Et pour ce qu'a quitté ma trop crédule foi,
> Je n'avois que ce cœur que je croyois à moi.
> Je le perds, on me l'ôte, il n'est rien que n'essaye
> La fureur qui m'anime, afin qu'on me le paye.

On ne peut guère faire de plus mauvais vers. L'auteur veut dans cette scène imiter ces beaux vers d'*Andromaque* :

> Je percerai le cœur que je n'ai pu toucher,
> Et mes sanglantes mains sur moi-même tournées,
> Aussitôt, malgré lui, joindront nos destinées ;
> Et tout ingrat qu'il est, il me sera plus doux
> De mourir avec lui que de vivre avec vous.

Thomas Corneille imite visiblement cet endroit, en faisant dire à Ariane :

> Tout perfide qu'il est, ma mort suivra la sienne ;
> Et sur mon propre sang, l'ardeur de nous unir
> Me le fera venger aussitôt que punir.

Quoique Thomas Corneille eût pris son frère pour son modèle, on voit que, malgré lui, il ne pouvait s'empêcher de chercher à suivre Racine, quand il s'agissait de faire parler les passions.

Cependant il se peut faire, et même il arrive souvent, que deux auteurs, ayant à traiter les mêmes situations, expriment les mêmes sentiments et les mêmes pensées ; la nature se fait également entendre à l'un et à l'autre. Racine faisait jouer *Bajazet* à peu près dans le temps que Corneille donnait *Ariane*. Il fait dire à Roxane :

> Quel surcroît de vengeance et de douceur nouvelle,
> De le montrer bientôt pâle et mort devant elle !
> De voir sur cet objet ses regards arrêtés,
> Me payer les plaisirs que je leur ai prêtés !

ACTE IV, SCÈNE III.

Ariane dit dans un mouvement à peu près semblable :

Vous figurez-vous bien son désespoir extrême,
Quand, dégouttante encor du sang de ce qu'il aime,
Ma main offerte au roi, dans ce fatal instant,
Bravera jusqu'au bout la douleur qui l'attend ?

Voyez combien ce demi-vers, *bravera jusqu'au bout*, gâte cette tirade. Que veut dire *braver une douleur qui attend quelqu'un ?* Un seul mauvais vers de cette espèce corrompt tout le plaisir que les sentiments les plus naturels peuvent donner. C'est surtout dans la peinture des passions qu'il faut que le style soit pur, et qu'il n'y ait pas un seul mot qui embarrasse l'esprit, car alors le cœur n'est plus touché.

Ariane s'écarte malheureusement de la nature à la fin de cette scène ; c'est ce qui achève de la défigurer. Elle dit *qu'elle doit donner à son cœur une cruelle fin. Son cœur*, dit-elle, *l'a trahie, en lui faisant prendre un amour trop indigne.* Il faut *qu'elle trahisse son cœur, à son tour ; et elle punira ce cœur, de ce qu'il n'a pas connu qu'il parlait pour un traître, en parlant pour Thésée*. C'est là le comble du mauvais goût. Un style lâche est presque pardonnable en comparaison de ces froids jeux d'esprit dans lesquels on s'étudie à mal écrire.

SCÈNE IV.

V. 2. De l'amour aisément on ne vainc pas les charmes, etc.

Je n'insiste pas sur ce mot *vainc*, qui ne doit jamais entrer dans les vers, ni même dans la prose. On doit éviter tous les mots dont le son est désagréable, et qui ne sont qu'un reste de l'ancienne barbarie. Mais on ne voit pas trop ce que veut dire Ariane : *S'il dépendait de nous de vaincre les charmes de l'amour, je regretterais moins ce que je perds en vous ;* cela ne se joint point à ce vers, *il vous force à changer, il faut que j'y consente*. Il y a une logique secrète qui doit régner dans tout ce qu'on dit, et même dans les passions les plus violentes ; sans cette logique on ne parle qu'au hasard, on débite des vers qui ne sont que des vers : le bon sens doit animer jusqu'au délire de l'amour.

Thésée joue partout un rôle désagréable, et ici plus qu'ailleurs. Un héros qui dans une scène ne dit que ces trois mots : *Madame, je n'ai pas....* ferait mieux de ne rien dire du tout.

SCÈNE V.

V. 27. A quoi que son courroux puisse être disposé,
Il est pour s'en défendre un moyen bien aisé, etc.

Il ne trouve, pour défendre sa maîtresse, de meilleur moyen que de s'enfuir. Il dit que *la foudre gronde parce qu'Ariane veut se venger de sa rivale*. Ce n'est pas là le vrai Thésée. *Il veut, dès cette même nuit, de ces lieux disparaître sans bruit.* C'est un propos de comédie. La scène en général est mal écrite, et il y a des vers qu'on ne peut supporter, comme, par exemple, celui-ci :

Je la tue, et c'est vous qui me le faites faire.

Mais il y en a aussi d'heureux et de naturels auxquels tout l'art de Racine ne pourrait rien ajouter.

Et qui me répondra que vous serez fidèle ?...
Votre légèreté peut me laisser ailleurs, etc.

La scène finit mal : *Donnez l'ordre qu'il faut, je serai prête à tout.* C'était là qu'on attendait quelques combats du cœur, quelques remords, et surtout de beaux vers qui rendissent le rôle de Phèdre plus supportable.

ACTE V.

SCÈNE I.

V. 14. Ma mort n'est qu'un malheur qui ne vaut pas le craindre.

Cette expression n'est pas française : c'est un reste des mauvaises façons de parler de l'ancien temps, que Thomas Corneille se permettait rarement.

Il y a beaucoup d'art à jeter, dans cette scène, quelques légers soupçons sur Phèdre, et à les détruire. On ne peut mieux préparer le coup mortel qu'Ariane recevra quand elle apprendra que Thésée est parti avec sa sœur. Il est vrai que le style est bien négligé; l'intérêt se soutient, et c'est beaucoup; mais les oreilles délicates ne peuvent supporter

Que la jeune Cyane est celle que l'on croit
Que Thésée.... — On la nomme à cause qu'il la voit.

Un tel style gâte les choses les plus intéressantes.

SCÈNE II.

V. 18. Si l'on m'avoit dit vrai, vous seriez hors de peine.

Pirithoüs est ici plus petit que jamais. L'intime ami de Thésée ne sait rien de ce qui se passe, et ne joue qu'un personnage de valet.

SCÈNE III.

V. 1. ... Que fait ma sœur ? vient-elle? etc.

Cette scène est véritablement intéressante; elle montre bien qu'il faut toujours, jusqu'à la fin, de l'inquiétude et de l'incertitude au théâtre.

V. 19. Elle ne paroît point, et Thésée est parti.

Ce sont là de ces vers que la situation seule rend excellents; les moindres ornements les affaibliraient. Il y en a quelques-uns de cette espèce dans *Ariane*; c'est un très-grand mérite : tant il est vrai que le naturel est toujours ce qui plaît le plus.

SCÈNE IV.

V. 12. . . . . Il viole sa foi,
Me désespère, et veut qu'on prenne soin de moi!

Cette répétition des mots du billet de Thésée, *qu'on prenne soin de moi*, est excellente. *Il viole sa foi, me désespère*, est faible et lâche. C'est de sa sœur qu'elle doit parler : elle savait bien déjà que Thésée avait violé sa foi. *Il me désespère*, est un terme vague. Ariane ne dit pas ce qu'elle doit dire ; ainsi, le mauvais est souvent à côté du bon, et le goût consiste à démêler ces nuances.

V. der. Le roi, vous, et les dieux, vous êtes tous complices.

Ce vers passe pour être beau ; il le serait en effet, si les dieux avaient eu quelque part à la pièce, si quelque oracle avait trompé Ariane : il faut avouer que *les dieux* viennent là assez inutilement pour remplir le vers, et pour frapper l'oreille de la multitude ; mais ce vers fait toujours effet.

SCÈNE V.

V. 1. Ah! Nérine!

Cette simple exclamation est très-touchante. On se peint à soi-même Ariane plongée dans une douleur qu'elle n'a pas la force d'exprimer ; mais, lorsque le moment d'après elle dit, que sa *douleur est si forte*, que *succombant aux maux qu'on lui fait découvrir*, elle *demeure insensible à force de souffrir ;* ce n'est plus la douleur d'Ariane qui parle, c'est l'esprit du poète. Il me paraît qu'Ariane raisonne trop, et qu'elle ne raisonne pas assez bien.

V. 17. Je promettois son sang à mes bouillants transports ;
Mais je trouve à briser les liens les plus forts.

L'un n'est pas opposé à l'autre. Le poëte ne s'exprime pas comme il le doit ; il veut dire, *j'espérais me venger d'une rivale, et cette rivale est ma sœur : elle fuit avec mon amant, et tous deux bravent ma vengeance*. Il y a là une douzaine de vers fort mal faits ; mais rien n'est plus beau que ceux-ci :

La perfide, abusant de ma tendre amitié,
Montroit de ma disgrâce une fausse pitié ;
Et jouissant des maux que j'aimois à lui peindre,
Elle en étoit la cause, et feignoit de me plaindre.

Voyez comme dans ces quatre vers tout est naturel et aisé, comme il n'y a aucun mot inutile ou hors de sa place.

V. 58. Je le comble de biens, il m'accable de maux, etc.

Il est naturel à la douleur de se répandre en plaintes ; la loquacité même lui est permise ; mais c'est à condition qu'on ne dira rien que de juste, et qu'on ne se plaindra point vaguement et en termes impropres. Ariane n'a pas comblé Thésée de biens ; il faut qu'elle exprime sa situation, et non pas qu'elle dise faiblement qu'on l'accable de maux. Comment peut-elle dire que Thésée évite sa rencontre par la honte qu'il a de sa perfidie, dans le temps que Thésée est parti avec Phèdre? Comment peut-elle dire qu'*il faudra bien enfin qu'il se montre?* Ariane, en se plaignant ainsi, sèche les larmes des connaisseurs qui s'attendrissaient pour elle. Elle a beau dire, par un retour sur soi-même : *A quel lâche espoir mon trouble me réduit!* ce trouble n'a point dû lui faire oublier que sa sœur lui a enlevé son amant, et qu'ils voguent tous deux vers Athènes; bien au contraire, c'est sur cette fuite que tous ses emportements et tout son espoir doivent être fondés. Les vers qu'elle débite ne sont pas assez bien faits.

La peur d'en faire trop seroit hors de saison.
. . . . Si je demeure aimée ;
. . . . Où mon cœur se ravale.
De cette assassinante et trop funeste idée ;
Quelques bras que contre eux ma haine puisse unir,
Je souffre plus encor qu'elle ne peut punir.

SCÈNE VII ET DERNIÈRE.

V. 1. Je ne viens point, madame, opposer à vos plaintes
De faux raisonnements, ou d'injustes contraintes, etc.

Ce pauvre prince de Naxe qui ne vient point opposer *d'injustes contraintes et de faux raisonnements*, et qui ne finit jamais sa phrase, achève son rôle aussi mal qu'il l'a commencé.

Enfin dans cette pièce, il n'y a qu'Ariane. C'est une tragédie faible, dans laquelle il y a des morceaux très-naturels et très-touchants, et quelques-uns même très-bien écrits.

REMARQUES SUR LE COMTE D'ESSEX,

TRAGÉDIE DE THOMAS CORNEILLE, REPRÉSENTÉE EN 1678

Préface du commentateur. — La mort du comte d'Essex a été le sujet de quelques tragédies, tant en France qu'en Angleterre. La Calprenède fut le premier qui mit ce sujet sur la scène, en 1638. Sa pièce eut un très-grand succès. L'abbé Boyer, longtemps après, traita ce sujet différemment, 1672[1]. Sa pièce était plus régulière; mais elle était froide, et elle tomba. Thomas Corneille, en 1678, donna sa tragédie

---

1. Le 26 février 1678, c'est-à-dire environ *six semaines après*, et non *six semaines avant* la tragédie de Corneille. (ED.)

du *Comte d'Essex* : elle est la seule qu'on joue encore quelquefois. Aucun de ces trois auteurs ne s'est attaché scrupuleusement à l'histoire.

Pictoribus atque poetis'
Quidlibet audendi semper fuit æqua potestas.

Mais cette liberté a ses bornes, comme toute autre espèce de liberté. Il ne sera pas inutile de donner ici un précis de cet événement.

Élisabeth, reine d'Angleterre, qui régna avec beaucoup de prudence et de bonheur, eut pour base de sa conduite, depuis qu'elle fut sur le trône, le dessein de ne se jamais donner de mari, et de ne se soumettre jamais à un amant. Elle aimait à plaire, et elle n'était pas insensible. Robert Dudley, fils du duc de Northumberland, lui inspira d'abord quelque inclination, et fut regardé quelque temps comme un favori déclaré, sans qu'il fût un amant heureux.

Le comte de Leicester succéda dans la faveur à Dudley[1], et enfin, après la mort de Leicester, Robert d'Évreux, comte d'Essex, fut dans ses bonnes grâces. Il était fils d'un comte d'Essex, créé par la reine comte-maréchal d'Irlande : cette famille était originaire de Normandie, comme le nom d'Évreux le témoigne assez. Ce n'est pas que la ville d'Évreux eût jamais appartenu à cette maison ; elle avait été érigée en comté par Richard Ier, duc de Normandie, pour un de ses fils, nommé Robert, archevêque de Rouen, qui, étant archevêque, se maria solennellement avec une demoiselle nommée Herlève. De ce mariage, que l'usage approuvait alors, naquit une fille qui porta le comté d'Évreux dans la maison de Montfort. Philippe Auguste acquit Évreux en 1200 par une transaction ; ce comté fut depuis réuni à la couronne, et cédé ensuite en pleine propriété, en 1651, par Louis XIV, à la maison de la Tour d'Auvergne de Bouillon. La maison d'Essex, en Angleterre, descendait d'un officier subalterne, natif d'Évreux, qui suivit Guillaume le Bâtard à la conquête de l'Angleterre, et qui prit le nom de la ville où il était né. Jamais Évreux n'appartint à cette famille, comme quelques-uns l'ont cru. Le premier de cette maison qui fut comte d'Essex, fut Gauthier d'Évreux, père du favori d'Élisabeth ; et ce favori, nommé Guillaume, laissa un fils qui fut fort malheureux, et dans qui la race s'éteignit.

Cette petite observation n'est que pour ceux qui aiment les recherches historiques, et n'a aucun rapport avec la tragédie que nous examinerons.

Le jeune Guillaume, comte d'Essex, qui fait le sujet de la pièce, s'étant un jour présenté devant la reine, lorsqu'elle allait se promener dans un jardin, il se trouva un endroit rempli de fange sur le passage : Essex détacha sur-le-champ un manteau broché d'or qu'il portait, et l'étendit sous les pieds de la reine ; elle fut touchée de cette galanterie ; celui qui la faisait était d'une figure noble et aimable ; il parut à la cour avec beaucoup d'éclat. La reine, âgée de cinquante-huit ans, prit bientôt pour lui un goût que son âge mettait à l'abri des soupçons : il était aussi brillant par son courage et par la hauteur de son esprit que

---

1. Dudley et le comte de Leicester sont la même personne. (ÉD.)

par sa bonne mine. Il demanda la permission d'aller conquérir à ses dépens un canton de l'Irlande, et se signala souvent en volontaire. Il fit revivre l'ancien esprit de la chevalerie, portant toujours à son bonnet un gant de la reine Élisabeth. C'est lui qui, commandant les troupes anglaises au siège de Rouen, proposa un duel à l'amiral de Villars-Brancas, qui défendait la place, pour lui prouver, disait-il dans son cartel, que sa maîtresse était plus belle que celle de l'amiral. Il fallait qu'il entendît par là quelque autre dame que la reine Élisabeth, dont l'âge et le grand nez n'avaient pas de puissants charmes. L'amiral lui répondit qu'il se souciait fort peu que sa maîtresse fût belle ou laide, et qu'il l'empêcherait bien d'entrer dans Rouen. Il défendit très-bien la place, et se moqua de lui.

La reine le fit grand-maître de l'artillerie, lui donna l'ordre de la Jarretière, et enfin le mit de son conseil privé. Il y eut quelque temps le premier crédit; mais il ne fit jamais rien de mémorable; et lorsqu'en 1599 il alla en Irlande contre les rebelles, à la tête d'une armée de plus de vingt mille hommes, il laissa dépérir entièrement cette armée qui devait subjuguer l'Irlande en se montrant. Obligé de rendre compte d'une si mauvaise conduite devant le conseil, il ne répondit que par des bravades qui n'auraient pas même convenu après une campagne heureuse. La reine, qui avait encore pour lui quelque bonté, se contenta de lui ôter sa place au conseil, de suspendre l'exercice de ses autres dignités, et de lui défendre la cour. Elle avait alors soixante et huit ans. Il est ridicule d'imaginer que l'amour pût avoir la moindre part dans cette aventure. Le comte conspira indignement contre sa bienfaitrice : mais sa conspiration fut celle d'un homme sans jugement. Il crut que Jacques, roi d'Écosse, héritier naturel d'Élisabeth, pourrait le secourir, et venir détrôner la reine. Il se flatta d'avoir un parti dans Londres; on le vit dans les rues, suivi de quelques insensés attachés à sa fortune, tenter inutilement de soulever le peuple. On le saisit, ainsi que plusieurs de ses complices. Il fut condamné et exécuté selon les lois, sans être plaint de personne. On prétend qu'il était devenu dévot dans sa prison, et qu'un malheureux prédicant presbytérien lui ayant persuadé qu'il serait damné s'il n'accusait pas tous ceux qui avaient pris part à son crime, il eut la lâcheté d'être leur délateur, et de déshonorer ainsi la fin de sa vie. Le goût qu'Élisabeth avait eu autrefois pour lui, et dont il était en effet très-peu digne, a servi de prétexte à des romans et à des tragédies. On a prétendu qu'elle avait hésité à signer l'arrêt de mort que les pairs du royaume avaient prononcé contre lui. Ce qui est sûr, c'est qu'elle le signa; rien n'est plus avéré, et cela seul dément les romans et les tragédies.

LE COMTE D'ESSEX,
TRAGÉDIE.

ACTE I.
SCÈNE I.

V. 1. Non, mon cher Salsbury, vous n'avez rien à craindre.

Il n'y eut point de Salsbury (Salisbury) mêlé dans l'affaire du comte d'Essex : son principal complice était un comte de Southampton ; mais apparemment que le premier nom parut plus sonore à l'auteur, ou plutôt il n'était pas au fait de l'histoire d'Angleterre.

V. 57. Comme il hait les méchants, il me seroit utile
    A chasser un Coban, un Raleigh, un Cécile,
    Un tas d'hommes sans nom, etc.

Robert-Cecil, lord Burleigh, fils de William-Cecil, lord Burleigh, principal ministre d'État sous Élisabeth, fut depuis comte de Salisbury. Il s'en fallait beaucoup que ce fût un homme sans nom. L'auteur ne devait pas faire d'un comte de Salisbury un confident du comte d'Essex, puisque le véritable comte de Salisbury était ce même Cecil, son ennemi personnel, un des seigneurs qui le condamnèrent. Walter Raleigh était un vice-amiral célèbre par ses grandes actions et par son génie, et dont le mérite solide était fort supérieur au brillant du comte d'Essex. Il n'y eut jamais de Coban, mais bien un lord Cobham d'une des plus illustres maisons du pays, qui, sous le roi Jacques Ier, fut mis en prison pour une conspiration vraie ou prétendue. Il n'est pas permis de falsifier à ce point une histoire si récente, et de traiter avec tant d'indignité des hommes de la plus grande naissance et du plus grand mérite : les personnes instruites en sont révoltées, sans que les ignorants y trouvent beaucoup de plaisir.

V. 68. Avez-vous de la reine assiégé le palais,
    Lorsque le duc d'Irton épousant Henriette....

Il n'y a jamais eu ni duc d'Irton, ni aucun homme de ce nom à la cour de Londres. Il est bon de savoir que dans ce temps-là on n'accordait le titre de duc qu'aux seigneurs alliés des rois et des reines.

V. 87. Pour elle, chaque jour, réduite à me parler,
    Elle a voulu me vaincre, et n'a pu m'ébranler.

Il semblerait qu'Élisabeth fût une Roxane qui, n'osant entretenir le comte d'Essex, lui fit parler d'amour sous le nom d'une Atalide. **Quand on sait que la reine d'Angleterre était presque septuagénaire, ces petites intrigues, ces petites sollicitations amoureuses deviennent bien extraordinaires.**

Quant au style, il est faible, mais clair, et entièrement dans le genre médiocre.

V. 123. Pour ne hasarder pas un objet si charmant,
De la sœur de Suffolk je me feignis amant.

Il n'y avait pas plus de sœur de Suffolk que de duc d'Irton. Le comte d'Essex était marié. L'intrigue de la tragédie n'est qu'un roman; le grand point est que ce roman puisse intéresser. On demande jusqu'à quel point il est permis de falsifier l'histoire dans un poëme. Je ne crois pas qu'on puisse changer, sans déplaire, les faits ni même les caractères connus du public. Un auteur qui représenterait César battu à Pharsale serait aussi ridicule que celui qui, dans un opéra, introduirait César sur la scène, chantant *allo fuga, allo scampo, signor!* Mais quand les événements qu'on traite sont ignorés d'une nation, l'auteur en est absolument le maître. Presque personne en France, du temps de Thomas Corneille, n'était instruit de l'histoire d'Angleterre; aujourd'hui un poëte devrait être plus circonspect.

SCÈNE II.

V. 114. Et si l'on vous arrête ? — On n'oseroit, madame.

C'est la réponse que fit le duc de Guise le Balafré à un billet dans lequel on l'avertissait que Henri III devait le faire saisir; il mit au bas du billet : *On n'oserait.* Cette réponse pouvait convenir au duc de Guise, qui était alors aussi puissant que son souverain, et non au comte d'Essex, déchu alors de tous ses emplois; mais les spectateurs n'y regardent pas de si près.

SCÈNE III.

V. 55. Et j'aurai tout loisir, après de longs outrages,
D'apprendre qui je suis à des flatteurs à gages.

On ne peut guère traiter ainsi un principal ministre d'État; toutes les expressions du comte d'Essex sont peu mesurées, et ne sont pas assez nobles.

ACTE II.
SCÈNE I.

V. 7. Il a trop de ma bouche, il a trop de mes yeux
Appris qu'il est, l'ingrat, ce que j'aime le mieux.

Je n'examine point si ces vers sont mauvais. Une reine telle qu'Élisabeth, presque décrépite, qui parle du poison qui dévore son cœur, et de ce que ses yeux et sa bouche ont dit à son ingrat, est un personnage comique. C'est là peut-être un des plus grands exemples du défaut qu'on a si souvent reproché à notre nation, de changer la tragédie en roman amoureux.

S'il s'agissait d'une jeune reine, ce roman serait tolérable; et on ne peut attribuer le succès de cette pièce qu'à l'ignorance où était le parterre de l'âge d'Élisabeth. Tout ce qu'elle pouvait raisonnablement dire, c'est qu'autrefois elle avait eu de l'inclination pour Essex : mais alors il n'y aurait eu rien d'intéressant. L'intérêt ne peut donc subsister qu'aux dépens de la vraisemblance. Qu'en doit-on conclure? que l'aventure du comte d'Essex est un sujet mal choisi.

V. 15. Au crime, pour lui plaire, il s'ose abandonner,
Et n'en veut à mes jours que pour la couronner.

Quelle était donc cette jeune Suffolk que ce comte d'Essex voulait ainsi couronner? Il n'y en avait point alors; et comment le comte d'Essex aurait-il donné la couronne d'Angleterre? Il fallait au moins expliquer une chose si peu vraisemblable, et lui donner quelque couleur. Voilà une jeune Suffolk tombée des nues, qu'Essex veut faire reine d'Angleterre, sans qu'on sache pourquoi, ni par quels moyens. Une chose si importante ne devait pas être dite en passant. La reine se plaint qu'on en veut à ses jours; cela est bien plus grave : et elle n'y insiste pas, elle n'en parle que comme d'un petit incident; cela n'est pas dans la nature. Mais telle est la force du préjugé, que le peuple aima cette tragédie, sans considérer autre chose que l'amour d'une reine et l'orgueil d'un héros infortuné, quoique Élisabeth n'eût point été en effet amoureuse, et qu'Essex n'eût pas été un héros du premier ordre. Aussi cet ouvrage, qui séduisit le peuple, ne fut jamais du goût des connaisseurs.

V. 22. Mais, madame, un sujet doit-il aimer sa reine?
Et quand l'amour naîtrait, a-t-il à triompher
Où le respect plus fort combat pour l'étouffer?

Il est bien question de savoir s'il est permis ou non à un sujet d'avoir de l'amour pour sa reine, quand un sujet est accusé d'un crime d'État si grand! Ces mauvais vers servent encore à faire voir combien il faut d'art pour développer les ressorts du cœur humain; quel choix de mots, quels tours délicats, quelle finesse on doit employer.

V. 30. Je lui donnois sujet de ne se point contraindre, etc.

Quelles faibles et prosaïques expressions! et que veut dire une femme quand elle avoue qu'elle n'a point donné à son amant sujet de se contraindre avec elle?

SCÈNE II.

V. 17. Ciel! faut-il que ce cœur, qui se sent déchirer,
Contre un sujet ingrat tremble à se déclarer?

Que ma mort qu'il résout me demandant la sienne,
Une indigne pitié m'étonne, me retienne, etc.

Il est clair que si Essex a conspiré contre la vie d'Élisabeth, elle ne doit pas se borner à dire : *Il verra ce que c'est que d'outrager sa reine* ; et, s'il s'en est tenu *à s'être caché cet amour où pour lui le cœur d'Élisabeth est attaché*, elle ne doit pas dire qu'il a conspiré sa mort. Ce n'est point ici une amante désespérée, qui dit à son amant infidèle *qu'il la tue* ; c'est une vieille et grande reine qui dit positivement qu'on a voulu la détrôner et la tuer. Elle ne dit donc point du tout ce qu'elle doit dire ; elle ne parle ni en amante abandonnée, ni en reine contre laquelle on conspire ; elle mêle ensemble ces deux attentats si différents l'un de l'autre ; elle dit : *J'ai souffert jusqu'ici malgré ses injustices.* L'injustice était un peu forte de vouloir lui ôter la vie. *Il faut, en l'abaissant, étonner les ingrats.* Quoi ! elle prétend qu'Essex est coupable de haute trahison, de lèse-majesté au premier chef, et elle se contente de dire qu'*il faut l'abaisser*, qu'*il faut étonner les ingrats* ! J'avoue que tous ces termes si mal mesurés, si peu convenables à la situation, et qui ne disent rien que de vague, cette obscurité, cette incertitude, ne me permettent pas de prendre le moindre intérêt à ces personnages. Le lecteur, le spectateur éclairé veut savoir précisément de quoi il s'agit. Il est tenté d'interrompre la reine Élisabeth, et de lui dire : « De quoi vous plaignez-vous ? Expliquez-vous nettement : le comte d'Essex a-t-il voulu vous poignarder, se faire reconnaître roi d'Angleterre en épousant la sœur de ce Suffolk ? Développez-nous donc comment un dessein si atroce et si fou a pu se former, comment notre général de l'artillerie dépossédé par vous, comment un simple gentilhomme s'est mis dans la tête de vous succéder : cela vaut bien la peine d'être expliqué. Ce que vous dites est aussi incroyable que vos lamentations de n'être point aimée à l'âge de près de soixante et dix ans sont ridicules. J'ajouterais encore : « Parlez en plus beaux vers, si vous voulez me toucher. »

V. 38. Les témoins sont ouïs, son procès est tout fait, etc.

Ce n'est pas la peine d'écrire en vers, quand on se permet un style si commun ; ce n'est là que rimer de la prose triviale. Il y a dans cette scène quelques mouvements de passion, quelques combats du cœur ; mais qu'ils sont mal exprimés ! Il semble qu'on ait applaudi dans cette pièce plutôt ce que les acteurs devaient dire que ce qu'ils disent, plutôt leur situation que leurs discours. C'est ce qui arrive souvent dans les ouvrages fondés sur les passions ; le cœur du spectateur s'y prête à l'état des personnages, et n'examine point. Ainsi tous les jours nous nous attendrissons à la vue des personnes malheureuses, sans faire attention à la manière dont elles expriment leurs infortunes.

SCÈNE III.

V. 10. Dans un projet coupable il le sait affermi.

On ne peut guère écrire plus mal ; mais le rôle de Cécile est plus mauvais que ce style : il est froid, il est subalterne. Quand on veut peindre de tels hommes, il faut employer les couleurs dont Racine a peint Narcisse.

SCÈNE V

V. 1. Comte, j'ai tout appris.

Cette scène était aussi difficile à faire que le fond en est tragique. C'est un sujet accusé d'avoir trahi sa souveraine, comme Cinna ; c'est un amant convaincu d'être ingrat envers sa souveraine, comme Bajazet. Ces deux situations sont violentes ; mais l'une fait tort à l'autre. Deux accusations, deux caractères, deux embarras à soutenir à la fois, demandent le plus grand art. Élisabeth est ici reine et amante, fière et tendre, indignée en qualité de souveraine, et outragée dans son cœur. L'entrevue est donc très-intéressante. Le dialogue répond-il à l'importance et à l'intérêt de la scène ?

V. 19. Je sais trop que le trône, où le ciel vous fait seoir,
Vous donne sur ma vie un absolu pouvoir.

Notandi sunt tibi mores. Le *costume* n'est pas observé ici. *Le trône où le ciel fait seoir Élisabeth* ne lui donne un pouvoir absolu sur la vie de personne, encore moins sur celle d'un pair du royaume. Cette maxime serait peut-être convenable dans Maroc ou dans Ispahan ; mais elle est absolument fausse à Londres.

V. 30. Si pour l'État tremblant la suite en est à craindre,
C'est à voir des flatteurs s'efforcer aujourd'hui,
En me rendant suspect, d'en abattre l'appui.

Cette tirade, écrite d'un style prosaïque et froid, en prose rimée, finit par une rodomontade qu'on excuse, parce que le poëte suppose que le comte d'Essex est un grand homme qui a sauvé l'Angleterre ; mais, en général, il est toujours beaucoup plus beau de faire sentir ses services que de les étaler, de laisser juger ce qu'on est, plutôt que de le dire : et quand on est forcé de le dire pour repousser la calomnie, il faut le dire en très-beaux vers.

V. 37. Des traîtres, des méchants accoutumés au crime
M'ont, par leurs faussetés, arraché votre estime.

C'est se défendre trop vaguement. Il n'est ni grand, ni tragique, ni décent de répondre ainsi ; la vérité de l'histoire dément trop ces accusations générales et ces vaines récriminations. Tout d'un coup il se contredit lui-même ; il se rend coupable par ces vers, d'ailleurs très-faibles :

C'est au trône où peut-être on m'eût laissé monter,
Que je me fusse mis en pouvoir d'éclater.

Le lord Essex au trône ! de quel droit ? comment ? sur quelle apparence ? par quel moyen ? La reine Élisabeth devait ici l'interrompre ;

elle devait être surprise d'une telle folie. Quoi! un membre ordinaire de la chambre haute, convaincu d'avoir voulu en vain exciter une sédition, ose dire qu'il pouvait se faire roi! Si la chose dont il se vante si imprudemment est fausse, la reine ne peut voir en lui qu'un homme réellement fou; si elle est vraie, ce n'est pas là le temps de lui parler d'amour.

V. 57. . . . . Et qu'avoit fait ta reine
Qui dût à sa ruine intéresser ta haine?

Elisabeth, dans ce couplet, ne fait autre chose que donner au comte d'Essex des espérances de l'épouser. Est-ce ainsi qu'Élisabeth aurait répondu à un grand maître de l'artillerie hors d'exercice, à un conseiller privé hors de charge, qui lui aurait fait entendre qu'il n'avait tenu qu'à ce conseiller privé de se mettre sur le trône d'Angleterre? Élisabeth à soixante et huit ans pouvait-elle parler ainsi? Cette idée choquante se présente toujours au lecteur instruit.

V. 94. Le trône te plairoit, mais avec ma rivale.

Cette rivale imaginaire qu'on ne voit point rend les reproches d'Élisabeth aussi peu convenables que les discours d'Essex sont inconséquents. Si cette Suffolk a quelques droits au trône, si Essex a conspiré pour la faire reine, Élisabeth a donc dû s'assurer d'elle. Thomas Corneille a bien senti en général que la rivalité doit exciter la colère, que l'intérêt d'une couronne et celui d'une passion doivent produire des mouvements au théâtre; mais ces mouvements ne peuvent toucher quand ils ne sont pas fondés. Une conspiration, une reine en danger d'être détrônée, une amante sacrifiée, sont assurément des sujets tragiques; ils cessent de l'être dès que tout porte à faux.

V. 109. . . . J'accepterois un pardon? Moi, madame?

Cela est beau, et digne de Pierre Corneille. Ce vers est sublime parce que le sentiment est grand, et qu'il est exprimé avec simplicité; mais quand on sait qu'Essex était véritablement coupable, et que sa conduite avait été celle d'un insensé, cette belle réponse n'a plus la même force.

V. 117. Vous le savez, madame, et l'Espagne confuse
Justifie un vainqueur que l'Angleterre accuse.

En effet, le comte d'Essex était entré dans Cadix quand l'amiral Howard, sous qui il servait, battit la flotte espagnole dans ces parages. C'était le seul service un peu signalé que le comte d'Essex eût jamais rendu. Il n'y avait pas là de quoi se faire tant valoir. Tel est l'inconvénient de choisir un sujet de tragédie dans un temps et chez un peuple si voisin de nous. Aujourd'hui que l'on est plus éclairé, on connaît la reine Élisabeth et le comte d'Essex; et on sait trop que l'un et l'autre n'étaient point ce que la tragédie les représente, et qu'ils n'ont rien dit de ce qu'on leur fait dire. Il n'en est pas ainsi de la fable de *Bajazet* traitée par Racine; on ne peut l'accuser d'avoir falsifié une histoire

ACTE II, SCÈNE V.   277

connue. Personne ne sait ce qu'était Roxane; l'histoire ne parle ni d'Atalide ni du vizir Acomat. Racine était en droit de créer ses personnages.

SCÈNE VI

V. 3.   Et ne voyez-vous pas que vous êtes perdu,
  Si vous souffrez l'arrêt qui peut être rendu? etc.

Assurément le comte d'Essex est perdu s'il est condamné et exécuté; mais quelles façons de parler, *souffrir un arrêt, avoir des juges pour y trouver asile!*

La duchesse prétendue d'Irton est une femme vertueuse et sage, qui n'a voulu ni se perdre auprès d'Élisabeth en aimant le comte, ni épouser son amant. Ce caractère serait beau s'il était animé, s'il servait au nœud de la pièce; elle ne fait là qu'office d'ami. Ce n'est pas assez pour le théâtre.

SCÈNE VII.

V. 10. Vous avez dans vos mains ce que toute la terre
  A vu plus d'une fois utile à l'Angleterre.

Ces vers et la situation frappent; on n'examine pas si *toute la terre* est un mot un peu oiseux, amené pour rimer à l'Angleterre, si *cette épée* a été si utile : on est touché. Mais lorsque Essex ajoute :

  ....Quelque douleur que j'en puisse sentir,
  La reine veut se perdre, il faut y consentir;

tout homme un peu instruit se révolte contre une bravade si déplacée. En quoi, comment Élisabeth est-elle perdue, si on arrête un fou insolent qui a couru dans les rues de Londres, et qui a voulu ameuter la populace, sans avoir pu seulement se faire suivre de dix misérables?

ACTE III.
SCÈNE II.

V. 11. J'en saurai le coup près d'éclater, le verrai....
  Non, puisqu'en moi toujours l'amante te fît peine,
  Tu le veux, pour te plaire, il faut paroître reine, etc.

Il n'est pas permis de faire de tels vers. Presque tout ce que dit Élisabeth manque de convenance, de force, et d'élégance; mais le public voit une reine qui a fait condamner à la mort un homme qu'elle aime, on s'attendrit : on est indulgent au théâtre sur la versification, du moins on l'était encore du temps de Thomas Corneille.

V. 55. O vous rois que pour lui ma flamme a négligés,
  Jetez les yeux sur moi, vous êtes bien vengés.

Ce sont là des vers heureux. Si la pièce était écrite de ce style, elle serait bonne, malgré ses défauts; car quelle critique pourrait faire tort à un ouvrage intéressant par le fond, et éloquent dans les détails?

V. 66. Doutes-tu qu'il ne veuille implorer ma clémence?
Que, sûr que mes bontés passent ses attentats....

Ce vers ne signifie rien : non-seulement le sens en est interrompu par ces points qu'on appelle poursuivants; mais il serait difficile de le remplir. C'est une très-grande négligence de ne point finir sa phrase, sa période, et de se laisser ainsi interrompre, surtout quand le personnage qui interrompt est un subalterne qui manque aux bienséances en coupant la parole à son supérieur. Thomas Corneille est sujet à ce défaut dans toutes ses pièces. Au reste, ce défaut n'empêchera jamais un ouvrage d'être intéressant et pathétique; mais un auteur soigneux de bien écrire doit éviter cette négligence.

V. 74. Je frémis de le perdre, et tremble à m'y résoudre;
Si, me bravant toujours, il ose m'y forcer,
Moi reine, lui sujet, puis-je m'en dispenser?

Il me semble qu'il y a toujours quelque chose de louche, de confus, de vague, dans tout ce que les personnages de cette tragédie disent et font. Que toute action soit claire, toute intrigue bien connue, tout sentiment bien développé; ce sont là des règles inviolables : mais ici que veut le comte d'Essex? que veut Élisabeth? quel est le crime du comte? est-il accusé faussement? est-il coupable? Si la reine le croit innocent, elle doit prendre sa défense; s'il est reconnu criminel, est-il raisonnable que la confidente dise qu'il n'implorera jamais sa grâce, qu'il est trop fier? La fierté est très-convenable à un guerrier vertueux et innocent, non à un homme convaincu de haute trahison. *Qu'il fléchisse*, dit la reine : est-ce bien là le sentiment qui doit l'occuper si elle l'aime? Quand il aura fléchi, quand il aura obtenu sa grâce, Élisabeth en sera-t-elle plus aimée? *Je l'aime*, dit la reine, *cent fois plus que moi-même*. Ah! madame, si vous avez la tête tournée à ce point, si votre passion est si grande, examinez donc l'affaire de votre amant, et ne souffrez pas que ses ennemis l'accablent et le persécutent injustement sous votre nom, comme il est dit, quoique faussement, dans toute la pièce.

SCÈNE III.

La scène du prétendu comte de Salsbury avec la reine a quelque chose de touchant; mais il reste toujours cette inquiétude et cet embarras qui font peine. On ne sait pas précisément de quoi il s'agit. *Le crime ne suit pas toujours l'apparence : craignez les injustices de ceux qui de sa mort se rendent les complices*. La reine doit donc alors, séduite par sa passion, penser comme Salsbury, croire Essex innocent, mettre ses accusateurs entre les mains de la justice, et faire condamner celui qui sera trouvé coupable.

Mais, après ce que Salsbury a dit que les injustices rendent complices les juges du comte d'Essex, il parle à la reine de clémence; il lui dit, *que la clémence a toujours eu ses droits, et qu'elle est la vertu la plus digne des rois*. Il avoue donc que le comte d'Essex est criminel. A laquelle de ces deux idées faudra-t-il s'arrêter? à quoi faudra-t-il se fixer? La reine répond qu'Essex est trop fier, que *c'est l'ordinaire écueil des ambitieux*, qu'*il s'est fait un outrage des soins qu'elle a pris pour détourner l'orage*, et que *si la tête du comte fait raison à la reine de sa fierté, c'est sa faute*. Le spectateur a pu passer de tels discours ; le lecteur est moins indulgent.

V. 45. Il mérite sans doute une honteuse peine,
Quand sa fierté combat les bontés de sa reine.

Pourquoi mérite-t-il une honteuse peine, s'il n'est que fier? Il la mérite s'il a conspiré ; si, comme Cécile l'a dit, du *comte de Tyron, de l'Irlandais suivi, il en voulait au trône, et qu'il l'aurait ravi*. On ne sait jamais à quoi s'en tenir dans cette pièce ; ni la conspiration du comte d'Essex, ni les sentiments d'Élisabeth, ne sont jamais assez éclaircis.

V. 74. Mais, madame, on se sert de lettres contrefaites.

Il est bien étrange que Salsbury dise qu'on a contrefait l'écriture du comte d'Essex, et que la reine ne songe pas à examiner une chose si importante. Elle doit assurément s'en éclaircir, et comme amante, et comme reine. Elle ne répond pas seulement à cette ouverture qu'elle devait saisir, et qui demandait l'examen le plus prompt et le plus exact ; elle répète encore en d'autres mots que le comte est trop fier.

SCÈNE IV.

V. 14. Le lâche impunément aura su me braver.

Élisabeth devait dire à sa confidente, la duchesse prétendue d'Irton : « Savez-vous ce que le comte de Salsbury vient de m'apprendre? Essex n'est point coupable. Il assure que les lettres qu'on lui impute sont contrefaites. Il a récusé les faux témoins que Cécile aposte contre lui. Je dois justice au moindre de mes sujets, encore plus à un homme que j'aime. Mon devoir, mes sentiments, me forcent à chercher tous les moyens possibles de constater son innocence. » Au lieu de parler d'une manière si naturelle et si juste, elle appelle Essex *lâche*. Ce mot *lâche* n'est pas compatible avec *braver*; elle ne dit rien de ce qu'elle doit dire.

V. 20. La prison vous pourroit.... — Non, je veux qu'il fléchisse;
Il y va de ma gloire, il faut qu'il cède....

Élisabeth s'obstine toujours à cette seule idée qui ne paraît guère convenable ; car, lorsqu'il s'agit de la vie de ce qu'on aime, on sent bien d'autres alarmes. Voici ce qui a probablement engagé Thomas Corneille à faire le fondement de sa pièce de cette persévérance de la reine à vouloir que le comte d'Essex s'humilie. Elle lui avait ôté précédemment toutes ses charges après sa mauvaise conduite en Irlande. Elle avait même poussé l'emportement honteux de la colère jusqu'à lui donner un soufflet. Le comte s'était retiré à la campagne ; il avait demandé humblement pardon par écrit, et il disait dans sa lettre *qu'il était pénitent comme Nabuchodonosor, et qu'il mangeait du foin.* La reine alors n'avait voulu que l'humilier, et il pouvait espérer son rétablissement. Ce fut alors qu'il imagina pouvoir profiter de la vieillesse de la reine pour soulever le peuple, qu'il crut qu'on pourrait faire venir d'Écosse le roi Jacques, successeur naturel d'Élisabeth, et qu'il forma une conspiration aussi mal digérée que criminelle. Il fut pris précisément en flagrant délit, condamné, et exécuté avec ses complices ; il n'était plus alors question de *fierté.*

Cette scène de la duchesse d'Irton avec Élisabeth a quelque ressemblance à celle d'Atalide avec Roxane. La duchesse avoue qu'elle est aimée du comte d'Essex, comme Atalide avoue qu'elle est aimée de Bajazet. La duchesse est plus vertueuse, mais moins intéressante ; et ce qui ôte tout intérêt à cette scène de la duchesse avec la reine, c'est qu'on n'y parle que d'une intrigue passée ; c'est que la reine a cessé, dans les scènes précédentes, de penser à cette prétendue Suffolk dont elle a cru le comte d'Essex amoureux ; c'est qu'enfin la duchesse d'Irton étant mariée, Élisabeth ne peut plus être jalouse avec bienséance : mais surtout une jalousie d'Élisabeth à son âge ne peut être touchante. Il en faut toujours revenir là. C'est le grand vice du sujet. L'amour n'est fait ni pour les vieux ni pour les vieilles.

V. 92. Sur le crime apparent je sauverai ma gloire, etc.

On voit assez quel est ici le défaut de style, et ce que c'est qu'*une gloire sauvée sur un crime apparent.*

Mais pourquoi Élisabeth est-elle plus fâchée contre la dame prétendue d'Irton que contre la dame prétendue de Suffolk ? Que lui importe d'être négligée pour l'une ou pour l'autre ? Elle n'est point aimée, cela doit lui suffire.

La fin de cette scène paraît belle ; elle est passionnée et attendrissante. Il serait pourtant à désirer qu'Élisabeth ne dît pas toujours la même chose ; elle recommande tantôt à Tilney, tantôt à Salsbury, tantôt à Irton, d'engager le comte d'Essex à n'être plus *fier* et à demander grâce. C'est là le seul sentiment dominant ; c'est là le seul nœud. Il ne tenait qu'à elle de pardonner, et alors il n'y avait plus de pièce.

On doit, autant qu'on le peut, donner aux personnages des sentiments qu'ils doivent nécessairement avoir dans la situation où ils se trouvent.

ACTE IV.

SCÈNE I.

V. 3. Si l'arrêt qui me perd te semble à redouter,
J'aime mieux le souffrir que de le mériter.

Voilà donc le comte d'Essex qui proteste nettement de son innocence. Élisabeth, dans cette supposition de l'auteur, est donc inexcusable d'avoir fait condamner le comte : la duchesse d'Irton s'est donc très-mal conduite en n'éclairant pas la reine. Il est condamné sur de faux témoignages ; et la reine, qui l'adore, ne s'est pas mise en peine de se faire rendre compte des pièces du procès, qu'on lui a dit vingt fois être fausses. Une telle négligence n'est pas naturelle ; c'est un défaut capital. Faites toujours penser ou dire à vos personnages ce qu'ils doivent dire et penser ; faites-les agir comme ils doivent agir. L'amour seul d'Élisabeth, dira-t-on, l'aura forcée à mettre Essex entre les mains de la justice ; mais ce même amour devait lui faire examiner un arrêt qu'on suppose injuste : elle n'est pas assez furieuse d'amour pour qu'on l'excuse. Essex n'est pas assez passionné pour sa duchesse ; sa duchesse n'est pas assez passionnée pour lui. Tous les rôles paraissent manqués dans cette tragédie ; et cependant elle a eu du succès. Quelle en est la raison ? je le répète, la situation des personnages attendrissante par elle-même, et l'ignorance où le parterre a été longtemps.

SCÈNE II.

V. 1. O fortune ! ô grandeur, dont l'amorce flatteuse
Surprend, touche, éblouit une âme ambitieuse !
De tant d'honneurs reçus c'est donc là tout le fruit ! etc.

Cette scène, ce monologue est encore une des raisons du succès. Ces réflexions naturelles sur la fragilité des grandeurs humaines plaisent, quoique faiblement écrites. Un grand seigneur qu'on va mener à l'échafaud intéresse toujours le public ; et la représentation de ces aventures, sans aucun secours de la poésie, fait le même effet à peu près que la vérité même.

SCÈNE III.

V. 1. Eh bien ! de ma faveur vous voyez les effets.

Ce vers naturel devient sublime, parce que le comte d'Essex et Salsbury supposent tous deux que c'est en effet la faveur de la reine qui le conduit à la mort.

Le succès est encore ici dans la situation seule. En vain Thoma imite faiblement ces vers de son frère :

Enfin tout ce qu'adore en ma haute fortune¹
D'un courtisan flatteur la présence importune.

En vain il s'étend en lieux communs et vagues :

Qui vit de son bonheur tout l'univers jaloux, etc.

En vain il affaiblit le pathétique du moment par ces mauvais vers :

1. *Cinna*, acte II, scène I. (ÉD.)

Tout passe, et qui m'eût dit, après ce qu'on m'a vu, etc. Le pathétique de la chose subsiste malgré lui, et le parterre est touché.

V. 14. Votre seule fierté, qu'elle voudroit abattre,
S'oppose à ses bontés, s'obstine à les combattre.

Cette fierté de la reine qui lutte sans cesse contre la fierté d'Essex est toujours le sujet de la tragédie. C'est une illusion qui ne laisse pas de plaire au public. Cependant, si cette fierté seule agit, c'est un pur caprice de la part d'Élisabeth et du comte d'Essex. « Je veux qu'il me demande pardon. — Je ne veux pas demander pardon : » voilà la pièce. Il semble qu'alors le spectateur oublie qu'Élisabeth est extravagante, si elle veut qu'on lui demande pardon d'un crime imaginaire; qu'elle est injuste et barbare de ne pas examiner ce crime avant d'exiger qu'on lui demande pardon. On oublie l'essentiel pour ne s'occuper que de ces sentiments de fierté qui séduisent presque toujours.

V. 33. Le crime fait la honte, et non pas l'échafaud.

Ce vers est passé en proverbe, et a été quelquefois cité à propos dans des occasions funestes.

V. 34. Ou si dans mon arrêt quelque infamie éclate,
Elle est, lorsque je meurs, pour une reine ingrate,
Qui, voulant oublier cent preuves de ma foi,
Ne mérita jamais un sujet tel que moi.

Ou Essex est ici le fou le plus insolent, ou l'homme le plus innocent. Sûrement il n'est coupable dans la tragédie d'aucun des crimes dont on l'accuse. C'est ici un héros; c'est un homme dont le destin de l'Angleterre a dépendu; c'est l'appui d'Élisabeth. Elle est donc, en ce cas, une femme détestable, qui fait couper le cou au premier homme du pays, parce qu'il a aimé une autre femme qu'elle. Que deviennent alors ses irrésolutions, ses tendresses, ses remords, ses agitations? Rien de tout cela ne doit être dans son caractère.

V. 44. Pour la seule duchesse il m'auroit été doux
De passer.... Mais hélas! un autre est son époux.

Je ne relève point cette réticence à ce mot de *passer*, figure si mal à propos prodiguée. La réticence ne convient que quand on craint ou qu'on rougit d'achever ce qu'on a commencé. Le grand défaut, c'est que les amours du comte d'Essex et de la duchesse, mariée à un autre, ont été trop légèrement touchés, et à peine effleuré le cœur.

On ne voit pas non plus pourquoi le comte veut mourir sans être justifié, lui qui se croit entièrement innocent. On ne voit pas pourquoi, étant calomnié par les prétendus faussaires, Cécile et Raleigh, qu'il déteste, il n'instruit pas la reine du crime de faux qu'il leur impute. Comment se peut-il qu'un homme si fier, pouvant d'un mot se venger des ennemis qui l'écrasent, néglige de dire ce mot? Cela n'est pas dans la nature. Aime-t-il assez la duchesse d'Irton? est-il assez furieux, assez enivré de sa passion, pour déclarer qu'il aime mieux être décapité que de vivre sans elle? Il aurait donc fallu lui donner dans la pièce toutes les fureurs de l'amour qu'il n'a pas eues.

L'excès de la passion peut excuser tout, et si le comte d'Essex était un jeune homme comme le Ladislas de Rotrou, toujours emporté par un amour violent, il ferait un très-grand effet. Il faut paraître au moins quelques touches, quelques nuances légères de ces grands traits nécessaires à la vraie tragédie, et par là il peut intéresser. C'est un crayon faible et peu correct; mais c'est le crayon de ce qui affecte le plus le cœur humain.

SCÈNE IV.

V. 1.   Venez, venez, madame, on a besoin de vous.

Un héros condamné, un ami qui le pleure, une maîtresse qui se désespère, forment un tableau bien touchant. Il y manque le coloris. Que cette scène eût été belle, si elle avait été bien traitée! Préparez, quand vous voulez toucher. N'interrompez jamais les assauts que vous livrez au cœur. Voilà le comte d'Essex qui veut mourir, parce qu'il ne peut vivre avec le duchesse d'Irton; il lui dit :

Mais vivre, et voir sans cesse un rival odieux....
Ah! madame, à ce nom je deviens furieux.

Ce sont là de bien mauvais vers, il est vrai. Il ne faut pas dire, *je deviens furieux*; il faut faire voir qu'on l'est; mais si cet Essex avait, dans les premiers actes, parlé en effet avec fureur de ce *rival odieux*; s'il avait été *furieux* en effet; si l'amour emporté et tragique avait déployé en lui tous les sentiments de cette passion fatale; si la duchesse les avait partagés, que de beautés alors, que d'intérêt, et que de larmes! Mais ce n'est que par manière d'acquit qu'ils parlent de leurs amours. Ne passez point ainsi d'un objet à un autre, si vous voulez toucher. Cette interruption est nécessaire dans l'histoire, admise dans le poëme épique, dont la longueur exige de la variété; réprouvée dans la tragédie, qui ne doit présenter qu'un objet, quoique résultant de plusieurs objets, qu'une passion dominante, qu'un intérêt principal, L'unité en tout y est une loi fondamentale.

ACTE V.

SCÈNE I.

V. 3.   Et l'ingrat, dédaignant mes bontés pour appui,
Peut ne s'étonner pas quand je tremble pour lui?

Elle se plaint toujours, et en mauvais vers, de cet ingrat qui dédaigne ses *bontés pour appui*, et qui ne veut pas demander pardon. C'est toujours le même sentiment sans aucune variété. Ce n'est pas là, sans doute, où l'unité est une perfection. Conservez l'unité dans le caractère; mais variez-la par mille nuances, tantôt par des soupçons, par des craintes, par des espérances, par des réconciliations et des ruptures, tantôt par un incident qui donne à tout une face nouvelle.

V. 11. . . . . Il veut, le lâche, il veut
Montrer que sur la reine il connoît ce qu'il peut.

Elle appelle deux fois *lâche* cet homme si fier : elle voulait, dit-elle, pour se faire aimer, *l'envoyer à l'échafaud*, seulement pour lui faire peur; c'est là un excellent moyen d'inspirer de la tendresse.

V. 37. N'est-il pas, n'est-il pas ce sujet téméraire,
Qui, faisant son malheur d'avoir trop su te plaire,
S'obstine à préférer une honteuse fin
Aux honneurs dont ta flamme eût comblé son destin?

Que le mot propre est nécessaire! et que sans lui tout languit ou révolte! Peut-on appeler *sujet téméraire* un homme qui ne peut avoir de l'amour pour une vieille reine? Le dégoût est-il une témérité? Essex est téméraire d'ailleurs; mais non pas en amour, non pas parce qu'il aime mieux mourir que d'aimer la reine. Ces répétitions, *n'est-il pas, n'est-il pas*, ne doivent être employées que bien rarement, et dans les cas où la passion effrénée s'occupe de quelque grande image.

SCÈNE III.

V. 9. Ton cœur s'est fait esclave; obéis, il est juste.

Ce vers est parfait, et ce retour de l'indignation à la clémence est bien naturel. C'est une belle péripétie, une belle fin de tragédie, quand on passe de la crainte à la pitié, de la rigueur au pardon, et qu'ensuite on retombe par un accident nouveau, mais vraisemblable, dans l'abîme dont on vient de sortir.

SCÈNE IV.

V. 10. C'est moi sur cet arrêt que l'on doit consulter.
Et sans que je le signe on l'ose exécuter?

C'est ce qui peut arriver en France, où les cours de justice sont en possession depuis longtemps de faire exécuter les citoyens sans en avertir le souverain, selon l'ancien usage qui subsiste encore dans presque toute l'Europe ; mais c'est ce qui n'arrive jamais en Angleterre : il faut absolument ce qu'on appelle le *death warrant, la garantie de mort*.

La signature du monarque est indispensable, et il n'y a pas un seul exemple du contraire, excepté dans les temps de trouble où le souverain n'était pas reconnu. C'est un fait public, qu'Elisabeth signa l'arrêt rendu par les pairs contre le comte d'Essex. Le droit de la fiction ne s'étend pas jusqu'à contredire sur le théâtre les lois d'une nation si voisine de nous; et surtout la loi la plus sage, la plus humaine, qui laisse à la clémence le temps de désarmer la sévérité, et quelquefois l'injustice.

V. 15. D'autre sang, mais plus vil, expiera l'attentat.

Le sang de Cécile n'était point vil; mais enfin on peut le supposer, et la faute est légère. Cette injure faite à la mémoire d'un très-grand ministre peut se pardonner. Il est permis à l'auteur de représenter Élisabeth égarée, qui permet tout à sa douleur. C'est à peu près la situation d'Hermione qui a demandé vengeance, et qui est au désespoir d'être vengée. Mais que cette imitation est faible! qu'elle est dépourvue de passion, d'éloquence et de génie! Tout est animé dans le cinquième acte, où Racine présente Hermione furieuse d'avoir été obéie; tout est languissant dans Élisabeth. Il n'y a rien de plus sublime et de plus passionné tout ensemble que la réponse d'Hermione : *Qui te l'a dit*[1] ? Aussi Hermione a-t-elle été vivement agitée d'amour, de jalousie et de colère pendant toute la pièce. Élisabeth a été un peu froide. Sans cette chaleur que la seule nature donne aux véritables poètes, il n'y a point de bonne tragédie.

Tout ce qu'on peut dire de l'*Essex* de Thomas Corneille, c'est que la pièce est médiocre, et par l'intrigue et par le style; mais il y a quelque intérêt, quelques vers heureux; et on l'a jouée longtemps sur le même théâtre où l'on représentait *Cinna* et *Andromaque*. Les acteurs, et surtout ceux de province, aimaient à faire le rôle du comte d'Essex, à paraître avec une jarretière brodée au-dessous du genou, et un grand ruban bleu en bandoulière. Le comte d'Essex, donné pour un héros du premier ordre, persécuté par l'envie, ne laisse pas d'en imposer. Enfin le nombre des bonnes tragédies est si petit chez toutes les nations du monde, que celles qui ne sont pas absolument mauvaises attirent toujours des spectateurs, quand de bons acteurs les font valoir.

On a fait environ mille tragédies depuis Mairet et Rotrou. Combien en est-il resté qui puissent avoir le sceau de l'immortalité, et qu'on puisse citer comme des modèles? Il n'y en a pas une vingtaine. Nous avons une collection intitulée : *Recueil des meilleures pièces de théâtre*, en douze volumes; et, dans ce recueil, on ne trouve que le seul *Venceslas* qu'on représente encore, en faveur de la première scène et du quatrième acte, qui sont en effet de très-beaux morceaux.

Tant de pièces, ou refusées au théâtre depuis cent ans, ou qui n'y ont paru qu'une ou deux fois, ou qui n'ont point été imprimées, ou qui l'ayant été sont oubliées, prouvent assez la prodigieuse difficulté de cet art.

Il faut rassembler dans un même lieu, dans une même journée, des hommes et des femmes au-dessus du commun, qui, par des intérêts divers, concourent à un même intérêt, à une même action. Il faut intéresser des spectateurs de tout rang et de tout âge, depuis la première scène jusqu'à la dernière; tout doit être écrit en vers, sans qu'on puisse s'en permettre ni de durs, ni de plats, ni de forcés, ni d'obscurs.

1. *Andromaque*, acte V, scène III. (ÉD.)

SCÈNE VIII ET DERNIÈRE.

V. 50. . . . . C'est par lui que je règne.

Rien ne prouve mieux l'ignorance où le public était alors de l'histoire de ses voisins. Il ne serait pas permis aujourd'hui de dire qu'Élisabeth régnait par le comte d'Essex, qui venait de laisser détruire honteusement en Irlande la seule armée qu'on lui eût jamais confiée.

V. 52. Par lui, par sa valeur, ou tremblants, ou défaits,
Les plus grands potentats m'ont demandé la paix.

Il n'y a guère rien de plus mauvais que la dernière tirade d'Élisabeth. *Les plus grands potentats par Essex tremblants, lui ont demandé la paix, après qu'elle doit tout à ses fameux exploits. Qui eût jamais pensé qu'il dût mourir sur un échafaud? quel revers!* On voit assez que ces froides réflexions font tout languir; mais le dernier vers est fort beau, parce qu'il est touchant et passionné.

Faisons que, d'un infâme et rigoureux supplice,
Les honneurs du tombeau réparent l'injustice.
Si le ciel à mes vœux peut se laisser toucher,
Vous n'aurez pas longtemps à me la reprocher.

AVIS

SUR LES PREMIÈRES PIÈCES DU THÉATRE DE CORNEILLE.

Si les hommes ne songeaient qu'à perfectionner leur goût et leur raison par les livres, les bibliothèques seraient moins nombreuses et plus utiles; mais on veut avoir tout ce qu'on a écrit sur une matière, et tout ce qu'un homme célèbre a écrit de mauvais comme de bon, dût-on ne le jamais lire.

Cette espèce d'intempérance dans ceux qui recherchent les livres est plus pardonnable à l'égard de Pierre Corneille que de tout autre. Ses comédies, qu'on a rejetées à la fin de cette édition, sont, à la vérité, indignes de notre siècle; mais elles furent longtemps ce qu'il y avait de moins mauvais en ce genre, tant nous étions loin de la plus légère connaissance des beaux-arts! Pierre Corneille ouvrit la carrière du comique, et même celle de l'opéra, comme nous l'avons remarqué ailleurs. On verra dans ses comédies, qu'on ne joue plus depuis Molière, des vers quelquefois très-bien faits, et des étincelles de génie qui faisaient voir combien l'auteur était au-dessus de son siècle

REMARQUES
SUR
LES DISCOURS DE CORNEILLE.
IMPRIMÉS A LA SUITE DE SON THÉATRE.

PREMIER DISCOURS.
DU POÈME DRAMATIQUE.

« Il faut observer l'unité d'action, de lieu, et de jour; personne n'en doute. »

On en doutait tellement du temps de Corneille, que ni les Espagnols ni les Anglais ne connurent cette règle. Les Italiens seuls l'observèrent. La *Sophonisbe* de Mairet fut la première pièce en France où ces trois unités parurent. La Motte, homme de beaucoup d'esprit et de talent, mais homme à paradoxes, a écrit de nos jours contre ces trois unités. Mais cette hérésie en littérature n'a pas fait fortune.

« On en est venu jusqu'à établir une maxime très-fausse : qu'il faut que le sujet d'une tragédie soit vraisemblable. »

Cette maxime, au contraire, est très-vraie, en quelque sens qu'on l'entende. Boileau dit avec raison dans son *Art poétique* (chant III, vers 47-50) :

> Jamais au spectateur n'offrez rien d'incroyable.
> Le vrai peut quelquefois n'être pas vraisemblable.
> Une merveille absurde est pour moi sans appas :
> L'esprit n'est point ému de ce qu'il ne croit pas.

« Il n'est pas vraisemblable que Médée tue ses enfants, que Clytemnestre assassine son mari, qu'Oreste poignarde sa mère; mais l'histoire le dit, etc. »

Cela n'est pas commun; mais cela n'est pas sans vraisemblance dans l'excès d'une fureur dont on n'est pas le maître. Ces crimes révoltent la nature, et cependant ils sont dans la nature. C'est ce qui les rend si convenables à la tragédie, qui ne veut que du vrai, mais un vrai rare et terrible.

« Il n'est ni vrai ni vraisemblable qu'Andromède, exposée à un monstre marin, ait été garantie de ce péril par un cavalier volant. »

Il semble que les sujets d'*Andromède*, de *Phaëthon*, soient plus faits pour l'opéra que pour la tragédie régulière. L'opéra aime le merveilleux. On est là dans le pays des métamorphoses d'Ovide. La tragédie est le pays de l'histoire, ou du moins de tout ce qui ressemble à l'histoire par la vraisemblance des faits et par la vérité des mœurs.

« Quelque heureusement que réussisse cet étalage de moralités, il faut toujours craindre que ce ne soit un de ces ornements ambitieux qu'Horace nous ordonne de retrancher. »

Il nous semble qu'on ne peut donner de meilleures leçons de goût, et raisonner avec un jugement plus solide : il est beau de voir l'auteur de *Cinna* et de *Polyeucte* creuser ainsi les principes d'un art dont il fut le père en France. Il est vrai qu'il est tombé souvent dans le défaut qu'il condamne; on pensait que c'était faute de connaître son art, qu'il connaissait pourtant si bien. Il déclare ici qu'il vaut beaucoup mieux mettre les maximes en sentiment que les étaler en préceptes : et il distingue très-finement les situations dans lesquelles un personnage peut débiter un peu de morale, de celles qui exigent un abandonnement entier à la passion.... Ce sont les passions qui font l'âme de la tragédie. Par conséquent un héros ne doit point prêcher, et doit peu raisonner. Il faut qu'il sente beaucoup et qu'il agisse.

Pourquoi donc Corneille, dans plus de la moitié de ses pièces, donne-t-il tant aux lieux communs de politique, et presque rien aux grands mouvements des passions? La raison en est, à notre avis, que c'était là le caractère dominant de son esprit. Dans son *Othon*, par exemple, tous les personnages raisonnent, et pas un n'est animé.

Peut-être aurait-il dû apporter ici un autre exemple que celui de *Mélite*. Cette comédie n'est aujourd'hui connue que par son titre, et parce qu'elle fut le premier ouvrage dramatique de Corneille.

« La seconde utilité du poëme dramatique se rencontre en la naïve peinture des vices et des vertus. »

Ni dans la tragédie, ni dans l'histoire, ni dans un discours public, ni dans aucun genre d'éloquence et de poésie, il ne faut peindre la vertu odieuse et le vice aimable. C'est un devoir assez connu. Ce précepte n'appartient pas plus à la tragédie qu'à tout autre genre : mais de savoir s'il faut que le crime soit toujours récompensé, et la vertu toujours punie sur le théâtre, c'est une autre question. La tragédie est un tableau des grands événements de ce monde; et malheureusement, plus la vertu est infortunée, plus le tableau est vrai. Intéressez; c'est le devoir du poëte ; rendez la vertu respectable ; c'est le devoir de tout homme.

« Il est certain que nous ne saurions voir un honnête homme sur notre théâtre sans lui souhaiter de la prospérité, et nous fâcher de ses infortunes. »

On ne sort point indigné contre Racine et contre les comédiens, de la mort de Britannicus, et de celle d'Hippolyte. On sort enchanté du rôle de Phèdre et de celui de Burrhus; on sort la tête remplie des vers admirables qu'on a entendus :

> Et que tout ce qu'il dit, facile à retenir,
> De son ouvrage en vous laisse un long souvenir[1].

C'est là le grand point. C'est le seul moyen de s'assurer un succès éternel. C'est le mérite d'Auguste et de Cinna, c'est celui de Sévère dans *Polyeucte*.

« La quatrième (utilité du théâtre consiste) en la purgation des passions, par le moyen de la pitié et de la crainte. »

Pour la purgation des passions, je ne sais pas ce que c'est que cette médecine. Je n'entends pas comment la crainte et la pitié purgent, selon Aristote. Mais j'entends fort bien comment la crainte et la pitié agitent notre âme pendant deux heures, selon la nature; et comment il en résulte un plaisir très-noble et très-délicat, qui n'est bien senti que par les esprits cultivés.

Sans cette crainte et cette pitié, tout languit au théâtre. Si on ne remue pas l'âme, on l'affadit. Point de milieu entre s'attendrir et s'ennuyer.

« Le poëme est composé de deux sortes de parties. Les unes sont appelées parties de quantité ou d'extension.... *Les autres se peuvent nommer des parties intégrantes*. »

Il est à croire que ni Molière, ni Racine, ni Corneille lui-même, ne pensèrent aux parties de quantité et aux parties intégrantes, quand ils firent leurs chefs-d'œuvre.

« Aristote définit simplement (la comédie) une imitation de personnes basses et fourbes. Je ne puis m'empêcher de dire que cette définition ne me satisfait point. »

Corneille a bien raison de ne pas approuver la définition d'Aristote, et probablement l'auteur du *Misanthrope* ne l'approuva pas davantage. Apparemment Aristote était séduit par la réputation qu'avait usurpée ce bouffon d'Aristophane, bas et fourbe lui-même, et qui avait toujours peint ses semblables. Aristote prend ici la partie pour le tout, et l'accessoire pour le principal. Les principaux personnages de Ménandre, et de Térence son imitateur, sont honnêtes. Il est permis de mettre des coquins sur la scène; mais il est beau d'y mettre des gens de bien.

« Lorsqu'on met sur la scène une simple intrigue d'amour entre des rois, et qu'ils ne courent aucun péril ni de leur vie ni de leur état, je ne crois pas que, bien que les personnes soient illustres, l'action le soit assez pour s'élever jusqu'à la tragédie. »

Nous sommes entièrement de l'avis de Corneille. *Bérénice* ne nous paraît pas une tragédie; l'élégant et habile Racine trouva, à la vérité,

---

1. Boileau, *Art poétique*, III, 157-158. (ÉD.)

.e secret de faire de ce sujet une pièce très-intéressante. Mais ce n'est pas une tragédie; c'est, si l'on veut, une comédie héroïque, une idylle, une églogue entre des princes, un dialogue admirable d'amour, une très-belle paraphrase de Sapho, et non pas de Sophocle, une élégie charmante; ce sera tout ce qu'on voudra; mais ce n'est point, encore une fois, une tragédie.

« Je connois des gens d'esprit, et des plus savants en l'art poétique, qui m'imputent d'avoir négligé d'achever *le Cid*, et quelques autres de mes poëmes, parce que je n'y conclus pas précisément le mariage des premiers acteurs. »

Ces savants en l'art poétique ne paraissent pas savants dans la connaissance du cœur humain. Corneille en savait beaucoup plus qu'eux. Ce qui nous paraît ici de plus extraordinaire, c'est que, dans les premiers temps si tumultueux de la grande réputation du *Cid*, les ennemis de Corneille lui reprochaient d'avoir marié Chimène avec le meurtrier de son père, le propre jour de sa mort; ce qui n'était pas vrai; au contraire, la pièce finit par ce beau vers :

Laisse faire le temps, ta vaillance, et ton roi.

« L'action.... doit avoir une juste grandeur. Elle doit avoir un commencement, un milieu et une fin. Ces termes.... excluent les actions momentanées qui n'ont point ces trois parties. Telle est peut-être la mort de la sœur d'Horace qui se fait tout d'un coup, etc. »

Tout ce qu'ont dit Aristote et Corneille sur ce commencement, ce milieu et cette fin, est incontestable; et la remarque de Corneille, sur le meurtre de Camille par Horace, est très-fine. On ne peut trop estimer la candeur et le génie d'un homme qui recherche un défaut dans un de ses ouvrages étincelant des plus grandes beautés, qui trouve la cause de ce défaut, et qui l'explique.

« Quelques-uns réduisent le nombre des vers qu'on récite (au théâtre) à quinze cents. »

Deux mille vers, dix-huit cents, quinze cents, douze cents; il n'importe. Ce ne sera pas trop de deux mille vers, s'ils sont bien faits, s'ils sont intéressants. Ce sera trop de douze cents, s'ils ennuient. Il est vrai que, depuis l'excellent Racine, nous avons eu des tragédies très-longues, et généralement très-mal écrites, qui ont eu de grands succès, soit par la force du sujet, soit par des vers heureux qui brillaient à travers la barbarie du style, soit encore par des cabales qui ont tant d'influence au théâtre. Mais il demeure toujours très-vrai que douze cents bons vers valent mieux que dix-huit cents vers obscurs, enflés, pleins de solécismes ou de lieux communs pires que des solécismes. Ils peuvent passer sur le théâtre à la faveur d'une déclamation imposante, mais ils sont à jamais réprouvés par tous les lecteurs judicieux.

« Je viens à la seconde partie du poëme, qui sont les mœurs.... Je ne puis comprendre comment on a voulu entendre par ce mot de *bonnes*, qu'il faut qu'elles soient *vertueuses*. »

Quand on dispute sur un mot, c'est une preuve que l'auteur ne s'est pas servi du mot propre. La plupart des disputes en tout genre ont roulé sur des équivoques. Si Aristote avait dit : « Il faut que les mœurs soient vraies, » au lieu de dire : « Il faut que les mœurs soient bonnes, » on l'aurait très-bien entendu. On ne niera jamais que Louis XI doive être peint violent, fourbe et superstitieux, soutenant ses imprudences par des cruautés; Louis XII, juste envers ses sujets, faible avec les étrangers; François Ier, brave, ami des arts et des plaisirs; Catherine de Médicis, intrigante, perfide, cruelle. L'histoire, la tragédie, les discours publics, doivent représenter les mœurs des hommes telles qu'elles ont été.

« La poésie (dit Aristote) est une imitatio : des gens meilleurs qu'ils n'ont été. »

Meilleurs est encore ici une équivoque d'Aristote; il entend qu'il faut un peu exagérer, dans la poésie; que les hommes y doivent paraître plus grands, plus brillants qu'ils n'ont été. Il faut frapper l'imagination. Voilà pourquoi, dans la sculpture, on donnait aux héros une taille au-dessus du commun des hommes.

Il se pourrait que les mots grecs qui répondent chez Aristote à *bon* et à *meilleur*, ne signifiassent pas précisément ce que nous leur faisons signifier. Il n'y avait peut-être pas d'équivoque dans le texte grec, et il y en a dans le français.

« C'est ce qui me fait douter si le mot grec ῥᾴθυμους a été rendu dans le sens d'Aristote par les interprètes. »

Corneille n'a-t-il pas grande raison de traduire par *débonnaires* le mot grec si mal traduit par *fainéants*? En effet, le caractère de *mansuetude*, de *débonnaireté*, est opposé à *colère*; fainéant est opposé à *laborieux*.

Avouons ici que toutes ces dissertations ne valent pas deux bons vers du *Cid*, des *Horaces*, de *Cinna*.

« Aristote.... dit que la tragédie se peut faire sans mœurs. »

Peut-être qu'Aristote entendait, par des tragédies sans mœurs, des pièces fondées uniquement sur des aventures funestes qui peuvent arriver à tous les personnages, soit qu'ils aient des passions ou qu'ils n'en aient pas; soit qu'ils aient un caractère frappant, ou non. Le malheur d'Œdipe, par exemple, peut arriver à tout homme, indépendamment de son caractère et de ses mœurs.

Qu'une princesse, ayant appris la mort de son mari tué sur le rivage de la mer, aille lui dresser un tombeau, et qu'elle voie le corps de son fils étendu mort sur le même rivage; cela est déplorable et tragique, mais n'a aucun rapport à la conduite et aux mœurs de cette princesse.

Au contraire, les destinées d'Émilie, de Roxane, de Phèdre, d'Hermione, dépendent de leurs mœurs. Aussi les pièces de caractère sont bien supérieures à celles qui ne représentent que des aventures fatales

« Il y a cette différence.... entre le poète dramatique et l'orateur, que celui-ci peut étaler son art.... et que l'autre doit le cacher. »

Grande règle, toujours observée par Racine et par Molière, rarement par d'autres. Il faut au théâtre, comme dans la société, savoir s'oublier soi-même. Corneille, qui aimait à disserter, rend quelquefois ses personnages trop dissertateurs; et, surtout dans ses dernières pièces, il met le raisonnement à la place du sentiment.

« La diction dépend de la grammaire. »

Oui ; et encore plus du génie, témoin les beaux vers de Corneille dans ses premières tragédies.

« Le retranchement que nous avons fait des chœurs a retranché la musique de nos poëmes. Une chanson y a quelquefois bonne grâce. »

Cela fut écrit avant que l'opéra fût à la mode en France. Depuis ce temps, il s'est fait de grands changements. La musique s'est introduite avec beaucoup de succès dans de petites comédies; et ce nouveau genre de spectacle a pris le nom d'opéra-comique.

« Je n'ai plus qu'à parler des parties de quantité, qui sont le prologue, l'épisode, l'exode, et le chœur, etc. »

Il est difficile d'appliquer à notre usage le prologue, l'épisode, l'exode et le chœur des Grecs; les Anglais ont un prologue et un épilogue, qui sont deux petites pièces de vers détachés : dans la première, on demande l'indulgence des spectateurs pour la tragédie ou la comédie qu'on va jouer; dans la seconde, on fait des plaisanteries, et surtout des allusions à tout ce qui a pu, dans la pièce, avoir quelque rapport aux mœurs de la nation et aux aventures de Londres. C'est une espèce de farce récitée par un seul acteur. Cette facétie n'est pas admise en France, et pourra l'être : tant on aime, depuis quelque temps, à prendre les modes anglaises.

« (Il faut) qu'il n'entre aucun acteur dans les actes suivants, qu'il ne soit connu par le premier.... Cette maxime est nouvelle et assez sévère, et je ne l'ai pas toujours gardée. »

Cette maxime nouvelle, établie par Corneille, était très-judicieuse. Non-seulement il est utile, pour l'intelligence parfaite d'une pièce de théâtre, que tous les personnages essentiels soient annoncés dès le premier acte, mais cette sage précaution contribue à augmenter l'intérêt. Le spectateur en attend avec plus d'émotion l'acteur qui doit servir au nœud, ou à le redoubler, ou à le dénouer, ne fût-il qu'un subalterne. Rien ne fait mieux voir combien Corneille avait approfondi tous les secrets de son art.

Molière, si admirable par la peinture des mœurs, par les tableaux de la vie humaine, par la bonne plaisanterie, a manqué à cette règle de

Corneille. Dans la plupart de ses dénoûments, les personnages ne sont pas assez annoncés, assez préparés.

« Quand je n'aurois point parlé de Livie dans (le premier acte de) *Cinna*, j'aurois pu la faire entrer au quatrième. »

Il eût été mieux de ne point du tout faire paraître Livie. Elle ne sert qu'à dérober à Auguste le mérite et la gloire d'une belle action. Corneille n'introduisit Livie que pour se conformer à l'histoire, ou plutôt à ce qui passait pour l'histoire ; car cette aventure ne fut d'abord écrite que dans une déclamation de Sénèque sur la clémence. Il n'était pas dans la vraisemblance qu'Auguste eût donné le consulat à un homme très-peu considérable dans la république, pour avoir voulu l'assassiner.

« La conspiration de Cinna et la consultation d'Auguste avec lui et Maxime, n'ont aucune liaison entre elles.... bien que le résultat de l'une produise de beaux effets pour l'autre. »

C'est un grand coup de l'art, en effet ; c'est une des beautés les plus théâtrales, qu'au moment où Cinna vient de rendre compte à Émilie de la conspiration, lorsqu'il a inspiré tant d'horreur contre les cruautés d'Auguste, lorsqu'on ne désire que la mort de ce triumvir, lorsque chaque spectateur semble devenir lui-même un des conjurés, tout à coup Auguste mande Cinna et Maxime, les chefs de la conspiration. On craint que tout ne soit découvert, on tremble pour eux. Et c'est là cette terreur qui produit, dans la tragédie, un effet si admirable et si nécessaire.

« Euripide a usé assez grossièrement (du prologue). »

Toutes les tragédies d'Euripide commencent, ou par un acteur principal qui dit son nom au public, et qui lui apprend le sujet de la pièce, ou par une divinité qui descend du ciel pour jouer ce rôle, comme Vénus dans *Phèdre et Hippolyte*.

Iphigénie elle-même, dans la pièce d'*Iphigénie en Tauride*, explique d'abord le sujet du drame, et remonte jusqu'à Tantale dont elle fait l'histoire. Corneille a bien raison de dire que cet artifice est grossier. Ce qui est surprenant, c'est que ce défaut, qui semblerait venir de l'enfance de l'art, ne se trouve point dans Sophocle, un peu antérieur à Euripide. Ce sont toujours, dans les tragédies de Sophocle, les principaux acteurs qui expliquent le sujet de la pièce, sans paraître vouloir l'expliquer ; leurs desseins, leurs intérêts, leurs passions, s'annoncent de la manière la plus naturelle. Le dialogue porte l'émotion dans l'âme dès la première scène.

« Plaute a cru remédier à ce désordre d'Euripide en introduisant un prologue détaché, etc. »

Plaute fait encore pis : non-seulement il fait paraître d'abord Mercure dans l'*Amphitryon* pour annoncer le sujet de sa tragi-comédie, pour prévenir les spectateurs sur tout ce qu'il fera dans la pièce ; mais au troisième acte, il dépouille Jupiter de son rôle d'acteur. Ce Jupiter adresse la parole au public, l'instruit de tout, et lui annonce le dénoûment. C'est prendre assurément bien de la peine pour ôter aux spectateurs tout leur plaisir. Cependant la pièce plut beaucoup aux Romains, malgré ce défaut énorme, et malgré les basses plaisanteries qu'Horace condamne dans Plaute : tant le sujet d'Amphitryon est piquant, intéressant et comique par lui-même.

« Térence, qui est venu depuis lui, a gardé ses prologues, et en a changé la matière. »

Les prologues de Térence sont dans un goût qui est encore imité par les Anglais. C'est un discours en vers adressé aux auditeurs pour se les rendre favorables. Ce discours était prononcé d'ordinaire par l'entrepreneur de la troupe. Aujourd'hui, en Angleterre, ces prologues sont toujours composés par un ami de l'auteur. Térence employa presque toujours ces prologues à se plaindre de ses envieux, qui se servaient contre lui des mêmes armes. Une telle guerre est honteuse pour les beaux-arts.

« Ces prologues doivent avoir beaucoup d'invention, et je ne pense pas qu'on n'y puisse raisonnablement introduire que des dieux imaginaires de l'antiquité, qui ne laissent pas toutefois de parler des choses de notre temps, par une fiction poétique qui fait un grand accommodement de théâtre. »

Il reste à savoir si ces fictions poétiques font au théâtre un accommodement si heureux ; le prologue de la Nuit et de Mercure, dans l'*Amphitryon* de Molière, réussit autant que la pièce même ; mais c'est qu'il est plein d'esprit, de grâces, et de bonnes plaisanteries. Le prologue d'*Amadis* fut regardé comme un chef-d'œuvre. On admira l'art avec lequel Quinault sut joindre l'éloge de Louis XIV avec le sujet de la pièce, la beauté des vers et celle de la musique. Le siècle de grandeur et de prospérité qui produisait ces brillants spectacles augmentait encore leur prix.

« Aristote blâme fort les épisodes détachés. »

Un épisode inutile à la pièce est toujours mauvais, et, en aucun genre, ce qui est hors d'œuvre ne peut plaire ni aux yeux, ni aux oreilles, ni à l'esprit. Nous avons dit ailleurs que *le Cid* réussit malgré l'infante, et non pas à cause de l'infante. Corneille parle ici en homme modeste et supérieur.

« Quoique.... M. Tristan (auteur de *Mariamne*) eût bien mérité ce beau succès, par le grand effort d'esprit qu'il avait fait à peindre le désespoir d'Hérode, peut-être que l'excellence de l'acteur qui en soutenoit le personnage y contribuoit beaucoup. »

La *Mariamne* de Tristan eut, en effet, longtemps une très-grande réputation. Nous avons entendu dire au comédien Baron que, lorsqu'il voulut débuter, Louis XIV lui faisait quelquefois réciter des vers de *Mariamne*. Les belles pièces de Corneille la firent enfin oublier.

SECOND DISCOURS.

DE LA TRAGÉDIE.

« La tragédie a ceci de particulier, que, par la pitié et la crainte, elle purge de semblables passions. »

Nous avons dit un mot de cette prétendue médecine des passions dans le *Commentaire* sur le premier discours. Nous pensons avec Racine, qui a pris le *Phobos* et l'*Éleos* pour sa devise, que, pour qu'un acteur intéresse, il faut qu'on craigne pour lui, et qu'on soit touché de pitié pour lui. Voilà tout. Que le spectateur fasse ensuite quelque retour sur lui-même, qu'il examine ou non quels seraient ses sentiments s'il se trouvait dans la situation du personnage qui l'intéresse; qu'il soit purgé, ou qu'il ne soit pas purgé, c'est, selon nous, une question fort oiseuse.

Paul Bény peut rapporter quinze opinions sur un sujet aussi frivole, et en ajouter encore une seizième; cela n'empêchera pas que tout le secret ne consiste à faire de ces vers charmants tels qu'on en trouve dans le *Cid* (III, IV, et V, I) :

Va, je ne te hais point.— Tu le dois. — Je ne puis....
Tu vas mourir! Don Sanche est-il si redoutable?
Sors vainqueur d'un combat dont Chimène est le prix.

Il n'y a point là de purgation. Le spectateur ne réfléchit point s'il aura besoin d'être purgé. S'il réfléchissait, le poëte aurait manqué son coup.

Et quocumque volent animum auditoris agunto[1].

« Ce n'est pas une nécessité de ne mettre que les infortunes des rois sur le théâtre; celles des autres hommes y trouveroient place, s'il leur en arrivoit d'assez illustres.... pour la mériter. »

Rois, empereurs, princes, généraux d'armée, principaux chefs de république; il n'importe. Mais il faut toujours, dans la tragédie, des hommes élevés au-dessus du commun, non-seulement parce que le destin des États dépend du sort de ces personnages importants, mais parce que les malheurs des hommes illustres, exposés aux regards des nations, font sur nous une impression plus profonde que les infortunes du vulgaire.

Je doute beaucoup qu'un paysan de Leuctres, nommé Scédase, dont on a violé deux filles, fût un aussi beau sujet de tragédie que *Cinna* et *Iphigénie*. Le viol, d'ailleurs, a toujours quelque chose de ridicule, et n'est guère fait pour être joué que dans le beau lieu où l'on prétend que sainte Théodore fut envoyée, supposé que cette Théodore ait jamais existé, et que jamais les Romains aient condamné les dames à

---

1. Horace, *Art poét.*, 100. (Éd.)

cette espèce de supplice; ce qui n'était assurément ni dans leurs lois ni dans leurs mœurs.

« Il (Aristote) ne veut point qu'un homme fort vertueux y tombe de la félicité dans le malheur. »

S'il était permis de chercher un exemple dans nos livres saints, nous dirions que l'histoire de Job est une espèce de drame, et qu'un homme très-vertueux y tombe dans les plus grands malheurs; mais c'est pour l'éprouver, et le drame finit par rendre Job plus heureux qu'il n'a jamais été.

Dans la tragédie de *Britannicus*, si ce jeune prince n'est pas un modèle de vertu, il est du moins entièrement innocent; cependant il périt d'une mort cruelle. Son empoisonneur triomphe. *Cet événement est tout à fait injuste.* Pourquoi donc *Britannicus* a-t-il eu enfin un si grand succès, surtout auprès des connaisseurs et des hommes d'État ? C'est par la beauté des détails, c'est par la peinture la plus vraie d'une cour corrompue. Cette tragédie, à la vérité, ne fait point verser de larmes, mais elle attache l'esprit, elle intéresse; et le charme du style entraîne tous les suffrages, quoique le nœud de la pièce soit très-petit, et que la fin, un peu froide, n'excite que l'indignation. Ce sujet était le plus difficile de tous à traiter, et ne pouvait réussir que par l'éloquence de Racine.

« Il ne veut pas non plus qu'un méchant homme passe du malheur à la félicité. »

Il y a de grands exemples de tragédies qui ont eu des succès permanents, et dans lesquels cependant le vertueux périt indignement, et le criminel est au comble de la gloire; mais au moins il est puni par ses remords. La tragédie est le tableau de la vie des grands : ce tableau n'est que trop ressemblant, quand le crime est heureux. Il faut autant d'art, autant de ressources, autant d'éloquence dans ce genre de tragédie, et peut-être plus que dans tout autre.

« Un des interprètes d'Aristote veut qu'il n'ait parlé de cette purgation des passions dans la tragédie, que parce qu'il écrivait après Platon, qui bannit les poëtes tragiques de sa république, parce qu'ils les remuent trop fortement. »

Après tout ce qu'a dit judicieusement Corneille sur les caractères vertueux ou méchants, ou mêlés de bien et de mal, nous penchons vers l'opinion de cet interprète d'Aristote, qui pense que ce philosophe n'imagina son galimatias de la purgation des passions que pour ruiner le galimatias de Platon, qui veut chasser la tragédie et la comédie, et le poëme épique, de sa république imaginaire. Platon, en rendant les femmes communes dans son Utopie, et en les envoyant à la guerre, croyait empêcher qu'on ne fît des poëmes pour une Hélène; et Aristote, attribuant aux poëmes une utilité qu'ils n'ont peut-être pas, imaginait sa purgation des passions. Que résulte-t-il de cette vaine dispute ? Qu'on court à *Cinna* et à *Andromaque* sans se soucier d'être purgé.

« Notre siècle les a vues (les conditions qu'Aristote demande) dans le *Cid*; mais je ne sais s'il les a vues en beaucoup d'autres. »

Le Cid, comme nous l'avons dit, n'est beau que parce qu'il est très-touchant.

« L'exclusion des personnes tout à fait vertueuses qui tombent dans le malheur bannit les martyrs de notre théâtre. »

Un martyr, qui ne serait que martyr, serait très-vénérable, et figurerait très-bien dans la *Vie des saints*, mais assez mal au théâtre. Sans Sévère et Pauline, *Polyeucte* n'aurait point eu de succès.

« S'il est bien amoureux.... il peut s'emporter de colère et tuer dans un premier mouvement; et l'ambition le peut engager dans un crime. »

On s'intéresse pour un jeune criminel que la passion emporte, et qui avoue ses fautes, témoin *Venceslas* et *Rhadamiste*.

« La perfection de la tragédie consiste.... à exciter de la pitié et de la crainte, par le moyen d'un premier acteur, comme peut faire Rodrigue dans *le Cid*, et Placide dans *Théodore*. »

Il est triste de mettre Placide à côté du Cid.

« On désapprouve sa manière d'agir (de Félix); mais cette aversion.... n'empêche pas que sa conversion miraculeuse, à la fin de la pièce, ne le réconcilie pleinement avec l'auditoire. »

La conversion miraculeuse de Félix le réconcilie sans doute avec le ciel, mais point du tout avec le parterre.

« Qu'un indifférent (dit Aristote) tue un indifférent, cela ne touche guère.... d'autant qu'il n'excite aucun combat dans l'âme de celui qui fait l'action. »

Aristote montre ici un jugement bien sain, et une grande connaissance du cœur de l'homme. Presque toute tragédie est froide sans les combats des passions.

« Disons donc qu'elle (cette condamnation) ne doit s'entendre que de ceux qui connoissent la personne qu'ils veulent perdre, et s'en dédisent par un simple changement de volonté, sans aucun événement notable qui les y oblige. »

Il nous semble qu'on ne peut mieux expliquer ce qu'Aristote a dû entendre. Si un homme commence une action funeste et ne l'achève pas sans avoir un motif supérieur et tragique qui le force, il n'est alors qu'inconstant et pusillanime; il n'inspire que le mépris. Il faut, ou que la nature ou la gloire l'arrête, et un tel dénoûment peut faire un très-bel effet; ou bien le crime commencé par lui est puni avant d'être achevé, et le spectateur est encore plus content.

« Le poëme entier d'*Œdipe* en excite peut-être autant (de commisération) que *le Cid* ou *Rodogune*: mais il en doit une partie à Dircé. »

Il est toujours étonnant que Corneille ait cru que sa Dircé ait pu faire quelque sensation dans son *Œdipe*.

« Cela se voit manifestement en *la Mort de Crispe*, faite par un de leurs plus beaux esprits, Jean-Baptiste Ghirardelli.... L'auteur a dédaigné de traiter ce sujet comme l'a traité de notre temps le P. Stephonius, jésuite. »

On ne connaît plus guère *la Mort de Crispe* (*Il Costantino*), de Jean-Baptiste-Philippe Ghirardelli, et pas davantage celle du jésuite Stéphonius [1]. Mais il est clair qu'il n'y a presque rien de tragique dans cette pièce, si Constantin ne connaît pas son fils, s'il n'y a point dans son cœur de combats entre la nature et la vengeance.

« J'estime donc.... qu'il n'y a aucune liberté d'inventer la principale action, mais qu'elle doit être tirée de l'histoire ou de la fable. »

C'est ici une grande question : S'il est permis d'inventer le sujet d'une tragédie? Pourquoi non ? puisqu'on invente toujours les sujets de comédie. Nous avons beaucoup de tragédies de pure invention, qui ont eu des succès durables à la représentation et à la lecture. Peut-être même ces sortes de pièces sont-elles plus difficiles à faire que les autres. On n'y est pas soutenu par cet intérêt qu'inspirent les grands noms connus dans l'histoire, par le caractère des héros déjà tracé dans l'esprit du spectateur. Il est au fait avant qu'on ait commencé. Vous n'avez nul besoin de l'instruire, et, s'il voit que vous lui donnez une copie fidèle du portrait qu'il a déjà dans la tête, il vous en tient compte ; mais dans une tragédie où tout est inventé, il faut annoncer les lieux, les temps et les héros ; il faut intéresser pour des personnages dont votre auditoire n'a aucune connaissance. La peine est double ; et si votre ouvrage ne transporte pas l'âme, vous êtes doublement condamné. Il est vrai que le spectateur peut vous dire : « Si l'événement que vous me présentez était arrivé, les historiens en auraient parlé. » Mais il peut en dire autant de toutes les tragédies historiques dont les événements lui sont inconnus : ce qui est ignoré, et ce qui n'a jamais été écrit, sont pour lui la même chose. Il ne s'agit ici que d'intéresser.

Inventez des ressorts qui puissent m'attacher [2].

Il ne faut pas sans doute choquer l'histoire connue, encore moins les mœurs des peuples qu'on met sur la scène. Peignez ces mœurs, rendez votre fable vraisemblable ; qu'elle soit touchante et tragique, que le style soit pur, que les vers soient beaux ; et je vous réponds que vous réussirez.

« Les apparitions de Vénus et d'Éole ont eu bonne grâce dans *Andromède*. »

---

1. La pièce de Ghirardelli est intitulée : *Il Costantino* ; elle est en italien, et de 1653. Celle du P. Stephonius a pour titre *Crispus* ; elle est en latin, et a été imprimée à Pont-à-Mousson dès 1607 ; il y en a d'autres éditions. (*Note de M. Beuchot*.)
2. Boileau, *Art poétique*, III, 26. (ÉD.)

Pas si bonne grâce.

« Qu'auroit-on dit, si, pour démêler Héraclius d'avec Martian, après la mort de Phocas, je me fusse servi d'un ange ? »

Nous avouons ingénument que nous aimerions presque autant un ange descendant du ciel, que le froid procès par écrit qui suit la mort le Phocas, et qu'on débrouille à peine par une ancienne lettre de l'impératrice Constantine; lettre qui pourrait encore produire bien des contestations.

Louis Racine, fils du grand Racine, a très-bien remarqué les défauts de ce dénoûment d'*Héraclius*, et de cette reconnaissance qui se fait après la catastrophe; nous avons toujours été de son avis sur ce point; nous avons toujours pensé qu'un dénoûment doit être clair, naturel, touchant; qu'il doit être, s'il se peut, la plus belle situation de la pièce. Toutes ces beautés sont réunies dans *Cinna*. Heureuses les pièces où tout parle au cœur, qui commencent naturellement et finissent de même.

« Je ne condamnerai jamais personne pour en avoir inventé; mais je ne me le permettrai jamais. »

Nous ne voyons pas pourquoi Corneille ne se serait pas permis une tragédie dans laquelle un père reconnaîtrait un fils après l'avoir fait périr. Il nous semble qu'un tel sujet pourrait produire un très-beau cinquième acte. Il inspirerait cette crainte et cette pitié qui sont l'âme du spectacle tragique.

« Aristote.... dit qu'il ne faut pas changer les sujets reçus. »

Nous pensons qu'on pourrait changer quelques circonstances principales dans les sujets reçus, pourvu que ces circonstances changées augmentassent l'intérêt, loin de le diminuer.

Quidlibet audendi semper fuit æqua potestas....

« Quodcumque ostendis mihi sic, incredulus odi. »

Médée ne doit point tuer ses enfants devant des mères qui s'enfuiraient d'horreur. Un tel spectacle révolterait des cannibales et des inquisiteurs mêmes. Cadmus ne peut guère être changé en serpent qu'à l'Opéra. Nous aurions souhaité qu'Horace eût dit *aversor et odi*, au lieu de *incredulus odi*; car le sujet de ces pièces étant connu et reçu de tout le monde, la fable passant pour une vérité, le spectateur n'est point *incredulus*; mais il est révolté, il recule, il fuit à l'aspect de deux figures d'enfant qu'on met à la broche. A l'égard de la métamorphose de Cadmus en serpent, et de Progné en hirondelle, c'étaient encore des fables qui tenaient lieu d'histoire. Mais l'exécution de ces prodiges serait d'une telle difficulté, et l'exécution même la plus heureuse serait si puérile et si ridicule, qu'elle ne pourrait amuser que des enfants et de vieilles imbéciles.

« Aristote.... nous apprend que le poëte n'est pas obligé de traiter les choses comme elles se sont passées, mais comme elles ont pu ou dû se passer selon le vraisemblable ou le nécessaire. »

Tout ce que dit ici Corneille sur l'art de traiter des sujets terribles, sans les rendre trop atroces, est digne du père et du législateur du théâtre; et ce qu'il propose sur la manière de sauver l'horreur du parricide d'Oreste et d'Électre, est si judicieux, que les poëtes qui, depuis lui, ont manié ce sujet si cher à l'antiquité, se sont absolument conformés aux conseils qu'il donne.

A l'égard du conseil d'Aristote, de représenter les événements *selon le vraisemblable ou le nécessaire*, voici comment nous entendons ces paroles.

Choisissez la manière la plus vraisemblable, pourvu qu'elle soit tragique et non révoltante; et, si vous ne pouvez concilier ces deux choses, choisissez la manière dont la catastrophe doit arriver nécessairement, par tout ce qui aura été annoncé dans les premiers actes.

Par exemple, vous mettez sur le théâtre le malheur d'Œdipe, il faut que ce malheur arrive : voilà le nécessaire. Un vieillard lui apprend qu'il est incestueux et parricide, et lui en donne de funestes preuves : voilà le vraisemblable.

« On peut m'objecter que le même philosophe dit qu'au regard de la poésie, on doit préférer l'impossible croyable au possible incroyable, etc. »

Il nous semble que Corneille aurait pu s'épargner toutes les peines qu'il prend pour concilier Aristote avec lui-même. Nous n'entendons point ce que c'est que *l'impossible croyable* et *le possible incroyable*. On a beau donner la torture à son esprit, l'impossible ne sera jamais croyable; l'impossible, selon la force du mot, est ce qui ne peut jamais *arriver*. C'est abuser de son esprit que d'établir de telles propositions; c'est en abuser encore de vouloir les expliquer. C'est vouloir plaisanter, de dire que, quand une chose est faite, il est impossible qu'elle ne soit pas faite, et qu'on n'y peut rien changer. Ces questions sont de la nature de celles qu'on agitait dans les écoles, si Dieu pouvait se changer en citrouille, et si, en montant à une échelle, il pouvait se casser le cou.

« J'ai fait voir qu'il y a des choses sur qui nous n'avons aucun droit; et pour celles où ce privilége peut avoir lieu, il doit être plus ou moins resserré, selon que les sujets sont plus ou moins connus. »

Voilà tout le précis de cette dissertation : ne changez rien d'important dans la mort de Pompée, parce qu'elle est connue de tout le monde; changez, imaginez tout ce qu'il vous plaira dans l'histoire de Pertharite et de don Sanche d'Aragon, parce que ces gens-là ne sont connus de personne.

TROISIÈME DISCOURS.

DES TROIS UNITÉS, D'ACTION, DE JOUR, ET DE LIEU.

« Je tiens donc.... que l'unité d'action consiste dans la comédie en l'unité d'intrigue, ou d'obstacle aux desseins des principaux acteurs; et en l'unité de péril dans la tragédie, soit que son héros y succombe, soit qu'il en sorte. »

Nous pensons que Corneille entend ici, par unité d'action et d'intrigue, une action principale, à laquelle les intérêts divers et les intrigues particulières sont subordonnés, un tout composé de plusieurs parties qui toutes tendent au même but. C'est un bel édifice, dont l'œil embrasse toute la structure, et dont il voit avec plaisir les différents corps.

Il condamne, avec une noble candeur, la duplicité d'action dans ses *Horaces*, et la mort inattendue de Camille, qui forme une pièce nouvelle. Il pouvait ne pas citer *Théodore*. Ce n'est pas la double action, la double intrigue, qui rend *Théodore* une mauvaise tragédie; c'est le vice du sujet; c'est le vice de la diction et des sentiments; c'est le ridicule de la prostitution.

Il y a manifestement deux intrigues dans l'*Andromaque* de Racine : celle d'Hermione aimée d'Oreste et dédaignée de Pyrrhus, celle d'Andromaque qui voudrait sauver son fils, et être fidèle aux mânes d'Hector. Mais ces deux plans sont si heureusement rejoints ensemble, que, si la pièce n'était pas un peu affaiblie par quelques scènes de coquetterie et d'amour, plus dignes de Térence que de Sophocle, elle serait la première tragédie du théâtre français.

Nous avons déjà dit que, dans *la mort de Pompée*, il y a trois à quatre actions, trois à quatre espèces d'intrigues mal réunies. Mais ce défaut est peu de chose, en comparaison des autres qui rendent cette tragédie trop irrégulière. Le célèbre *Caton* d'Addison pèche par la multiplicité des actions et des intrigues, mais encore plus par l'insipidité des froids amours, et d'une conspiration en masque. Sans cela Addison aurait pu, par l'éloquence de son style noble et sage, réformer le théâtre anglais.

Corneille a raison de dire qu'il ne doit y avoir qu'une action complète. Nous doutons qu'on ne puisse y parvenir que par plusieurs autres actions imparfaites. Il nous semble qu'une seule action sans aucun épisode, à peu près comme dans *Athalie*, serait la perfection de l'art

« Il y a grande différence (dit Aristote) entre les événements qui viennent les uns après les autres, et ceux qui viennent les uns à cause des autres. »

Cette maxime d'Aristote marque un esprit juste, profond et clair. Ce ne sont pas là des sophismes et des chimères à la Platon. Ce ne sont pas là des idées archétypes

« La liaison des scènes.... est un grand ornement dans un poëme. »

Cet ornement de la tragédie est devenu une règle, parce qu'on a senti combien il était devenu nécessaire.

« Je n'ai pas besoin de contredire Aristote pour me justifier sur cet article (le char de Médée). »

Que devons-nous dire de tout ce morceau précédent? Applaudir au bon sens de Corneille autant qu'à ses grands talents.

« Aristote n'en prescrit point le nombre (des actes); Horace le borne à cinq, etc. »

Cinq actes nous paraissent nécessaires : le premier expose le lieu de la scène, la situation des héros de la pièce, leurs intérêts, leurs mœurs, leurs desseins; le second commence l'intrigue; elle se noue au troisième; le quatrième prépare le dénoûment, qui se fait au cinquième. Moins de temps précipiterait trop l'action, plus d'étendue l'énerverait. Il en est comme d'un repas d'appareil : s'il dure trop peu, c'est une halte; s'il est trop long, il ennuie et il dégoûte.

« Il faut, s'il se peut, y rendre raison de l'entrée et de la sortie de chaque acteur. »

La règle qu'un personnage ne doit ni entrer ni sortir sans raison, est essentielle; cependant on y manque souvent. Il faut un dessein dans chaque scène, et que toutes augmentent l'intérêt, le nœud et le trouble. Rien n'est plus difficile et plus rare.

« Aristote veut que la tragédie bien faite soit belle, et capable de plaire sans le secours des comédiens et hors de la représentation. »

Aristote avait donc beaucoup de goût. Pour qu'une pièce de théâtre plaise à la lecture, il faut que tout y soit naturel, et qu'elle soit parfaitement écrite. Il y a quelques fautes de style dans *Cinna*. On y a découvert aussi quelques défauts dans la conduite et dans les sentiments; mais, en général, il y règne une si noble simplicité, tant de naturel, tant de clarté, le style a tant de beautés, qu'on lira toujours cette pièce avec intérêt et avec admiration. Il n'en sera pas de même l'*Héraclius* et de *Rodogune*; elles réussiront toujours moins à la lecture qu'au théâtre. La diction, dans *Héraclius*, n'est souvent ni noble ni correcte; l'intrigue fait peine à l'esprit, la pièce ne touche point le cœur. *Rodogune*, jusqu'au cinquième acte, fait peu d'effet sur un lecteur judicieux qui a du goût. Quelquefois une tragédie dénuée de vraisemblance et de raison charme à la lecture par la beauté continue du style, comme la tragédie d'*Esther*. On rit du sujet, et on admire l'auteur. Ce sujet, en effet, respectable dans nos saintes Écritures, révolte l'esprit partout ailleurs. Personne ne peut concevoir qu'un roi soit assez sot pour ne pas savoir, au bout d'un an, de quel pays est sa femme, et assez fou pour condamner toute une nation à la mort, parce qu'on n'a pas fait la révérence à son ministre. L'ivresse de l'idolâtrie pour Louis XIV, et la bassesse de la flatterie pour Mme de Maintenon, fascinèrent les yeux à Versailles. Ils furent éclairés au théâtre de Paris. Mais le charme de la diction est si grand, que tous ceux qui aiment les vers en retiennent par cœur plusieurs de cette pièce. C'est ce qui n'est arrivé à aucune des vingt dernières pièces de Corneille. Quelque chose qu'on écrive, soit vers, soit prose, soit tragédie ou comédie, soit fable ou sermon, la première loi est de bien écrire.

« La règle de l'unité de jour a son fondement sur ce mot d'Aristote : que la tragédie doit renfermer la durée de son action dans un tour du soleil, etc. »

L'unité de jour a son fondement, non-seulement dans les préceptes d'Aristote, mais dans ceux de la nature. Il serait même très-convenable que l'action ne durât pas en effet plus longtemps que la représentation ; et Corneille a raison de dire que sa tragédie de *Cinna* jouit de cet avantage.

Il est clair qu'on peut sacrifier ce mérite à un plus grand, qui est celui d'intéresser. Si vous faites verser plus de larmes en étendant votre action à vingt-quatre heures, prenez le jour et la nuit ; mais n'allez pas plus loin. Alors l'illusion serait trop détruite.

« Si nous ne pouvons la renfermer (l'action) dans deux heures, prenons-en quatre, six, dix ; mais ne passons pas de beaucoup les vingt-quatre heures, de peur de tomber dans le déréglement, etc. »

Nous sommes entièrement de l'avis de Corneille dans tout ce qu'il dit de l'unité de jour.

« Je souhaiterois, pour ne point gêner du tout le spectateur, que ce qu'on fait représenter devant lui en deux heures se pût passer en effet en deux heures, et que ce qu'on lui fait voir sur un théâtre qui ne change point, pût s'arrêter dans une chambre ou dans une salle.... mais souvent cela.... est malaisé, pour ne pas dire impossible.... etc. »

Nous avons dit ailleurs que la mauvaise construction de nos théâtres, perpétuée depuis nos temps de barbarie jusqu'à nos jours, rendait la loi de l'unité de lieu presque impraticable. Les conjurés ne peuvent pas conspirer contre César dans sa chambre ; on ne s'entretient pas de ses intérêts secrets dans une place publique ; la même décoration ne peut représenter à la fois la façade d'un palais et celle d'un temple. Il faudrait que le théâtre fît voir aux yeux tous les endroits particuliers où la scène se passe, sans nuire à l'unité de lieu ; ici une partie d'un temple, là le vestibule d'un palais, d'une place publique, des rues dans l'enfoncement ; enfin tout ce qui est nécessaire pour montrer à l'œil tout ce que l'oreille doit entendre. L'unité de lieu est tout le spectacle que l'œil peut embrasser sans peine.

Nous ne sommes point de l'avis de Corneille, qui veut que la scène du *Menteur* soit tantôt à un bout de la ville, tantôt à l'autre. Il était très-aisé de remédier à ce défaut en rapprochant les lieux. Nous ne supposons pas même que l'action de *Cinna* puisse se passer d'abord dans la maison d'Émilie, et ensuite dans celle d'Auguste. Rien n'était plus facile que de faire une décoration qui représentât la maison d'Émilie, celle d'Auguste, une place, des rues de Rome.

« Quoi qu'il en soit, voilà mes opinions, ou, si vous voulez, mes hérésies touchant les principaux points de l'art ; et je ne sais point mieux accorder les règles anciennes avec les agréments modernes. Je ne doute point qu'il ne soit aisé d'en trouver de meilleurs moyens, etc. »

Après les exemples que Corneille donna dans ses pièces, il ne pouvait guère donner de préceptes plus utiles que dans ces discours.

REMARQUES
SUR LA VIE DE PIERRE CORNEILLE,
ÉCRITE PAR BERNARD DE FONTENELLE, SON NEVEU.

« Il fit la comédie de *Mélite*, qui parut en 1625.... et sur la confiance qu'on eut du nouvel auteur qui paroissoit, il se forma une nouvelle troupe de comédiens. »

Comme on a promis des notes grammaticales, il est juste d'observer que la *confiance du nouvel auteur* est une faute de langue. On a de la confiance en quelqu'un, dans le mérite et les talents de quelqu'un, mais non pas *du* mérite et *des* talents. On a de la défiance *de*, et de la confiance *en*. Cette remarque est pour les étrangers ; ils pourraient être induits en erreur par cette inadvertance de M. de Fontenelle, qui écrivait d'ailleurs avec autant de pureté que de grâce et de finesse.

« Il est certain que ces (premières) pièces ne sont pas belles ; mais, outre qu'elles servent à l'histoire du théâtre, elles servent beaucoup aussi à la gloire de Corneille. »

Ce qu'on ne peut lire ne peut guère servir à la gloire de l'auteur. La gloire est le concert des louanges constantes du public. Deux ou trois littérateurs qui diront d'un mauvais ouvrage en soi, *cet ouvrage était bon pour son temps*, ne procureront à l'auteur aucune gloire. Corneille n'est point un grand homme pour avoir fait de mauvaises comédies, bien moins mauvaises que celles de son temps ; mais pour avoir fait des tragédies infiniment supérieures à celles de son temps, et dans lesquelles il y a des morceaux supérieurs à tous ceux du théâtre d'Athènes.

« Le théâtre devint florissant par la faveur du cardinal de Richelieu »

Malgré le cardinal de Richelieu, qui, voulant être poëte, voulut humilier Corneille, et élever les mauvais auteurs.

« Les princes et les ministres n'ont qu'à commander qu'à se forme des poëtes, des peintres, tout ce qu'ils voudront, et il s'en forme. »

C'est de quoi je doute beaucoup. Notre meilleur peintre, Le Poussin, fut persécuté, et les bienfaits prodigués aux académies ont fait tout au plus un ou deux bons peintres qui avaient déjà donné leurs chefs-d'œuvre avant d'être récompensés. Rameau avait fait tous ses bons ouvrages de musique au milieu des plus grandes traverses, et Corneille lui-même fut très-peu encouragé. Homère vécut errant et pauvre. Le Tasse fut le plus malheureux des hommes de son temps. Camoëns et Milton furent plus malheureux encore. Chapelain fut récompensé; et je ne connais aucun homme de génie qui n'ait été persécuté.

« Celle (la règle) des vingt-quatre heures fut une des premières dont on s'avisa; mais on n'en faisoit pas encore trop de cas, témoin la manière dont Corneille lui-même en parle dans la préface de *Clitandre*, imprimée en 1632. »

Les tragédies italiennes du XVIe siècle étaient dans la règle des trois unités, règle admirable d'Aristote. La *Sophonisbe* de Mairet fut la première pièce de théâtre, en France, dans laquelle cette loi fut suivie : elle est de 1633.

En Angleterre, en Espagne, on ne s'est assujetti que depuis peu à cette règle, et encore très-rarement.

« Corneille..., prit tout à coup l'essor dans *Médée*, et monta jusqu'au tragique le plus sublime. »

Les louanges trop exagérées font tort à celui qui les donne, sans relever celui qui les reçoit.

« Corneille avoit dans son cabinet cette pièce (*le Cid*) traduite en toutes les langues de l'Europe, hors l'esclavone et la turque. Elle étoit en allemand, en anglais, en flamand; et, par une exactitude flamande, on l'avoit rendue vers pour vers. »

On en use encore ainsi en Italie, et même en Angleterre. Il y a de nos ouvrages de poésie traduits en ces deux langues, vers pour vers; et, ce qui est étonnant, c'est qu'ils sont assez bien traduits.

« M. Pellisson dit qu'il étoit passé en proverbe de dire : « Cela est beau « comme *le Cid*. » Si ce proverbe a péri, il faut s'en prendre aux auteurs qui ne le goûtoient pas ; et à la cour, où c'eût été très-mal parler que de s'en servir sous le ministère du cardinal de Richelieu. »

J'ose plutôt penser qu'il faut s'en prendre à *Cinna*, qui fut mis par toute la cour au-dessus du *Cid*, quoiqu'il ne fût pas si touchant.

Le cardinal de Richelieu montra tant de partialité contre Corneille, que, quand Scudéri eut donné sa mauvaise pièce de *l'Amour tyrannique*, que le cardinal trouvait divine, Sarrasin, par ordre de ce ministre, fit une mauvaise préface, dans laquelle il louait Hardy, sans oser nommer Corneille.

« Il récompensoit comme ministre ce même mérite dont il étoit jaloux comme poëte.

Pierre Corneille avait le malheur de recevoir une petite pension du cardinal, pour avoir quelque temps travaillé sous lui aux pièces de cinq auteurs.

« Enfin il alla jusqu'à *Cinna* et *Polyeucte*, au-dessus desquels il n'y a rien. »

On peut croire que Fontenelle parle ainsi, moins parce qu'il était neveu du grand Corneille, que parce qu'il était l'ennemi de Racine, qui avait fait contre lui une épigramme piquante, à laquelle il avait répondu par une épigramme plus violente encore. Les connaisseurs pensent qu'*Athalie* est très-supérieure à *Polyeucte*, par la simplicité du sujet, par la régularité, par la grandeur des idées, par la sublimité de l'expression, par la beauté de la poésie. Il est vrai que ces connaisseurs reprochent au prêtre Joad d'être impitoyable et fanatique, de dire à sa femme qui parle à Mathan : *Ne craignez-vous pas que ces murailles ne tombent sur vous, et que l'enfer ne vous engloutisse?* d'aller beaucoup au delà de son ministère, d'empêcher qu'Athalie n'élève le petit Joas, qui est son seul héritier, de faire tomber la reine dans le piége, d'ordonner son supplice comme s'il était son juge, de prendre enfin le brave Abner pour dupe. On reproche à Mathan de se vanter de ses crimes; on reproche à la pièce des longueurs. Presque tous ces défauts sont ceux du sujet : mais le grand mérite de cette tragédie est d'être la première qui ait intéressé sans amour; au lieu que, dans *Polyeucte*, le plus grand mérite est l'amour de Sévère.

« Voiture vint trouver Corneille.... pour lui dire que *Polyeucte* n'avoit pas réussi (à l'hôtel de Rambouillet) ; que surtout le christianisme avoit extrêmement déplu. »

C'est qu'on n'avait encore vu que des comédies de la Passion et des Actes des Apôtres. D'ailleurs il faut peut-être pardonner à l'hôtel de Rambouillet d'avoir condamné l'imprudence punissable de Polyeucte et de Néarque, qui exercent dans le temple une violence que Dieu n'a jamais commandée. On pouvait craindre encore qu'un homme qui résigne sa femme à son rival ne passât pour un imbécile plutôt que pour un bon chrétien. Le caractère bas de Félix pouvait déplaire; mais on ne faisait pas réflexion que Sévère et Pauline feraient réussir la pièce.

« La plus grande beauté de la comédie étoit inconnue; on ne songeoit point aux mœurs et aux caractères.... Molière est le premier, etc. »

Fontenelle oublie ici que la comédie du *Menteur* est une pièce de caractère. Il y a beaucoup d'incidents; il en faut aussi : les pièces de Molière n'en ont peut-être pas assez. Tous servent à faire paraître le caractère du Menteur.

On avait, longtemps avant Molière, plusieurs pièces dans ce goût, en Espagne, *le Menteur*, *le Jaloux*, *l'Impie*, *ou le Convié de Pierre*, traduit depuis par Molière, sous le nom de *Festin de Pierre*.

« Il ne perdit pas en vieillissant l'inimitable noblesse de son génie; mais il s'y mêla quelquefois un peu de dureté.... Ainsi, dans *Pertharite*, une reine consent à épouser un tyran qu'elle déteste, pourvu qu'il égorge un fils unique qu'elle a, etc. »

Tout cela est dit mal à propos; *Pertharite* est de 1653 : Corneille n'avait que quarante-sept ans.

« Il est aisé de voir que ce sentiment, au lieu d'être noble, n'est que dur; et il ne faut pas trouver mauvais que le public ne l'ait pas goûté. »

Comme s'il n'y avait que cela de mauvais dans *Pertharite*.

« Cet ouvrage (*l'Imitation de J.-C.* en vers françois) eut un succès prodigieux. »

Il y a une grande différence entre le débit et le succès. Les jésuites, qui avaient un très-grand crédit, firent lire le livre à leurs dévotes, et dans les couvents; ils le prônaient, on l'achetait, et on s'ennuyait. Aujourd'hui ce livre est inconnu. *L'Imitation de Jésus* n'est pas plus faite pour être mise en vers qu'une Épître de saint Paul.

« Corneille dédaigna fièrement d'avoir de la complaisance pour ce nouveau goût. »

Au contraire, il n'a fait aucune pièce sans amour.

« Bérénice fut un duel dont tout le monde sait l'histoire. Une princesse fort touchée des choses d'esprit.... eut besoin de beaucoup d'adresse pour faire trouver les deux combattants sur le champ de bataille. »

La princesse Henriette[1], belle-sœur de Louis XIV, ne proposa pas seulement ce sujet parce qu'elle était touchée des choses d'esprit, mais parce que ce sujet était, à plusieurs égards, sa propre aventure.

La victoire ne demeura pas à Racine, seulement parce qu'il était le plus jeune, mais parce que sa pièce est incomparablement meilleure que celle de Corneille, qui tomba et qu'on ne peut lire. Racine tira de ce mauvais sujet tout ce qu'on en pouvait tirer. Son goût épuré, son esprit flexible, sa diction toujours élégante, son style toujours châtié et toujours charmant, étaient propres à toutes les matières, et Corneille ne pouvait guère traiter heureusement que des sujets conformes au caractère de son génie.

« Il a eu souvent besoin d'être rassuré par des casuistes sur ses pièces de théâtre; et ils lui ont toujours fait grâce en faveur de la pureté qu'il avoit établie sur la scène, etc. »

Ces casuistes avaient bien raison. L'art du théâtre est comme celui de la peinture. Un peintre peut également faire des ouvrages lascifs et

1. Henriette-Anne d'Angleterre. (Éd.)

des tableaux de dévotion. Tout auteur peut être dans ce cas. Ce n'est donc point le théâtre qui est condamnable, mais l'abus du théâtre. Or, les pièces étant approuvées par les magistrats, et ayant la sanction de l'autorité royale, le seul abus est de les condamner. Cette ancienne méprise a subsisté, parce que les comédies des mimes étaient obscènes du temps des premiers chrétiens, et que les autres spectacles étaient consacrés, chez les Romains et chez les Grecs, par les cérémonies de leur religion. Elles étaient regardées comme un acte d'idolâtrie. Mais c'est une grande inconséquence de vouloir flétrir des pièces très-morales, parce qu'il y en a eu autrefois de scandaleuses. Les fanatiques qui, par une jalousie secrète, ont prétendu flétrir les chefs-d'œuvre de Corneille, n'ont pas songé combien cet outrage révolte des hommes de génie; ils font un tort irréparable à la religion chrétienne, en aliénant d'elle des esprits très-éclairés, qui ne peuvent souffrir qu'on avilisse le plus beau des arts.

Le public éclairé préférera toujours les Sophocle, les Euripide, les Térence, aux Baïus, Jansénius, Duverger de Hauranne, Quesnel, Petit-Pied, et à tous les gens de cette espèce.

Au reste, cette persécution fanatique ne s'est vue qu'en France. On a tempéré, en Espagne, en Italie, les anciennes rigueurs qui étaient absurdes; on ne les connaît point en Angleterre. Les vainqueurs de Bleinheim et les maîtres des mers, les contemporains de Newton, de Locke, d'Addison, et de Pope, ont rendu des honneurs aux beaux-arts. Le grand Corneille avait projeté un ouvrage pour répondre aux détracteurs du théâtre.

RÉPONSE
A UN DÉTRACTEUR DE CORNEILLE.

Comme on achevait cette édition [1], il est tombé entre les mains de l'éditeur je ne sais quel livre intitulé, *Réflexions morales, politiques, historiques et littéraires, sur le théâtre*, sans nom d'auteur; à Avignon, chez Marc Chave, imprimeur et libraire [2].

L'auteur paraît être un de ces fanatiques qui commencent depuis quelque temps à lever la tête, et qui se déclarent les ennemis des rois, des lois, des usages, et des beaux-arts. Cet homme pousse la démence jusqu'à traiter Corneille d'impie. Il dit que le parallèle continuel que Corneille fait des hommes avec les dieux fait tout le sublime de ses

---

1. L'édition de 1764, en 12 vol in-8°, du *Théâtre de Corneille, avec le Commentaire de M. de Voltaire.* (Éd. de Kehl.)
2. Ces *Réflexions morales*, etc., sont de l'abbé de Latours, et ont vingt volumes in-12. (*Note de M. Beuchot.*)

pièces. Il anathématise ces beaux vers que Cornélie, dans *la Mort de Pompée* (acte V, scène 1), adresse aux cendres de son mari :

> Moi, je jure des dieux la puissance suprême,
> Et, pour dire encor plus, je jure par vous-même,
> Car vous pouvez bien plus sur ce cœur affligé, etc.

Et voici comme cet homme s'exprime :

« Mettre des cendres au-dessus de la puissance des dieux qu'on adore, est-il rien de plus faux et de plus insensé ? Cette pensée, tournée et retournée, est répétée en mille endroits dans les tragédies de Corneille. Ce fou qui, aux Petites-Maisons, se disait le Père Éternel, et cet autre qui se croyait Jupiter, ne parlaient pas plus follement, etc. »

Il faut voir quel est ici le fou, si c'est le grand Corneille ou son détracteur. Ce pauvre homme n'a pas compris que, *pour dire encore plus*, ne signifie pas et ne peut signifier que la cendre de Pompée est au-dessus de la divinité, mais que la cendre de son époux est plus chère à Cornélie que les dieux qui n'ont pas secouru Pompée. Ce sentiment, qui échappe à une douleur excessive, n'a jamais déplu à personne. Le détracteur prétend-il qu'on doive, sur le théâtre, adorer dévotement Jupiter et Vénus ? que prétend-il ? que veut-il ? et qui de Corneille ou de lui mérite les Petites-Maisons ? Laissons ces misérables compiler des déclamations ignorées. Le mépris qu'on a pour eux est égal au respect qu'on a pour le grand Corneille.

TABLE.

COMMENTAIRES SUR CORNEILLE.

(SUITE.)

	Pages.
REMARQUES SUR THÉODORE, VIERGE ET MARTYRE, tragédie représentée sur la fin de 1645.............................	1
REMARQUES SUR RODOGUNE, princesse des Parthes, tragédie représentée en 1646.............................	44
REMARQUES SUR HÉRACLIUS, empereur d'Orient, tragédie représentée en 1647.............................	73
REMARQUES SUR OEDIPE, tragédie représentée en 1659............	129
REMARQUES SUR LA TOISON D'OR, tragédie représentée en 1661......	146
REMARQUES SUR SERTORIUS, tragédie représentée en 1662..........	150
REMARQUES SUR SOPHONISBE, tragédie représentée en 1663.........	194
REMARQUES SUR OTHON, tragédie représentée en 1665.............	207
REMARQUES SUR AGÉSILAS, tragédie représentée en 1666..........	221
REMARQUES SUR ATTILA, roi des Huns, tragédie représentée en 1667.	223
REMARQUES SUR BÉRÉNICE, tragédie de Racine, représentée en 1670.	225
REMARQUES SUR PULCHÉRIE, tragédie représentée en 1672..........	241
REMARQUES SUR SURÉNA, général des Parthes, tragédie représentée en 1674.............................	248
REMARQUES SUR ARIANE, tragédie de Thomas Corneille, représentée en 1672.............................	252
REMARQUES SUR LE COMTE D'ESSEX, tragédie de Thomas Corneille, représentée en 1678.............................	268
REMARQUES SUR LES DISCOURS DE CORNEILLE, imprimés à la suite de son théâtre.............................	287
REMARQUES SUR LA VIE DE PIERRE CORNEILLE, écrite par Bernard de Fontenelle, son neveu.............................	304
RÉPONSE A UN DÉTRACTEUR DE CORNEILLE.............................	308

FIN DE LA TABLE DU VINGT-DEUXIÈME VOLUME.

RAPPORT = 15

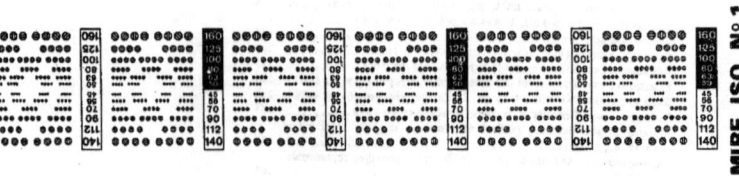

BIBLIOTHÈQUE
NATIONALE

CHÂTEAU
de
SABLÉ
1981

www.ingramcontent.com/pod-product-compliance
Lightning Source LLC
Chambersburg PA
CBHW071338150426
43191CB00007B/777